普通高等学校旅游管理教材

旅游电子商务

（第三版）

陆均良　沈华玉　朱照君　张　伟◎著

E-tourism

清華大学出版社
北　京

内容简介

本书从业态的角度系统地介绍了旅游电子商务的概念、原理及应用。全书按照旅游产业链环节分别介绍了各实体产业点的电子商务概念和内容。本书在整体内容安排上共分三个层次：第一层次是旅游电子商务概念，重点介绍了电子旅游以及网络营销的概念，还介绍了信息通信技术的发展以及相关电子旅游业态，阐述了信息通信技术在电子商务发展中所起到的重要作用；第二层次是旅游电子商务概念在各产业中的应用，重点介绍了旅游饭店、旅行社、旅游景区、旅游目的地、旅游交通等电子商务概念和内容，系统地介绍了旅游产业链上各服务环节的电子商务应用原理及重点内容；第三层次是旅游企业的电子商务战略及概念，介绍了电子商务战略的内容和框架，以指导企业如何提升自身电子商务的竞争力，这是对旅游企业具有指导意义的内容。

本书内容深入浅出，通俗易懂，适合高校学生、旅游企业高管、相关从业者阅读和使用。

图书在版编目（CIP）数据

旅游电子商务 / 陆均良等著. —3版. —北京：清华大学出版社，2021.9(2025.1重印)
普通高等学校旅游管理教材
ISBN 978-7-302-58950-1

Ⅰ. ①旅… Ⅱ. ①陆… Ⅲ. ①旅游业—电子商务—高等学校—教材 Ⅳ. ①F590.6-39

中国版本图书馆CIP数据核字（2021）第173717号

责任编辑： 邓 婷
封面设计： 刘 超
版式设计： 文森时代
责任校对： 马军令
责任印制： 刘海龙

出版发行： 清华大学出版社
网 址： https://www.tup.com.cn，https://www.wqxuetang.com
地 址： 北京清华大学学研大厦A座 **邮 编：** 100084
社 总 机： 010-83470000 **邮 购：** 010-62786544
投稿与读者服务： 010-62776969，c-service@tup.tsinghua.edu.cn
质量反馈： 010-62772015，zhiliang@tup.tsinghua.edu.cn
印 装 者： 小森印刷霸州有限公司
经 销： 全国新华书店
开 本： 185mm×260mm **印 张：** 21 **字 数：** 519千字
版 次： 2011年9月第1版 2021年11月第3版 **印 次：** 2025年1月第8次印刷
定 价： 59.80元

产品编号：087794-02

第三版前言

旅游电子商务自从引入了人工智能和大数据的应用，为旅游业的发展注入了活力和动力，极大地推动了旅游电子商务的发展。同时，旅游学的学科理论也随着旅游电子商务学科的完善而更加充实，已成为旅游新业态的一个重要分支。本书的修订就是在这样的大环境下进行的，弥补了第二版中存在的不足，补充介绍了数字化、网络营销、移动支付等概念，同时对各章的内容也进行了相应的完善和补充，如旅行社电子商务中补充了在线旅行社（OTA）的电子商务内容，饭店电子商务中补充了以数字化为基础的智慧商务的内容，交通电子商务中补充了无票旅行和移动支付的概念和内容，企业电子商务战略中补充了战略实施的内容。随着旅游电子商务新技术的不断涌现，旅游电子商务应用理论还将进一步完善，因此，本书每章后面都列出了“扩展知识”，希望读者通过课外材料和网络进一步了解相应的扩展知识，以便在未来瞬息万变的电子商务环境中，能利用自己的知识储备来开展工作。

电子商务在旅游业中的应用已被业界普遍接受，成为旅游企业进行市场竞争的主要技术手段，形成了饭店电子商务、旅行社电子商务、OTA 电子商务、景区电子商务、目的地电子商务、交通电子商务等协同发展和探索前进的新局面，尤其是移动电子商务和人工智能的融合，已成为智慧商务和智慧旅游建设的核心内容，这也极大地促进了旅游电子商务的理论进一步成熟。乡村旅游电子商务由于应用体系和发展不成熟，本书没有提及与其相关的内容。期望经过这次修订后本书的内容更符合旅游电子商务的学科体系，也符合读者学习和业界发展的要求。

《旅游电子商务》第三版的修订基本保持了第一版、第二版原有的内容结构，只是对信息技术与旅游业和电子旅游进行了合并，并对电子旅游和网络营销的概念进行了调整和补充，此外，增加一章专门介绍旅游的网络营销，但由于网络营销的方法比较成熟，这里就以网络营销的策略与创意的形式出现，以尽量符合当前发展现状和相关实践的应用热点。在课后案例方面，内容变动不大，大多数的开篇案例做了调整，补充了有代表性的案例。在网络营销方面，尽量让学生通过网络去了解和学习具体的操作方法，重点介绍和分析网络营销的基本理论和实施策略，这是因为让学生理解网络营销的策略与规划比方法选择更重要。全书由浙江大学陆均良老师完成修订统稿和定稿工作。

由于旅游电子商务还处在快速发展过程中，原理和应用体系还在不断完善，本书的内容调整是否符合目前读者的需要，还需要通过检验予以确认。旅游电子商务受数字化和移动互联网的影响很大，各种新业态应用不断涌现，我们对旅游电子商务研究的理论水平也很有限，希望各位同行能对本书的内容和结构提出宝贵意见，期望在以后再版中能进一步完善相关内容，万分感谢各位同行的支持。

作　者

2021 年 5 月于浙江大学求是园

第一版前言

近年来旅游经济发展迅速，已成为我国国民经济的重要组成部分。电子商务已成为改变经济发展方式的主要手段或技术，同时也推动了传统经济的发展。旅游与电子商务的结合成为当前最热门的旅游电子商务，形成了巨大的数字旅游经济。而且，旅游电子商务也成为改变旅游经济发展方式的主要手段，推动了旅游经济的持续和健康发展，成为旅游企业的主要创新手段。从近几年旅游学科的发展来看，旅游电子商务丰富了旅游管理学科的内容，扩展了旅游管理学科体系的理论，成为旅游管理专业教学中不可或缺的内容。

目前，旅游电子商务的定义和学科理论还不成熟，正处于探索和形成过程中。本书将从旅游产业链的角度，探讨旅游电子商务理论体系、内容范围、应用及发展战略等问题。在内容安排上，首先介绍电子旅游的概念，重点围绕旅游目的地、旅游饭店、旅行社、旅游景区等与旅游者直接相关的电子商务内容，按照旅游产业环节介绍旅游电子商务体系。在现代旅游管理体系中，商务管理是旅游企业最核心的管理内容，而旅游电子商务是商务管理的新内容，是对商务管理内容的扩充。旅游者旅游动机的形成，首先是旅游目的地的吸引物，在确定旅游目的地以后，可能是通过旅行社去旅游目的地旅游，也可能是自己寻找目的地的饭店安排住宿和景区观光，所有这些旅游者在出门前都可以在家里通过电子商务的手段解决。而旅游目的地以及接待服务企业也可以通过电子商务去招揽旅游消费者，把产品通过网络介绍到客源地，让旅游者轻松地预订产品，这就是旅游电子商务所要研究的内容。

全书内容共分九章，三个教学层次。第一至第三章为第一层次，其中第一章为旅游电子商务概述，主要介绍旅游电子商务的概念，以及国内、国际旅游电子商务发展的概况；第二章为信息通信技术与旅游业，主要介绍信息通信技术的概念及其在旅游业中的应用，以及它们相互的影响；第三章为电子旅游，主要介绍电子旅游的概念，重点介绍需求驱动的电子旅游以及供给驱动的电子旅游。第四至第八章为第二层次，其中第四章为饭店电子商务，介绍了信息通信技术在饭店企业的应用以及饭店电子商务的概念和内容（如网络订房），并介绍饭店电子商务的战略概念和作用；第五章为旅行社电子商务，介绍了信息通信技术在旅行社的应用以及旅行社电子商务的概念和内容（如网络营销和网上组团），并介绍旅行社电子商务的战略概念和作用；第六章为旅游景区电子商务，介绍旅游景区电子商务的概念和应用情况，重点介绍景区电子化工程及数字景区的概念（如景区电子商务管理模式及系统框架），并介绍景区电子商务的战略概念和作用；第七章为旅游目的地电子商务，重点介绍旅游目的地电子商务的概念和模式，旅游目的地营销系统的内容，并介绍旅游目的地电子商务的战略和作用；第八章为旅游交通电子商务，主要介绍旅游交通电子商务的概念及其应用（如电子票务、网络订票等），并介绍旅游交通企业电子商务的战略概念和作用。第九章为第三层次，介绍了旅游企业电子商务战略的概念和内容，在介绍电子商务战略框架内容的基础上，重点介绍旅游企业的电子采购战略以及客户关系的电子商务战略，最后讨论了企业怎样创建电子商务竞争力的热点问题。其中第一章至第五章由浙江大学旅游学院的陆均良老师编写，第六章由陆均良老师和朱照君老师共同完成，第七章由朱照君老师编写，第八章和第九章由厦门大学的沈华玉老师编写。全书由陆均良老师完成统稿。

本书在写作过程中得到了同程网、艺龙网、芒果网、去哪儿网、智旅动力等相关企业的指点，同时，也得到了浙江省饭店协会、杭州黄龙饭店、上海锦江集团旅游电子商务公司、中青旅有限公司、杭州西溪国家湿地公园等业界的指点，在此表示衷心的感谢！同时感谢研究生张璐、孙怡等同学在本书资料整理过程中所提供的帮助。

由于作者对旅游电子商务研究的水平有限，而且电子商务是一个在不断完善和变化的新学科，书中难免有不妥之处，尤其是案例内容由于时间关系研究得还不够充分，敬请读者提出宝贵意见，以便在以后再版过程中逐步完善。

作　者

2011 年 6 月于浙江大学求是园

目　录

第一章　旅游电子商务概述

开篇案例

绿云智慧住：30秒，零接触

2020年年初突如其来的全球新型冠状病毒肺炎疫情，给整个饭店行业带来了经营停顿的重大影响，杭州绿云科技有限公司考虑到今后长期防疫的需要，为了给饭店业的经营保驾护航，开发了快速、零接触的智慧住快速登记软件产品。从2019年年底开始，绿云就联合支付宝共同打造零接触入住设备，即绿云无接触入住方案（以下简称绿云智慧住）。这是一款基于支付宝刷脸设备"蜻蜓"开发的产品，由绿云提供技术支持。"蜻蜓"设备上运行的是由绿云基于支付宝底层协议开发的小程序，同时调用绿云PMS后台系统。除此以外，由绿云提供发卡机硬件设备，该款硬件设备集成了身份证阅读、制房卡、读房卡、回收房卡等诸多功能，利用技术对不同系统、不同设备的数据进行集成整合，形成了饭店接待过程的智慧住产品。经过几个月的研发和调试，该产品于2020年端午节正式向业界发布并引发热议，绿云智慧住的面世为饭店在疫情期间的正常营业提供了完全电子商务的技术和设备。

众所周知，饭店业都面临着这样一个行业困局，即高峰时段，不论接待还是退房，业务办理集中，前台需要逐一处理住客需求，导致排队时间长，客户体验差。在疫情期间，饭店作为高频次使用的公共场所，更迫切需要减少人与人的接触，提高运营效率，降低人力成本。绿云智慧住正好解决了饭店在经营中遇到的这一困扰。

对于宾客而言，使用绿云智慧住入住时，通过支付宝智慧住小程序便可自助匹配订单，完成在线人证核验，即可自动分房获得房卡，全程不超过30秒！相较于传统人工登记入住，绿云智慧住就体现了一个字：快！并且整个过程不需要接触服务员。客人离店退房时，使用支付宝小程序可以实现线上自动结账、自助开发票，节省客人时间。绿云智慧住让整个入住和退房流程无接触、更安全、更自在，操作SO EASY！

对于饭店而言，使用绿云智慧住后接待时间大幅度缩短，人员成本大大降低，接待入住过程完全实现了电子化处理，同时提升了客人的入住体验。对于无预订散客，可通过智慧住小程序直接预订房间，同时帮助饭店建立有效的客源管理体系。

30秒，0接触，不仅仅是改变了入住和离店的流程和手续，更体现出电子商务的科技力量，让饭店变得智慧。

（本案例由绿云集团提供资料，由作者加工整理）

第一节　什么是旅游电子商务

旅游电子商务作为旅游企业的一种经营手段，已成为旅游业最热门的词汇，近年来发展迅速。自1994年中国正式接入国际互联网以来，基于移动互联网的电子商务发展迅速，并已进入旅游各环节的产业领域，如机票预订、住宿预订、旅游线路预订、租车游船预订、导游预订以及用餐预订等，都与电子商务有关联，并由此产生了一些新的概念和名词，如网络旅游、自由行、个性化旅游、旅游博客、云旅游等。那么，什么是旅游电子商务呢？下面我们从旅游电子商务的定义开始，系统地介绍旅游电子商务的基本概念和内容。

一、旅游电子商务的定义

人们对旅游电子商务的需求随着移动互联网的普及而不断增长，旅游电子商务的应用使得人们出门旅游前寻找和搜索旅游信息更加方便，既减少了旅游中的信息搜寻成本和中介成本，也降低了人们在旅游过程中的许多不确定性，尤其是旅游中的旅行票务（如机票）、住宿、目的地交通等都可以通过互联网提前预订。因此，旅游电子商务是随着互联网的出现以及电子商务的浪潮而产生的，已成为电子商务学科的重要组成部分，解决了旅游商务中的电子化处理及管理与服务问题，实现了旅游商务的电子化流通，提高了旅游商务的处理效率。根据当前电子商务所处的环境及应用的技术，下面对旅游电子商务的定义进行表述。

定义：旅游电子商务（tourism electronic commerce, TEC）是指通过信息通信技术手段实现旅游商务活动各环节管理与服务的电子化，包括电子化信息发布、电子化市场营销、电子化销售、电子化采购、电子化服务以及电子化客户关怀等一系列商务交易和服务活动。其运行平台是网络，商务形式是电子数据。

简单的理解：

旅游电子商务=信息通信技术+旅游商务

更直接的理解：

旅游电子商务=互联网技术+旅游商务

定义中的电子化信息发布主要是指信息网站、分销渠道的信息展示，信息网站是旅游电子商务的重要组成部分；电子化市场营销就是网络营销，通过互联网、专用网、移动网络开展各种形式的营销；电子化销售就是在线销售，或通过专用网络系统的销售或分销；电子化采购就是网络采购或在线采购，如采购中的洽谈、订单、合同、支付都在网络环境下实现；电子化服务包括咨询服务、商务服务和售后服务；电子化客户关怀就是通过网络对关系客户提供信息服务以及差异化的关怀服务，如电子问候、电子报表、生日的电子祝福等，并形成电子化的客户关系管理，实现对客户的自动服务。

（一）旅游电子商务的作用

旅游服务是一种跨企业的协作服务，在没有出现电子商务时，这种服务的协调基本依靠人工。人工协调不但效率低，而且容易产生差错，由此影响对客户的服务质量。首先，电子商务出现以后，无处不在的网络可以实现企业之间以及企业与上下游企业之间的高效沟通，如旅行社与饭店之间的沟通、旅行社与景区景点之间的沟通，网络化的电子通道增进了旅游企业相互之间的业务协作，实现对客户敏捷的协同服务。

其次，通过电子商务可以在企业内部进行高效率的沟通，旅游服务不是企业的一个部门就能够完成的，它需要企业内部各部门之间的协作，电子商务可以改进企业内部的业务处理流程，提高对客服务的敏捷度，促进企业内部的协调和配合。电子商务不仅提高了旅游企业内部的运作效率和效益，更重要的是还降低了旅游企业的经营成本，包括管理成本、沟通成本和服务成本，最终为旅游企业增加收益。

最后，旅游电子商务给旅游消费者提供了便利，也让旅游消费者得到了实惠。旅游消费者通过各种旅游网站在家里就可以了解旅游目的地的旅游信息、风土人情和文化，也可以在家中预订机票、预订住宿，极大地节省了旅游者的时间，提高了预订各类旅游产品的效率，而且节省了许多中介费用。

（二）旅游电子商务对社会发展的影响

随着经济的发展和居民生活水平的提高，住、行、游已代替吃、穿、用成为新时代的消费常态，旅游已成为每个人生活中不可或缺的部分，人人都会利用闲暇时间出门旅游，因此旅游已成为大众化的一种消费活动。旅游电子商务的出现不但推动了旅游活动在大众中普及，而且推动了社会信息化的发展，如人们随时随地可以上网的环境，到处可见的电子信息屏幕，随时可见的手机信息，这些都是社会信息化的表现，它方便了人们出门旅游时的信息获取和相互沟通。

著名的未来学大师约翰·奈斯比特在其鸿篇巨制《大趋势》中曾预言：“电信通信、信息技术和旅游业将成为21世纪服务行业中经济发展的原动力。”从国外发达地区的情况来看，这个预言已经变成了现实，这三者的紧密结合促成了旅游电子商务的发展，形成一种巨大的经济发展驱动力，赋予旅游业无限的生机和活力。近几年，我国旅游业的高速发展足以说明，旅游电子商务不但促进了旅游业的健康发展，还对社会的发展做出了巨大贡献。旅游业的经济收入已多年保持8%的增长率，预计“十四五”期间我国旅游业将会获得更大的发展，尤其是乡村旅游将迅猛发展。据测算，旅游收入每增加1元，第三产业的产值就增加10.2元；旅游业每增加1个直接就业人员，社会间接就业人数可以增加5个以上。因此，旅游电子商务不但推动了旅游经济的发展，还对社会经济的发展产生了间接影响，主要表现在以下几个方面。

- 旅游电子商务可促进旅游经济和社会经济增长。
- 旅游电子商务可促进社会进步并使社会更加和谐。
- 旅游电子商务可提升社会信息化水平和推动人类文明进步。
- 旅游电子商务有利于人们增进了解、扩大需求。
- 旅游电子商务可推动社会科技进步。

（三）旅游电子商务研究的问题

信息通信技术应用的实践表明，旅游电子商务是旅游发展中的必然选择，是提升管理与服务的最有效手段，虽然目前许多理论体系还不完善，但它已成为电子商务中的一个重要学科分支，它既属于旅游管理学科范畴，又属于电子商务学科范畴，是与技术、管理、服务相结合的交叉学科。旅游电子商务的应用扩展了旅游管理理论，是结合信息通信技术对旅游管理学科的完善。首先，它所研究的是商务问题，这是因为旅游商务大多数是预约型商务，然后提供需要的服务，因此旅游电子商务探索的就是商务的电子化管理问题。其次，它所研究的是技术的应用问题，主要研究旅游电子商务中哪些技术能提升服务、改善服务，并不断改进旅游电子商务系统。最后，它所研究的是交易问题，重点是预约交易，主要探索旅游业中各实体企业间以及实体企业与旅游消费者间的预约或电子交易问题、流程的无缝对接问题，其中包括交流和沟通问题。此外，它还涉及旅游电子商务中的安全问题以及道德伦理等问题的研究。

二、旅游电子商务的系统组成

旅游电子商务的快速发展，有技术进步的原因，也有应用需求的原因。技术进步的原因主要是网络技术和数据技术的进步、互联网的普及以及网络编程语言（如 Python、Java、新版 C++等）的变革，使得电子商务能在不同的应用系统之间交换数据。应用需求的原因一方面是供给方企业有利用互联网开展在线销售、营销和宣传的需求，进而发展为有利用互联网开展智慧销售和智慧服务的需求；另一方面是旅游消费者有利用互联网获取信息、获取服务的需求，进而发展为有利用互联网预订和定制旅游服务产品的需求。除此以外，旅游电子商务的发展还需要一定的社会环境，如政策法规、法律以及技术标准等方面的支持，这些方面虽然是组成旅游电子商务的非实体部分，但也是开展旅游电子商务不可缺少的组成部分。因此，旅游电子商务的系统组成应包括环境及相关业态，图 1-1 表示的是旅游电子商务的系统组成，它主要由以下三个层面组成。

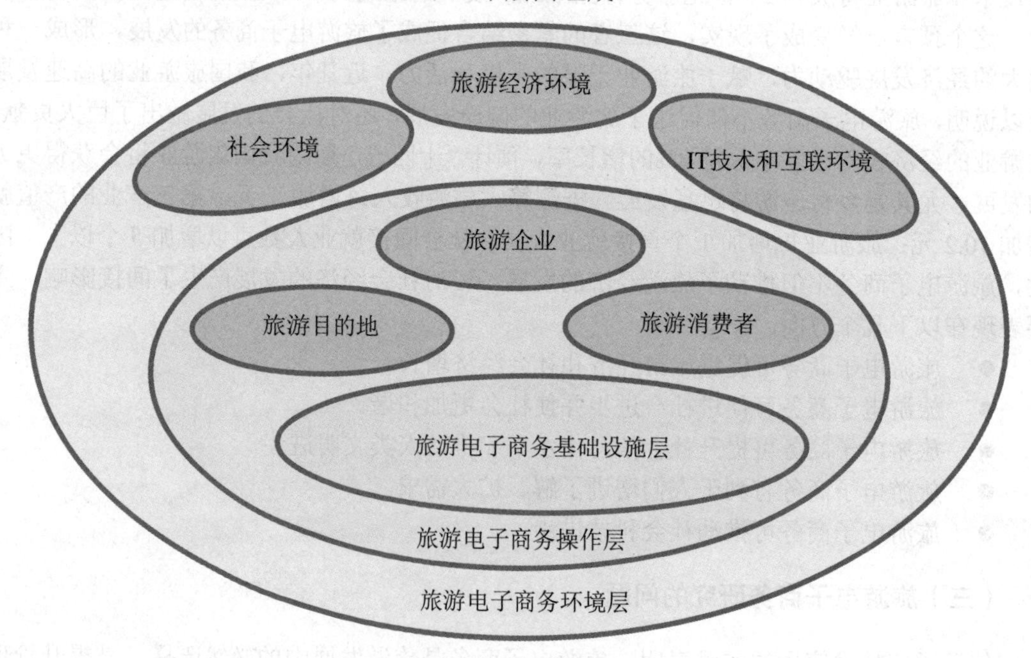

图 1-1　旅游电子商务的系统组成框架

（一）旅游电子商务环境层

旅游电子商务环境层包括社会环境、旅游经济环境、IT 技术和互联环境，它们是旅游电子商务发展不可缺少的大环境。社会环境包括政策、法规、法律、标准等内容，还包括网上支付、交易安全等环境内容；旅游经济环境包括旅游服务的一些规范、网上交易的规程以及一些安全规范（如网上预订、网上支付、网上服务）；IT 技术和互联环境主要包括提供系统技术服务的内容，如“互联网+”的互联互通、云计算的技术服务、网络服务商、接口服务商以及电子商务应用服务商等，它们属于环境层中的技术服务，是旅游电子商务环境中不可缺少的服务内容。

（二）旅游电子商务操作层

旅游电子商务操作层反映了旅游电子商务的业务范围、参与对象等，包括旅游目的地、旅游企业、旅游消费者等，它们是电子商务的实际操作者。操作层的业务范围包括管理、服务、营销，还包括应用软件的可用性和业务支持。旅游电子商务操作层包括旅游消费者与旅游企业之间业务的商务操作，旅游目的地与旅游消费者之间的商务操作，旅游目的地与旅游企业之间的商务操作，以及旅游企业之间的业务操作。作为旅游电子商务，要求旅游目的地、旅游企业、旅游消费者三者之间能通过终端软件实时地交换数据，开展业务交易，实现商务的在线处理、操作和管理。

（三）旅游电子商务基础设施层（含云服务）

旅游电子商务基础设施层主要是指网络基础设施和信息技术基础设施，这是旅游电子商务系统运作的平台，包括云服务平台。它可以是云平台的基础设施，也可以是应用服务平台的基础设施。通常，网络基础设施主要包含通信网络、网际网络、无线网络等设施，这些均属于企业外部的基础设施；信息技术基础设施包含计算机网络、服务器、网络设备、工作 PC 机、带宽等设施，这些设施反映了电子商务中的服务器接受访问的能力、系统软件的承载能力、交易中的安全防范能力等，属于企业内部的基础设施。旅游电子商务基础设施层反映了旅游电子商务系统的硬件能力，是旅游电子商务系统中最基本也是最核心的组成内容。

三、旅游电子商务解决的管理问题

旅游电子商务是一种商业行为，主要解决旅游企业中的商务管理与服务问题。在介绍旅游电子商务解决的管理问题以前，先简单介绍旅游电子商务涉及的企业实体。

（一）旅游电子商务涉及的企业实体

旅游电子商务主要涉及实体企业、旅游目的地机构以及旅游中介服务商和分销商等。

1. 实体企业

实体企业是指有自己产品的企业，这里的产品包括资源型产品和服务型产品。旅游业中的旅游饭店（hotel.com）、旅行社（travel.com）、旅游景区（scenic.com）、旅游交通

(airline.com)、餐饮服务（restaurant.com）、旅游购物（shopping.com）等服务企业都是实体企业（括号内带.com 的英文表示实体企业开展电子商务的网站域名，下同）。其中，旅行社、旅游购物为服务型实体企业，它们提供的服务产品都需要从别处采购；其他为资源型实体企业，它们提供的服务产品都是自己生产的。

实体企业的电子商务系统一般通过企业内部网（Intranet）、外部网（Extranet）和互联网（Internet）构建，不但能够实现不同网络之间、不同企业之间的业务数据交换，而且能够实现旅游服务产品的电子化交易和处理。

2. 旅游目的地机构

大多数旅游目的地都拥有不同的管理机构，有些是开展经营管理的，有些是负责资源管理，之所以把旅游目的地划入企业实体范围，是因为它和旅游电子商务相关。由于旅游目的地机构多数不是具体的实体企业，因此其电子商务以营销和促销为主，以对旅游产品的代理预订为辅，如预订门票、预订客房、预订行程机票等。旅游目的地专门的营销机构（destination markting organization, DMO）负责开展电子商务，其域名通常为DMO.com。

3. 旅游中介服务商和分销商

旅游中介服务商和分销商也是企业实体，但不是资源型实体企业，它们提供的是一种中介服务。旅游中介服务商主要包括旅游代理商（agent.com）、批发商（operation.com）、订房中心（booking.com）等。这些服务商有些是传统中介的转型，利用网络开展电子商务，也有些是新型的电子中介或分销商，即新一代的在线旅行服务商，如携程旅行网（ctrip.com.cn）、艺龙旅行网（elong.com），它们没有传统业务，主要开展电子商务业务。这些中介服务商主要以商务网站为窗口，并有完整的电子商务系统，主要开展旅游产品的预订、分销和代理业务。

旅游分销商是连接旅游供应商（实体企业）和旅游中介商的分销网络，旅游供应商和旅游中介商加入该网络须得到专门许可，通过该网络可以实现预订、交易和支付，是国际旅游电子商务的主要形式。目前，主要有计算机预订系统、中央预订系统、全球分销系统等网络型的旅游分销商。这些旅游分销商的电子商务系统都有标准接入接口，旅游企业的加入申请通过后就可以利用这些分销系统开展电子商务或网络业务。

（二）旅游电子商务解决的管理问题

旅游电子商务的实质就是通过电子化手段解决旅游商务的处理与管理问题，商务是最终目的，电子仅是手段。旅游电子商务除了基本的在线业务交易外，还需要处理业务交易过程中的沟通问题以及信息的收集和发布问题，即营销中的效果预测和渠道优化问题。旅游电子商务解决的管理问题主要包括以下几方面。

1. 解决产品信息的发布问题

信息发布其实属于营销问题。传统旅游产品信息的发布是通过产品促销会和媒体广告，以及宣传小册子来实现。旅游电子商务中主要通过信息网站以及电子分销系统的网络来发布旅游产品信息。旅游电子商务的信息发布特点是速度快、受众面广、费用便宜、信息修改灵活。因此，旅游电子商务中的网站、社交平台、小程序代替了传统的宣传小册子，节省了许多人力，成为旅游电子商务互动的即时窗口。

2. 解决旅游需求的收集问题

旅游电子商务的网络环境可以随时收集游客的旅游需求，也可以通过客户的访问行为分析其旅游需求，以及通过客户的消费记录分析其消费需求。旅游企业可以利用电子商务系统中的各类数据，联机分析客户需要怎样的旅游产品，通过客户画像技术分析客户的访问行为，即分析其在什么时候、什么地点需要怎样的服务产品，这样便于自身的产品规划和产品设计，使企业提供的产品符合大多数旅游群体的需要。目前，客户的消费需求可以通过信息网站、自媒体、社交平台来收集，这要求旅游电子商务相关的应用设计时需要具备这方面的收集功能，如数据收集、画像分析、需求挖掘等。

3. 解决旅游服务商与旅游消费者的沟通问题

旅游商务沟通的便利与否会影响旅游业务的开展，良好的沟通环境可以扩展业务范围，尤其是移动电子商务的应用，解决了旅游服务商与旅游消费者的即时沟通问题。以前传统的沟通方式主要是打电话或面对面交流，而旅游电子商务可以通过社交平台、网站实现互动沟通或在线沟通，如文本沟通、语音沟通、电子邮件沟通等，也可以通过移动网络（如4G/5G）实现即时沟通。这些电子沟通方式不但可以留住老客户，也有利于培养忠诚客户，是了解客户需求、实施客户关怀、实现差异化服务的最佳方式。

4. 解决旅游供应商的销售问题

销售问题就是交易中的管理问题。旅游产品是一种服务产品，这种产品具有异地性、预约性的特点，交易中很少涉及物流，大多数交易其实就是产品的预订。旅游产品销售主要是服务预订，如票务预订、客房预订等。旅游电子商务可以通过网络实现在线销售（预订）和在线服务。与旅游相关的具体业务销售包括以下几类。

- 网络订房、预订度假产品（饭店企业）及管理。
- 网络订票（航空企业）及管理。
- 网络预订线路（旅行社包价产品）及管理。
- 网络组团（旅行社）的在线预订及管理。
- 网络预订景区门票（旅游景区）及管理。

5. 解决旅游企业之间的服务协作问题

旅游产品的销售完成需要企业之间的协作，尤其是团队旅游、自由行或自助游等，旅游消费者的旅游行程涉及多家旅游企业的服务，而旅游电子商务能实现企业之间业务的无缝协作。下面所述为旅游企业之间存在的各种各样的业务协作。

- 旅行社的团队需要饭店安排住宿。
- 旅行社的团队需要旅游景区安排观光、游览。
- 饭店的住店游客需要通过航空公司或其代理预订机票。
- 旅行社需要通过航空公司或其代理为团队成员预订机票。
- 旅行社需要通过旅游交通企业安排往返行程车辆。
- 旅行社安排团队去旅游购物点购物。
- 饭店与饭店之间的业务协作。
- 旅行社与旅行社之间的业务协作（组团与地接团等）。

以上企业之间的业务协作通过旅游电子商务系统可以实现高效衔接，其技术点就是企业间电子商务系统的数据交换，目前，主要通过Web技术、Web服务等实现各企业系统间的连接，从而实现旅游服务的无缝连接，由此旅游消费者能获得无缝服务。

四、旅游电子商务的主要商务模式

旅游企业的业务存在多种类型，如企业的采购，是企业与企业之间发生的业务关系，旅行社采购观光产品或住宿产品，它们的业务仅是在企业之间发生，与具体游客没有关系；又如旅游饭店采购食品、饮料以及客房用品，也是企业与企业之间发生的业务关系。旅游企业产品的销售也存在两种主要业务类型：一种是散客消费者，如自由行、定制旅游消费者等；另一种是企业消费者，即企业客户，如企业的奖励旅游、商务旅游、考察旅游等。这两种业务关系在处理方式上存在一定的差异，这些业务通过网络化的电子手段进行在线处理，就产生了以下几种旅游电子商务的商务模式。

（一）旅游企业之间的电子商务（B2B）

企业与企业之间的电子商务（business to business, B2B），是目前电子商务中所占份额最大的一种商务模式。旅游企业之间的电子商务主要包括产品分销、代理、采购、服务协同、拼团等。旅游服务包括食、宿、行、游、购、娱等产品，提供这些产品的企业之间存在复杂的代理和合作关系，B2B 可以提高这些企业协作的效率，有利于实现敏捷的旅游服务。

旅游企业的电子采购不但提高了采购效率，而且节约了资金，缩短了资金的流通周期，产生了较好的企业效益。因此，电子采购已被大多数旅游集团化企业所采用。

（二）旅游企业对旅游散客的电子商务（B2C）

企业对消费者的电子商务（business to customer, B2C）是交易量最大的一种商务模式，这里的 C 主要是指散客消费者，如消费者的网络订房、预订机票以及预订自由行、预订度假产品等都属于 B2C 模式。旅游企业与旅游散客的电子商务主要通过企业自身的商务网站来实现，以满足散客个性化旅游的需求，该部分游客可以通过网络获取信息、安排行程、客房预订、机船票预订、导游预订等，也可以通过网络中介服务或分销机构的网站来实现相关操作，如携程旅行网、艺龙旅行网等。

B2C 属于企业主动提供信息，以激发旅游散客的旅游动机，其产品展示主要通过网上门店的形式，也可以通过中介代理服务商提供信息，从而实现旅游产品的销售。

（三）旅游企业对企业客户的电子商务（B2E）

企业客户是旅游企业经营中的重要客户，如企业的差旅代理服务、外出考察行程服务、员工疗养度假服务等。旅游企业对企业客户的电子商务（business to enterprise, B2E）是旅游企业对企业类客户开展的电子化服务模式。企业类客户一般指非旅游类企业、机构、机关等，这些客户的外出考察、员工度假、集体旅游等往往选择与旅行社合作，成为旅游企业固定的客户群体。

B2E 主要通过互联网信息系统实现业务数据交换，可以帮助非旅游企业安排公务出差、会议展览、度假旅游，控制差旅成本，降低与旅途有关的费用。这类商务模式目前发展的势头相当良好，成为旅游企业的主要业务之一。

（四）旅游消费者对旅游企业的电子商务（C2B）

在网络环境中，旅游消费者可以提出对旅游产品的心理价位，然后由专门的系统帮其寻找可提供相应服务的企业，以达到交易的目的，这就是消费者到企业的电子商务（customer to business, C2B）。这种商务模式是旅游消费者主动提出服务要求，通过网络发布旅游需求信息，旅游企业获取信息后，双方通过互动交流达成交易，如旅游消费者的自助游、定制旅游、网络旅游自定线路以及预订符合心理价位的客房都是这种模式的具体应用。目前，这种模式的实际操作包括以下三种情况。

（1）旅游消费者提供一个价格范围，让企业出价。

（2）旅游者设计一条线路，吸引其他旅游者在网上组团，然后向企业要价，以提高自己的议价能力。

（3）旅游消费者自行定制旅游计划。

C2B 模式目前还在不断完善的过程中，但随着网络的完善，以及中介服务技术（SaaS）的普及，将使这种模式的应用成为旅游交易中的主流。另外，在旅游电子商务的模式中，还有企业与政府之间的商务操作，以及政府与旅游企业之间的商务操作。这些商务模式由于在实际中应用较少，因此这里就不做详细介绍了。

目前，旅游电子商务的运行基本都采用了线上到线下融合的模式（online to offline, O2O），我们称之为旅游 O2O 模式。它不同于社区 O2O，通常是线上旅游电商平台+线下实体旅游产品连锁超市开展的电子商务，或者线上营销+线下营销开展的市场营销，或者线上查询预订支付+线下旅行行程中目的地服务的在线直销方式。例如，百度推出的直达号，明确表示将在旅游 O2O 及其他生活服务领域发力；去哪儿网的联合线下资源走旅游 O2O 方向融合线上服务；携程通过对线下资源的掌控坚持践行旅游 O2O 模式。在 O2O 模式下，旅游企业要做的就是如何帮助用户做消费决策的 Online 环节，通常可以通过旅游大数据、攻略、旅游点评、其他用户真实的体验和实时的照片或视频等知识普及性、情感传递性的方式，帮助旅游者做出消费决策，完成线上下单，提高客户的转化率，增加线上收益。

第二节　旅游电子商务的功能和应用领域

在初始阶段，旅游电子商务的功能主要是在线交易。随着网络技术的进步，以及电子商务功能的完善，其应用领域也在不断扩展，除电子交易外，还包括市场营销、用户需求调查、客户偏好挖掘以及客户关系管理等。本节主要介绍旅游电子商务的功能以及相关的应用领域，目的是让读者对旅游电子商务能解决的业务管理问题有所了解，也对旅游电子商务的功能有较为全面的理性认识。在介绍旅游电子商务的功能以前，下面先介绍一下旅游产业的结构特点以及相关的信息流程，这些内容有助于理解电子商务的功能。

一、旅游产业的结构特点及信息流程

旅游产业的结构基本上是围绕旅行社的服务流程展开的，即主要围绕食、住、行、游、

购、娱等环节，在这些环节上就形成了许多不同的产业，如饭店产业、旅行交通产业、餐饮业、景区观光产业、休闲产业、娱乐购物产业等，因而旅游产业是一个综合性的服务行业。旅游产业的综合性形成了自身的一些结构特点。

（一）旅游产业的结构特点

虽然在学术界对旅游是否是一个产业还存在争论，我们这里先把旅游作为一个产业来对待。很显然，旅游产业由基本的交通产业、饭店产业、观光产业等组成，这些产业形成了一个服务链。旅游产业结构虽然由多个产业按照服务链综合而成，但旅游产业的结构是松散型的，且没有具体的边界，正因为这一点，旅游是否为一个产业就存在争议。旅游产业结构的流程实质上是一个服务流程，而且许多流程在旅行中是相关的。旅游产业的结构是松散的，但服务流程是紧密的，这就是旅游产业结构的基本特点。旅游产业具体在产业链上主要提供以下服务流程。

（1）中介服务流程：主要由旅行社和旅游服务公司提供。

（2）饭店服务流程：主要由饭店企业提供。

（3）观光游览流程：主要由景区、景点提供。

（4）餐饮服务流程：主要由餐饮服务企业提供。

（5）购物服务流程：主要由旅游购物商店和旅行社提供。

（6）旅途行程流程：主要由航空公司、车船公司、旅行社提供。

（7）信息服务流程：主要由信息网站、商务网站提供。

（8）导游服务流程：主要由旅行社或景区提供。

这些服务流程在电子商务环境下都与旅游预订网站（或商务网站）有关，因此预订网站已成为现代旅游服务流程的核心，这就是我们坐在家里就能获取各种旅游服务的原因。图 1-2 为旅游产业结构中服务流程的分析示意图。

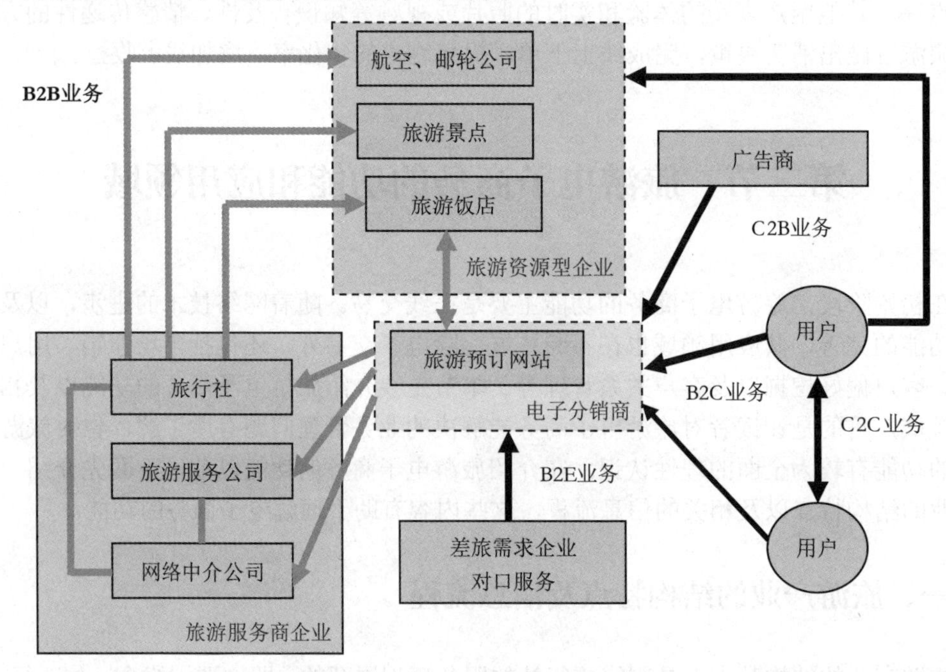

图 1-2　旅游产业结构中服务流程分析示意图

在图 1-2 中，旅游资源型企业、旅游服务商企业都是实体企业，包括电子分销商，它们为旅游消费者、差旅需求企业提供相关服务，而且服务窗口都是预订网站。由于旅游产业流程是一个服务流程，其流程环节上存在各种提供不同服务的企业，其服务内容不同，但服务对象相同，都是为游客提供旅途中的服务。旅游消费者通过预订网站享受旅游中的信息服务和预订服务，预订网站可能是资源型企业或旅游服务商自己的，也可能是旅游电子分销商的网站。因此，旅游产业结构中的服务流程形成了以下几个特点。

（1）旅游服务的相关性。旅游行程中提供的各类服务都由不同的企业承担，不同企业为游客提供的服务都有相关性，如机票服务与住宿服务有相关性、住宿服务与餐饮服务有相关性。这种相关性有利于旅游电子商务的整合，并可以通过电子数据纽带实现关联。

（2）生产、服务的同时性。旅游企业提供的服务产品，其生产和服务具有同时性，如住宿服务与住宿产品同时产生、餐饮服务与餐饮产品同时产生。这就要求电子商务系统提供的信息具有一定的时效性，在旅游活动中必须提供实时信息和服务说明。

（3）旅游产品的均衡性。旅游产品大多数是不可储存的产品，因此需要对销售和消费进行均衡。在旅游目的地规划中，要求饭店、交通、景区最大限度地销售产品，并在结构上要力求均衡，不能盲目地发展某类产品，如客房产品过多会造成资源浪费，过少会影响接待能力。餐饮产品也是一样，要求旅游目的地根据游客的情况实现需求和资源的平衡。

（4）信息服务的协同性。在组织旅游的过程中，由于不同企业服务的都是相同的消费对象，因此要求不同企业对旅游消费者提供的信息要协同、准确，如景区的观光服务、饭店的住宿服务，它们服务的对象往往是同一个旅游团队，二者在信息服务上必须协调一致。信息服务的协同性也要求企业的网上服务和网下服务的协同，不能产生服务上的不一致和不协调。

（二）旅游产业中的基本信息流

旅游产业结构中的服务信息流分基本信息流和交易信息流，其中基本信息流大多数是公开的，是一种多对多联系的信息流。在旅游产业结构中，基本信息流主要包括企业产品信息和企业基本信息，信息流的发布主要有以下几种方式。

（1）旅游目的地机构直接发布的信息。通过旅游目的地自己的门户网站直接发布旅游地的情况资料、产品信息作为促销宣传的手段，帮助区域内的旅游企业发布产品信息，供旅游者查询。这是代表旅游目的地机构最权威的信息发布。

（2）旅游目的地机构通过信息中介发布的信息。旅游目的地机构通过中介机构网站或专业的旅游网站、综合网站以及地方门户网站的旅游频道间接发布信息，也可以通过电子分销商网站、其他旅游电子商务网站等发布旅游目的地的情况资料、企业情况和产品信息。

（3）旅游企业通过自己的网站直接发布信息。旅游企业包括资源型企业和服务型企业。资源型企业，如景区、饭店、交通公司等，可利用自己的商务网站发布基本信息和产品信息，便于旅游消费者与旅游中介服务商提供的相同产品做价格比较，从而促进产品的销售。服务型企业，如旅行社，有自己的包价旅游产品，也可通过自己的商务网站直接发布旅游产品信息。目前，越来越多的资源型企业和服务型企业通过信息发布直接开展旅游电子商务。

旅游产业中的基本信息流可以通过旅游消费者与旅游目的地之间的信息流程作简单说明，如图 1-3 所示。

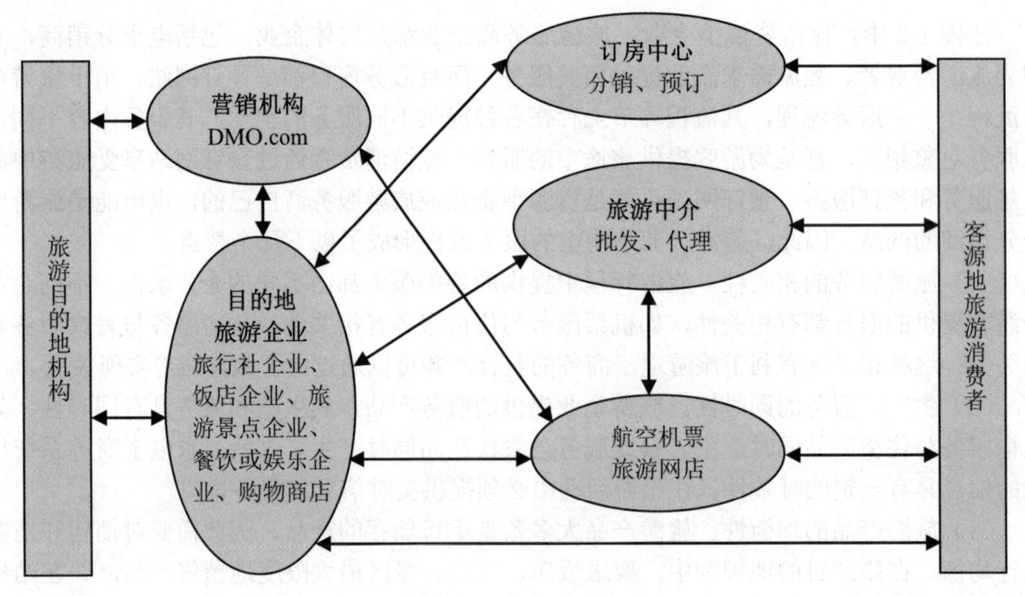

图 1-3 旅游消费者与旅游目的地之间的信息流程

在图 1-3 中，旅游目的地机构中有专门的营销机构（DMO.com），它负责发布旅游目的地内所有企业的信息，如旅行社企业、饭店企业、旅游景点企业、餐饮或娱乐企业以及购物商店，客源地的旅游消费者通过营销机构或通过这些实体企业自己的网站了解它们的基本信息和产品信息。当然，旅游消费者也可以通过订房中心、旅游中介或其他旅游网站了解目的地的旅游信息，而营销机构发布的应该是最权威的信息。

（三）旅游产业中的交易信息流

在旅游电子商务中，旅游产业结构中交易信息流是最重要的信息流。交易信息流与基本信息流不同，它是封闭的、端到端的私密信息，这些信息大多数是不公开的信息，必须通过企业的电子商务系统来处理。不管是企业与企业之间的业务交易，还是企业与消费者之间的业务交易，它们的交易信息都包括以下几种类型。

（1）权限管理和身份认证信息。

（2）客户询价回复信息。

（3）预订单处理结果信息。

（4）确认订单管理信息。

（5）客户支付信息。

（6）票据信息。

（7）合同文本签约与管理信息。

不同的交易系统有不同的交易信息类型，它们加密后通过网络从客户端传输到服务器端。这就要求在设计电子商务系统软件时，对交易信息流要有一定的安全要求，数据交易安全是电子商务的最基本要求。交易信息往往是在旅游产品供应方和旅游产品需求方之间传递，它们通过标准或规范的信息文本进行流转，如图 1-4 所示。

图 1-4 是针对 B2B 或 B2E 旅游电子商务的交易信息流转示意图，在 B2B 中，其交易信息流的设计不同于 B2C，B2B 更注重合同要约与签约的环节交流，而 B2C 仅有对预订单

的有效性的确认环节，不存在合同部分的信息流转。因此，相较于 B2C，B2B 的交易信息流程就比较简单。不同的电子商务系统尽管业务相同，但也存在不同的业务交易流程。在 B2B 业务交易中，旅游供应商与旅游需求方之间的交易信息都通过规范文本流转，尤其是国际电子商务，因此，设计旅游电子商务系统时一定要由交易信息流转的标准支持。

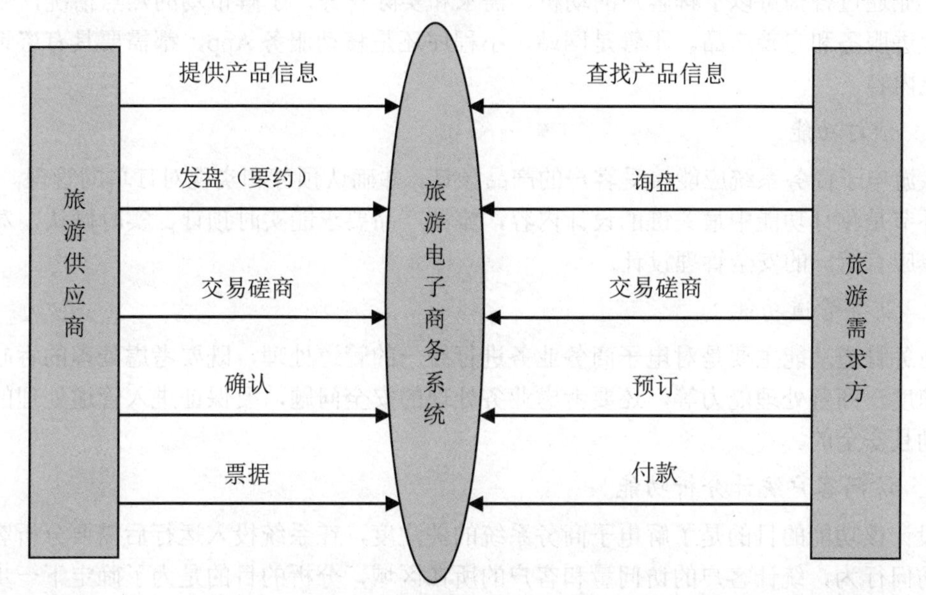

图 1-4　旅游电子商务交易信息流转示意图

二、旅游电子商务的功能

旅游电子商务的功能是反映系统对信息流程处理的能力，其功能规划是基于基本信息流和交易信息流，其核心依据就是交易信息流。旅游电子商务系统的功能规划必须在对旅游产业中的基本信息流和交易信息流进行分析的基础上提出旅游电子商务应具备的信息处理功能。旅游电子商务的功能一般可以分为基本功能和扩展功能两类。

（一）基本功能

作为一个旅游电子商务系统，其功能的设计取决于企业商务处理的需求。旅游电子商务系统的基本功能是实现产品信息的展示和产品的简单交易，虽然不同类型的企业在对功能的要求上可能存在较大的差异，但从不同旅游企业的共性方面考虑，旅游电子商务系统的基本功能具体包括以下几个方面。

1. *旅游信息发布功能*

旅游信息发布功能主要发布旅游目的地的基本信息和企业产品信息以及相关的促销信息。信息发布需要企业网站和内部信息系统的无缝对接，由专门的人员对信息进行编辑、审核和发布。

2. *产品展示功能*

产品展示功能主要是指在网站上介绍旅游产品，实现产品内容管理，并以多媒体或虚拟现实形式展示产品。产品展示的方式会影响消费者的选择，因此需要精心设计展示风格。

产品展示需要美工、编程和编辑人员的配合，有时候还需要配备视频信息进行展示。

3. 咨询服务

客户的旅游咨询是互动环节的重要组成部分，如线路咨询、景区服务咨询、住宿咨询等。企业通过咨询可以了解客户的动机、需求和实际喜好，了解市场的热点情况，更能帮助其改进服务和完善产品。不管是网站、小程序还是移动服务 App，都需要具有咨询服务的功能内容。

4. 预订功能

旅游电子商务系统应能接受客户的产品预订，并确认预订和实现对订单的管理。其中，确认环节是预订功能中最关键的设计内容，旅游产品要求能实时预订、实时确认，对于有效订单应有统一的安全管理设计。

5. 业务管道功能

业务管道功能主要是对电子商务业务进行统一的管道处理，既要考虑处理的吞吐量、处理速度、商务处理能力等，还要考虑业务处理的安全问题，要保证进入管道处理的业务是自动且安全的。

6. 访问客户统计分析功能

设计该功能的目的是了解电子商务系统的关注度，在系统投入运行后需要分析客户的基本访问行为，统计客户的访问量和客户的所在区域，分析的目的是为了确定下一步的营销规划以及制定更有效的销售策略。

7. 统计报表功能

统计报表也是为了掌握当前电子商务开展的情况，主要是对预订业务及订单情况的统计，形成月度报表、季度报表以及年度报表，报表的类型和具体格式需根据企业要求设计。

除上述功能外，基本功能也包括营销方面的功能，如优惠券、积分商城、积分抽奖、会员签到、会员充值、裂变分销、拼团、秒杀等，还包括数据加密、界面容错、广告切换以及操作的个性化界面等非商务功能。限于篇幅，这里不做详细介绍。

（二）扩展功能

扩展功能是基本功能以外的一些功能，是一个电子商务系统体现差异化和竞争优势的主要形式。旅游电子商务系统的扩展功能主要体现在商务分析上，如对客户消费分析、趋势分析和数据挖掘等，以及一些智能化的业务处理。旅游电子商务系统的扩展功能具体包括以下几方面。

1. 客户偏好挖掘

这是商务分析中常用的扩展功能，通过客户的消费资料挖掘客户的偏好，如旅游偏好、餐饮偏好、水果偏好、夜生活偏好等。这是对重要客户的深入挖掘，以分析客户的消费倾向，便于提供差异化服务或更温馨的个性化服务。

2. 客户需求挖掘

电子商务系统可以通过客人的消费档案、画像来分析游客的消费趋势，也可以通过消费者的访问行为来分析其潜在的需求。客户需求挖掘是对客户群体的数据挖掘，目的是设计出更好的产品来迎合这些客户的需求。

3. 企业间系统对接功能

电子商务发展到一定程度，需要实现企业之间的系统对接，这是企业间协作不可或缺的功能，可以实现业务的无缝处理。系统对接的关键是选择合适的合作伙伴，如旅行社如何选择饭店以建立长期的合作关系，一旦建立对接，企业间相互的业务就可以完全实现电子化处理。在电子商务环境下，旅游企业之间的电子业务都需要系统对接功能。

4. 知识管理功能

知识管理是信息管理发展的高级阶段，这里的知识是指企业经营知识，企业只要善于归纳和总结知识，就能提升自己的经营能力，创造新时代的知识经济。因此，企业做好知识管理，不但能提高服务效益，还能提升企业的创新能力、盈利能力。旅游电子商务系统中如果具备知识管理功能，就可以实现在不同时段对产品的智能定价。

5. 网络营销绩效分析功能

电子商务的功能之一是网络营销，为了对网络营销进行有效评估，需要对每次网上的促销活动和网络营销效果进行在线分析。目前，绩效分析软件都是外购并整合在电子商务系统中，便于网络营销人员使用，以提高网络营销的绩效。

6. 智慧服务功能

智慧服务主要体现在客户体验和个人中心两个方面，如客户的搜索、推荐、收藏、预订、支付、取消订单、限时付款、快捷登录、一键分享、在线客服、短信通知等功能体现了人工智能的应用；又如客户的积分管理入口、分销入口、订单中心、分销中心、退款功能、充值/提现功能、站内通知、收藏记录等同样体现了人工智能的应用。智慧服务一方面改进了客户服务，另一方面能增加客户的个性化体验。

三、旅游电子商务的应用领域

旅游电子商务系统作为一个应用软件不同于企业内部的管理信息系统，前者主要是为交易中的一系列管理提供服务，后者主要是用于企业内部的管理（经营管理）。旅游电子商务系统需要内外部的信息整合和系统整合，管理信息系统仅是旅游电子商务系统的基础。旅游电子商务在企业中的应用除了交易这一核心功能外，还有与之相关的一些其他应用，具体包括以下几个方面。

（一）信息服务

信息服务是旅游电子商务系统的主要应用领域，主要提供完善的对客户和内部员工的信息服务，通过敏捷的信息服务提高企业的销售收益。现代旅游消费者对信息的需求很大，企业必须把自己的产品信息（包括相关信息）以多种形式提供给旅游者，保证旅游者在旅游前、旅游中、旅游后都能获取信息。旅游电子商务系统的信息服务需要具备以下一系列功能。

（1）采集信息：保证信息的实时性、有效性和完整性。

（2）整理信息：提供旅游者需要且有上下关联的信息，满足旅游者的实际需求。

（3）展示信息：以旅游者喜欢的、可互动的形式展示产品信息。

（4）搜索信息：帮助旅游者方便地获得信息，以激发旅游者的消费动机。

（5）储存信息：可储存暂时不用展示的信息，以备用或等查询时用，等待增值机会。

旅游者大多是通过网站获取信息，而旅游代理商是通过电子分销系统获取信息。

（二）预订服务

预订服务是旅游电子商务系统的基本应用领域，是旅游电子商务交易的核心业务，旅游的大多数产品仅接受预订。因此，理论上，旅游电子商务是一种预约型的电子商务，主要提供行程服务和观光服务中的产品预订，几乎不需要物流。作为一个旅游电子商务系统，其需要具备以下预订功能。

（1）订房服务：这是饭店企业的主业务，通过系统实现网络订房或在线订房。

（2）订票服务：这是旅游交通企业的主业务，通过网络票务系统实现机票、车船票等的预订。

（3）景区电子票预订：这是景区、景点企业的主业务，通过系统或网络实现景区电子门票的预订。

（4）导游预约：这是旅行社或景区的主业务，通过系统实现网络的自助游或预约旅游目的地的导游。

（5）线路预订（包价产品）：这是旅行社的主业务，通过网络可以预订旅游目的地提供的旅游线路产品或其他包价产品。

（三）分销服务

分销服务是旅游电子商务系统的又一重要应用领域。旅游产品的传输不存在物流，因此很适合通过网络进行分销，尤其是旅游中介服务商的分销，其电子商务系统主要是旅游产品的代理分销，如携程旅行网的电子商务主要是产品分销。作为资源型企业，也希望通过分销的方式把产品销售出去。目前，旅游分销有专门的分销商，通过网络和终端客户系统实现销售，如携程旅行网、艺龙旅行网都是新型的网络电子分销服务商。

（四）网络营销

网络营销是旅游电子商务系统的又一重要应用领域，尤其是互联网出现以来，基于互联网络的市场营销已成为旅游目的地机构的主要营销方式，如电子营销（e-marketing）、万维网营销（web-marketing）等都是网络营销的新名词。目前，许多旅游企业的电子商务其实都还停留在营销阶段，只是利用网络宣传产品而已。旅游产品的销售都是营销先行，在网络上进行营销和预订都是关联的。旅游电子商务的网络营销的主要具有以下几个特点。

（1）跨时空：可以扩大营销的受众面。

（2）个性化：营销内容和界面可以按照用户的要求设定。

（3）可交互：营销过程可以及时沟通和商谈。

（4）差异化：营销内容可以按照客户的消费层次呈现。

（5）经济性：营销费用比传统营销有所减少。

（6）高效率：营销内容的制作、发布速度快，效率高。

（7）可评估：营销效果可以即时评估，而且评估准确率高。

（8）技术性：营销实施需要技术人员的支持。

网络营销为旅游业解决的管理问题主要包括市场调研、需求获取、客户行为分析、效果评估、费用控制、差异化服务、异地促销、渠道整合等。在旅游电子商务系统的规划设计中，网络营销功能及整合是设计的重点内容。

（五）客户关系管理

客户关系管理也是旅游电子商务系统的重要应用领域，这是因为网络时代的产品销售、产品设计都是围绕客户展开的。旅游电子商务系统是开放型和互动式的，可以很方便地实现客户关系的管理和维系。客户关系管理是在“接触管理”“客户关怀”等理念基础上，结合信息通信技术发展起来的一种商业模式，它整合了对客户的沟通、销售、营销、分析等业务环节，形成客户关系管理（customer relationship management, CRM）软件。旅游电子商务中要求的客户关系管理需要具备以下特点。

（1）智能化和人性化：系统利用数据驱动服务，尽量让数据跑路，提升温馨服务。

（2）信息化和集成性：系统应减少信息“孤岛”，以满足客户消费中的信息要求。

（3）流程规范化：所有服务流程都有电子记录，以便整理和挖掘客户偏好。

（4）客户细分和服务等级化：重点做好对重要客户的服务，为其提供一对一的差异化服务。

（5）完善的售后服务：通过许可的互动，实现关怀式的信息服务。

（6）企业资源保护：企业数据的分类和许可管理，既开放又有严格的使用制度。

（7）客户关怀差异化：按照客户忠诚度和贡献度提供关怀服务策略。

（8）预测客户消费动向：通过联机分析，预测客户的消费趋势和对产品的要求。

客户关系管理越来越受到旅游企业的重视，许多旅游集团在开发电子商务系统的过程中重点开发客户关系管理的相关功能，以完成企业在经营中的客源地客户管理、客户的沟通、客户偏好的挖掘、重要客户的维系、细分客户、客户忠诚度分析以及互动交流等工作。

第三节 国际旅游电子商务

随着我国经济的发展，人们有了走出去看看的愿望和能力。因此，旅游不仅仅限于国内，而是一个国际化的商务活动，旅游业也成为全球化最早的一个产业。据文化和旅游部统计，我国在2018年出境游人数达1.5亿人次。居民出境旅游的消费额每年都在增加，旅游活动带来的经济增长相当可观，泰国等国家主要靠旅游发展社会经济。通常将处理国际出境游业务的信息系统称为国际旅游电子商务，近年来，国际旅游电子商务被公认为最有发展前景的一个经济领域。

一、互联网用户发展与旅游电子商务

互联网的发展推动了旅游业的快速发展。据We Are Social对全球互联网、社交和移动市场研究后宣称，截至2020年6月中旬，全球互联网用户已达46.48亿人，相当于全球人口的59.6%，全球活跃的社交媒体用户超过30亿人；我国移动互联网用户人数有13.19亿人，社交媒体用户已超10亿人，移动手机用户数已超过全球人口的60%。互联网用户数，

尤其是移动互联网用户数的增加将加快旅游电子商务的发展，不管是旅游前、旅游中还是旅游后，游客获取信息的渠道首选就是移动互联网。目前，互联网用户具有以下几个特点。

- 受教育程度比较高。
- 普遍利用网络了解旅游目的地的信息。
- 年轻人所占的比例较大，喜欢通过网络预订机票、住宿等旅游产品。
- 具有在线交流、咨询和互动的习惯。
- 个性化的自助旅游成为年轻互联网用户的偏好。

互联网用户的这些特点是推动旅游电子商务发展的主要动力，许多旅游企业为了迎合互联网用户的需求，通过网站推出在线预订的商务策略。此外，以下几点也是推动旅游电子商务发展的主要原因。

（一）电子商务技术的发展

电子商务技术（如产品展示技术、内容管理技术、业务管道处理技术、在线视频技术、安全技术以及在线互动技术等）的发展是助推旅游电子商务发展的主要原因。全球化电子商务的兴起营造了利用信息化手段改造旅游业的大环境，使旅游业成为最早和最广泛应用电子商务的行业之一。国际电子商务的发展也为信息技术的进步提供了实践动力，如网络编程技术、数据交换技术、SaaS（软件即服务）技术、数据分析与服务技术等，加快了旅游电子商务的发展。

（二）新型旅游消费观念推动了旅游电子商务的发展

在互联网的影响下，人们的旅游消费观念发生了变化，他们获取旅游信息的主动性使旅游方式发生了改变，如个性化旅游、自由行已成为互联网用户最为推崇的旅游方式，他们在工作之余或休息日会到郊外选择休闲式的旅游产品，休闲和旅游消费已成为理性的大众消费方式。在互联网用户和许多年轻人中间，下面一些新型的旅游消费观念已经普遍存在。

- 旅游者参与旅游产品设计的意愿在增强。
- 在线旅游者喜欢自己组团的情况在不断增加。
- 喜欢定制旅游的消费者在不断增加。
- 信息获取的低成本，使旅游者旅游动机决策的随意性增强。
- 旅游前先查网络信息，旅游者更加关注旅游质量与性价比（需要网络比价）。
- 自己选择线路、自己安排住宿的自由行将成为旅游消费的主要趋势。
- 在线旅游与在线网络游戏的结合将成为新的休闲产品。

新的旅游消费观念和旅游电子商务是相辅相成的，新的旅游消费观念需要旅游电子商务的支持，技术的发展也会促使新的旅游消费观念的形成，如在线休闲、在线娱乐、在线康养等在线服务也会不断涌现。网络无处不在，人们在线消费观念的普及一定会推动旅游电子商务的进一步发展。

（三）互联网成为旅游者获取信息的主渠道

美国曾做过一次旅游生活方式调查，其中公民出游信息的获取调查显示，公民的旅游信息来源渠道已超过56%来自互联网，其中来自旅游目的地系统的有63%，来自旅行社的只有22%，其他则来自旅游书籍、报纸和电视等媒体。近几年，获取出游信息的渠道已超过 80%来自互联网。这说明在美国等发达国家，互联网已成为旅游者获取信息的主渠道。我国的情况也是一样，随着旅游目的地信息系统的不断完善，许多旅游者都通过互联网从旅游目的地信息系统获取信息，虽然没有做过全面的调查，笔者相信互联网必然是我国旅游者获取信息的主渠道。

二、在线旅游市场不断增长

在线旅游（也称网络预订）市场是通过网络环境交易旅游产品的场所。近年来，在线旅游市场在美国和欧洲各国的带动下发展迅速，成为旅游电子商务应用的最大网络交易市场，旅游电话预订、旅行社预订、网络预订已呈三分天下的格局。但从发展的趋势看，网络预订的市场份额还在不断上升，如美国的网络预订市场份额已占旅游预订市场的 69%，超过了市场总额的二分之一。

（一）专门的旅游电子商务服务商

专门的旅游电子商务服务商是在线旅游市场的主力，其优势是能提供各种多样的旅游产品，如机票、订房、旅游线路、包价产品等，如著名的 priceline.com、expedia.com、travelocity.com、tvtravelshop.de 都是专门的旅游电子商务服务商。美国的三大在线旅游电子商务服务商的市场份额要占美国在线市场的 40%，它们是在线旅游市场增长的主要力量。

（二）专门的电子分销服务商

专门的电子分销服务商主推旅游产品的分销，如饭店客房、各种机票或票务、旅游线路等产品，尤其是饭店客房产品，其分销的市场份额在不断增长。目前，最大的电子分销商 OTA 已有逐渐取代全球分销系统（GDS）的趋势，虽然还有一些高端饭店加盟了 GDS 的电子分销渠道，但分销主渠道已发生了变化。而旅行社是最早使用 GDS 的，如美国的旅行社 100%使用 GDS，欧洲的旅行社 40%（部分国家 85%）使用 GDS，我国旅行社使用 GDS 的比例还不到 17%，但它们的分销份额都在逐步下降，将来分销渠道将由 GDS 和 OTA 平分天下，OTA 已成为新兴的电子分销服务商。

（三）全球化旅游企业集团在线销售不断增长

大型旅游集团的在线销售成为在线旅游市场的主要增长点。近年来，大型企业集团纷纷建立自己的在线销售网络，其在线销售不但促进了旅游在线市场的不断增长，也增加了自己直销业务的销售额，在线直销成为这类集团新的经济增长点。近年来，旅游企业集团中发展最快的，也是在线销售增长最快的企业，如美国的运通公司（americanexpress.com），它的在线销售所占的市场份额非常大。其他重点进行在线销售的主要是酒店集团，如希尔顿酒店集团（hilton.com）、法国雅高集团（accor.com）、洲际集团（ichotelsgroup.com）、凯悦酒店集团（hyatt.com）以及香格里拉集团（shangri-la.com）等。

（四）在线查询旅游信息的比例不断增加

互联网的普及使旅游者足不出户就可以获取旅游信息，尤其是旅游目的地的各种旅游信息。近年来，在线查询旅游信息的数量非常大，尤其集中在查询旅行机票、旅游线路、景点介绍、饭店住宿等方面的信息。丰富的旅游信息激发了旅游者的出游动机，方便的在线查询功能也增加了在线旅游市场的发展机会，使旅游者利用网络安排旅游行程成为可能，由此进一步促进了在线旅游的发展。

在网络无处不在的今天，在线查询旅游信息已有许多渠道，如 OTA 渠道。旅游者既可以通过旅游目的地机构的门户网站获取信息，或者通过目的地旅游服务供应商网站以及旅行社网站等查询旅游信息，也可以直接通过旅游产品供应商的网站查询旅游产品信息。有些新闻网站或综合性网站也设置有旅游频道，供消费者查询旅游信息。

三、美国旅游电子商务的发展

美国是互联网的发源地，其旅游电子商务走在世界的前列已是不争的事实。美国基于互联网的旅游电子商务起步于 20 世纪 90 年代中期，尤其是 OTA 电子商务发展迅速。总体上看，目前美国旅游市场总额超过三分之二来自旅游电子商务方式，尤其是 OTA 所占市场份额比较大，传统的饭店业、旅行社已基本转型实现传统商务的电子化，在旅游业的各个层面形成了功能齐全、覆盖各个产业体系的旅游电子商务系统软件。美国在信息技术应用方面，传统旅游的电子化，如旅游资源数据库、旅游企业与门户网站结盟、个性化定制以及推行电子票务方面都走在世界前列。

（一）美国旅游电子商务的内容

美国旅游电子商务的内容分为两方面：一方面是企业和旅游消费者相关的商务，主要是各种旅游产品的预订；另一方面是旅游企业之间的协作型电子商务，即企业与企业之间的电子商务。企业协作型电子商务是发展的重点，主要涉及饭店与旅行社、旅行社与景区，这些主要涉及团队旅游的行程和观光，都需要企业间协作型电子商务的支持。在企业与旅游者之间，美国旅游电子商务主要涉及机票预订、客房预订、度假产品预订以及各种门票的预订。旅游消费者可以在线预订的旅游产品主要包括以下几方面（根据美国在线市场整理）。

- 预订机票：100%实现电子票务。
- 预订客房：有超过 90%的在线旅游者预订酒店客房。
- 预订租车：几乎 100%的自由行旅游者预订租车。
- 预订博物馆：博物馆和体育比赛的门票预订实现了电子化。
- 预订景区、公园门票：超过 60%的在线旅游者预订景区门票。
- 预订游轮：预订游轮的在线旅游者的数量在逐年增加。

在美国，机票预订、客房预订、租车预订的数量每年增幅都相当大。截至 2019 年年底，美国在线预订的市场份额在不断增加，新冠肺炎疫情发生以后，旅游市场的旅游服务几乎 100%实现了在线预订，在线预订服务的收入并没有减少。

（二）美国旅游电子商务网站

美国的旅游电子商务网站几乎没有不盈利的，大多数旅游电子商务网站都有相当可观的年收入。由于商业盈利属于企业机密，我们无法获得这些商务网站的盈利情况，但可以通过分析其用户数来推断其盈利能力。美国拥有超过10亿用户的旅游网站有下面几个。

- digitalcity.com
- mapquest.com
- expedia.com
- priceline.com
- cheapoair.com
- traveloclty.com
- americanexpress.com
- cheaptickets.com
- orbitz.com
- startravel.com

其他如previewtravel.com、travelscape.com、lonelyplanet.com、citysearch.com都是人气很旺的旅游网站，这些网站近年来的发展是美国旅游电子商务发展的一个缩影。

（三）美国旅游电子商务的运作机制

在美国，旅游电子商务的网站有很多类型，有旅游产品供应商的网站、航空公司的网站、中介服务商的网站，以及大型综合性购物网站开辟的旅游频道网站。归纳起来，这些网站的运作机制主要有以下几种。

1. 供应商直接交易机制

供应商直接交易机制是由旅游产品供应商直接进行交易的电子商务系统，对外也是通过网站窗口提供交易服务，如旅游饭店集团、大型旅行社、航空公司建立的网站等，美国的万豪国际酒店集团、凯悦国际酒店集团、希尔顿集团等都有完善的预订系统来开展电子商务。在旅行社方面，美国环球旅行社、华人旅行社、西玛国际旅游公司等都有可以直接交易的旅游电子商务系统供旅游散客报名组团。在航空公司方面，美国的航空公司最早开展旅行商务的电子化服务，所有航空公司都有自己的网站以实现电子票务的预订，有些航空公司的电子商务甚至延伸到了饭店的客房预订，发展成为全球分销系统，如Sabre，Sabre被视为全球分销系统的先驱。

2. 交易佣金机制

采用交易佣金机制的主要是新型的旅游服务中介，它们没有自己的实体资源型企业，主要利用电子商务手段提供信息和交易服务，通过成交的业务获取交易佣金，为企业获取收益。美国许多综合性购物网站中的旅游频道、城市门户网站中的旅游频道以及一些专业旅游服务型网站，都是以交易佣金机制的方式为网站获取收益。这些网站的中介服务主要包括预订机票、预订客房、预订租车、预订旅游线路等，属于在线代理销售的方式。

3. 导航台分销机制

在美国的旅游电子商务领域，网上旅游开展得如火如荼，不仅专业旅游网站的数量惊人，而且已经形成了类型、功能比较齐全，涵盖旅游业各个领域的网上旅游产业体系。旅游商品及服务的在线销售正在影响着越来越多的家庭、商务旅游者、旅游服务提供商等，同时其网站建设的投资规模并不亚于其他领域。究其原因，在于这个市场的潜力十分巨大。

但大多数小规模的中介服务网站要想盈利，需要扩大知名度和提高访问流量，其中提高网站的访问流量是关键，可行的方法就是让自己的网站与访问流量大的网站进行合作，将其访问流量吸引到自己的网站上来，由此出现了导航台分销机制。这种分销机制是利用大型网站导航台的访问流量，实现旅游产品分销的一种旅游电子商务，如 Preview Travel、Travelocity 等旅游网站都投入上百万美元用以在著名导航台上建立独家链接。

4. 门户网站的分销机制

在美国，一些大型的综合性门户网站已认识到旅游市场的价值，纷纷与一些旅游网站主动合作。目前，美国 10 个访问量最高的门户网站中的 9 个已经分别与 6 家旅游在线预订网站结盟。在这种合作模式中，旅游中介服务提供商大多都要求门户网站独家使用其预订服务平台，但是门户网站并不能约束中介服务商在其他门户网站上做广告或利用门户网站的广告实现商务，如 Travelocity 与 Yahoo！门户网站合作，Expedia.com 与 Microsoft 门户网站合作，Preview Travel 与 Lycos 门户网站合作，TheTrip.com 与 AltaVista 门户网站合作，Travelocity 与 Netscape 门户网站合作等。

5. 全球分销系统机制

利用全球分销系统实现旅游产品的分销是近年来旅游电子商务的又一种运作方式。美国的联号饭店预订系统和中小型饭店的联合预订系统基本都与全球分销系统联网，它们通过各种方式与全球分销系统连接，实现旅游产品的电子分销，由此成为规模最大的旅游分销系统。在美国，全球分销系统从航空机票预订开始，然后发展到饭店的客房预订，最后发展到旅行社线路包价产品预订，形成各自企业预订系统到全球分销系统的巨大网络，体现了旅游产品在线市场的大整合和全球化。

第四节　我国旅游电子商务的发展

我国旅游电子商务的发展是随着互联网技术的成熟应用而不断进步的。旅游业属于信息密集型行业，旅游企业的经营对信息高度依赖，因此，互联网出现以后，其对信息的传播作用被旅游业所关注，旅游网站在互联网上成一枝独秀。无论是发达国家，还是发展中国家，旅游网站都是发展最快、数量最多的行业性网站。旅游产业中的旅游者，也是对信息服务高度依赖的消费者，无论是旅游前还是旅游中，都需要旅游信息的支持。因此，近年来我国旅游业的发展借助于网络和移动电子商务的成熟，在消费者线上服务需求的推动下，旅游电子商务得到了快速发展，已形成个性化旅游和虚拟旅游共存的发展趋势，从而使传统团队旅游的比例逐年减少。

一、我国旅游电子商务快速发展的原因

我国旅游电子商务起步于 1995 年，在二十多年的发展过程中，开始的十年发展缓慢，主要解决了旅游电子商务能不能实现的问题，当时许多企业还存在疑虑；而之后的十年，旅游电子商务发展迅速，主要面临的是怎么开展的问题。截至 2015 年，我国旅游电子商务的发展主要考虑战略的问题，即怎样构建更有效的系统，旅游电子商务有助于企业发展已

不容置疑，所有的旅游企业都认同旅游电子商务的作用。旅游电子商务在我国快速发展的原因，主要包括以下几点。

（一）互联网用户数量的快速发展

互联网用户的数量是开展电子商务的基础，旅游电子商务也一样，网民是其应用的主体。旅游消费者通过网络可以实现旅游信息查询、旅游产品预订、自由行等旅游活动，便利的信息获取成为人们纷纷上网的主要原因。

据中国互联网络信息中心（CNNIC）发布的第45次《中国互联网络发展状况统计报告》显示，截至2020年3月，我国网民规模达9.04亿，互联网普及率达64.5%，手机网民规模达8.97亿，手机上网比例达99.3%，网民通过手机上网的比例在高基数基础上进一步攀升。图1-5是2013年至2019年6月我国网民规模及使用率增长情况，这一规模还在不断扩大中。互联网用户数量的增加推动了互联网价值的提升，而网络价值的提升助推了旅游电子商务的进一步发展，网络价值和电子商务又增强了对网民的吸引力，形成电子商务快速增长的契机。

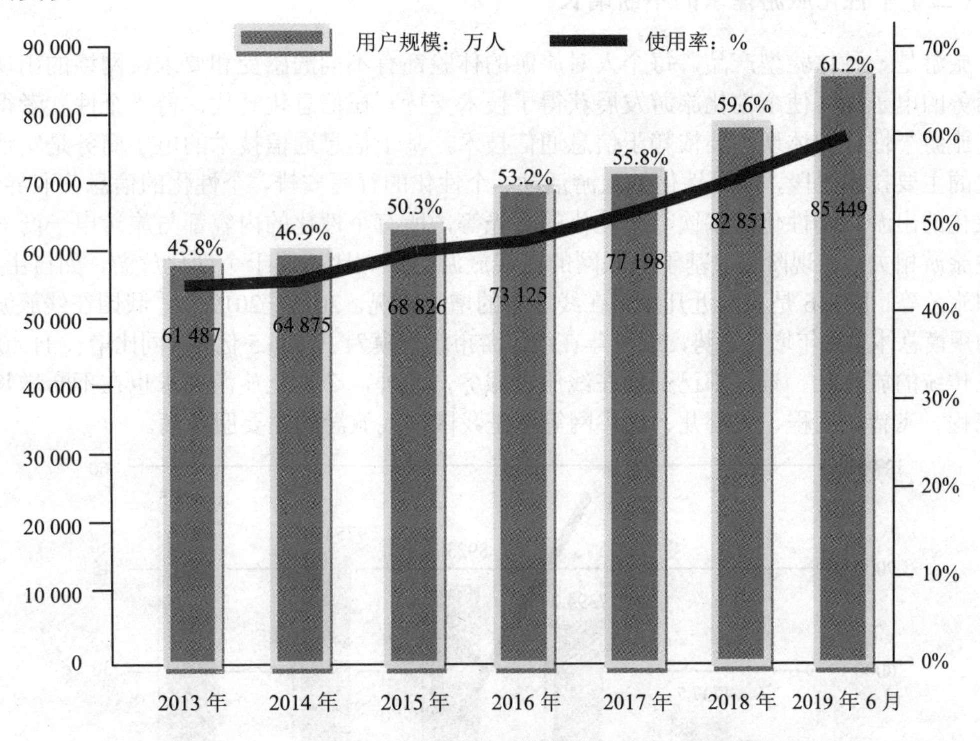

图1-5　2013—2019年6月我国网民规模及使用率

目前，我国互联网用户数量已超过美国，使我国成为最大的互联网用户国，但从互联网普及率来看，还落后于冰岛、英国、美国、日本等网络发达国家，目前，我国互联网的用户普及率还不到70%，但由于我国人口基数大，电子商务发展具有非常广阔的前景。我国互联网的网民规模已形成了庞大的电子商务基础，尤其是网络市场仍有很大的商务发展潜力，这为我国旅游电子商务的发展奠定了良好的基础。在未来，尤其是后疫情时代，我国旅游电子商务的发展还将保持良好的势头。

（二）国内生产总值的上升

国内生产总值（GDP）的上升，也是我国旅游电子商务快速发展的一个原因。据国家统计局的数据显示，我国 2019 年 GDP 总量已超过 99 万亿元，接近 100 万亿元，人均 GDP 首次超过 1 万美元，世界排名第二，仅次于美国。人均 GDP 突破 1 万美元，意味着我国的经济规模更大，对国际发展环境的适应能力增强，有利于国际旅游电子商务的健康发展。我国 GDP 的上升、国民收入的增加，以及人们生活水平的提高，推动了我国旅游业的快速增长，尤其是网络环境的改善，人们已习惯于利用网络处理旅游商务。随着人们生活水平的不断提高，旅游已成为其生活的一部分，这给我国旅游电子商务的发展带来了很大的机遇。

我国人均 GDP 与美国人均 GDP 还相差 6 倍，但由于我国人口基数是美国的 4 倍多，因此我国旅游经济的发展基数也相当大，再加上信息通信技术在旅游业中的推广应用，我国旅游电子商务发展的空间巨大、前景广阔，经济和技术的发展决定了旅游电子商务将成为旅游专业中的重要学科。

（三）个性化旅游需求的不断增长

旅游是一种体验型产品，每个人对旅游的体验都有不同的感受和要求，网络的出现以及商务的电子化，使个性化旅游发展获得了技术支持。在信息化时代，得“个性”者得天下，旅游个性化的体现主要依赖于信息通信技术，基于信息通信技术的电子商务是实现个性化的主要技术手段，如个性化的旅游活动、个性化的行程安排、个性化的信息获取界面、个性化的出游、个性化的餐饮、个性化的观光等，所有个性化的内容都与旅游电子商务的在线旅游相关。在现阶段，基于互联网的在线旅游的很大比例属于个性化旅游，如自由行、定制旅游等。图 1-6 是我国近几年来在线旅游的增长情况，2015—2019 年，我国在线旅游市场的规模总体呈逐年增长态势，2019 年在线旅游市场规模为 10 866.5 亿元，同比增长 11.40%，而且传统的旅行社、景区都已开展在线旅游服务，此外，个性化旅游需求也在不断增长，如携程、飞猪、同程、去哪儿、途牛网等都是我国在线旅游的主要服务商。

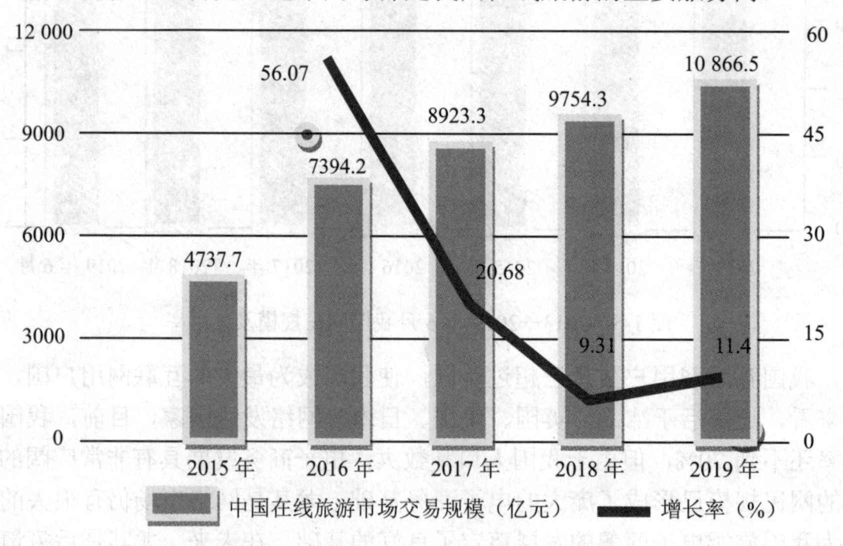

图 1-6 2015—2019 年中国在线旅游市场交易规模走势图（单位：亿元）

资料来源：Analysis，前瞻产业研究院整理。

在线旅游的增长情况也反映了个性化旅游的发展情况，许多个性化旅游的自由行都是以饭店预订、机票预订以及打包旅游的业务形式实现的，消费者并不需要与产品供应商见面，所有业务都是以电子商务的形式进行处理。离开了电子商务手段，个性化旅游就无法实现。

二、我国旅游电子商务的主体结构

所谓电子商务的主体结构，是指参与交易的技术系统。我国旅游电子商务的主体结构是以云服务平台和旅游企业内部的网络为基础，共分四个层面，即由云服务平台和旅游企业内部网络、旅游电子商务系统或平台、基于网络的电子分销及直销、旅游网站等组成，这些主体都是为了旅游商务的电子交易而存在，旅游消费者通过这些层面的技术系统实现对产品的具体购买。在现阶段，我国旅游电子商务的主体结构，如图 1-7 所示。

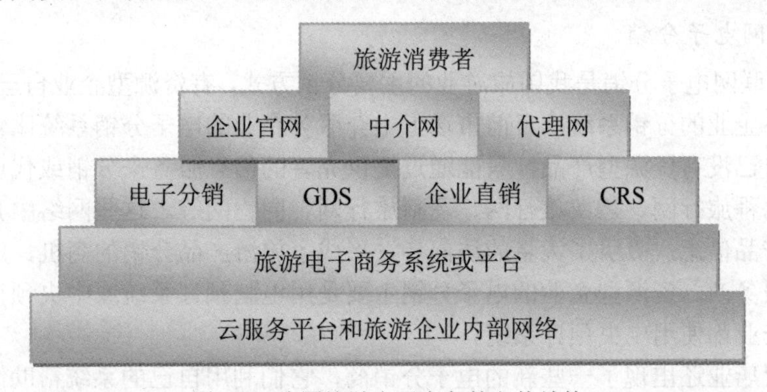

图 1-7　我国旅游电子商务的主体结构

（一）云服务平台和旅游企业内部网络

旅游商务都是企业行为，因此旅游电子商务的主体结构都是企业的技术系统。企业要开展电子商务或者构建内部网络，这是旅游电子商务运行的基础，或者通过云服务平台、软件即服务（SaaS）或平台即服务（PaaS）等模式构建电子商务基础。由于不同旅游企业间的差异很大，存在各种各样的内部网络结构形式，但其发展趋势都是基于互联网技术的内部网构建。内部网主要由 Web 服务器、应用服务器以及各种类型的工作站构成，其对外服务都通过网站来实现，因此企业的官网是内部网络对外的窗口。

内部网的构建主要考虑开放性、稳定性、安全性和可扩展性等要求，随着云服务平台应用的普及，内部网的构建越来越简单。

（二）旅游电子商务系统或平台

旅游电子商务系统或平台是一个集成系统，平台化是电子商务发展的大趋势，每个旅游企业都有自己的电子商务系统，其运行主要依靠企业的内部网络或云系统，这是企业开展电子商务交易的基础性系统。有些企业的系统范围比较完整，属于完全的电子商务系统，有些企业的系统可能还是不完全的电子商务系统。另外，旅游企业有多种类型，其应用系统可以分为旅游饭店电子商务系统、旅行社电子商务系统、旅游景区电子商务系统，以及旅游中介服务的电子商务系统。有一些旅游目的地机构开发了旅游电子商务系统，主要为旅游目的地机构开展网络营销，兼做一些代理型商务，但不是主要的业务。目前，我国中介服务商的电子商务系统已具有很大规模，如携程旅行网、途牛网、艺龙旅行网等，它们已占据旅游电子商务市场较大的份额，成为旅游电子商务发展的主要力量。

旅游电子商务系统有独立型和企业间协作型等不同类型。

（三）基于网络的电子分销及直销

网络型的电子分销既是旅游电子商务主体结构中的重要组成部分，也是旅游业的主要电子商务形式。直销也是企业电子商务系统的重要组成部分，可以采用 App 或小程序的形式。目前，电子分销主要包括互联网电子分销和全球电子分销两种形式。互联网电子分销有计算机预订系统、中央预订系统（CRS）和网络中介分销商三种形式。全球电子分销属于国际分销，它使用专门的增值网络，近年来也开始结合互联网发展国际分销。

1. 互联网电子分销

目前，互联网电子分销是我国旅游业的主要分销方式，有资源型企业自己的分销系统，也有中介服务企业的分销系统。目前市场上中介服务企业的电子分销系统比较常见，因为中介服务商自己没有资源型产品，只能通过提供完善的信息服务来分销或代理资源型企业的产品，如携程旅行网、艺龙旅行网、飞猪旅行网、同程网等。这些网络中介服务企业有丰富的旅游产品信息，吸引了大量的访问者，形成了旅游产品分销的商机，成为国内主要的电子分销服务商。资源型企业的电子分销主要是用电脑预订系统或中央预订系统，尤其是饭店集团企业都使用中央预订系统。

目前，饭店业还出现了一些新的电子分销商，它们利用自己的系统帮助饭店企业开展产品分销，如畅联（www.chinaonline.net.cn）、德比（www.derbysoft.com）等都提供电子分销服务，但它们更多的是提供分销接口服务，帮助饭店与全球分销系统的分销商建立连接等。

2. 全球电子分销

全球电子分销是一种综合性的分销系统，主要提供航空交通、旅游度假、汽车租赁、客房预订等分销服务。它开始由航空公司等分销商投资建设，使用专门的增值网络，现在已发展到互联网领域。我国应用全球电子分销系统主要是接入服务，通过该系统为国外游客预订国内客房产品提供通路，因此国内的饭店企业应用全球电子分销系统比旅行社要多得多。

我国基于网络的电子分销已经历了三代，即企业利用自己的电脑预订系统开展分销为第一代，中介服务商的各种电子分销为第二代，利用各种接口、终端应用全球分销系统开展分销为第三代。未来，电子分销系统将逐步整合进国际电子分销渠道。

（四）旅游网站

在旅游电子商务系统中，旅游网站是其中的重要组成部分，是所有系统对外服务的窗口。目前，有企业官网、中介网站、分销网站、代理网站等分类，它们有些是营销型的，有些是商务型的。其中，企业官网是指企业自己的网站，如饭店企业自身的网站、旅行社自身的网站、旅游景区自身的网站等，它们是企业电子商务系统的主要窗口。中介网站是指电子中介服务商通过代理、分销实现产品交易的网站，如订房服务、订票服务、租车服务等。分销网站是指电子分销商的商务网站，包括各种综合性的网站或门户网站。通过代理网站开展电子商务，也是许多旅游企业常采用的一种方式。一个旅游企业在两种情况下会需要代理网站：一种是接触不到目标客户群，需要通过代理网站扩大信息的受众面，如利用客源地旅行社的网站；另一种是自己网站信息传播不到客源地，需要通过代理服务器才能实现信息的转接。旅游企业使用代理网站的主要目的就是扩大自己电子商务的受众面，突破自身资源和IP访问的限制，接触到更广泛的目标客户，取得更好的电子商务效果。对于一般的旅游企业或有一定特色的旅游企业，开始往往都通过代理网站来开展电子商务，这是目前最简单、高速、有效的一种电子商务途径。这些网站都是各种电子商务系统的服务窗口，也是旅游产品代理、交易的主要平台。

旅游网站既是系统的窗口，又起到不同电子商务系统之间的桥梁作用。

三、我国旅游电子商务发展的主要特点

我国旅游电子商务的发展是以网络中介服务商为主流，它们引领了电子商务在旅游业的应用潮流。对于大多数的旅游企业而言，它们在网络技术、计算机技术、数据库技术等方面缺乏人才，往往属于一种被动的应用状态。总的来说，目前电子商务所要求的安全技术，尤其是数据保护技术，以及社会环境的政策、法律和法规已趋于成熟，也有许多技术管理的内容和政策、法规还在探索之中，我国旅游电子商务已进入快速发展时期。从近几年的发展情况来看，我国旅游市场的发展潜力非常巨大，不管是旅游网站的发展还是应用软件的发展，都已经形成了一定的规模。分析近几年我国旅游电子商务的发展特点，可以归纳为以下几点。

（一）以旅游资源和旅游服务为特征的网站发展迅速

旅游网站自1996年出现在我国以来，目前在所有旅游资源型企业中几乎都已普及，这些网站主要是介绍资源服务信息（如景区资源信息），并通过互联网提供网上预订服务。从目前对相关网站的应用分析来看，大多数网站主要是为企业提供营销服务和咨询服务，属于营销型网站的居多，少数企业直接利用网站开展电子商务的直销，真正开展电子商务并产生效益的企业官网还是少数。对于服务型网站而言，其盈利是主要目的，如分销型、代理型网站都属于服务型网站，它们电子商务所创造的效益是企业的主要收益。

不管是资源型网站还是服务型网站，网站的服务模式创新势在必行。以介绍自然景点和民族文化特色为主要内容的电子商务网站，有可能受到市场的青睐和大量国内外游客的欢迎。近年来，“网上选景，网上定线，网上组团”的网络自助游（或自由行）获得快速发展，特别是大量的单语种网站已经不能适应和满足跨国游客的需求，双语和多语种的旅游电子商务网站必将很快崛起，成为境外游客了解中国旅游的主要方式。因此，旅游网站成为寻找旅游去处、休闲、娱乐的最便捷、最受欢迎的网络渠道。

（二）旅游企业的信息系统正在逐步完善

旅游企业如饭店、旅行社、旅游景区等，其内部信息系统正在逐步完善。饭店企业的

信息系统已经完成了升级换代，旅行社企业的信息系统已初具规模，旅游景区的信息系统已成为其进行管理与提供服务的主要工具。一些旅游企业的信息系统从无到有、从有到功能完善以及支持电子商务，都反映了企业信息系统发展及完善的过程。在旅游企业的信息系统应用中，旅游企业集团成为信息系统发展的主要力量，它们引导了信息系统的发展和完善，如企业资源计划系统（ERP）应用、客户关系管理系统（CRM）应用以及全球分销系统（GDS）应用等，都起步于旅游集团企业。目前，旅游电子商务应用，以及差异化服务等理念也已经在旅游企业集团中全面开展。

（三）移动商务与电子商务整合的旅游创新服务成为增长点

手机是旅游消费者必带的移动设备，尤其是4G/5G通信的应用，手机的信息传输和互动能力得到提升，成为移动商务的主要终端设备。例如，金手指信息科技（杭州）有限公司（简称金手指）就应用自主研发的专利技术，开发和推出了杭州市旅游和城市公共信息的智能手机短信搜索平台和服务，向来杭州的旅游者提供包括杭州市景区景点、饭店和公交乘车等旅游信息在内的二十几类的全天候短信查询服务，来杭州的旅游者可以使用手机随时随地、方便快捷地查询在杭州的游玩和住宿等信息。此项服务已经在杭州运行了多年，受到了旅游者的热烈欢迎和好评。未来，移动商务与电子商务的整合将成为旅游创新服务的新的增长点，既方便了旅游消费者获取信息，又方便了旅游消费者的商务操作。

（四）旅游电子商务发展过程中的基础理论研究存在不足

当前，旅游学界普遍热衷于对旅游电子商务应用意义的探讨，而对基础理论的研究则不够重视，进行基本概念梳理或试图构建学科框架的文章难得一见，研究的重心顾此失彼。各高等学校对旅游管理专业的旅游电子商务学科建设还不够重视，影响了旅游电子商务基础理论的研究。在许多旅游电子商务教材中，各种基本概念混淆的现象比较常见，如将“旅游电子商务等同于旅游网站”“信息技术等同于互联网”“电子商务等同于电子交易”等。首先，旅游电子商务的有序发展需要基础理论的支持，如对旅游电子商务参与主体的研究有待拓宽，当前的研究普遍关注旅游企业，而对旅游目的地营销机构和旅游者的研究则相对缺乏。其次，对旅游电子商务的支撑环境，如法律环境、经济环境、社会环境等的研究也需要加强和完善。

（五）我国旅游电子商务服务提供方式存在不足

由于我国社会数字化程度不高以及GDS应用不普及，影响了旅游电子商务服务提供的多样性，进而影响了中小型旅游企业开展电子商务。美国、欧洲等国家的旅游电子商务发展迅猛，主要是得益于其GDS应用的普及，以及成熟的电子分销系统，使许多小规模企业都能通过接口技术和服务参与电子商务；再如法国超过90%的饭店都加盟了GDS分销系统。但在我国，占旅游饭店总数43%的未评星级饭店和占住宿设施总数96%的国内饭店和招待所在饭店综合信息化系统方面仍处于初级应用状态。多数旅游企业的数字化建设基本局限于孤立的业务应用或封闭系统等，其数字化整合缺乏应有的系统战略。旅行社的情况与饭店业大致相同，少数大型企业建立了云管理和云服务系统，且应用规模和深度发展较快；中小型企业仍处在数字化的起步阶段，发展较为迟缓。旅游景区电子商务服务的提供方式可能更糟，大多数的非A级景区提供的都还是人工服务，根本没有电子商务服务的系统概念。

总的来说，我国旅游电子商务的发展有喜人的一面，更有不足的一面，与发达国家的旅游电子商务发展相比，还有较大的差距。我们可以从企业网站，GDS系统，企业信息系统，电子商务占比，CRM、ERP应用，在线互动，业务支撑系统，差异化服务，系统功能等方面与欧美发达国家做比较，如表1-1所示。

表1-1 旅游电子商务相关项目比较

项 目	国内情况	欧美发达国家
企业网站	大多数是宣传产品，商务功能不强	基本以商务为主
GDS系统	国内还没有自己的GDS系统	20世纪70年代就有，目前覆盖率达85%以上
企业信息系统	基本普及，整合后的平台很少	企业普及了信息系统，多数平台化
电子商务占比	电子商务占市场的比重达35%左右，在线商务的收入不到12%	占比在75%～85%，在线商务收入超过50%
CRM、ERP应用	集团企业有少数应用	集团企业几乎普及应用
在线互动	基本实现，只有少数有机器人服务	大多数企业已实现
业务支撑系统	局部性数据交换	实时联机服务、数据互联
差异化服务	少数集团企业有差异化服务	多数集团企业有差异化服务
系统功能	电子商务系统的功能还不完善	交易和后续功能非常完善

第五节 旅游电子商务的价值链

价值链的概念最早由迈克尔·波特（Michael Porter）在其所著的《竞争优势》一书中提出，他指出“每一个企业都是在设计、生产、营销、销售、发送和辅助其产品的过程中进行种种活动的集合体。所有这些活动都可以用价值链表示出来，一定水平的价值链是企业在一个特定产业内的各种活动的组合。”旅游电子商务的价值链也一样，也由各种商务活动组成，其中有旅游行业角度的价值链，也有旅游企业角度的价值链。电子商务对旅游业价值链的影响，主要是改善旅游业的价值链并提升价值链中的附加值。

一、旅游行业间的价值链关系

旅游行业的价值链包括旅游资源、旅游产品、销售渠道、旅游者四个环节。从旅游资源到旅游者再回到旅游资源，每经过一个环节，价值链的价值便会体现并增加其附加值，最终的价值由旅游者实现，使其得到身心愉悦的旅游体验。由于销售增加，使得营销渠道、产品通路、资本等投入加大，旅游业价值链的价值进一步增加或扩大。旅游电子商务的作用是增加销售并改善流通环节和营销渠道。因此，旅游电子商务的价值链应以行业价值链为基础，重点改善对旅游者的服务环节，将旅游者的行为作为旅游行业价值链流程的核心与起点，整个价值增值过程可以归结为“需求—服务—供应”的过程。在旅游业的供需过程中，旅行社是行业价值链的核心环节，要发挥电子商务的服务作用，旅行社必须探索旅游行业相互之间的价值链关系。下面以旅行社为例，介绍其关联的行业间价值链关系，如图 1-8 所示。

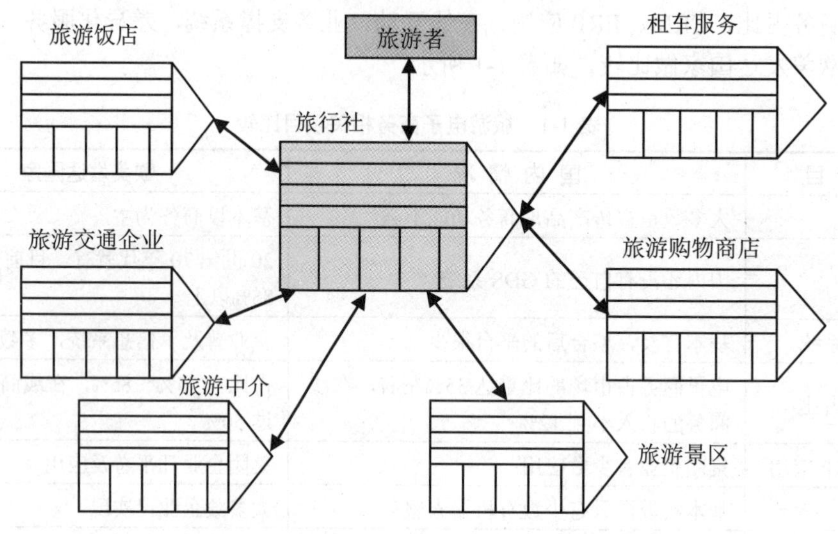

图 1-8　以旅行社为中心的行业间价值链关系

（一）旅行社与旅游饭店之间的价值链关系

旅行社组织团队旅游需要安排住宿，安排得好，旅行社和旅游饭店都能获利；安排得不好，就会产生恶意竞争。旅行社与旅游饭店的价值链是安排团队成员住宿，旅游饭店由于旅行社获得客源，旅行社获得旅游饭店的代理服务，从而共同获得收益。电子商务可以帮助旅游饭店和旅行社在该价值链中获得价值提升，如利用电子商务可以降低相互之间的业务管理成本，并降低与顾客沟通的成本。

（二）旅行社与旅游景区之间的价值链关系

基于电子商务的旅游业价值链，是通过信息的流动促使旅游者的流动。旅行社与旅游景区之间的价值链就是通过信息纽带实现旅游者到旅游景区的观光体验。旅行社与旅游景区之间的价值链主要是安排旅游团队的观光，旅游景区通过旅行社获得观光客源，旅行社从中获取服务佣金，从而共同获得收益。电子商务同样为其中的相关业务单位获得价值提供帮助，如组织客源成本下降、营销成本下降，这不但降低了管理成本，还可以通过网络效应相互促进业务的发展。电子商务信息的透明度可以减少行业中的恶意竞争，使旅行社和旅游景区都能提升自己在该价值链中的附加值。

（三）旅行社与旅游交通企业之间的价值链关系

旅行社与旅游交通企业是亲密的合作伙伴，尤其是与航空公司。旅行社与旅游交通企业存在的业务主要是行程中预订机票和各种车船票。旅行社的旅行服务是通过航空公司或铁路等其他交通企业获取代理服务，航空公司或铁路等其他交通企业通过旅行社获得客源，双方通过该价值链的合作获得收益。双方相互的业务可以通过分销系统的客户端实现协同处理，并通过网络降低业务处理的成本和销售成本。在电子商务环境下，旅行社通过信息纽带获得了更多的机票代理业务，旅游交通企业则获得了更多的客源，双方都实现了附加值的提升。

（四）旅行社与旅游购物商店之间的价值链关系

旅游购物对旅行社来说是一个重要的价值链环节，旅游能够促进商品的流通，也能够提升旅游购物商店的销售收入。旅游业的发展表明，旅行社有客源的优势，旅游购物商店有旅游商品供应的优势，二者合作能实现双赢并有固定的收益来源。旅游者有购物的需求，旅游购物商店需要稳定的客源渠道，这种价值链使旅行社和旅游购物商店具备合作的基础，成为旅游产业中的重要价值链环节。在旅游电子商务环境中，旅行社、旅游购物商店都通过信息的形式，把旅游目的地的特色商品介绍给旅游者，实现 O2O 的商业模式。网络的应用使合作双方在价格上相互透明，避免了抬价销售的现象，有利于旅游购物环节的良性循环，从而使该价值链健康有序地发展。

在图 1-8 中，旅游行业的价值链关系是以旅行社为核心，整合了饭店产业、交通产业和观光产业（景区）以及商业购物等自身价值链环节，如何挖掘这些价值链环节活动的附加值，正是旅游电子商务需要探索和回答的问题。

在旅游业中，还存在其他一些旅游服务的价值链环节，如旅游饭店与旅游中介、旅游饭店与旅游景区之间也存在价值链，尤其是旅游景区中的饭店，与旅游景区的价值链存在一定的交互影响，读者可以自己去分析这些环节的价值链。另外，也可以以旅游交通企业为中心，分析旅游业的价值链关系，可利用电子商务的优势挖掘新的旅游行业价值链。

二、旅游电子商务的价值链分析

旅游电子商务的价值链分析应该从企业角度开始，而不是从旅游行业的角度去分析。具体企业的旅游电子商务价值链分析，关键是寻找最有价值的环节，该环节通过电子商务能获得更大的收益（可以自动处理的环节）。企业业务主要包括产品设计、营销、销售、客户服务、采购、财务、人力等环节，每个环节对企业经营都有一定的贡献，只是贡献的大小有差别。价值链分析就是要分析它们的差异，分析哪些价值链可以进一步挖掘，哪些价值链通过改善可以提升它的贡献率。电子商务的作用就是改善通过分析获得的重要价值链（附加值最大的环节），但每个企业的重点价值链环节不一定相同。对于重点价值链环节可以重点采取电子商务手段，使该价值链发挥更大的价值（附加值）。在旅游企业中，不管销售什么产品、提供什么服务，销售环节和信息沟通环节始终是最适合电子商务处理的环节，其次是营销和客户服务环节。图 1-9 是旅游企业电子商务价值链分析图。

价值链分析主要围绕支持流程和业务流程展开，目的是寻找每个流程中各环节的附加增值点，力争通过电子商务手段获取更大的收益。作为一个旅游企业，其价值链的活动环节也是由支持流程和业务流程两部分组成，下面具体分析这两部分的作用。

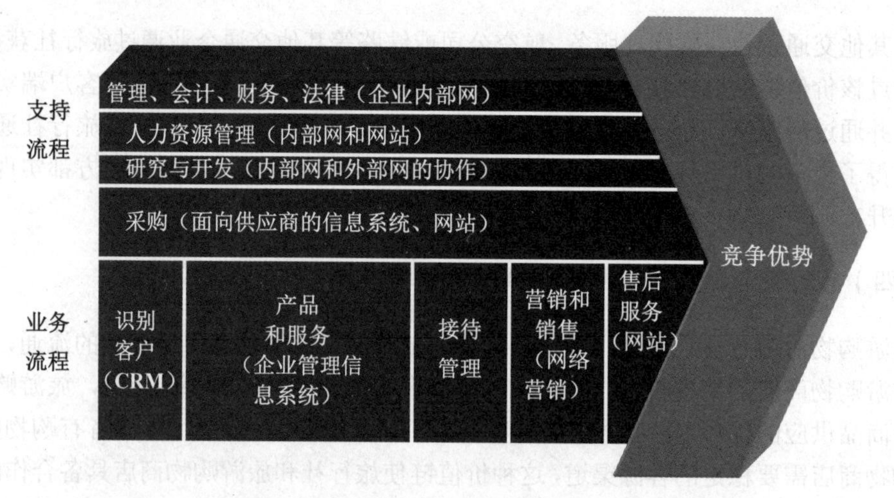

图 1-9　旅游企业电子商务价值链分析

（一）支持流程的价值链

支持流程是指企业中的管理、会计、财务、法律、人力资源管理、研究与开发、采购等环节，这些环节与企业产品相关的业务不进行直接联系，属于支持业务活动的流程环节，旅游企业大多数的后台部门都属于支持流程。分析这些环节对企业贡献的附加值有利于改善后台服务流程，不同的企业情况或者企业处于不同的发展阶段，其各环节的附加值是不一样的，如企业处在稳定发展阶段，人力资源环节就非常重要。价值链分析就是找出支持流程中的最大附加值，分析电子商务应用对其附加值的影响，通过电子商务应用挖掘实现其附加值的提升，如人力资源电子挖掘、电子招聘等。

目前在支持流程中，主要的软件应用是人力资源系统、财务管理系统、办公自动化系统等，这些系统运行在内部网上，实现办公流程的管理、人力资源的管理、财务的管理以及企业产品的研发管理等，并改善这些管理的过程。这些软件的应用就是支持业务流程中的内部电子商务，有利于提高经营管理的效率。

（二）业务流程的价值链

业务流程的价值链是企业中直接与经营相关的价值链环节，其每个环节与产品设计、销售、服务直接相关，如识别客户、产品和服务、接待管理、营销和销售以及售后服务等都属于业务流程环节，其价值链分析同样需要分析每个环节的附加值，寻找最大的附加值，分析电子商务应用对其的影响。旅游企业中开展电子商务的环节，如 CRM 的应用、网络营销、商务网站是旅游企业提升价值链附加值的关键，它最终通过电子商务创造自身经营的竞争优势，图 1-10 是某企业价值链分析后的流程各环节的附加值情况。

在图 1-10 的支持流程中，采购环节的附加值为 11.5%，这说明该旅游企业的采购环节很重要，应加强电子商务的应用，进一步提升它的附加值；业务流程中，营销和销售环节的附加值达到 22%，这说明该旅游企业的营销和销售环节也很重要，同样应积极利用电子商务手段，进一步提升该环节的附加值。旅游企业应根据自己的价值链分析情况，将经营中重要的价值链环节作为电子商务应用的突破口，借助于电子商务保持自己的竞争优势。

每个企业都有自己的价值链环节，即使是相同企业其价值链附加值的分析也可能不一样。一般情况下，企业在起步阶段，识别客户与产品和服务最重要；在成熟发展阶段，营销和销售最重要；在激烈竞争阶段，接待管理和售后服务就显得非常重要。

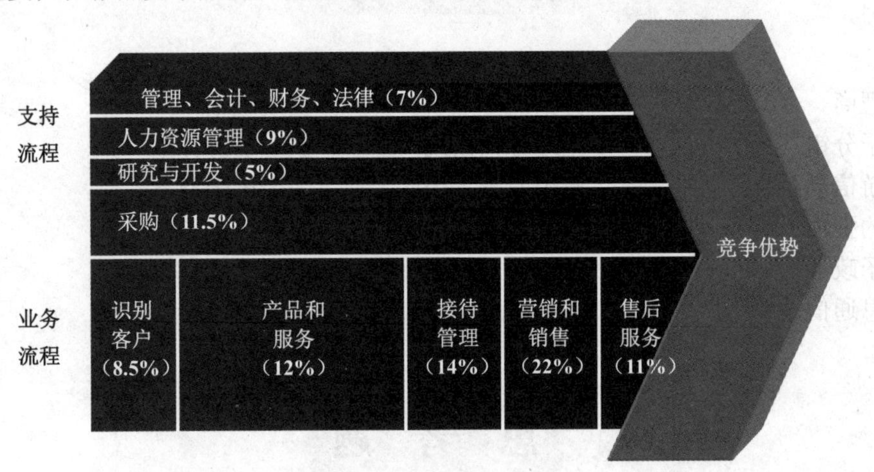

图 1-10　旅游企业电子商务价值链分析结果

课后案例分析：春秋旅行社的电子商务应用

本 章 小 结

本章主要系统地介绍了旅游电子商务的概念。第一，介绍旅游电子商务，讨论了旅游电子商务的定义和系统组织架构的层次。这是理解和应用电子商务的基础，它对社会的电子商务和社会的数字化会产生积极的影响。第二，系统地介绍了旅游电子商务的功能，包括基本功能和扩展功能，以及电子商务在企业经营中的应用领域，为后面叙述旅游电子商务系统应用软件的功能结构做准备。第三，介绍了国际旅游电子商务的概念，以及美国旅游电子商务的初步概况及其发展前景。第四，归纳了我国旅游电子商务发展的概况，以及我国旅游电子商务未来的前景。第五，介绍了旅游电子商务价值链的概念，提示企业应根据自己的价值链分析选择电子商务应用的突破口，以提升企业的价值链附加值，即提升自身的市场竞争优势。

拓展知识[①]

代理商	分销商	在线直销
电子分销	全球分销系统	企业资源计划
旅游信息系统	电子商务系统	完全电子商务
预约型电子商务	O2O 模式	不完全电子商务
电子政务	B2G 模式	内容管理
信息通信技术	数据技术	数据挖掘

思考题

1．什么是旅游电子商务？它依赖于什么技术？

2．旅游电子商务解决了旅游企业经营中的哪些管理问题？它有哪些基础性的管理？

3．现代旅游企业的电子商务包括哪些类型？内部电子商务的作用是什么？

4．旅游电子商务的基础设施层包括云服务，这些基础设施在电子商务应用中起怎样的作用？企业如何利用云服务技术提升电子商务的竞争优势？

5．什么是旅游服务型企业？什么是旅游资源型企业？

6．旅游电子商务有哪些商务模式？试举例说明。

7．为什么说现代旅游产业结构流程是以“旅游预订网站”为中心？

8．现代旅游产业中的基本信息流有哪些？这些信息流之间有怎样的关系？

9．现代旅游产业中的交易信息流有哪些类型的信息？系统设计时应考虑什么？

10．旅游电子商务有哪些基本功能？有哪些扩展功能？

11．旅游电子商务应用领域有哪些？旅游企业应怎样在这些领域开展电子商务？

12．什么是国际旅游电子商务？是什么原因推动了国际旅游电子商务的发展？

13．美国旅游电子商务的运作机制对我国的旅游电子商务有哪些借鉴作用？

14．我国旅游电子商务快速发展的原因和驱动力是什么？

15．试分析我国旅游电子商务主体结构的特点。

16．试分析我国旅游电子商务发展的特点以及存在的问题。

17．什么是价值链？试分析饭店企业的价值链，并说明怎样提升饭店企业的附加值。

18．目前我国旅游电子分销有哪几种网络渠道形式？

19．选择一个你熟悉的旅行社并画出它的价值链，试分析它在近阶段应如何开展电子商务，从而使其价值链产生最大的附加值。

20．请说明作为一个小规模的旅游服务企业，应如何利用电子商务改善自己的经营模

[①] 本书各章后的拓展知识请读者通过网络或课外资料自主学习。

式并创造市场的竞争优势。

参考文献

[1] 林若飞．旅游目的地智慧营销的理论与方法[J]．旅游研究，2014（2）：56-61．

[2] 张凌云，黎巎，刘敏．智慧旅游的基本概念与理论体系[J]．旅游学刊，2012，27（5）：66-73．

[3] 李云鹏．基于旅游信息服务视角的智慧旅游[N]．中国旅游报，2013-01-09．

[4] 葛存山．论电子商务环境下分销渠道的革新[J]．电子商务，2003（3）：16-18．

[5] 巴里·劳伦斯，丹尼尔·詹宁斯，布赖恩·雷诺兹．电子分销：电子商务环境下的分销模式与工具[M]．胡勇，译．北京：电子工业出版社，2005：34-43．

[6] 布哈里斯．旅游电子商务[M]．马晓秋，张凌云，译．北京：旅游教育出版社，2004：195-226．

[7] 孙建超．旅游市场信息不对称与旅游者权益保护[J]．旅游学刊，2001，16（2）：64-67．

[8] 庄玉良，贺超．管理信息系统[M]．北京：机械工业出版社．2011．

[9] 陆均良，杨铭魁，李云鹏．旅游信息化管理[M]．2 版．北京：中国人民大学出版社，2015．

[10] 张补宏，闫艳芳．国内外旅游信息化研究综述[J]．地理与地理信息科学，2012，28（5）：95-99．

[11] 穆林．酒店信息系统实务[M]．上海：上海交通大学出版社，2011．

[12] 奚骏，崔久玉．旅游电子商务[M]．北京：北京理工大学出版社，2011．

[13] 翁东东．饭店财务管理软件应用[M]．厦门：厦门大学出版社，2011．

[14] 李秀丽．旅游管理信息系统[M]．北京：北京理工大学出版社，2011．

[15] 刁志波．饭店业信息化的演进与发展模式[J]．北京第二外国语学院学报，2010，32（1）：35-43．

[16] 刘纪元．电子商务发展的新阶段——移动电子商务[J]．学园，2013（1）：26-27．

第二章　信息通信技术与电子旅游

开篇案例

一机在手，出门无忧

“支付宝还是微信？”“你扫我，还是我扫你？”嘀，支付完毕。这样的场景如今无论在豪华卖场还是在街头小摊，都屡见不鲜。

就是这么容易！出门再也不用带现金了，带着手机就可以玩转地球。早上睁开眼睛在手机 App 上订好酒店、机票以及去机场的快车，中午就能坐在三亚的海滩边晒日光浴了，旅程中的所有费用都可以用手机支付一秒搞定。移动支付对旅游的渗透，极大地便利了人们的旅游出行，也促生了旅游的新体验、新方式。

如果你还在担心支付宝或者微信不能在国外使用，那么你真的落伍了。如果你想来一场说走就走的泰国之旅，无论在不夜城芭提雅、小清新古镇清迈，还是专门让中国人“买买买”的大都市曼谷，唯一的感受就是“感谢互联网，移动支付太方便了”。移动支付解决了中国人出境自由行换汇和当地交通两大痛点问题，它直接根据实时汇率结算，有时候1泰铢兑换成人民币甚至还不到0.2元，泰国当地的打车神器 Grab 也接入了支付宝，可以实现一键支付。“更令人惊讶的是，连暹罗广场的一家泰国网红甜品店 Afteryou，居然也能用支付宝支付。真是方便到没朋友。”

据马达加斯加旅游部对华推广专员刘凡介绍，马达加斯加的一些主要商业银行都已接受银联卡使用，但支付宝和微信支付在当地还不普及。不过，在部分华人经营的酒店、餐厅以及一些华人消费场所等，使用微信或支付宝支付是非常普遍的。

中青旅遨游网首席品牌官徐晓磊介绍道，近两三年，支付宝、微信等快速发展，覆盖面不断扩大。从使用频率上看，这些支付功能的使用核心在购物，包括各旅游目的地的免税店、DFS、机场、大型精品店等，同时也包括旅游链中其他要素的购买，如用于餐厅、酒店、博物馆一类的旅游接待场所等，而在旅客的订票、改签、退票方面也带来了极大的便利。

（资料来源于网络并经作者加工整理）

第一节　信息通信技术的发展与变化

旅游电子商务的核心技术是信息通信技术，在系统地介绍旅游电子商务以前，我们先介绍一下信息通信技术的发展及变化情况。信息通信技术的发展，帮助旅游企业实现了商务电子化和全球化营销；同时帮助企业与顾客、供应商等利益相关者之间建立联系和进行沟通，拉近了它们相互之间的距离，实现了电子化商务；也使企业全年365天、每天24小时的交易和服务成为可能，为旅游消费提供了方便，还帮助企业减少通信费用，降低成本，提高工作效率。随着人们生活水平的提高，旅游作为一种放松身心和联络亲友感情的方式，已成为人们生活的一部分。信息通信技术与旅游业的发展可以说是相辅相成的，技术的发展推动了旅游业的创新，而旅游业的创新服务也促进了新技术的发展。

一、信息通信技术、信息系统、信息管理的概念

信息通信技术包含所有信息技术、通信技术、电子技术和软件技术的内容。下面我们先介绍信息通信技术、信息系统、信息管理的一些概念和发展情况，这是旅游业管理中应用信息通信技术最基本的内容，也是开展旅游电子商务的基础。

（一）信息通信技术

信息通信技术（information and communication technologies, ICT）的概念最早由英国电信提出，其对ICT服务的核心阐述是“CT（通信技术）与IT（信息技术）相结合，ICT促成了超越时空的快速信息交换”。我们可以从企业管理和应用的角度对信息通信技术给出这样的定义：信息通信技术是指能帮助企业实现经营战略的竞争优势，智慧管理企业所有信息资源，并能处理企业与相关利益团体之间、客户之间的互动沟通关系和商务，使企业实现其经营目标的一切电子工具，包括硬件、软件、电子通信和群件组合的集合。

（1）硬件：各种物理实物设备，包括各种类型的计算机、输入设备、输出设备、通信设备、移动设备等。

（2）软件：在硬件或网络上运行的，控制其发挥作用的指令程序，包括各种系统软件、应用软件、数据库软件、通信软件和协议。

（3）电子通信：能实现远距离信号传输的设备或者技术，包括计算机网络、电话、传真、移动手机、电子会议、通信卫星等。

（4）群件组合：能让群体沟通交流、协调配合的通信技术及手段，包括电子邮件、语音信箱、社交平台、视频技术、服务器集群、负载均衡技术等。

简单地说，信息通信技术就是信息技术（IT）与通信技术（CT）的结合。IT技术注重的是工作流、业务流，CT技术注重的是交流、沟通，IT技术和CT技术融合的ICT服务，为企业提供的不再是简单的通信管道或信息渠道，而是集网络通信、可管理服务、无线数据和语音、视频会议、应用托管、软件及系统维护、安全、外包等一体化的信息和通信技术融合的服务。也有学者将信息通信技术定义为是促进企业内部和企业间信息流通的机制和技术的结合。信息通信技术的概念还在不断发展和完善，它包含了开展电子商务所需的一切技术。

20世纪70年代以来信息通信技术的快速发展和20世纪90年代以来互联网应用的迅速普及，在给整个社会带来变革的同时，也对所有企业经营产生了深远的影响。在如今这么一个信息化、数字化和网络化的时代，保持并扩大自己的市场份额，在全球范围内推广

自己并获得竞争优势是所有企业面临的一大难题。信息通信技术能够支持企业的发展战略，使企业更有效率地管理其资源，加强企业内外的沟通与交流，促进企业实现全球化营销，创造可持续的竞争优势。目前，信息通信技术已成为企业制定战略时的一个重要考虑因素，它既为企业的发展带来了机遇，同时也对企业提出了挑战。此外，信息通信技术的发展在很大程度上也促进了电子商务的兴起与迅猛发展，电子商务的技术需求也促进了新一代信息通信技术的发展。

（二）信息系统

信息通信技术支持企业目标的实现需要应用软件，该软件就是信息系统，把组织内所有的信息系统集成起来，就成为组织运行的指挥系统，即组织大脑。这里的信息系统通过对企业信息的收集、处理、存储和传输，来支持企业的决策、协调、分析和控制的实现。信息系统的组成要素是人、信息活动和信息通信技术，简称信息系统的三要素。信息系统通过收集数据资料，经程序处理流程生成能支持企业功能输出的信息。从企业经营的角度而言，信息系统是一个以人为主导，充分利用计算机硬件、软件、网络以及其他设备，为企业的高层决策、中层控制、基层运作提供服务的人机综合性系统。

信息系统的主要功能包括信息采集和输入、信息传输、信息加工和处理、信息输出、信息存储、信息更新和维护以及信息反馈，其主要目的是帮助企业实现战略目标，提高企业的效益和效率，如酒店企业的PMS系统、收益管理系统、财务管理系统等，都是酒店企业常用的信息系统。具体来说，信息系统的一般工作流程可以归纳为：首先，收集分散在各部门的数据，将它们转换成为系统要求的格式；其次，采用分类、计算、汇总等方式对它们进行加工和处理；最后，根据需要在显示器或打印机上对数据进行输出，或者将数据保存起来以备未来使用。在整个过程中要始终注意数据的正确性和时效性，在格式上要保持其直观性，以便于使用者查阅。因此，信息系统也是企业的经营管理系统，即企业大脑。

在旅游业有各种类型的信息系统，如饭店管理信息系统、旅行社管理信息系统、景区管理信息系统、旅游行业管理信息系统以及旅游目的地信息系统等，按管理职能还有经营管理信息系统、人力资源管理信息系统、财务管理信息系统以及接待管理信息系统等。

（三）信息管理

信息管理（包括数据管理）是企业管理中的一项重要内容，尤其是在电子商务发展的数字化年代。信息管理是企业为产品和服务的运作、客户服务、经营控制以及企业内部的协作所采取的一种管理方式，是企业管理的新内容，包括信息管理战略的制定。信息管理通常由企业首席信息官（CIO）具体负责，他是信息管理部门的最高负责人，需要参与企业战略决策的制定。信息管理凌驾于信息通信技术和信息系统之上，是确保两者配合以实现对企业战略目标的管理。信息管理使企业的原始数据、内外部环境的数据，通过信息系统变成有用的和有意义的信息，这些信息可以支持企业经营的管理决策，使企业保持竞争优势。

信息管理是对企业信息资源及其开发利用活动的管理，它管理的对象不仅包括信息（或数据）资源，还包括对信息活动进行合理的组织和控制。信息活动就是信息资源的开发利用过程，包括信息的产生、收集、加工、存储等行为。信息管理能提高企业经营的管理水平，增强工作效率与凝聚力，降低办公、通信、人工等费用。电子商务中的信息管理能扩大营销效益，帮助企业开拓新的市场机会，树立良好的服务形象，提高顾客的满意度与忠诚度，最终增强企业的市场竞争力与竞争优势。

旅游行业是一个高度依赖信息发展的行业，信息管理对于旅游企业的经营而言具有极其重要的战略意义，需要给予充分的重视。旅游业的信息管理包括信息的收集、处理、储存和传输以及战略管理、使用形式等，同时还包括信息通信技术应用策略等。旅游信息管理的实质就是人们以现代信息通信技术为基础，综合采用法律的、经济的、政策的方法和手段对旅游信息流和信息活动进行控制，以提高旅游信息的利用率和满足不同层面旅游者的需求，最大限度地实现其信息价值。

图 2-1 形象地反映了信息通信技术、信息系统与信息管理战略三者之间的关系。

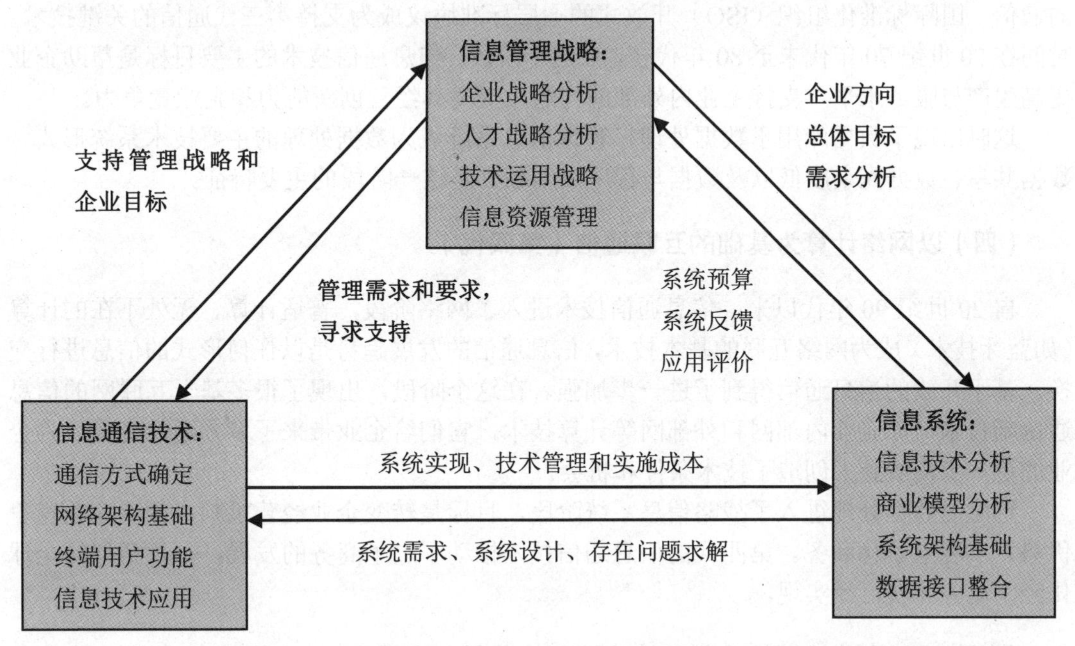

图 2-1　信息通信技术、信息系统与信息管理战略三者之间的关系

二、信息通信技术的发展阶段

从 20 世纪 60 年代的单计算机通信，到今天基于互联网的全球通信，半个多世纪以来，信息通信技术的发展一共经历了五个阶段，每个阶段都对应数据处理的不同阶段，也都给企业的发展带来了不同程度的影响。

（一）面向终端的单机通信阶段（第一代）

这一代只能以单计算机为中心进行通信，计算机以中小型机为主，而且一般只有大型企业使用这种通信设备。该阶段还没有出现微型计算机，时间在 20 世纪 60 年代。这时的数据处理以人工方式为主，没有数据库，数据也不能共享。

（二）多台同种计算机的通信阶段（第二代）

这时出现了分组交换数据网，能够实现多台同种计算机通信，已经有计算机协议出现，但这些协议还很不规范，但比单机通信阶段前进了一大步，时间在20世纪60年代末和70年代。这时已出现微型计算机并应用在通信网络中，对应的数据处理以文件系统为主，数据可以共享，但共享度不高。

这个阶段的信息通信技术主要用于企业内部的管理与协调，并且已开始被航空公司、饭店等企业采用，主要用于订票、预留客房和排房等业务管理。

（三）多台异种计算机的互联通信（第三代）

该阶段属于网络互联阶段，有成熟的计算机协议支持，能够实现多台异种计算机之间的通信。国际标准化组织（ISO）开放式的七层标准协议成为支持第三代通信的关键技术，时间在20世纪70年代末至80年代初。在这个阶段，信息通信技术的主要目标是帮助企业提高生产与服务水平，支持企业内外部的沟通，提高其经营创新能力和企业竞争力。

这时出现了数据库用于数据处理，管理信息系统成为数据处理的主要技术系统形式。数据共享、数据冗余度低以及数据与程序高度独立是这一阶段的主要特征。

（四）以网络计算为基础的互联通信（第四代）

自20世纪90年代以来，信息通信技术进入了网络阶段，普适计算、无处不在的计算（如蓝牙技术）成为网络互联的基本技术，信息通信的发展趋势是以任何形式的信息进行交换，基于开放的信息通信得到了进一步加强。在这个阶段，出现了很多基于互联网的信息通信新技术，如企业内部网和外部网等计算技术，它们给企业带来了多方面的变革，为企业的进一步发展壮大创造了技术条件和机会。

这时的数据处理进入了战略信息系统阶段，目标是转变企业经营机制，创造企业竞争优势，实现电子化商务。第四代的信息通信技术推动了电子商务的发展，一种新型的全球化经济商务环境已经实现。

（五）以数字移动通信为基础的高速通信（第五代）

进入21世纪以来，数字化移动通信进入了高速发展的成熟时期，系统不但支持语音、图片，还进入了视频通信等多种业务并存的实用阶段，这一阶段的发展时间主要是从2008年到现在，移动通信呈现快速发展的趋势。在这期间出现了移动通信的4G和5G技术，尤其是5G通信技术的出现，让我国领先于世界成为最有竞争力的通信技术国家。未来，移动通信将进入4G和5G并存的云数据发展阶段。

这时的数据处理进入了智能化信息系统阶段，智慧服务、智慧管理、智慧旅游对应的信息系统遍地开花，为企业智慧商务创造了竞争优势。第五代的信息通信技术应用推动了全社会电子商务的普及，一种新型的、随时随地可获取服务的电商时代已经到来。

三、信息通信技术发展中的新型系统

随着经济的发展、社会环境的变化，信息通信技术也在不断地进步与发展，如今信息通信技术的功能越来越全面，非常适合商务的即时处理。在通信方面，性能越来越稳定，容量越来越大，速度越来越快，价格越来越低廉。信息通信技术的飞速发展也推动了信息系统的不断更新，出现了一些新型的，更具有灵活性、智能性和易于操作的信息技术系统，为电子商务的发展奠定了技术基础。

（一）信息通信技术的最新发展

从信息通信技术出现开始，它就在不断地发展，以满足企业经营和创新的需要，为企业的经营管理带来了一系列的创新工具。如今，硬件、软件、网络及其他设施的发展，使得信息通信技术的综合性越来越强，企业发展对其的依赖性也越来越大。信息通信技术发展的最终目的就是方便用户的使用，不断满足人们日益增长的各种应用需求。近年来，信息通信技术的最新发展主要表现在以下几方面。

1. 互联网二代技术的发展

由于用户数量的快速增长和自身技术的限制，互联网已经无法满足科研机构的高级应用要求了。在这种情况下，美国的数十家大学和研究机构于 1996 年启动了 Internet2 计划，致力于开发最新的网络技术，满足高校和科研机构的教学与研究需要。目前，已有超过两百所美国高校加入了 Internet2 计划，此外还有政府部门和知名 IT 企业加入其中。Internet2 项目不是 Internet 的继承，而是一个主要面向学术界的超高速专有网络，当然其未来的发展方向将是面向大众。它是研究和发展新 Internet 技术的实验所，将促进下一代 Internet 的发展，确保新的网络服务和应用迅速向最广大的 Internet 用户普及。Internet2 研究的技术主要包括 IPv6 协议、网络安全技术和网格技术等，其主要应用目标领域包括多媒体虚拟图书馆、远程医疗、视频点播等方面。

IPv6 是下一代网络的核心协议，它是 IP 协议的第 6 个版本。IPv6 技术除了可以解决当前互联网发展所面临的地址匮乏问题，还在地址结构、自动配置等很多方面对 IPv4 进行了改进和扩充。采用 IPv6 协议的下一代互联网将具有更好的扩展性和安全性，能更便捷地为用户提供高质量服务，能更灵活地支持移动通信。下一代互联网将通过网络安全技术为用户提供更多、更可靠的服务，它将通过改进防火墙技术、数据加密技术和生物识别技术等来保证信息传递的完整性、机密性，同时有效地控制有害信息的传播。网格技术是一种将高速互联网、高性能计算机、大型数据库等融为一体，实现计算资源、软件资源、信息资源、知识资源等全面共享的新技术。网格的最终目的就是要把整个互联网整合成一台巨大的超级计算机，连接所有的网络资源，消除信息孤岛，以实现资源与服务共享以及异地协同工作。

2. 无线网络技术（如微波技术、通信卫星技术、4G/5G 技术等）

无线网络利用电磁波在大气中发送和接收数据，无须线缆介质，它是对有线网络的一种补充和扩展，使网上的计算机具有可移动性。它拓展了有线网络的业务，扩大了网络的覆盖率和应用范围，让网络真正变得无时不在、无处不在。

微波技术是以微波作为载体进行远距离通信的一种手段，其通信容量大、费用低、抗灾害性强，能满足较高的传输质量要求，因此应用范围广泛，具有强大的生命力。

通信卫星技术是 20 世纪 60 年代迅速发展起来的一种由航天技术和电子技术相结合而产生的通信方式，它以空间轨道中运行的人造卫星作为中继站，具有灵活、可靠、不受地理环境条件限制等独特优点，能够进行长距离、大容量的区域性通信乃至全球通信。

3G/4G 是英文 3rd generation/4th generation 的缩写。4G/5G 技术也就是第四代/第五代移动通信技术，即将无线通信与国际互联网等多媒体通信结合在一起的新一代移动通信技术，它能够处理图像、声音、视频等多种信息，提供包括网页浏览、电子邮件收发、电子商务等多种信息服务。

3. 普适计算技术

计算模式已经经历了 20 世纪 60 年代的主机计算和 20 世纪 80 年代的桌面计算两个时代。随着信息通信技术的发展，人们希望能随时随地地享用计算能力和信息服务，由此产生了计算模式的第三个时代——普适计算时代（ubiquitous computing）。普适计算的概念最早由施乐公司帕克研究中心的首席技术官 Mark Weiser 于 1991 年提出。普适计算是一种无所不在而又不可见的计算模式，它融入日常生活并消失在日常生活中。

普适计算技术带来了人机交互的全新方式，使计算机真正成为人们工作和生活的必需品，并且像日用品一样使用方便。普适计算技术与虚拟现实技术（把人置于计算机所创造的虚拟世界里）相反。在应用普适计算技术的环境中，计算不再局限于桌面，用户可以通过手持设备、可穿戴设备或其他计算设备随时随地、透明地享用计算能力和信息服务。也就是说，人们在日常工作和生活的场所就可以无须花费太多的注意力去获得服务，它不需要用户端坐在一台计算机面前，而且它的发生是十分自然甚至是用户本身察觉不到的。

普适计算模式为对人们享用计算能力和信息服务的方式带来一场变革，它将人与计算机的关系变成了“计算机为人服务”，从根本上改变了人们对信息通信技术的思考，也改变了人们整个生活和工作的方式。因此，普适计算是人与计算环境更好地融合在一起的计算模式，它帮助人们更加方便、有效地获得计算能力和信息服务。它将引导计算机技术和信息技术朝着“以人为本”的方向发展，并以其巨大的生命力给人类社会带来深远的影响。

4. 数据仓库与商务智能

随着计算机技术的飞速发展和企业之间竞争的加剧，人们已不能满足于简单的事务性数据操作，而是希望能有效地对企业现有的数据进行重新组织和分析，从中获取有意义的信息，形成一定的企业性知识，以此来指导企业的经营决策，发掘企业的竞争优势。数据仓库和数据挖掘就是在这种情境下发展起来的一种新的技术解决方案。

数据仓库（data warehouse）是支持管理决策过程的、面向主题的、集成的、与时间相关的、相对稳定的数据集合，它与数据挖掘结合起来，可以实现对大数据的分析。数据仓库是一个多维的数据库，具有联机分析处理的能力，其中的数据是按照一定的主题域进行组织的。数据仓库中的数据都来源于企业中的其他数据库，并通过整合集成了企业业务范围内的数据。数据仓库的根本任务就是要对数据进行深入的分析，挖掘出其中对企业经营有用的信息，并将这些信息重新组合整理，最后及时地将它们提交给相关管理人员，供他们决策所用。

商务智能（business intelligence, BI），通常被理解为将企业中现有的数据转化为知识，帮助企业做出明智的业务经营决策的工具。它通常依赖于大数据分析以及来自企业所处的其他外部环境中的各种数据。商务智能能够辅助企业做出的业务经营决策，既可以是操作层的决策，也可以是战略层的决策，这取决于企业战略以及所对应的信息系统。为了将数据转化为知识或决策行动，需要利用数据仓库、联机分析处理（OLAP）工具和数据挖掘等技术，也需要利用移动互联网和大数据技术，以及人工智能等新技术。

5. 云服务技术的出现

基于云计算的云服务技术的出现，彻底改变了信息系统的组织架构和使用方式，软件就是服务，平台可以是服务，网络基础设施也可以是服务，这使得旅游电子商务可以借助云服务技术加速向前推进，旅游者可以随时随地获取所需要的服务。在旅游业主要有下面几种云服务。

（1）SaaS（software as a service）：软件即服务。它是一种通过 Internet 提供软件应用的模式，用户无须购买软件，而是需要时从提供商处租用基于 Web 的软件来管理企业的经营活动，软件的运行管理和维护都是由提供商负责，这种模式非常适合旅游企业的云服务和个人云服务开展电子商务及营销。

（2）PaaS（platform as a service）：平台即服务。PaaS 实际上是指将软件研发的平台作为一种服务，以 SaaS 的模式提交给用户，因此 PaaS 也是 SaaS 模式的一种应用。但是，PaaS 的出现可以加快 SaaS 的发展，尤其是加快 SaaS 应用的开发速度。

（3）IaaS（infrastructure as a service）：基础设施即服务。消费者和小企业通过 Internet 可以从完善的计算机基础设施中获得服务，快速构建自己的云服务应用系统。

对于旅游企业来说，开展云服务主要考虑的是成本和安全。云供应商所提供的简单和直接的方法似乎就是提供服务的成本，包括客户实际使用的资源和支付的费用，如提供虚拟机（VM）资源、CPU 时钟速度资源、存储器占用资源以及其他功能资源，从所使用的周期再到每个月的流量分配等，这些因素都可能成为计费参考。云服务安全是指一系列用于保护云计算数据、应用和相关结构的策略、技术和控制的集合，属于计算机安全、网络安全的子领域，更广泛地说是属于信息安全的子领域，选择安全措施较好的云供应商有助于企业提高电子商务数据的安全性、完整性和可控性。

6. 神经网络与网络编程技术

神经网络（neural network）是一种按照人脑的组织结构和活动原理来构造的非线性模型，它反映了人脑的某些基本特征。神经网络是对人脑的某种抽象和模仿，通过学习从外部环境中获取知识，且具有存储知识的能力。一个典型的神经网络由神经元结构模型、网络连接模型、网络学习算法等几个要素组成。其最大的特点是能够从环境中学习并在学习过程中提高自身的性能，而且神经网络在每一次学习后，对所处的环境就会有更多、更深入的了解。

人工神经网络的研究始于 19 世纪末至 20 世纪初，它作为一种人工智能技术，综合了神经科学、数学、物理学、计算机科学等多种学科，具有分布并行处理、自适应学习和鲁棒性、容错性等特性。近年来，神经网络技术迅猛发展，已经在智能控制、模式识别、智能信息处理、企业管理等方面取得了巨大的成功，已成为人工智能的重要研究领域之一。随着神经网络技术基础理论和研究技术的不断成熟发展，它会为更多学科领域的研究发展做出贡献，如神经网络与信息技术的结合可开拓出管理领域更前沿的研究内容。

目前已有很多网络编程技术，如 PHP、ASP、JSP 等，虽然它们的具体形式各不相同，但是都可以实现访问数据库、存取文件和生成动态网页等功能。随着互联网的不断发展完善，网络编程技术的功能变得越来越丰富，运行越来越快速与稳定，界面也变得越来越友好，将成为电子商务应用软件的主要开发技术。

7. 人工智能与知识管理

人工智能（artificial intelligence, AI）的定义是在 1956 年由麦卡锡首先提出来的。人工智能是研究模拟人的智能的理论、方法与技术，它是计算机科学的一个分支。人工智能与能源技术、空间技术一起被称为“世界三大尖端技术”。进入 21 世纪，信息和知识成为经济增长的主要动力，快速获得新知识和信息并将其转化为生产力成为企业核心竞争力的源泉，人工智能的重要性变得越来越显著。

人工智能又称为智能模拟，它利用计算机和各种电子技术来模拟人类的某些智力活动，使得计算机系统拥有近似于人类的智能行为。人工智能是计算机科学技术的前沿科学领域，计算机编程语言和其他一些计算机软件都是因为有了人工智能而得以持续发展。

实际上，人工智能是一门综合性的交叉学科，其研究范围不仅涉及计算机科学，还涉及脑科学、心理学、行为科学、数学以及信息论、控制论和系统论等许多学科领域。随着经济发展的需要，人工智能涉及的应用领域也越来越广泛，其中主要包括模式识别、自然语言理解、自动程序设计、专家系统、人工神经网络、机器人学、智能控制等。人工智能将指引计算技术未来发展的方向，使 21 世纪科技的发展产生变革，也会对旅游业的发展产生巨大的影响。

知识是企业的一种重要资源，但是许多企业的知识都是隐性的，因而知识管理（knowledge management, KM）是一项重要而又困难的工作。知识管理就是通过信息技术、计算机网络和通信技术，将存在于企业中的信息收集起来，加以组织、分类和提炼，形成对企业有用的知识，然后将这些知识和技能信息传递到最需要它的地方。在整个知识管理的过程中，要最大限度地实现知识共享，将知识和技能信息在最适合的时间传送给最需要它的员工，使他们能够做出最恰当的决策。在这一过程中，知识管理的核心内容不仅是知识的收集、分类和存储，更重要的是知识的共享、创新和再利用。知识管理的兴起，已使企业将其作为一项主要的管理活动和竞争优势的源泉，忽视知识管理或者在知识管理工作中出现失误，都会给企业发展带来巨大的损失。

（二）新型的信息技术系统

在当今这个知识爆炸的年代，信息通信技术的发展使管理信息系统（MIS）已逐渐不满足于对企业现状的管理。企业需要适应瞬息万变的外界环境，来应对非结构化的复杂问题，管理各种各样的经营和投资问题，因此，它需要具备预测未来、知识管理等各方面的功能，由此就出现了一些新型的信息技术系统。这些新的信息系统各具特点，有自己的适用条件、使用环境和独特优势，但有一点是共同的，就是它们对提高企业的竞争力而言都是至关重要的。一个企业并不需要所有先进的信息技术系统，它可以根据自身的需要选择使用其中的某一些来帮助自己更好地完成任务并实现经营目标。当然，企业中的所有信息技术系统都必须相互配合、协调一致，这样才能既发挥出每个系统各自的优势，同时又能实现功能互补，使整体功能大于局部功能之和，发挥出最强大的创新管理作用。

1. 战略型信息系统

战略型信息系统（strategic information system, SIS），就是在面向竞争的信息管理战略指引下，为企业创造竞争优势而设计的新型系统，如用于管理的决策支持系统（decision support system, DSS）。战略型信息系统是通过生成新产品和服务，改变与客户和供应商的关系，或者通过改变企业内部的运作方式，以使企业未来具有竞争优势的信息系统。就饭店行业来说，有饭店决策支持系统，可以利用饭店掌握的大数据，来决策饭店未来经营的发展方向。

战略型信息系统是将信息技术与企业的经营战略结合在一起，直接辅助经营战略的实施，或者为经营战略的实施提供新的方案，其中包括信息技术的战略性应用，如通过信息技术战略逐步对管理信息系统、决策支持系统、客户关系管理系统、企业资源计划以及电子商务系统进行整合、集成和平台化管理，从而为客户提供更加及时和快捷的服务，使客户在任何时间、任何地点都能获取所需的服务。战略型信息系统能促使企业业务流程的优化、机构的重组以及管理手段的变革，能大大提高企业在任何情况下（包括突发社会事件）经营运作的效率，并降低经营成本，缩短生产周期，减少库存数量，使企业的综合竞争实力显著增强，获得明显的市场竞争优势，非常适合大型企业和企业集团使用。

普通的管理信息系统如果仅是为了日常的经营管理，也没有新技术的支持，那它仅是一个普通型的信息系统。并非任何用于管理的信息系统都能称得上是战略型信息系统，只有信息系统能直接支持或影响企业的经营战略，并帮助企业获得竞争优势或削弱竞争对手的优势时，才能认为该信息系统是战略型信息系统。例如，当一个企业决定实施低成本的竞争战略，同时库存成本在企业的成本结构中占有较大的比重时，企业用新技术建立了一套“库存管理及控制系统”。如果这套系统的应用大大降低了库存成本，则该系统有力地支持了企业的经营战略，并为企业赢得了低成本的竞争优势，可以认为该信息系统是一个战略型信息系统；而如果该系统的应用没能有效地降低企业的库存成本（仅是提高了操作效率），尽管该系统的建立是与企业的经营战略紧密联系在一起的，也不能说该系统是战略型信息系统。

2. 专家系统

专家系统（expert system, ES）是某专业领域的信息系统，通过集成专家系统的知识，解决相关的管理问题，是一个知识型的决策支持系统。它可以模拟人的思维，具有一定的推理和判断功能，如用于饭店业的饭店管理专家系统等。

专家系统是伴随着人工智能技术的应用而发展起来的，它利用知识和推理过程来解决需要人类专家才能解决的复杂问题，是一个具有智能的计算机系统。具体来说，专家系统的使用流程就是由知识工程师通过知识获取设备，采用某种知识表示方法将某一专业领域专家的知识存放在知识库中，用户通过人机接口，运用推理机就可以控制知识库及整个系统，像专家一样解决复杂的专业问题。

专家系统一般由知识获取设备、知识库、知识库管理系统（KBMS）、推理机和用户接口等部件构成。新一代的专家系统已结合人工智能、大数据等新技术。目前，发展得较为成熟的专家系统包括基于规则的专家系统、模糊专家系统、基于框架的专家系统和神经网络专家系统等。目前专家系统的应用领域非常广泛，已遍布于各个专业领域，包括医疗、教学、地质等领域，并取得了巨大的成功。

3. 云物业管理系统

饭店管理系统的心脏就是前台物业管理系统（property management system, PMS），饭店 PMS 是一个以计算机网络为工具，进行饭店信息管理和业务处理的一个人机综合系统，主要负责处理饭店所有的前台业务。它不但能准确、及时地反映饭店业务的当前状态、房源状态，还能快速实现从客人预订入住到财务对账等一系列操作；它不但是一个进行数据统计的数据库，还能够提供各类业务报表，并利用数据进行统计分析，从而更有利于酒店前台的经营和管理。把 PMS 云端化，就形成了云 PMS，这是饭店业经营管理中最新型的技术系统。

云 PMS 是利用云计算技术构建的饭店前台系统，属于饭店业的垂直型系统，该系统的职能是内部电子商务的处理，客人到达前台后的所有业务，都由云 PMS 来处理，网络电子订单到达前台后的所有后续流程，也由云 PMS 来自动处理。由于 PMS 存储在云端的公有云中，对于饭店来说，使用云 PMS 可以节省很多硬件购买成本和运维成本，也节省了管理系统运营的技术员工人力成本，同时还可以享用云 PMS 服务商提供的酒店业市场大数据预测报告，即可以享用饭店业大数据的分析成果。因此，云 PMS 应用的优越性非常明显，近年来发展势头很快，已成为饭店开展完全电子商务重要的前台技术系统。

云 PMS 最大的应用特点是可以实现移动服务，不仅适用于电脑端（Windows/Mac 系统），更能够兼容平板电脑、手机移动终端（iOS/Android 系统），让饭店管理和服务随时随地触手可及。对于饭店而言，应用云 PMS 后管理成本得以降低、管理效率和服务质量都得到极大提升。目前，国内的 PMS 厂商主要有绿云、西软、石基、众荟、别样红、金天鹅、番茄来了等，国外的 PMS 厂商主要有 Oracle、Sabre、Infor 等。

4. 知识管理系统

知识管理系统（knowledge management system, KMS）是企业信息系统的高级系统，由知识工程师掌控使用，主要实现对企业知识的管理、挖掘和运用，以提高企业的市场竞争力和创造力，从而实现企业的商务智能。

知识管理系统是一个人机交互的计算机网络应用系统，它融合了现代先进的管理思想，以人和信息为基础，以实现知识共享、促进知识创新、提高组织竞争力为主要目标。知识管理系统必须依赖信息通信技术的支持，才能对企业所需的知识进行收集、传播、创造和使用。典型的企业知识管理系统由计算机平台系统、知识库、知识库管理系统、知识管理人员和系统用户等组成，其中知识库是企业知识管理系统的核心，它按照一定的知识表示方法，集中存放企业内部各专业领域和企业外部环境的相关知识。

知识管理系统能帮助企业实现知识发现、共享与创新，是维护知识资源、提高工作效率和创造竞争力的有力武器，也是企业扩展的主要辅助性系统。如何建立符合企业需求的知识管理系统并没有一个统一的标准，企业必须在确定自身的知识类型的基础上，采取相应的知识管理模式，这样才能建立起成功的知识管理系统，但关键是企业要有知识工程师等人才。目前使用最多的营销知识管理系统，它能够最大限度地掌握和利用企业知识来提高企业的市场竞争力，达到增强营销能力和效果的目的，最终提高市场营销的工作效率和效益，但实现这些的前提是企业必须有既懂营销又懂网络创作技能的知识工程师来操控知识管理系统。

第二节　旅游电子商务中的信息通信技术

应用信息通信技术的作用，是企业能利用它方便地与利益相关者和旅游者进行沟通，传递数据资料和业务，使服务商与消费者之间能直接进行沟通，消除中介的不利因素，并节约成本，这就是电子商务。在互联网环境下，旅游消费者能以更快捷且低成本的方式获取服务，而旅游企业则在提高工作效率的同时降低成本和增效。在今天的旅游企业中，只有把这些新的技术与平台充分利用起来，不断地改进产品与服务，才能在未来竞争更加激烈的市场中存活下来，并求得发展空间。本节主要介绍在旅游电子商务中应用信息通信技术的基础性技术、扩展技术和新技术及其对旅游业未来发展的影响。

一、基础性技术

旅游电子商务的快速发展主要依赖于信息通信技术的普及应用，作为在互联网上以电子交易方式进行交易和服务的活动，基础性信息技术是基石，主要有电子数据交换技术（electronic data interchange, EDI）、数据库管理系统（database management system, DBMS）、Web 浏览技术、电子支付技术、云计算技术和信息安全技术等。

基础性信息技术是开展电子商务应用中常见技术，也是作为一个旅游电子商务工作者必须掌握的技术。下面对这些基础性信息技术做一个概括性的介绍。

（一）电子数据交换技术（EDI）

随着互联网的普及，企业开始通过网络来储存和交换数据、处理表单。由于市场上各个企业的系统不一致、表单标准各异，导致不同企业业务合作需要进行数据交换时非常麻烦，早期 EDI 的出现就是解决数据交换问题。第一个产业专用的 EDI 标准，是 1975 年美国运输数据协调委员会（Transportation Data Communication Committee, TDCC）公布的，随后衍生到其他行业，后来欧洲和美国都发展了自己的 EDI 标准，最后在 1986 年由联合国牵头统一了国际化的 EDI 标准。

EDI 系统可实现企业间业务单据自动、高速、安全的数据交换，无须人工参与，提高贸易双方的工作效率，建立贸易信任。EDI 系统中常见的业务单据有订单、库存查询、发票、发货通知、收货确认、销售报告、物料需求等，这些都是开展电子商务必要的数据元素。

（二）数据库管理系统（DBMS）

数据库管理技术是信息系统的一个核心技术，它是一种计算机辅助管理数据的方法，研究如何组织和存储数据，如何高效地获取和处理数据。DBMS 是一种针对对象数据库，为管理数据库而设计的大型计算机软件管理系统，具有代表性的数据管理系统有 Oracle、Microsoft SQL Server、Access、MySQL 及 PostgreSQL 等。

数据是生产力，数据的挖掘和分析技术在不断进化，在大数据时代，懂数据挖掘、分析和信息技术的首席数据官会在电子商务中发挥越来越重要的作用。

（三）Web 浏览技术

在电子商务发展初期，绝大部分的产品和服务都是在网页上进行的，这一切实现的基础就是 Web 浏览技术。目前，Web 浏览技术主要支持超文本标记语言（Hyper Text Markup Language, HTML）格式，此外还有 PHP、Python、Java、JSP（Java Server Pages）等网站开发语言。

淘宝网早期用的是 PHP 语言架构，后来为了更好地访问 Oracle 数据库，它用 Java 语言把系统改写了一遍。全球最大的视频网站 YouTube.com 是用 Python 语言编写的。

（四）电子支付技术

电子支付技术（electronic payment, EP）指电子交易的当事人，包括消费者、厂商和金融机构，使用安全电子支付手段，通过网络进行货币支付或资金流转。电子商务支付系统是电子商务系统的重要组成部分。按照支付指令的发起方式，电子支付分为网上支付、电话支付、移动支付、销售点终端交易、自动柜员机交易等。目前，得益于 4G 和 5G 通信网络的应用，移动支付已经发展为应用最为广泛的电子支付方式。

（五）云计算技术

现在的旅游电子商务或企业信息系统，基本都是建在云端的信息系统，企业购买服务器建设应用系统的已经很少，企业都是根据自己的需要选用或租用服务器，这就是云计算技术在云服务方面的应用。作为主管旅游企业电子商务的技术人员，必须理解和掌握云计算的基本知识及使用技能。在信息系统管理中，云计算的技术管理对企业来说是最基础的。通常，企业先有云计算，才会有大数据的沉淀，有了大数据人工智能才有深度学习的基础资料，这样形成的电子商务系统才有竞争力。云计算主要有公有云、私有云、社群云、混合云四种部署模型。因此，云计算及平台选用已成为企业构建信息系统的基础性技术。云计算本身的发展已经发生了巨大变化，云服务平台也不会一味强调自己公有云、私有云或者混合云的概念，抑或是 IaaS 模式、PaaS 模式乃至 SaaS 模式，重要的是看重基于云计算的大数据和人工智能化应用。一个全面的云计算服务平台包括以上四种部署模型和三种服务模式。

目前，世界上云计算的巨头企业主要有亚马逊、微软、阿里巴巴、IBM、谷歌、华为、百度等，其中亚马逊、微软、阿里巴巴几乎垄断了 IaaS 层的技术服务，企业可以根据自己的情况选用这些服务商的产品来构建自己的应用系统。在各个细分领域，如甲骨文、SAP、Adobe、EMC 等企业都在进行基于云计算的 SaaS 服务模式转型。比如，Adobe 是数字创意和创意设计的龙头企业，现在已经成为了一家 SaaS 企业。

（六）信息安全技术

对于在网络上发生的电商交易活动，交易双方最担忧的就是安全问题。电子支付正在进入由网上银行、在线支付向手机银行、移动支付转变的移动互联时代。支付终端、支付场景和支付软件（银联、第三方支付等）的多样化，对电子支付安全提出了极高的挑战。

安全技术在当前的电子支付系统中的应用主要有两方面：① 在网络服务层之上建立加密技术层与身份认证层。加密技术层通过对称与非对称加密实现，身份认证层通过部署传统公钥基础设施（PKI）体系下的 CA 认证中心实现，参与交易的各方进行数字签名完成身份认证。② 在加密技术层与身份认证层之上建立安全协议层，常用于电子支付的安全协议有 SSL/TLS 协议、SET 协议与 3DS 协议。国际上统一的第三方支付行业（支付行业 PCIDSS）数据安全标准（payment card industry data security standard, PCIDSS）是由 PCI 安全标准委员会的创始成员制定的，PCIDSS 适用于所有涉及支付卡处理的实体，包括商户、处理机构、购买者、发行商和服务提供商及储存、处理或传输持卡人资料的所有其他实体，重点是对持卡人的数据保护。

二、扩展技术和新技术

旅游企业在开展电子商务过程中，根据业务的需要以及旅游者的商务需求，还需要一些扩展技术或新技术的支持，来开发相应的系统来满足消费者的各种服务需求。

（一）Switch 技术

并不是所有的饭店都像大集团一样，有能力建设自己的中央预订系统，但是这些规模不大的中小型饭店若想接入全球分销系统或者其他分销渠道，替代方案就是由第三方数据转换公司提供对接技术服务，也就是“Switch”公司。“Switch”公司不是代理商，而是纯技术服务，它可以让世界范围内几十万家单体酒店都登录上来，把它们的房态、价格、房量等信息传给指定的全球分销系统或分销平台，甚至传输到指定的某一家旅行社的某台分销终端，然后接收网络订单。

Switch 技术是把饭店的核心管理系统 PMS/CRS 打开一个接口，并通过接口与所有分销渠道进行直接的连接。Switch 技术能展示饭店的实时房态和传递每一家分销渠道的实时专属价格。Switch 技术将分销渠道的订单直接传递到 PMS 中并实时确认，还能传递给分销渠道真实的客人入住、离店记录。

Switch 技术在一定程度上解决了“饭店”和“分销商”之间的数据安全顾虑，越来越多的饭店采用 Switch 技术与分销渠道对接。目前，国内的“Switch”公司主要有站队 OTA 平台的石基畅联（CHINA online）、中软 HT Switch，以及基于酒店 CRS 的独立平台的德比软件。国际上最大的“Switch”公司是 Pegasus。

（二）移动互联网技术

移动互联网（mobile internet）技术的出现对旅游电子商务发展所起的作用最大。作为一种新型的网络活动类型，它主要通过智能移动终端，以移动无线通信的方式获得相关交易和服务。移动通信是一种物与物的通信模式，主要是指移动设备之间以及移动设备与固定设备之间的无线通信，便于实现设备的实时数据在系统之间、远程设备之间的无线连接和交换。一个完整的移动互联网包括终端、通信软件和应用三部分。其中，终端主要涵盖智能手机、平板电脑、移动互联网终端（mobile internet devices, MID）等，应用主要包括移动管理、移动服务和移动营销。通信软件指在移动终端上应用的包括即时通讯、搜索引擎、网络音乐、网络社交、网络视频、网络游戏、网络文学、网络购物、网络支付在内的所有互联网应用。

移动互联网是互联网与移动通信各自独立发展后互相融合的产物，目前呈现出互联网产品移动化强于移动产品互联网化的趋势。从技术层面的定义看，以宽带 IP 为技术核心，可以同时提供语音、数据和多媒体业务的开放式基础电信网络；从终端的定义看，用户使用手机、笔记本电脑、平板电脑、智能掌上机等移动终端，通过移动网络获取移动通信网络服务和互联网服务，是开展移动电子商务的主要应用技术。

（三）物联网技术

物联网（internet of things, IoT）是一个通过信息技术将各种物体与网络相连以获取物体信息的巨大网络。物联网是实现物物相连的互联网络，主要包括两方面的内容：第一，互联网是物联网的基础和核心，并以此为基础对信息进行扩展和延伸；第二，物联网的用户端不仅仅局限于人与物体，而是扩展和延伸到任何物体与物体之间，使其进行信息交换和通信。物联网在智慧酒店建设中，已成为服务信息接驳和交换的主要核心技术。

从某种意义上来说，互联网是物联网灵感的来源，物联网的发展又进一步推动互联网向一种更为广泛的“互联”演进。在旅游业和饭店业，正是由于应用了物联网，从而出现了智慧饭店、智慧旅行社、智慧景区等新业态。物联网技术的应用，不仅极大地方便了旅游者进行行程安排，还可以帮助客户进行移动旅游服务的实时搜索，全面引领传统旅游业向智慧化旅游业转型。例如，在智慧饭店建设中应用物联网可以实现智慧引导、智慧接待、智慧营销，同时可以对工程部的所有设备运行实现智慧管理。

（四）大数据技术

大数据（big data）是继云计算、物联网之后在信息技术产业领域的又一次具有颠覆意义的技术变革。随着信息化建设的深入，数据量呈爆炸式增长的态势，云计算、物联网、移动互联网、智能手机、平板电脑、PC 以及遍布各地的众多传感器，都是大数据的获取来源和承载方式。近年来，大数据已成为智慧商务个性化服务、精准管理和精准营销设计方面应用的主要核心技术。

对于大多数的旅游企业来说，建立和应用大数据的确很难，对于有一定规模的旅游企业或旅游集团来说，大数据的建设说难也难，说容易也容易。其实，大数据是相对的，对多大的数据集才是大数据没有定论，当然是越大越好，但只要对某数据集分析获得的数据信息总是有效的、恰当的，预测的结果是符合经营方向的，这个数据集就是企业所需的大数据。旅游企业除了自己的数据集，还需要利用行业和互联网特别是社交平台的数据集，这就需要和外部数据源的实体进行合作，通过自己的平台获取外部的数据源，这样才能形成适合自己的大数据，即对旅游服务经营有用的数据集。因此，大数据在旅游经营中的应用，关键是建立自己的数据中心来获取外部的数据集，这就是信息系统平台化的建设问题，真正的大数据应用就是建立一个有效的软件平台。

（五）虚拟现实技术

虚拟现实技术（virtual reality, VR），又称灵境技术，是 20 世纪发展起来的一项全新的实用技术。虚拟现实技术集计算机技术、电子信息技术、仿真技术于一体，其基本实现方式是计算机模拟虚拟环境从而给人以环境沉浸感，是一种可以创建和体验虚拟旅游的计算机仿真系统。随着社会生产力和科学技术的不断发展，各行各业对 VR 的需求日益旺盛，旅游业也是一样，旅游企业可通过 VR 在互联网世界里展示自己的服务产品。各产业对 VR 的广泛应用已使 VR 取得了巨大进步，并逐步使其成为一个新的科学技术领域。近年来，虚拟现实技术已成为智慧旅游、游戏化商务建设中在线服务、在线营销方面应用的关键性技术。

（六）人工智能技术

人工智能（artificial intelligence, AI）是近年来旅游电子商务应用中最热门的关键技术，它和电子商务融合后成为智慧商务最热门的应用，如酒店的商务助手、服务机器人、智能客房、刷脸入住、咨询代理等都是人工智能在酒店业的具体应用。酒店赖以生存的是优质服务，酒店所经营的所有产品都与服务有关，它除提供客人食宿的服务以外，很大一部分业务就是酒店的附加服务和增值服务，以提高客户住店期间的满意度，如娱乐服务、信息服务、休闲服务等，这些服务水平的高低，直接关系到酒店的口碑。近年来，人工智能在智慧商务建设中发挥着积极的作用，已使旅游服务无所不能，如接待服务、商务服务、营销服务等方面都已存在人工智能的具体应用。

（七）区块链技术

区块链（blockchain）技术是一种数据库分布技术，它是信息技术领域的一个应用术语，未来将是电子商务中电子支付的核心支撑技术。从本质上讲，它是一个共享数据库，存储于其中的数据或信息，具有“不可伪造”“全程留痕”“可以追溯”“公开透明”“集体维护”等特征。基于这些特征，区块链技术奠定了坚实的“信任”基础，创造了可靠的“合作”机制，在未来网络经济发展中具有广阔的应用前景。2019 年 10 月 24 日，在中共中央政治局第十八次集体学习时，习近平总书记强调，“把区块链作为核心技术自主创新重要突破口”，“加快推动区块链技术和产业创新发展”，由此区块链开始走进大众视野，成为社会技术创新的关注焦点。

区块链起源于比特币，2008 年由中本聪（Satoshi Nakamoto）第一次提出区块链的概念，2009 年出现了第一个序号为 0 的区块，紧接着序号 1、序号 2 区块诞生，由此形成了区块链。在随后的几年中，区块链成为电子货币比特币的核心组成部分，作为所有交易的公共账簿。通过利用点对点网络和分布式时间戳服务器，区块链数据库能够进行自主管理，为比特币而发明的区块链使它成为第一个解决重复消费问题的数字货币。从发展的趋势来看，区块链技术将成为数字货币发展的核心技术。

三、信息通信技术对旅游业未来发展的影响

信息通信技术（ICT）的发展不仅对人类生活和经济环境产生了重大影响，而且对各大行业的发展也产生了巨大影响，尤其是对信息依赖性很强的旅游行业的影响更大。现在旅游消费者足不出户就可以获取旅游目的地的信息，旅游者通过一部手机就可以实现信息查询、电子预订、电子支付等，这对旅游企业的信息通信技术的应用产生了巨大动力。就目前而言，信息通信技术对旅游业的影响主要体现在对旅游供给和需求、旅游业经营模式和旅游电子商务发展三个方面。

（一）信息通信技术对旅游供给和需求的影响

信息通信技术的应用对旅游的供给和需求产生了巨大影响。信息通信技术对旅游供给的影响，主要指的是其对旅游服务供应企业的影响。如何招徕客户，把产品介绍给旅游消

费者是旅游企业面临的主要问题，信息通信技术为其拓宽了销售渠道，打开了全球市场，它帮助企业方便地与所有利益相关者建立电子联系，以更有效地发挥其竞争优势。信息通信技术对旅游需求的影响，则主要指的是其对旅游消费者（即游客）的影响。游客便捷地获取信息，改变了他们的旅游方式和旅游需求，通过什么方式和途径旅游与信息通信技术的应用密切相关，信息通信技术已完全改变了游客获取旅游服务的方式，从而影响甚至改变他们的旅游需求，如自由行方式、定制游方式等。总之，ICT 为旅游业供给和需求的发展提供了工具，促进了旅游业的健康、有序发展，使旅游业的发展潜力更大。

1. 对旅游供给的影响

对旅游市场供给方来说，ICT 对它最大的影响就是旅游地资源信息的传播方式和市场配置。旅游地的市场配置随着需求的变化而改变，营销活动已不受时间和空间的限制，供给方可以扩大旅游资源的营销面，把旅游地信息通过 ICT 快速发布到客源地，提高供给信息的受众面，企业可以根据信息反馈快速配置资源，以提供更精准的服务。对旅游企业来说，ICT 对它最大的影响是服务产品的营销和销售方式，旅游企业不但可以直接利用 ICT 进行营销和销售，还可以把产品直接送达消费者（在线销售），扩大产品的销售范围，降低企业的经营成本，并可以提供在线的对客互动服务。

高速、可靠、大容量和低成本的信息通信技术，有助于旅游企业回避竞争劣势，寻找服务创新点，以应对全球竞争，提高其市场地位和竞争力。ICT 对旅游供给方的影响主要体现在以下几方面。

- 对服务方式和产品模式产生影响。
- 对竞争方式和组织架构产生影响。
- 对销售方式和扩展途径产生影响。
- 对客户维系方式和联营共享产生影响。
- 对产品开发方式和区域配置产生影响。

对于旅游企业来说，ICT 的应用不能停留在战术层面，而应该从战略层面制定 ICT 应用策略，渐进地提高企业的电子化和智慧经营水平。

2. 对旅游需求的影响

ICT 对旅游需求的影响非常深远。一方面，ICT 可以挖掘旅游者的潜在需求；另一方面，旅游供给方可以通过 ICT 引导旅游者的消费需求。在互联网的影响下，旅游消费者获取旅游信息的方式越来越便利。现实生活中，旅游消费者通过对旅游目的地信息的了解，也会改变自己的旅游需求，而且随着对旅游地信息的深入了解，旅游消费者会产生强烈的旅游动机，这就是 ICT 的作用。不管是在旅游前、旅游中，还是旅游后，旅游消费者有不同的旅游信息需求。

（1）旅游前的信息需求。旅游者主要想了解有关旅游目的地的基本信息，以及其周边的住宿、餐饮等旅游服务信息和价格信息等，以便为出行做准备。ICT 可以帮助旅游者做出旅游决策，完善的信息服务、便利的在线服务可以促成旅游活动的实现。

（2）旅游中的信息需求。这时旅游者主要需要了解自己的行程变化情况以及消费信息等。ICT 可以提升旅游者对旅游行程的满意度，增加旅游服务项目，挖掘旅游者的消费热情。

（3）旅游后的信息需求。这时旅游者希望获得旅游企业提供的信息反馈，以及后续的促销优惠信息，尤其是一些旅游者还需要了解旅游目的地的信息情况，回味或体验网上重游的感觉。ICT 可以帮助旅游者在一定的社区范围内实现旅游后的体验交流。

在现阶段，影响旅游的需求 ICT 主要由以下一些技术系统构成。

- 信息网站：官方和第三方信息网站可以了解和获取旅游需求。
- 移动 App：可以随时随地了解旅游需求。
- 电子分销系统：通过客户端可以了解市场现阶段总体的旅游需求。
- 小程序：与手机互动可以获取即时的旅游需求信息。

消费者在旅游前或旅游后都可以在社区实现信息的互动、需求的表达，从而为企业挖掘未来的市场需求。

（二）信息通信技术对旅游业经营模式的影响

在今天激烈竞争的旅游业中，所有的旅游企业都必须面对全球化的市场以及突发事件的影响，何种经营模式风险最小、竞争力最强还需要各企业认真探索。在信息通信技术的影响下，企业的经营模式将发生变化，在新模式的市场环境下，产品和服务的价格信息变得更加透明，生产者和消费者能够通过网络直接进行联系，销售价格更加个性化，中间环节大大减少。简而言之，企业与旅游消费者之间的距离越来越短。信息通信技术推动了旅游企业服务水平和市场竞争能力的提高，促进了整个旅游市场向着低成本、高效率的方向发展，也促进了旅游产业经营模式的优化。

1. 信息通信技术对经营方式的改变

旅游经营方式是旅游企业生产产品并创造价值的运作机制，它包括经营组织方式等，是企业为获取利润而规划的一系列商业活动。这些商业活动将随 ICT 应用而发生改变，如传统的支付、结算等功能如今都可以在线完成，传统的产品预订现在也都可以在线进行操作。ICT 为旅游企业的经营方式带来以下一些常见的变化。

- 航空机票由纸质票变为电子票。
- 客房电话预订变为网络预订。
- 营销广告纸页变为网络广告页。
- 传统促销活动变为网络促销活动。
- 传统旅游中介代理变为网络中介代理。
- 传统接待登记变为刷卡电子登记。
- 传统现金支付变为电子支付消费（或市民卡消费）。
- 传统组织架构变为依据业务动态组织架构（微组织架构）。

所有这些改变都将帮助旅游企业创造一定的竞争优势，回避竞争劣势，降低经营风险，赢得有利的竞争地位。此外，这些经营方式的改变将导致旅游经营规模和模式的改变，如旅游企业的组织结构正由传统的多层次结构向扁平化的微结构转变，这将有利于提高整个企业的经营决策水平和管理水平，减少容易出差错的人工环节。

2. 信息通信技术对经营模式的影响

企业的经营模式也就是企业如何有效地组合所有的人力、物力、财力等资源，以最合理的经营架构实现经营收益的最大化，使企业寻找到最佳盈利模式并不断地发展和壮大。信息通信技术对企业经营模式的影响取决于网络效应和网络销售，并能最终影响企业产品的发展方向。从目前的经营模式的进展情况来看，ICT 推动着我国旅游企业朝着集团化、网络化、专业化和品牌化的方向发展。

具体来说，信息通信技术对旅游经营模式的影响主要包括时间模式（全天候）、内部管理模式（内部网文化）、交互模式（在线化即时交流）、营销模式（在线个性化）、创新模式（管理与服务创新与ICT相关）、协作模式（协作流程电子化和在线化）。这些经营模式与信息通信技术应用密切相关，它们通过ICT将企业与利益相关者紧密地联系起来，优化相互之间的业务流程关系，形成既适合市场需要又具有创新能力的最佳经营模式，为企业节约大量的人力、物力和财力，帮助企业更好地创造市场竞争优势。

3. 信息通信技术对业务扩展的影响

任何企业在经营过程中都存在业务扩展的问题，小企业和大企业有各自不同的发展思路。但它们的共同点是在旅游相关业务的价值链上寻找扩展方向，用信息通信技术减少业务的中间环节，增加价值链的附加值，尤其是通过ICT应用的网络效应，结合电子商务的规模效应，获得企业最佳的业务扩展点。因此，企业的业务扩展完全取决于企业的ICT应用能力，未来业务扩展的竞争就是企业ICT应用能力的竞争。例如，杭州开元旅业集团的业务扩展非常重视ICT应用能力的提升，它们认为一个好的ICT技术应用系统可以让扩展一个成员饭店就像软件复制一样便利，近几年该集团扩展迅猛，目前已有两百多家成员饭店分布在全国各地。

（三）信息通信技术对旅游电子商务发展的影响

旅游业发展的主要方向就是休闲旅游和电子旅游，不管是观光旅游、休闲旅游还是乡村旅游，电子旅游是它们发展的必然趋势，而电子旅游发展的核心方向就是电子商务。因此，ICT 的应用对旅游电子商务的未来影响深远，是每个旅游企业都需要密切关注的核心内容。旅游企业需要思考的是，如何应用ICT去开展电子商务，如何利用ICT产生电子商务的规模效应，如何利用ICT去预测未来的旅游需求趋势，如何利用ICT去支持企业发展的总体战略。每个企业发展的方向以及ICT的应用能力都不一样，它们开展电子商务的能力差异就很大，导致市场上出现各种形式的旅游电子商务平台，以及各不相同的开展旅游电子商务的方式。下面我们就来简单分析一下ICT应用对旅游电子商务平台和企业开展电子商务的影响。

1. 在线旅行社平台

在线旅行社平台（online travel agent, OTA）是旅游业发展中开展电子商务最早、最重要的中介平台，提供的是在线中介代理服务。OTA推动了我国旅游电子商务的进步，为众多的小规模旅游企业开展电子商务提供了服务，也是我国旅游消费者最喜欢的旅游电商平台，国内如携程旅行网、同程旅行网、途牛旅游网、去哪儿网等都属于这类平台。OTA平台的特点是在线服务，能为消费者提供细致的个性化服务，可跟踪每个业务环节，但它赚取的是产品的差价和佣金，因此OTA平台的旅游产品价格比其他平台通常要贵一些，旅游企业在直销能力有限的情况下可以借助OTA平台发展自己的电子商务。

2. 在线旅游平台

在线旅游平台（online travel platform, OTP）是电商企业专门为旅游实体企业与旅游消费者打造的服务平台。OTP不赚取差价，也不提供个性化的服务，该平台上的旅游产品价格比OTA的价格要低，也是受到旅游消费者喜爱的在线平台。阿里巴巴的飞猪就属于这类平台，很多旅游企业和航空公司喜欢用飞猪开展电子商务并在线营销，以吸引消费者的购买。目前，飞猪已开始升级 OTP，形成在线旅游生态（online travel marketplace, OTM）。OTM 是一个全新的旅游电子商务平台，能为旅游企业和消费者提供更完善的电商服务。电商平台从 OTP 到 OTM 的转变，是旅游产业的一种必然发展趋势。以品牌号为例，是从货架式售卖到交互式营销的转变，既能满足消费者对获取丰富内容的需求，也能实现实体企业通过平台触达更多用户的愿望，有利于电子商务的生态化发展。

3. 行业中立平台

行业中立平台是专门为行业里的企业提供电商服务的平台，它同样不赚取产品差价，专门为企业提供电商服务，平台上的数据可以由企业自己管理。目前在饭店行业应用较广的饭店电商平台 i-Hotel，是杭州绿云科技有限公司开发的饭店业专用电商平台，已有两万多家饭店企业在该平台上开展电子商务，每个饭店企业可以自己独立地管理客户和数据，平台不参与饭店与消费者之间的任何具体业务。对于很看重自己的商务数据，又想自己接触网上消费者的企业，可以借助于行业中立平台开展电子商务。

4. 线上到线下平台

线上到线下平台（online to offline, O2O）是指将线下的商务机会与互联网相结合，让互联网成为线下交易的平台。它是很适合旅游企业开展电子商务的一种模式，可以利用它打造一个企业的电商平台，这个概念最早来源于美国。对于一些不想完全依赖于 OTA 的企业，若想自己通过互联网开展在线直销或者用 O2O 均衡 OTA 的市场份额，O2O 平台就是一个非常好的电子商务形式，如农村 O2O：村村乐，餐饮 O2O：饿了么，旅游 O2O：去哪儿网，教育 O2O：网易云课堂等都属于这种类型。近年来，O2O 成为互联网产业中很热门的一个词语，无论是大型的互联网企业，还是小型的创业公司或者旅游企业，人们不论走到哪里，都能看到 O2O 应用的实例。各种 O2O 模式的应用平台蓬勃发展，大有垄断整个市场的意思，它是未来小规模旅游企业开展在线直销的一种有竞争力的电商形式。

第三节　电子旅游的产生与发展

旅游业属于综合性产业，包括“吃、住、行、游、购、娱”六大要素，如旅游线路查询、客房餐饮预订、票务查询与购买等都属于这个范畴，经济的发展、科技的进步、交通工具的改进、交通状况的改善、大众空闲时间的增多等诸多因素共同推动了旅游业的蓬勃发展。自 20 世纪 90 年代以来，我国旅游业发展迅速，已成为充满活力的重要产业，并在许多地区成为当地的支柱产业，而国外旅游业的发展历史较我国更为悠久，旅游业在世界范围内都已成为一个不可忽视的、能带动区域经济发展的服务性产业。随着信息通信技术的发展与应用，旅游的咨询、查询、预订、结算等业务都已进入了电子化时代，电子旅游正在取代传统旅游。

一、电子旅游的产生

传统意义上的旅游业可归为劳动密集型产业，由于信息通信技术的应用，使旅游业逐渐向知识密集型产业转变，因此信息通信技术是旅游业的一个重要影响要素。旅游产品有两大特征：一是购买与体验的不同时性。消费者在购买普通商品时通过触摸、观赏等方式可以对商品有一个大致的了解，而旅游商品与普通商品不同，游客在旅游之前不能直观地对产品进行评判，如游客在向旅行社购买旅游产品时，事先只能通过旅行社的宣传来了解整个旅游产品的情况，这些信息可能是抽象且不全面的。游客只有到达旅游目的地后才能体验到旅行社所提供的各种服务，从而对购买的旅游产品做出评价。二是旅游产品的无形性。游客在旅游目的地所获得的一系列服务是无形的，游客对其好坏的判断来源于自身的体验。

鉴于旅游产品的这两个特征，信息的流通与可获得性对于旅游消费者及旅游企业来说均至关重要。对旅游消费者而言，不管是自助旅游还是通过旅行社进行旅游，其在开始准备旅游的过程中，总是试图获得旅游线路及旅游目的地的相关信息，如景区景点、住宿设施、交通状况、天气状况、当地文化等，以此来降低旅游过程中的不确定性。对于旅行社来说，要获得客户的相关信息，要有旅游目的地的景点、交通信息，要与酒店、航空公司、景区管理部门进行信息交换等，以确保旅行社的正常运营以及招徕旅游消费者。因此，旅游消费者产生了通过信息媒介或展示来体验旅游的需求，这就是电子旅游发展的初级阶段，时间在 1994—1996 年。

电子旅游（electronic tourism），就是旅游业的管理与服务电子化，是旅行、餐饮、观光等全部经营流程和价值链的数字化，目的是使企业提高经营的效率和效益。电子旅游的开始阶段仅是供需方的信息沟通，其主要是借助于互联网的开放环境，基于浏览器/服务器的应用方式，后来发展到供需方的商务处理，使电子旅游发展为名副其实的电子商务。电子旅游涉及三个学科：企业管理、信息系统/信息技术、旅游业。从企业角度看，电子旅游包括电子财务、电子人力资源、电子采购等人力、财力、物力等的电子化管理，还包括电子研发和电子服务。电子商务仅是电子旅游中的一个组成部分，电子旅游普及的程度将直接影响到电子商务的应用和发展。从广义的旅游业的角度看，电子旅游包括电子交通、电子旅行社、电子饭店、电子休闲、电子景区等电子化管理，以及电子中介和电子代理商等业务环节。从旅游消费者的角度看，电子旅游就是能便捷地通过网络化的电子手段获取所需的旅游信息，并获得期望的服务。

我国电子旅游是在 1996 年出现的，电子旅游呈现了各种形态，这些形态都由专门的信息系统来支持，它们的共同点就是解决企业经营中的商务问题，这时的电子旅游就是旅游电子商务的初级阶段，我们称为电子旅游的发展阶段。电子旅游的发展阶段使劳动密集型的旅游业逐渐转变为知识密集型的电子旅游，目前该阶段还在发展之中。旅游业的主体包括旅游目的地、旅游服务企业、旅游管理部门、旅游交通以及旅行社等，这些主体与信息通信技术结合，就形成了各种类型的信息技术系统服务，这些信息技术系统都是实现电子旅游的主要技术工具，也是现在开展旅游电子商务的基础性系统。

二、电子旅游的应用类型

早期，由于通信技术不发达，旅游市场主要通过报纸、电视、广播及口头相传的方式来交换有关市场交易中的一些信息，这些渠道固然能让旅游供需方相互了解旅游市场的信息，但信息往往不全面且更新缓慢。随着通信技术的快速发展和应用，如今旅游市场既可以通过报纸、电视来交换信息，也可以通过强大的互联网来交换信息，尤其是移动互联网的发展极大地扩充了人们获取信息的渠道，同时也增强了信息传播的准确性，更好地反映了旅游市场发展的规律。旅游市场由不同的产业和实体构成，由此产生了不同类型的电子旅游应用。

（一）基于餐旅服务的电子旅游

餐旅服务企业主要包括旅游饭店、旅游餐饮企业、旅游服务公司等，这些企业通过应用信息通信技术，形成了旅游管理信息系统，如饭店经营管理系统、餐饮点菜服务系统、旅游服务经营系统等，由此产生了电子饭店、电子点菜、电子服务等电子旅游形式。

1. 电子饭店

饭店要想在竞争日益激烈的环境中生存下去，必须不断提高其在经营、服务、产品、管理等方面的竞争力，而饭店管理在提高饭店竞争力方面起着至关重要的作用。科学技术的发展为饭店管理提供了新的技术支持，有助于饭店提高经营管理水平。电子饭店的经营管理系统以通信技术与计算机技术为基础，实现对饭店经营过程中人力、物力、资金流、物流、信息流等的电子化管理。电子饭店中的信息系统主要包括预订接待系统、客房管理系统、总经理系统、销售管理系统、财务管理系统、收益管理系统、自媒体营销系统、工程设备管理系统、仓库管理系统、人事管理系统等。

电子饭店建设的目标就是提高饭店的市场竞争力，主要表现在以下几方面。

（1）提高经营效率。电子饭店最大的特点是用计算机系统代替了大量的人力劳动，减少了在计算、查询等事件上所花费的时间，在查询、结账、客房登记等方面大大提高了效率及准确性，如一次性顾客结账、网络订房、电子采购等对提高饭店经营效率帮助很大。

（2）降低成本。电子饭店对改善经营成本有很大的作用，如在花费人力、物力方面的费用大大降低，在营销方面、客户关系维系方面也降低了成本，同时，通过电子化手段能为客户提供更为优质的便捷服务。

（3）提高服务水平，使管理规范化。电子饭店的另一个特点就是让数据“跑路”，经营中数据的快速流动提升了服务的响应时间，使客户需求可以在短时间内得到饭店的回应，同时保障服务质量。数据的电子流动保证饭店能提供精确服务，精确而高效的服务有助于提升客户满意度。

（4）提高饭店决策水平。电子饭店有广泛的信息获取渠道，饭店管理者可以随时关注市场的变化及竞争对手的发展情况，并根据自己的情况有效地进行管理决策。电子饭店提高了内外部信息的传输速度，使管理者能迅速查询到所需的相关资料，如客房数量、营业额、相关历史数据等，有助于管理者提高经营中的决策水平，如不同经营时段的价格决策、不同经营时段的服务决策、不同经营阶段的人才需求策略等。

2. 电子点菜

餐饮管理中点菜服务占据着较为重要的地位，点菜的敏捷度、菜单的传递速度以及结账的准确性都与点菜环节有关。传统的点菜过程使用的是纸质的菜谱与订单，店堂内的情况不能与厨房内的供应情况实时沟通，容易出现消费者点了菜却在一段时间后才被告知原料缺乏的情况，且在结账时会出现账单上的菜与实际上的菜不相符的情况，易引起消费者的不满。当进入就餐高峰期时，厨房供应紧张，订单积压，而厨师不可能过目所有的订单，因此如何确定煮菜的先后顺序也成了一个难点。

为避免沟通不及时所造成的错误及提高菜单传递速度和送餐效率、缩短消费者的等待时间，目前一些餐饮企业开始引入移动餐饮点菜系统，即电子点菜。电子点菜系统主要包括无线点菜系统、收银系统、查询系统、成本核算系统以及报表管理系统等，这些系统的使用取消了手工操作，大大提高了运营效率并降低了运营成本，同时也提高了服务的精确度。

3. 电子服务

餐旅服务环节中有许多电子服务，如预订的电子服务、查询的电子服务、结算的电子服务等，还包括代理租车的电子服务、代理订票的电子服务等。餐旅企业可以通过网站或移动 App 提供这些电子服务，登录这些企业网站或下载 App 就可以获取这些电子服务，目前最流行的是利用即时型的小程序就可以获取这些电子服务。

（二）基于旅游目的地的电子旅游

旅游者出门旅游都需要收集旅游目的地的相关信息，以前旅游者都是通过旅游杂志、报纸、书籍、电视等来了解旅游目的地的相关信息，也可从朋友、亲戚或旅行社处获取旅游信息。在过去占主导的跟团旅游中，游客不需要获得太多的信息便可得到舒适的服务，旅行社会为游客安排好住宿、交通、行程等，因此游客在旅行之前获得的信息是很有限的，游客对信息的需求量很小。随着人们生活方式的逐渐改变，以及跟团旅游所提供的标准式服务令许多人感到没有新意甚至不满，越来越多的人开始倾向于自助旅游或自由行，由此所带来的变化就是旅游者对信息需求量的增加以及对信息提供技术要求的提高，这也给旅游目的地机构的旅游组织和旅游营销带来了影响，由此产生了旅游目的地的电子旅游。

旅游目的地是一个区域性的旅游概念，它包括旅游景区（景点）和管理机构，以及一些旅游服务性企业。旅游目的地是一个集合体，既包含各种接待设施，如住宿设施、餐饮设施、娱乐设施等，也包含一些基础设施，如公路、接待点、水电设施等。由于旅游目的地是一个承载体，它主要由旅游目的地机构来管理，因此我们主要针对旅游目的地机构介绍电子旅游，其核心是旅游市场的管理和推广。旅游目的地的电子旅游主要包括电子服务、电子营销和电子预警。

1. 基于旅游目的地信息系统的电子服务

随着旅游业的日趋成熟，旅游目的地信息系统（destination information system, DIS）成为电子服务的主要形式。在旅游的各个环节中，旅游信息的完整性和传播速度显得越来越重要，旅游目的地为了招徕更多的游客，采用信息通信技术构建旅游目的地的信息系统已成为提升服务的主要手段。电子服务的好处是改变了旅游环境，改善了旅游信息质量，吸引了游客的目光，也方便了游客获取信息。电子服务不仅是为了宣传旅游目的地，吸引国内外游客，更多的是为了提升旅游目的地机构的工作效率，拉近旅游目的地机构与游客之间的距离，为游客提供更舒适的服务环境。

旅游目的地信息系统由当地旅游管理部门负责建设，主要负责旅游目的地信息发布、旅游目的地产品设计、旅游目的地交通管理、旅游目的地经营管理、旅游目的地导游管理，以及旅游目的地的服务质量管理及安全管理等。在这些系统中，涉及以下电子服务的信息内容。

（1）旅游资源信息：景区景点的名称、分类、特征和开放时间等一系列信息。

（2）酒店和餐饮信息：旅游目的地的酒店分布情况，包括酒店名称、地址、等级和价格等，餐饮区的分布情况，包括餐馆名称、菜肴种类、卫生状况、规模和营业时间等。

（3）商店及其他娱乐设施信息：商店名称、地址、规模、营业时间等，娱乐场所等级、种类、地址、营业时间和规模等。

（4）交通设施信息：进入景区的交通方式，如汽车、轮船、飞机信息，景区周边及景区内的道路情况，交通工具（如出租车、公交车等）的供应情况、费用、运营时间等，以及相关交通路线。

（5）旅行社信息：旅行社的种类、名称、地址、电话和经营线路等。

（6）旅游地管理部门信息：当地旅游局、景区管理部门等的名称、地址、电话等。

游客可通过旅游目的地的信息系统获得上述信息，信息系统的形式主要包括旅游目的地门户网站、旅游目的地机构自媒体系统、旅游目的地服务公众号及小程序等。这些系统不但对外提供信息服务，还是游客预订服务和产品的电子商务窗口，可提供预订目的地住宿、预订目的地景区门票、旅游目的地导游预约以及租车等相关服务。例如，广西桂林是目前门户网站建设较为成熟的一个旅游城市，其不仅建设了自己的官方旅游网站——桂林旅游网，同时还建立了相应的服务 App，并与国内其他大型网站（如搜狐、新浪、携程网等）建立了合作关系。另外，桂林的国际旅行社与国内旅行社也基本建设了内部网和服务 App，用于信息交流与产品推广，桂林的星级酒店也大都建有自己的自媒体系统和服务公众号，用于提供信息交流与网上预订等电子服务。

2. 基于旅游目的地营销系统的电子营销

营销是旅游目的地机构的主要职责，很多旅游目的地机构通过建设目的地营销系统（destination marketing system, DMS）开展电子服务。一般来说，旅游目的地存在多种旅游服务产品，也存在多个景区或景点，为了统一形象，提高旅游目的地的市场竞争力，尤其是在全域旅游大背景下，旅游目的地管理部门利用信息通信技术开展统一的市场营销，营销系统以商务网站为窗口、以网络分销为手段，形成集成化的旅游目的地营销信息系统。

旅游目的地营销系统是以互联网和移动 App 服务为基础，以自媒体为平台展开咨询与宣传服务，由政府主导、企业参与建设的旅游信息化应用系统。旅游目的地营销系统的组织结构可分为三种形式：第一种是以国家为中心的组织结构，即由文化和旅游部在全国各地设立旅游咨询点、景区管理部门、旅游企业等各个网络节点；第二种是以地区为中心的组织结构，一般出现在旅游业较为发达的地区，所提供的旅游信息包含该地区的所有旅游景点；第三种是区域性的网络结构，即由一个或多个自然景区所形成的系统。目前，我国旅游目的地营销系统的结构是由上至下的金字塔形结构，即由文化和旅游部进行统一管理与指导，各地区根据上级的要求进行分区管理，各地区之间实现不同程度的联网以推进信息流通。这种组织结构适应我国目前的经济及技术发展水平，具有积极的推动作用，但同时也存在一些消极影响，如信息流通和服务速度缓慢、信息质量不高、资金来源单一等。

近年来，我国旅游目的地的营销服务主要以市、县目的地机构为基础架构，为旅游消费者提供便捷的电子服务，服务的类型主要包括咨询服务（由当地旅游信息中心主导）、推广服务（由景区或旅游企业主导）、预订服务（由具体服务企业主导），这些服务基本都是以电子化为旅游服务的主要形式，传统的服务形式基本已消失了。

3. 基于景区生态预警系统的电子预警

旅游景区是旅游目的地的主要吸引物，环境管理的电子化成为人们讨论的焦点问题。旅游业历来被视为无烟产业，且能在较短时间内为旅游目的地带来可观的经济效益，加拿大某省政府在做宣传时曾说：旅游者带走的只是几张相片，留下的却是几串脚印。但斯坦利·C. 普洛格（Stanley C. Plog）（2003）认为，正是这些被认为微不足道的脚印才是最为重要的。旅游者在给旅游目的地带去丰厚经济效益的同时也不可避免地带去了负面影响，这些负面影响是明显的且已变得越来越严重，如大量人潮的涌入给当地生态环境造成了破坏，也引发了旅游地传统文化的衰退，甚至环境生态也发生了不可逆转的退化。因此，利用信息通信技术构建的生态预警系统成为旅游目的地景区开展生态保护和生态旅游的主要技术手段，其所含的技术包括以下几方面。

- 实时控制景区游客量。
- 检测环境生态的变化趋势。
- 查询环境因素的变化（树木、动物、空气、水质、气象等）。
- 检测接待设施的排污和处理情况。
- 控制接待饭店、餐饮的建设容量。

通过生态预警系统检测的变化，可以实行预警制度，以通知景区的环境管理人员应采取措施控制变化，这就是电子预警，它已成为生态管理的主要电子手段。

（三）基于行业管理的电子旅游

这里的行业管理部门是指代表政府的职能部门，如旅游局、风景区管理局、自然保护区管委会等，这些管理部门的职能就是对旅游行业和旅游市场进行管理，实现对旅游产业的发展进行引导和宏观控制。行业管理的电子旅游就是利用信息通信技术实现管理与控制，即实现旅游的电子政务。实现旅游管理部门的电子旅游的技术系统主要是办公自动化系统和旅游电子政务系统。

1. 办公自动化系统

旅游管理部门应用办公自动化系统主要是为了提高管理效率和服务效率，如政务流程的电子化、服务管理的电子化以及服务投诉处理的电子化。办公自动化系统服务的对象是所有管理部门的流转电子文档，这些文档轻松地实现了透明执政、高效执政、公平执政的目标，基于办公自动化系统的电子旅游是提升政府执政形象的主要手段。

2. 旅游电子政务系统

旅游电子政务系统是一个综合性的信息系统，我国的各级旅游管理部门目前都基本实现了采用电子政务系统实施管理。这些电子政务系统服务的对象就是旅游企业和旅游消费者，面向的是旅游市场。在电子政务系统中，主要包括旅游饭店管理系统、旅行社管理系统、旅游景区管理系统、导游管理系统、旅游协会和教育管理系统，以及旅游投诉管理系统和旅游服务质量监督管理系统等。大多数的旅游电子政务系统是从办公自动化系统演变而来的，因此，办公自动化系统是旅游电子政务系统的基础。

（四）基于旅行服务的电子旅游

旅行服务指的是旅游交通和旅行社服务。旅游交通是指旅游者通过各种途径和交通工具，从一个地点到另一个地点的空间转移过程，是旅行中不可缺少的环节。旅游者在外出旅游时，首先要解决的就是以何种方式到达旅游目的地，旅游交通是联系旅游者、旅游客源地与旅游目的地，帮助旅游者实现空间移动的重要工具。现代旅游的发展使得旅游交通成为一个重要的环节，交通设施关乎旅游者的旅游时间、费用及旅游的规模、形式、内容等。目前，旅游者可通过汽车、火车、轮船、飞机等多种现代化的交通设施来实现空间的转移，新型交通工具的出现大大缩短了旅游者的旅行时间，也为旅游者提供了多种选择。旅游交通实现电子旅游的主要形式是电子票务，航空公司已经率先实现了全球电子票务。

旅行社的主要职能是为旅游者设计旅游行程并向其提供在这个过程中所需的一系列服务，包括出入境的签证服务和旅游目的地的接送服务等。为确保旅游活动的顺利进行，旅行社必须与交通部门、景区、饭店及其他服务企业做好协调工作，并且向旅游者提供咨询、反馈服务等，因此旅行社是作为中介部门而存在的，汇集了旅游供需方之间的所有信息。旅行社是第一个利用 CRS 终端和 GDS 终端的中介电子服务企业，实现了电子旅游中的旅游产品的电子预订。

目前，信息通信技术与旅游交通和旅行社的结合，主要是通过计算机预订系统（CRS）、全球分销系统（GDS）、门户网站、旅行 App 等提供电子服务。

三、电子旅游的发展

随着信息通信技术的不断进步，电子旅游同样在不断地发展和进步。1994 年，电子旅游开始起步，1996 年进入全面发展阶段，管理、服务、营销的信息技术应用全面铺开，初步实现了电子化，电子旅游借助于移动互联网以及人工智能等新技术进入了崭新的发展阶段。2010 年，电子旅游提出了全新的概念，即智慧旅游发展阶段，旅游电子商务也进入了智慧商务发展的新阶段。现在，电子旅游借助于大数据技术以及云服务技术跨入了智慧旅游服务的新阶段，这时电子旅游已成为旅游业发展的常态，所有的旅游服务都是在基于网络的电子数据流动下完成的，旅游消费者只需要一部手机，就可以即时完成所需的咨询、预订、支付、结算等旅游服务和信息分享，借助于互联网实现业务数据的电子化流动，全面的电子旅游时代已经到来。

未来，电子旅游的发展与电子商务将会完全融合，由于旅游与服务捆绑，在服务中开展商务将是电子旅游的固定模式，前提是旅游各业务环节的流程必须完全电子化。未来的饭店完全电子化以后，饭店就成为网络化饭店；未来的旅行社完全电子化以后，旅行社就成为在线旅行社；未来的旅游景区完全电子化以后，旅游景区就成为虚拟化景区。旅游者要预约某企业的旅游服务产品，通过网络的电子预约就可以获取所需的旅游服务。不管电子旅游将如何发展，下面几个系统将继续在电子旅游中发挥作用，并且其作用将不断完善。

（一）中央预订系统

中央预订系统（central reservation system, CRS）是一个旅游业内部的专用预订系统，其核心功能就是电子分销、电子预订，未来它仍然是电子旅游的核心系统。新一代的 CRS，结合了移动互联网应用及大数据分析，已成为一种全新的旅游营销和电子分销的应用系统，被视为旅游业特别是大型旅游企业的必备系统。

中央预订系统的分销预订主要由四大渠道组成，即全球分销系统、互联网分销商（国内有携程、同程网等）、酒店集团自身的渠道和呼叫中心。在我国这些国际渠道的对接比较成熟，国内各渠道的对接刚刚开始，因此，国内CRS在电子旅游中的发展空间还很大，尤其是国内酒店集团的CRS与互联网分销渠道的对接和售卖。同样，国内互联网分销渠道与实体企业的资源对接也有很大的发展空间，如携程目前还是靠大量的人工处理酒店的预订业务，相信未来的电子旅游依托企业的CRS会解决这些问题，进一步提高电子旅游的处理效率。

未来，CRS的发展将趋于平台化，即目前的CRS系统将被整合到电子旅游的平台中，可能是饭店服务平台，或者是旅游服务平台、景区电商平台等。例如，杭州绿云科技公司的CRS系统，将整合到绿云i-Hotel平台下，这样整个企业的电子数据将会轻易地被整合到企业的数据中心，有利于数据的利用和挖掘，平台化将是未来电子旅游发展的一个方向。

（二）全球分销系统

全球分销系统（global distribution system, GDS）是在计算机预订系统和互联网应用基础上发展起来的，是专为旅行代理人提供航空及其他旅游产品分销的新型电子分销网络，同时也是一个全球化的营销平台。GDS的发展主要以计算机技术和通信网络为基础，目前已由专用网逐步转向互联网，借助于互联网把分销终端延伸到旅行社或其他代理中介，由此实现了电子旅游的具体分销操作。全球分销系统开始由国际性航空公司领头，逐步延伸到旅游产品，其客户端基本上都在旅行社和旅游饭店，以满足旅行人员和旅游者预订的需要，因此，旅行社成为使用GDS比例最大的旅游服务企业。

在互联网的影响下，GDS经过一系列的兼并活动在国际上已形成了四大品牌：Galileo、Amadus、Sabre、Worldspan。目前，新一代的GDS已发展到提供航空交通、旅游度假、汽车租赁、客房预订等综合性的分销服务，加入GDS的各个旅游饭店和旅行社都可通过该系统开展预订服务，并可上传营销信息。

近年来，我国十分重视GDS的建设与发展，目前发展较为成熟的是中国民航的GDS，它由多家国内航空公司以共同集资、共担风险的形式建立。利用互联网自行建设GDS而不依靠国外的GDS应用，可大大降低我国航空企业的运营成本，增强竞争力，减弱国外实力雄厚的大航空公司所带来的冲击，但该系统还在完善之中。

（三）自媒体系统的电子服务

企业利用互联网营销自己、包装自己、推广自己、影响客户行为、进行网络引流，从而更好地为消费者提供精准的电子服务，这就是企业的自媒体系统。自媒体系统是未来旅游企业电子营销和电子服务中不可或缺的重要系统，也是电子旅游发展中的重要系统，它借助于移动互联网技术，可以为企业实现电子咨询、电子营销、电子服务，以及作为电子商务系统的小前台，实现电子商务。旅游企业构建基于移动互联网的自媒体系统提供电子服务已是未来的主要趋势，任何旅游企业都可以根据自身的情况建立自媒体系统，小企业可以用小程序的形式，大企业可以用自媒体平台的形式，系统的大小和规模不一样，业务的流程和规模就不一样，所建的自媒体系统的商务功能也就不一样。

旅游企业刚开始都是通过微博、微信朋友圈开展点状的自媒体应用，通过发布独特的、平民化的自媒体信息来吸引旅游消费者，这些属于碎片化应用。当达到一定规模后，企业必须系统化地开展自媒体营销，整合碎片化应用，形成自己独特的自媒体系统，个性化地为客户提供电子服务。自媒体系统的最大特点是不受时间、空间的限制，企业在任何时间、任何地点都可以管理自己的媒体，传播自己想要发布的信息，并与客户互动以达到产品推广的目的。新一代的自媒体系统具备学习的功能，它能记忆和分析客户的互动行为，并根据客户的消费记录进行画像，通过标签化去分类客户的行为，从而挖掘出客户的实际需求，系统将根据客户需求主动地为其推送产品信息，以实现精准的电子化服务。

第四节　电子旅游的业态类型

推动电子旅游发展的有技术的因素，也有社会环境的因素，网络的普及应用以及社会环境的信息化、数字化是推动电子旅游发展的主因。从旅游行业本身的角度分析，电子旅游的发展有消费需求的因素，也有供方需求的因素。本节主要介绍供需双方驱动的电子旅游，以及在互联网环境下的电子旅游核心业态。

一、需求驱动型的电子旅游

受电子金融等其他服务业的影响，旅游者也希望通过网络来获取旅游信息。旅游业是一个信息密集型产业，信息贯穿了旅游活动的整个过程，而且会影响人们对旅游目的地及旅游线路的选择，同时也影响人们对旅游体验的满意程度。电子旅游方便了旅游消费者获取旅游信息，而且所能获得的信息量也得到了极大的增加，从而进一步促使人们从传统的旅游方式向更为科学的旅游方式转变，由此产生了需求驱动型的电子旅游。旅游者在旅行过程中借助互联网来为其服务，从而使旅行过程更为舒适。

（一）旅游信息传输方式的改变

传统的旅游信息传输方式是一种“点对点”的方式，信息都是从分销商、代理商到旅游者的传播路径。这种传统的“点对点”的传输方式存在着一些局限性：① 该价值链以旅游企业为中心，易忽视消费者的消费需求；② 价值链易受到破坏，一旦产品传输过程中的某个点出现差错，那么传输过程就会中止；③ 供应商与消费者之间信息不互通，易造成供需不平衡，同时也可能出现中间商恶意操作以牟取利益的现象。

信息通信技术的出现改变了“点对点”的传输方式，而使价值链向网状模式发展，即旅游产品供应商、旅游产品中间商及旅游产品消费者三者间可直接进行两两沟通，而不再需要中介（也可以需要，如网络电子中介）。这种网状模式的价值链摆脱了传统价值链中信息传输效率低下、灵活度不够的现象，使价值链上的各个组成成员之间的信息联系更为顺畅，各成员可有效地进行资源整合，从而提高整个价值链的业务处理效率。信息传输方式的改变一方面导致业务流程的重组，另一方面导致旅游消费者个性化需求的产生，从而出现消费需求驱动型的电子旅游。

（二）消费需求驱动型的电子旅游

互联网的普及使旅游者获取信息的方式有了很大的改变，从以往主要依赖于刊物、电视、旅行社等获取信息的方式逐渐向通过互联网自主查询信息的方式转变。在我国，团队旅游一直是旅游业最大的支柱市场：一是因为我国旅游业发展不成熟；二是因为游客只能通过有限的途径获取有限的信息。随着互联网的普及，基于互联网的各项服务增加，使得游客获取信息的途径大大增多，这在一定程度上刺激了自助游、自由行的发展。所谓消费需求驱动型电子旅游，是由旅游消费者需求主导而形成的，其前提是获取旅游信息的便利，是互联网的普及促进了消费需求驱动型电子旅游的进一步发展。旅游消费者的具体消费需求包括以下几种类型。

1. 休闲客人电子旅游的需求

休闲客人是指不参加团队旅游，而又有足够的自由支配时间来进行自助旅游的游客。休闲客人一般以散客或家庭式的方式出行，这种出行方式使旅游者可以自由安排时间及游玩地点，大大增强了自主性，使旅行过程不再单调、呆板。在我国，这一客户群体正在逐渐扩大，尤其是2008年休假制度的实行，以及乡村游、自驾游、民俗游等新旅游模式的出现，使得这一旅游市场迅速扩张。而在欧美的旅游市场中，自20世纪80年代以来，休闲客人的市场就逐渐占据了较大份额。对休闲客人电子旅游的接待能力也逐渐成为衡量一个国家及地区旅游业发展是否成熟的重要标志。

2. 自由行电子旅游的需求

休闲客人的旅游方式主要是自由行，而自由行需要便利地获取信息。自由行在旅游过程中具有三个明显的特征：① 自主安排旅游行程，包括游玩时间的安排、交通工具的确定、景点及住宿餐饮的选择等，同时，旅游者还可根据自己的喜好随时改变行程；② 旅游目的以休闲、探险、健身、求知等为主，意在亲近自然，张扬个性，放松自我；③ 不跟从团队旅游，无须导游带队，一切安排由旅游者自己确定。由这三个特征可知，自由行旅游者不再享受旅行社提供的常规式、标准式服务，其在旅行之前需要通过各种途径充分了解信息，如旅游目的地的天气状况、住宿、景区情况、当地的风土人情等。这些信息一般都由新一代的电子旅游中介提供，并向其提供所需的交通工具，因此，互联网的重要性在自由行中变得尤为突出。

新一代的电子旅游服务商开发自由行产品为了迎合休闲客人的需要，除了完善的信息服务，还可以让自由行客人通过网络实现机票预订、客房预订，也可以通过网络预订导游服务和租车。由此可见，新一代的电子旅游服务商具有以下几个优势。

- 信息翔实，获取方便。
- 预订灵活，修改方便。
- 附加值丰富，收费低廉。
- 服务透明，投诉方便。

3. 商务客人电子旅游的需求

商务客人指的是往返于世界各地，进行洽谈业务、举办会展等活动的商务人员，其所进行的旅游称为商务旅游。商务旅游可分为两类：一类是以工作目的进行的旅行，旅游目的地往往不是根据旅游者的偏好进行选择，而是依照公司指派或是一些有利于公司未来发展的地方，由于属于工作时间，商务客人的旅行时间也并不是完全自由支配的，具有一定的约束性，但与个人、家庭旅游相比，商务客人无须顾忌费用开销，其各项费用一般由公司承担，行程安排方便、灵活即可；另一类则是作为公司福利或奖励所进行的旅行，这类旅行在时间及地点安排上较为宽松，旅游者需要自己安排合理的行程。

商务旅游属于高端旅游产品，中国的商务旅游市场正在逐渐扩大，极具发展潜力，并且其给旅游业带来的利润也是巨大的。我国的商务旅游可大致划分为商业性旅游、学术旅游、政务旅游三类。它们有一些共同的特征：① 旅游者文化水平较高，大多受过良好的教育；② 旅游的目的性较强，如举办会展、召开学术会议等；③ 旅游产品定制化，与大众旅游的住宿、餐旅安排不同。

消费需求驱动型电子旅游都是企业为了迎合消费需求而开发的一些服务系统，如门户网站、公众服务号、中央预订系统、小程序 App 等，对于有些接待型信息系统，它既属于消费需求驱动型电子旅游，也属于供给驱动型电子旅游。

二、供给驱动型的电子旅游

旅游企业为了提高自己的市场竞争力，通过信息技术战略支持企业的发展战略，构建相应的信息系统提高企业的经营管理能力、扩展能力和电子商务能力，以此完善供应链的相互合作，这样的电子旅游建设属于供给驱动型电子旅游。

信息通信技术在旅游供应商企业的应用，不是简单的信息系统应用，也不是简单地做个网站，而是要从企业的发展战略角度提出 ICT 的应用战略。一个有战略眼光的旅游企业不是简单跟随潮流开展经营服务，而是要创造性地开展经营服务，从而引领旅游行业的发展。人类社会进入“数字化”时代，旅游消费者的需求变了，旅游企业的竞争方式变了，最传统的商务模式也变了。作为旅游供应商，在经营中如果没有自己的 ICT 应用战略，面对变化的环境就没有竞争优势可言。目前，旅游供方企业面临来自全国各地乃至世界各地的挑战，如面临游客信息服务要求的挑战、新的旅游资源不断被开发的挑战，甚至是新的旅游电子代理商的挑战。不少企业已经意识到了这一点，有些旅游集团企业开始构建战略型的信息系统，使旅游企业突破了地域、时空的限制，实现了跨区域、跨市场的运作，这些战略型的信息系统不仅推动了消费者的旅游需求，同时也推动了旅游供方企业的市场战略扩展。

（一）信息通信技术支持下的重要战略功能

总体上，信息通信技术能支持企业扩展战略，创造企业的竞争优势。旅游供应方利用 ICT 同样能创造竞争优势，不但能提高经营管理的效率，而且能支持企业发展的各种战略。ICT 支持的重要战略功能包括以下几方面。

（1）改善服务环境和服务质量。企业通过 ICT 可有效、及时地收集服务信息，通过与消费者的联系得到有关服务环境和服务质量的反馈，有助于企业有针对性地进行改善。

（2）能有效探索新市场和新产品。ICT 的一大特点就是使信息传输超越地域、国界，企业可通过 ICT 获悉市场动态，了解竞争对手的产品及消费者市场的变化情况。

（3）能了解行业竞争态势。企业通过 ICT 能观察行业的新动向，了解外来的竞争企业及现有竞争者。

（4）对旅游产品进行组合销售和组合营销。依据所获取的信息，企业可以根据市场走向对旅游产品进行组合及分类，吸引消费者，以达到利润的最大化。

（5）实现企业的低成本扩展。通过 ICT 可降低人工成本和营销成本，有助于实现资源的有效配置，同时也可使企业降低总运营成本，有利于企业的低成本扩展。

（6）能实现产品的差异化和个性化。根据消费者需求，企业可以生产研发与竞争对手不一样的服务产品，利用 ICT 提供差异化服务和个性化服务，从而取得竞争优势。

（7）能给消费者带来时间价值和增值优惠。

（8）能实现企业行为的创新和企业知识更新。

（9）能保持持续、稳定的竞争优势。

（10）帮助企业发展合作伙伴和构建虚拟企业。

（11）增加销售渠道和为企业带来收益。

（12）帮助企业有计划地开展电子商务。

（二）信息通信技术能帮助企业保持竞争优势

企业的竞争优势是指企业别具一格和与众不同的经营特色，包括企业擅长的服务活动或者独有的资源，企业要想在激烈的竞争环境下生存甚至取得领导地位，必须保持住自身的竞争优势并防止他人模仿，通过提供与众不同的产品或服务以占领市场。从另一个角度来看，信息通信技术支持下的企业重要的战略功能，即为企业的竞争优势。那么，信息通信技术是如何帮助企业保持竞争优势的呢？这是我们以下要讨论的问题。

根据迈克尔·波特的竞争战略框架可知，企业可通过选择三种战略来获取竞争优势：一是成本领先战略，即企业通过控制成本使其成为低成本生产者；二是差异化战略，即企业通过提供与众不同的产品与服务来吸引消费者；三是聚焦战略，即企业在狭窄的市场区隔上寻求成本领先战略或差异化战略，此时企业的产品与服务面向特定人群，而不再面向广大市场。下面就围绕这三种竞争战略介绍信息通信技术在旅游企业中的应用。

1. 通过个性化定价和低成本获得竞争优势

企业对产品和服务的定价须依据一些因素来制定，如成本、市场供需状况、竞争者定价等，如果企业在一定的定价策略下想获取更多的利润，则须通过降低生产成本来实现。个性化定价必须在允许的范围之内，企业必须利用 ICT 来降低营销成本，同样，通过 ICT 来降低客户的服务成本，这样可使定价策略更为灵活，如对一些忠诚客户可给予特别优惠的价格，以此来稳定一些常客，以维持企业的正常收益。另外，管理者通过 ICT 所提供的快捷服务可合理地分配人力和物力，改善管理流程，这样可以降低管理成本，让数据跑路。目前，许多企业通过 ICT 来为员工进行远程培训或召开视频会议，也可降低在差旅费上的花销。

个性化定价不但针对忠诚客户，也可以针对一般客户以及潜在客户，以满足部分客人的特定需求，获得额外的市场份额，这就要利用 ICT 制定个性化定价策略。

2. 通过差异化服务获得竞争优势

每个人的旅游服务体验要求是不一样的，旅游产品都是人性化的产品，更需要差异化的服务。企业要做到差异化服务，并在差异化服务中获取竞争优势，必须利用 ICT 及时收集目标客户群的不同需求，从而制定不同的服务策略。不管是住宿产品，还是观光产品，都能通过提供不同的服务来实现差异化，如差异化服务、差异化关怀等。需要注意的是，ICT 虽有助于企业实现差异化服务，但也极易使企业的产品或服务被模仿，企业要注重产品在开发过程中的保密性并尽可能地降低产品被复制的可能性。以信息通信技术为基础形成的软服务差异化，一般就很难被模仿，因此，企业要利用 ICT 来创造差异化优势。

3. 通过聚焦战略细分客源以创造竞争优势

传统的客源细分无法形成竞争优势，而利用ICT可以细分到一对一服务，从而形成竞争优势，管理人员要做的就是提供细分策略，具体的细分策略都可以由ICT来实现。例如，ICT能从各个方面收集客源信息，了解消费者的需求、爱好、对价格的敏感度等，分析不同客源地客户服务的成本、不同需求客户服务的成本，从而对不同客源地、不同客户划分战略服务的等级，为自己的经营划分市场范围和服务定位。企业通过对客源地市场的超细分，针对不同的目标群体制定相应的价格策略，以获取最大的市场份额，从而形成自己的竞争优势。

另外，也可以从时间上聚焦形成自己的战略，时间已成为竞争优势的主要来源，如信息发布的时间聚焦、客户消费的时间聚焦，尤其是分析客户消费在时间上的习惯。ICT可以使信息的瞬间传递成为可能，也可以合理安排特定客户喜欢的消费时间，这不仅提高了经营效率，也体现了差异化服务，同时也节省了消费者的时间，有助于提高客户满意度。

综上所述，供给驱动型的电子旅游是为了支持企业战略，同时提升企业经营的综合管理能力，实现基于电子商务的智慧管理和智慧服务，创造企业的市场竞争优势。目前，旅游企业里面应用的企业资源计划（ERP）、客户关系管理（CRM）、供应链管理（SCM）等都属于供给驱动型的电子旅游建设的内容，如饭店前台的PMS、收益管理系统、旅行社的人力资源管理系统、餐饮的成本核算系统、旅游供方的协作管理系统等都属于驱动型电子旅游的内容。

三、电子旅游的核心业态

电子旅游是信息通信技术与旅游业结合的产物，它的出现不管是基于旅游需方的还是基于旅游供方的电子旅游，都使旅游企业与消费者的购买方式发生了转变，也改变了旅游信息提供的方式。电子旅游不但让旅游者获得了实惠，也让旅游企业获得了实惠。旅游业不仅包括旅游饭店、旅行社、旅游交通企业和餐饮企业等实体，还包括旅游目的地、旅游景区等客体。因此，电子旅游的核心基本围绕实体展开，反映实体企业的信息通信技术的应用能力。

（一）电子饭店

饭店是最早应用信息通信技术的旅游实体。20世纪70年代初，美国的EECO公司首先将计算机应用于饭店预订和排房的业务管理。我国饭店行业信息系统的使用始于1982年，第一套国产饭店管理软件首先用于杭州饭店的订房和排房。随着国际饭店的涌入及信息通信技术的逐渐成熟，国内饭店管理系统得到了一定程度的发展，国产饭店管理软件与进口饭店管理软件的竞争日趋激烈。从技术层面上看，国产软件在技术及产品管理方面已与进口软件不相上下，并具有本土化特色，在国内饭店业中拥有竞争力，但国产软件缺乏品牌建设，品牌知名度不高，致使一些大型饭店，尤其是外资饭店在选择管理软件时更倾向于国外品牌。截至20世纪90年代末，饭店管理软件已逐渐成熟并普及，适应多种平台的饭店管理软件不断被开发出来，尤其是基于互联网技术的饭店管理系统开始进入中小型饭店，这些系统的应用为饭店开展电子商务的电子化建设奠定了坚实的技术基础，也是电子饭店的雏形。

所谓电子饭店，就是利用信息通信技术实现管理、服务、营销的一体化管理，通过整合的综合软件平台实现饭店经营的电子化管理、电子化服务和电子化营销，使饭店所有业务流程都实现电子化。电子饭店的特征最初主要体现在饭店管理系统的使用上，目前已成为一种普及技术，并为饭店的现代化管理提供了良好的技术支持，是饭店开展电子商务的技术基础。现在，ICT 在电子饭店的应用主要表现为订房和排房的电子化、营销和分销的电子化、客户关系维系的电子化、采购和企业间协作的电子化、内部流程管理的电子化、财务和收益管理的电子化、连锁和联盟经营的电子化。随着信息通信技术的进步和深入应用，我国电子饭店的建设正在向智慧饭店的方向发展。

（二）电子旅行社

我国传统旅行社业的信息化发展相对缓慢，中国国际旅行社总社是我国最早应用信息技术的旅行社企业，其于 1981 年引进美国 PRIME550 型超级小型计算机系统，用于旅游团数据处理、财务管理和数据统计。1994 年，上海春秋国际旅行社自行研发了春秋广域网软件，与全国一百多个地区的四百多家旅行社进行联网，分销其产品。目前，已有越来越多的旅行社开始采用计算机技术进行信息处理，但大多数的旅行社仅限于对财务、人事、部分业务等专项信息进行电子化处理，除了国际旅行社等大型旅行社拥有较高科技含量之外，其余中小型旅行社绝大部分存在着电子化程度较低的现象，我国旅行社电子化管理进程有待推进。另外，传统的三大旅行社（中旅、国旅和中青旅）占据了我国旅游市场的绝大部分份额，其余的大多数旅行社普遍存在规模偏小、竞争力弱的状况，而这些旅行社之间又缺乏合作，甚至还存在恶性竞争的现象，这既产生了大量的竞争费用，又不利于我国旅行社业的发展。信息通信技术给中小型旅行社制造了一个合作平台，使旅行社之间可以突破传统的合作方式，通过建立一个虚拟系统来增进合作，如台湾的雄狮旅行社依托电子化平台与许多中小型旅行社建立业务协作关系，既发展了自己，又为中小型旅行社提供了平台，成为旅行社中电子化建设的佼佼者。

所谓电子旅行社，就是利用信息通信技术实现经营中管理、服务、营销的一体化管理，它通过整合的综合平台实现传统旅行社经营的电子化管理、电子化服务和电子化营销，使旅行社所有的业务流程实现电子数据流动，形成旅行社经营的数据中心。电子旅行社的特征最初也体现在经营管理系统的使用上，后来发展到定位管理、移动服务等技术应用的方方面面，并为旅行社的网络化经营提供良好的技术支持，同样也成为旅行社开展电子商务的技术基础。目前，电子旅行社主要表现为组接团管理的电子化、财务决算电子化、产品管理和产品设计电子化、企业间协作管理电子化、营销和销售电子化、自由行和定制旅游管理电子化。随着新技术的不断进步和应用，电子旅行社也在向智慧旅行社方向发展。

（三）电子交通

发展旅游，交通先行。交通包括乘坐航空、火车、汽车、轮船等工具。从大旅游的角度看，大多数旅游交通主要指航空交通和高铁。从电子化的角度看，航空公司是电子化程度最高的。目前，航空票务已实现 100%的电子化，铁路、汽车和轮船票务电子化的程度则要低一些。

航空公司的电子化起源于 20 世纪 60 年代西方一些大航空公司建立起来的编目航班控制系统（ICS），随着国际航空业务的不断扩展，各大航空公司的 ICS 相连接形成了计算机订座系统（CRS），后来又开发了开账与结算计划（BSP）、全球分销系统（GDS）。GDS与CRS相比，功能更为强大，是CRS在分销广度、分销深度、信息质量等方面的一次飞跃。相对而言，中国航空旅游业发展比较滞后，中国民航信息网络股份有限公司运营着我国民航业唯一的航班控制系统和计算机订座系统，处于绝对的垄断地位。我国不断增加的运输量及游客量，急切需要国内航空公司自主建设GDS。

交通企业开展电子交通主要是为了票务管理、分销管理和营销。所谓电子交通，就是利用信息通信技术实现管理、服务、营销的综合电子化，它通过整合的综合平台实现交通经营的电子化管理、电子化服务和电子化营销，从而提高票务的分销效率和效益。电子交通的特征最初主要体现在交通管理信息系统的使用上，目前信息通信技术已应用到交通的各个业务环节，并为交通的网络化服务提供了良好的技术支持，已成为交通服务企业开展电子商务的技术基础。目前，电子交通主要表现为票务管理的电子化、企业内部管理的电子化、交通信息发布和营销的电子化、交通安全管理的电子化，以及交通调度协作管理的电子化等。

（四）电子景区

电子景区也称为数字景区，这是所有旅游景区在信息化时代发展的一个重要方向。通常，旅游景区是旅游者观光游览的客体，是旅游目的地的主要吸引物，也是旅游者对一个旅游目的地产生旅游动机的核心所在。旅游景区内包含该地理空间的旅游资源以及旅游专用设施、旅游基础设施及其他相关配套资源，它凭借这些资源来满足旅游者的旅游需求。由于大部分旅游景区都处在偏僻、远离城区的地方，其ICT基础设施比较薄弱，所以景区的电子化程度在旅游业中是最低的，尤其是自然型和非自然型等景区间的差异，影响了一些景区的电子化进程，从而使景区整体的电子化进程受到影响。

所谓电子景区，就是利用信息通信技术实现管理、服务、营销的一体化管理，它通过整合的综合平台实现景区旅游开发经营的电子化管理、电子化服务和电子化营销，形成景区经营中业务流程的电子化。电子景区的特征最初主要体现在监控管理系统的使用上，为了景区旅游活动的安全，后来发展为基于定位技术、物联网技术、3D技术、虚拟现实技术应用的多种技术系统应用，并为旅游景区的现代化管理和服务提供良好的技术支持，也成为景区开展电子商务的技术基础。现阶段，电子景区主要表现为景区营销和分销的电子化、景区内部流程（包括办公流程）的电子化、企业间协作管理的电子化、景区生态管理的电子化、客户管理的电子化、门票销售和检票管理的电子化等。随着信息通信技术的进步和应用的深入，电子景区业在不断深化并向更高的智慧景区方向发展。

课后案例分析：基于互联网的iHotel平台的设计与创新

本章小结

本章主要讨论了信息通信技术与电子旅游的发展关系。首先叙述了信息通信技术的发展，及其最新技术在旅游业的应用，对旅游业的发展产生的促进作用，尤其是互联网二代技术以及4G/5G网络技术等，对旅游电子商务系统的构建是最大的技术支持。在旅游业的信息通信与网络方面，主要介绍了目前在旅游企业中应用的基础性技术、扩展技术以及人工智能和大数据应用等新技术，这些都是电子商务系统所需要的技术支持内容。在电子旅游类型方面，主要讨论了需求驱动型电子旅游的概念和内容以及供给驱动型电子旅游的概念和内容。从需求驱动型电子旅游方面看，它为旅游者提供了新的搜索途径、新的信息供应渠道，同时影响旅游者的旅游观念及行为的转变。从供给驱动型电子旅游方面看，信息通信技术为旅游企业提供了更好的营销与宣传途径，改变了旅游企业的传统管理和服务方式，有利于增强旅游企业与旅游者的联系。从行业发展角度看，电子旅游应重点发展电子饭店、电子旅行社、电子交通、电子旅游目的地、电子景区等产业，这些核心内容也是电子商务的基础内容。

拓展知识

企业内部网	企业外部网	信息化服务
普适计算	5G通信	数字化服务
电子数据交换（EDI）	区块链技术	数字货币
微营销	微平台	机器学习
协同作业体系	电子安全交易协议	数字签名
知识管理	数据仓库	商务智能
搜索引擎营销	云计算与云服务	电子交易
POP协议	SMTP协议	FTP协议

思考题

1. 请叙述信息通信技术包括的技术和范围的内容。
2. 请写出ICT的英文全称，并解释其含义。
3. 什么是信息系统？什么是信息管理？什么是信息服务？
4. 信息通信技术、信息系统、信息管理三者之间存在怎样的依赖关系？
5. 目前最新的信息通信技术有哪些？它们对旅游业的发展会产生怎样的影响？

6. 为什么说信息通信技术是旅游业发展的助推剂？它对旅游业的发展产生了怎样的推动力？

7. 根据你对网络的理解，列举一个旅游企业的网络所需的信息通信技术和信息设备。

8. 旅游企业在经营中一般会用到哪些信息通信技术？哪些电子通信技术？哪些网络类型和技术？

9. 信息通信技术的应用对旅游供给方和需求方产生了怎样的影响？请举例说明。

10. 信息通信技术对旅游企业的经营模式产生了怎样的影响？

11. 什么是电子旅游？电子旅游有什么特征？

12. 什么是需求驱动型电子旅游？它有哪些电子服务需求？

13. 需求驱动型电子旅游有哪些在线服务模式？

14. 试分析需求驱动型电子旅游发展的实际原因。市场应怎样去引导和推动需求驱动型电子旅游？

15. 什么是供给驱动型电子旅游？从供给方企业角度分析，它有哪些应用战略？

16. 信息通信技术是怎样支持旅游供给方企业开展电子旅游的？

17. 什么是5G通信技术？它对旅游业的未来发展会产生怎样的影响？

18. 什么是电子景区？电子景区经营管理中有哪些电子化的内容？

19. 试分析电子旅游和旅游电子商务的关系。

20. 根据你所掌握的知识，请叙述旅游业应怎样利用电子旅游来提升旅游的服务品质。

参考文献

[1] 陆均良，沈华玉. 旅游管理信息系统[M]. 北京：旅游教育出版社，2010.

[2] 鲍富元，董卫江. 国内旅游目的地信息化研究综述[J]. 内江师范学院学报，2012，27（5）：114-117.

[3] 斯蒂芬·哈格，梅芙·卡明斯，埃米·菲利普斯. 信息时代的管理信息系统[M]. 严建援，等，译. 北京：机械工业出版社，2007.

[4] 埃弗瑞姆·特伯恩，戴维·金，朱迪·兰. 电子商务导论[M]. 王健，等，译. 北京：中国人民大学出版社，2011.

[5] 斯蒂芬·J. 佩奇，乔·康奈尔. 现代观光综合论述与分析[M]. 尹骏，译. 台北：鼎茂图书出版股份有限公司，2007.

[6] 塔菲克·杰拉希，艾布里特·恩德斯. 电子商务战略[M]. 李洪心，译. 大连：东北财经大学出版社，2006.

[7] 张补宏，闫艳芳. 国内外旅游信息化研究综述[J]. 地理与地理信息科学，2012，28（5）：95-99.

[8] 李丁，贾志洋，汪际和，等. 智慧旅游管理与智能推荐技术[J]. 中国管理信息化. 2013，16（7）：80-81.

[9] 刁志波. 饭店业信息化的演进与发展模式[J]. 北京第二外国语学院学报，2010，32（1）：35-43.

[10] 刘纪元．电子商务发展的新阶段：移动电子商务[J]．学园，2013（1）：26-27．

[11] 董林峰．旅游电子商务[M]．2 版．天津：南开大学出版社，2012．

[12] 鲍富元，董卫江．国内旅游目的地信息化研究综述[J]．内江师范学院学报，2012，27（5）：114-117．

[13] 章牧．旅游电子商务[M]．北京：中国水利水电出版社，2008．

[14] 陈志辉，陈小春．旅游信息学[M]．北京：中国旅游出版社，2003．

[15] 王谦．旅游管理信息系统[M]．重庆：重庆大学出版社，2006．

[16] 朱若男，辛江，刘娜．旅游电子商务[M]．北京：中国旅游出版社，2008．

[17] STANLEY C PLOG. Leisure travel: a marketing handbook[M]. New York: Pearson, 2003．

第三章 旅游网络营销的策略与创意

开篇案例

我心我往的个性化旅游

“早晨被大白鲸的嬉闹声叫醒不觉得很浪漫吗？”上海姑娘吴一然打算来一场说走就走的旅行，她通过手机 App“自在客”预订了夜宿台湾垦丁海生馆的床位，咨询、申请、付款，整个流程不到 10 分钟就轻松搞定。吴一然是个经验丰富的背包客，年纪轻轻，已经走遍了大半个中国，并且环游了整个伊比利亚半岛。“国外旅游预订民宿可以用爱彼迎（Airbnb）、安可达（Agoda），国内可以用背包客栈、穷游、马蜂窝。”对于旅行的那些事，吴一然如数家珍。

随着私人消费和个性化消费的兴起，各类不同特色的家庭旅馆通过第三方在线预订平台，让不同消费层次、消费偏好的游客找到了心仪的“家”。与此同时，越来越多的在线旅游网站更倾向于融旅游信息分享社区与个性旅游于一体，推出了各类旅游服务产品。

“现在国内在线旅游网站很多，虽各自有主打，但多为同质化竞争。”吴一然的梦想是成立一家旅游公司，根据消费者不同的特点与需求推出专为私人定制的小众旅游服务。近年来，比起驿站式旅游的走马观花，消费者更倾向于“过数天他乡生活”。因此，依托休闲度假式旅游的产品与服务市场迎来了变革与机遇。吴一然还在寻找机会，而依靠手绘地图创业起家的曾军与他的苏橙工作室已然乘风而上。苏橙工作室的初创团队是来自南京几所高校的大学生。回到母校带走一份手绘地图，这是曾军团队最初的创业理念。2012 年，苏橙陆续完成了南京 10 家高校手绘地图的设计与印制发行，随后，他们又将地图的绘制范围拓展到了上海、安徽和浙江等地的若干所高校。

这种手绘地图设计，通过对地图数据库进行储存和分类管理，并通过排列组合的方式，可为不同的受众群体设计个性化手绘地图，让实体通过手机软件实现电子化呈现。当个性化旅游消费者来到一个城市，只要打开手机软件，选择想要的旅行模式，系统就会推荐经典的旅游路线，删减大量他所不需要的地图信息，特制相应的特色手绘地图。结合移动互联网和二维码设计的应用，手机一扫，便可轻松购买景点门票、餐厅团购券，以多功能互动体验式的掌上手绘地图为载体，串联个性化旅游产业链上的各种业态，更加便捷、有趣，有非常好的个性化体验。这就是我心我往的个性化旅游，这种个性化的旅游只有在电子旅游已经普及的情况下才能实现，所有旅游商务的电子化都是在电子旅游基础上发展起来的。

（资料来源：李想. 我心我往的个性化旅游[EB/OL].（2015-11-25）. http://www.ceh.com.cn/ep_m/ceh/html/2015/03105/T07/T07_78.htm.）

网络营销是旅游电子商务中的重要组成部分，不管是实体企业的在线直销，还是OTA的在线代理，首先需要让消费者知道你的服务在哪里，让网络旅游者知道你的促销活动力度以及产品和服务的优势，这就需要网络营销先行，如饭店的客房销售需要营销、旅行社的旅游线路产品需要营销、景区的观光服务和休闲服务也需要营销。在互联网时代，网络营销已成为旅游企业经营的常规营销方式，其方法多样，传播理论不断完善，作为旅游电子商务的核心内容，我们既要了解网络营销的新理论及其演变，又要掌握网络营销的应用技能。本章就对旅游网络营销的新理论及应用实践进行简要介绍，重点介绍网络营销的策略与创意。

第一节　营销学理论概况

随着管理学理论的不断发展，学术界的营销管理理论不断涌现，享誉世界的营销学大师也各有建树，每个时代几乎都有其适配的营销学理论诞生。从管理的角度看，营销学已成为一门不断发展、总结、凝练、理论化、体系化的学科，已从经济学下面的一个分支发展成为一个独立而宏大的应用学科。

一、早期营销学的发展

1967年，“现代营销学之父”菲利普·科特勒（Philip Kotler）的第一版《营销管理》出版，标志着现代营销学的形成。在此之前，其实已经有了关于营销的各种实践和重要理论。在商业活动中，有很多学者和广告人也在研究消费者的行为、企业的促销活动等，但是都没有形成体系化的“学问”。

1898年，美国的销售和广告先驱埃尔默·刘易斯（E.St.Elmo Lewis）根据广告对消费者行为的影响，提出了AIDA法则，也叫“爱达法则”。其中，A代表attention、I代表interest、D代表desire、A代表action。AIDA法则本质上是一个“刺激—响应”模型，描述的是消费者被广告刺激吸引之后，做出的产生兴趣、渴望、购买等一系列响应动作，如图3-1所示。AIDA法则自提出之后，经过了各种变体发展，比如发展为AIDAS模型，即在原来AIDA法则模型的基础上增加了S（satisfaction），把客户在购买行为发生后的满意度反馈也加入到模型中。

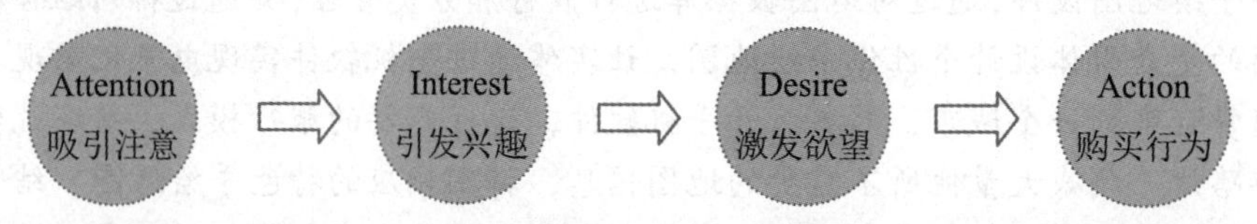

图3-1　AIDA法则模型

随着印刷业的蓬勃发展，广告公司的地位越来越高，当时美国纽约曼哈顿区的麦迪逊大道上聚集了当时盛极一时的几大广告公司的总部，由此进入了“麦迪逊大道”的广告时代。在这一时代，企业负责研发产品和销售，广告公司负责与消费者沟通，以至于带领美国经济从“大萧条”走向繁荣。与此同时，各类专业的市场研究公司也纷纷成立，如1923年尼尔森成立市场监测和数据分析公司，开始涉足市场研究领域，发展至今已经成为世界上最知名的咨询公司之一。

在此期间，宝洁公司的“品牌经理制度”对企业的营销乃至整个广告行业、市场研究行业都产生了重要的影响。1972 年，宝洁开始销售“佳美”牌香皂，尽管投入了大量的广告费，但是销售业绩还是不理想，当时负责销售工作的麦克爱尔洛埃向管理层提出了品牌人（brandman）的构想，也就是一个人负责一个品牌，并配上相应的销售小组予以协助，将每一个品牌作为一个单独的项目去运营且彼此竞争。1930 年上任的公司总裁理查德·杜普利采纳了这一建议，并于 1931 年 5 月 31 日起草了相关文件，明确了“品牌经理制度”，以及品牌经理的主要工作职责，麦克爱尔洛埃也因此被称为最早的产品经理。Brandman 作为产品经理需要对一个产品的市场行为负责，这就要求产品经理和公司的其他部门进行充分沟通、协作，对外也要和广告公司、市场研究公司密切合作。此时，由第三方主导的广告创意、投放、事件营销、市场调研等职能，开始逐步并入企业，企业开始有了自己的市场部（营销部），第三方变成执行者，企业开始有职能部门并逐步重视自己的市场营销管理工作。

二、现代营销理论的演变

营销理论随着应用实践的深化和环境的变化会发生演变，这种演变使得营销理论更加完善，尤其是进入互联网时代，随着新技术的应用，传统的营销理论结合互联网应用环境将不断完善。我们在旅游营销实践中需要理解和适应营销理论的演变，并不断地通过实践去探索和应用新的营销理论为旅游业服务。

（一）营销组合与市场细分

现代营销管理理论的真正发展是从 19 世纪 50 年代开始的，当时的美国处在战后快速发展期，那个时代广告行业是产品和消费者之间沟通的桥梁，因此在广告业陆续出现了针对市场营销的先进理论。

20 世纪 50 年代初期，美国达彼思（Ted Bates）广告公司董事长罗瑟·瑞夫斯（Rosser Reeves）提出，向消费者传递一个“独特的销售主张”（unique selling proposition, USP），又可称为创意理论。瑞夫斯较早地意识到广告必须得到消费者的认同，独特的卖点就是消费者从广告中得到的信息不是广告人强行推销给消费者的信息。USP 理论有三个重要的核心，即利益承诺、独特性、强而有力，该理论还是聚焦于产品本身。

在 20 世纪 50 年代，营销理论最重要的贡献莫过于“营销组合理论”和“市场细分理论”。1953 年，尼尔·博登在美国市场营销学会的就职演说中提出了“市场营销组合”（marketing mix）这一术语，其意是指市场需求或多或少地在某种程度上受到所谓“营销变量”或“营销要素”的影响。为了寻求一定的市场反应，企业要对这些要素进行有效的组合，从而满足市场需求，获得最大利润。

1956 年，美国营销学家温德尔·史密斯（Wendell Smith）首次提出了“市场细分”（market segmentation）的理念，就是要根据消费者的购买行为和需求差异，把市场分为由相似需求构成的消费者群，也就是若干个子市场，这就是市场细分。这一理论也为后来营销学大师菲利普·科特勒总结的 STP 营销理论奠定了基础。

从 20 世纪 50 年代营销实践的发展历程看，“独特的销售主张”“市场营销组合”“市场细分”这几个关键词基本构成了这个年代市场营销理论的主要思想精髓。

（二）4P 营销理论与定位理论

第二次世界大战后到 20 世纪 60 年代是美国经济高速发展的时期，也是美国婴儿潮暴发的持续期，当时制造业是美国的核心支柱产业，因此这段时间市场营销的理论主要是围绕产品产生的。

在之前尼尔·博登提出的“市场营销组合”中，相关的营销要素多达 12 个。1960 年，著名营销大师杰罗姆·麦卡锡（Jerome McCarthy）在其《基础营销》一书中将营销要素概括为 4 类：产品（product）、价格（price）、渠道（place）、促销（promotion），即著名的 4P 营销理论由此问世。麦卡锡的 4P 营销理论的基础是把消费者看成一个特定的群体——目标市场，在确定目标市场之后，通过一系列的营销组合策略，即企业开发出产品、制定合适的价格、建立自己的渠道并举办各种促销活动，实现产品的销售。

1967 年，“现代营销学之父”菲利普·科特勒在其畅销书《营销管理：分析、计划、执行与控制》第一版中进一步确认了以 4P 营销理论为核心的营销组合方法，此后 4P 营销组合理论得到广泛传播，同时也经历相应的转变、完善和发展。

第二次世界大战后的 20 年，世界经济高速发展，市场上各企业的营销除了一些战术上的变化之外，完全不用担心其他问题，营销手段也没有什么创新。但是，紧随而来的 20 世纪 70 年代的石油危机导致的滞胀席卷了美国和整个欧洲经济。石油危机造成美国经济萧条，顾客的需求减少，不同产品之间盲目地竞争。产品不愁卖的时代已经过去，取而代之的是迫切地创造消费者新的需求来拯救市场，这就要求突破 4P 营销理论。

1969 年，定位理论创始人杰克·特劳特（Jack Trout）在美国《工业营销》杂志上发表论文《定位：同质化时代的竞争之道》，首次提出商业中的“定位”观念。1972 年，《广告时代》刊登了艾·里斯和杰克·特劳特的系列文章《定位时代的来临》，由此提出了营销史上著名的“定位理论”。1981 年，杰克·特劳特出版学术专著《定位》，其对“定位”的解释是：“商业成功的关键，是在顾客心智中变得与众不同，这就是定位。”

20 世纪六七十年代，市场营销理论经历了从高速发展期产品导向的 4P 营销理论向市场动荡期的定位理论发展的过程。

（三）演化的 10P 营销组合理论和经典的 STP 战略营销理论

20 世纪 80 年代，整个营销市场进入了混沌期，这一阶段的主题是“营销战”“全球营销”。1980—1990 年，“竞争战略之父”迈克尔·波特（Michael Porter）先后出版了《竞争战略》《竞争优势》《国家竞争力》三部著作，直接反映了当时基于竞争战略的市场背景。在这种情况下，更多的营销因素诞生并被扩充到初始的 4P 营销理论中。

1981 年，布姆斯（Booms）和比特纳（Bitner）提出了服务营销的 7P 组合理论，即在 4P 营销理论的基础上增加人员（participant）、有形展示（physical evidence）和流程管理（process management）。7P 组合理论揭示了企业应关注为用户提供服务的全过程，每个员工的参与都对整个营销活动有意义。

20 世纪 80 年代是市场滞缓的年代，政治因素和社会因素对市场营销的影响越来越大，在各种形式的政府干预和贸易保护主义再度兴起的新形势下，企业要运用政治力量和公共关系，打破国际或国内市场上的贸易壁垒。1986 年年初，菲利普·科特勒提出了大营销的 6P 组合理论（mega marketing mix theory），即在原来 4P 营销理论的基础上增加政治权力

（political power）、公共关系（public relation）。

1986 年 6 月 30 日，菲利普 · 科特勒在我国对外经济贸易大学的演讲中，提出在大市场营销的 6P 组合理论之外，还要加上战略 4P，即探查（probing）、市场划分（partitioning）、目标选择（prioritizing）、定位（positioning）。20 世纪 90 年代初，人们普遍认同把大市场营销的 6P 组合理论再加上战略营销的 4P，形成一个比较完整的 10P 营销组合理论。

菲利普 · 科特勒对已有的市场细分理论（温德尔 · 史密斯）、目标市场理论（杰罗姆 · 麦卡锡）、定位理论（杰克 · 特劳特）等进行了总结，提出了经典的 STP 战略营销理论，包含市场细分（segmentation）、目标市场选择（targeting）和市场定位（positioning），由此形成了战略营销的核心内容。

在此基础上，菲利普 · 科特勒又把企业的市场营销活动总结为五个步骤：第一步，市场研究（research）；第二步，战略定位（STP）；第三步，营销组合（marketing mix）；第四步，执行（implementation）；第五步，控制（control）。这五个步骤被简称为 R-STP-MM-I-C 模型。

（四）新理论的爆发 4C、IMC、4R

STP 战略营销理论本质上是一个基于客户的管理理论，之所以能够后来居上被广泛运用，是因为以“产品”为核心的 4P 营销理念已经不再适应当时的市场，转而发展为以客户为中心的新一代营销理论体系，这是从以产品为中心向以客户为中心的营销理论的转变。

1990 年，著名的营销学专家罗伯特 · 劳特朋（Robert F. Lauterborn）教授在其名为《4P 退休 4C 登场》的文章中，提出了以顾客为中心的一个新的营销模式——4C 理论。该理论以消费者需求为导向，重新设定了市场营销组合的四个基本要素：消费者（customer）、成本（cost）、便利（convenience）和沟通（communication）。可以直观地看出，4C 理论不再以产品为中心，而是更加注重客户的感受，注重与客户的沟通，让客户以更低的成本、更方便的路径享受到产品和服务。

罗伯特 · 劳特朋教授还是整合营销理论的奠基人之一。1992 年，他和美国西北大学教授唐 · 舒尔茨（Don E. Schultz）、斯坦利 · 田纳本（Stanley I. Tannenbaum）合著了全球第一本整合营销传播（integrated marketing communications, IMC）专著——《整合营销传播》。整合营销传播的核心思想是将与企业进行市场营销所有相关的一切传播活动一元化。整合营销传播把广告、促销、公关、直销、包装、新闻媒体等一切传播活动都涵盖到营销活动的范围之内，使企业能够将统一的传播资讯传达给消费者。因此，整合营销传播也被称为用一个声音说话（speak with one voice），即营销传播的一元化策略，这一营销理论后来也非常好地适用于即将到来的互联网时代。

20 世纪 90 年代初，个人计算机逐步进入主流生活，互联网带来了人类个体之间的高度互联，人与人之间的互动增加，沟通更方便，信息不再闭塞，由此极大地促进了口碑效应的传播。因此 20 世纪 90 年代，企业在开展市场营销活动的同时更加注重公司的品牌管理。在此背景下，新的营销概念纷纷诞生，如品牌营销、体验营销、情感营销，以及再后来的社区营销等。

1998 年，凯文 · 莱恩 · 凯勒（Kevin Lane Keller）出版的著作《战略品牌管理》，被奉为“品牌管理的圣经”。凯勒教授是人们公认的对营销沟通与战略品牌管理进行综合研究的国际先驱者之一，他的《战略品牌管理》一书畅销全球，就连菲利普 · 科特勒大师也请凯勒教授一起合著《营销管理》。自《营销管理》第12版开始，菲利普·科特勒邀请凯文·莱恩·凯勒加入使其成为该书的第二作者。

2001年，同为整合营销奠基人的唐·舒尔茨（Don E. Schultz）在以客户为中心的4C理论基础上，又提出了基于客户关系和忠诚度的新营销理论——4R理论。4R分别指关联（relevance）、反应（reaction）、关系（relationship）和回报（reward），侧重于用更有效的方式在企业和客户之间建立起有别于传统的新型关系。其中，关联指的是企业和客户是命运共同体，关系紧密共兴衰；反应指的是企业在商业市场中要积极回应消费者的需求，从而调整自己的战略；关系指的是企业和客户之间的关系发生了根本转变，从单次交易转变为长期友好的合作关系，从利益冲突转向共同和谐发展，从营销组合转变成企业和顾客互动的关系；回报指的是营销活动要立足于合作双方都能得到一定的合理回报。总的来说，4R理论注重企业和客户关系的长期互动，重在培养顾客忠诚，它既从厂商的利益出发又兼顾消费者的需求，是一个更为实际、有效的营销新理论。

（五）CCDVTP模型和网络时代的新4C

进入21世纪之后，尤其是互联网时代的到来，很多成功的企业在面对巨变的市场环境时很难做到同步的变革。成熟的公司管理制度和市场营销理论的确能够帮助企业很好地控制经营活动乃至实现规模扩张，但是，互联网市场造成的网络化效应，人、资金、技术的全面网络化和数字化，形成了指数级变化的市场，也催生了新的互联网模式。很多成功的企业未必能顺势改变，比如联想集团在2004年成功收购了昔日国际巨头IBM的全球PC业务，完成收购后的联想，风头无两，然而却没有成功地把握住随后崛起的移动时代，后来只能在PC业务这块存量市场中辛勤耕耘，就此错过了一片蓝海的移动手机业务增量市场。如何才能不错过不断变化的市场？成熟的市场如何才能不被新角色颠覆？

2006年，菲利普·科特勒做了“迈向品牌与全球化之路”的重要演讲，首次提出了CCDVTP[①]营销新模式。此次演讲中，菲利普·科特勒提出品牌的七大共同元素，即创业故事（creation story）、信念（creed）、仪式（rituals）、神奇口号（scared words）、标识（icon）、对手（nonbelievers），领导者（leadership），并且指明建立品牌的四大步骤：第一步是定义目标市场；第二步是定位；第三步是价值主张；第四步是品牌推广。CCDVTP模式指出，一个企业要想做好自己的品牌，需要通过不断的创意（create），与客户进行充分沟通（communicate），传递（deliver）自己品牌的独特价值（value），同时搞清楚自己的目标市场（target），这样才能让企业实现获利（profit）。CCDVTP理论模型直接从营销方法论的角度突出了“创新”对于一个企业的重要性，抛弃了传统的产品和价格，取而代之的是不断的自我创新。对于品牌，也是建立在与客户进行充分沟通的基础上的，只有进行充分沟通才能更好地传递自己的品牌价值，这样企业才能获得利润。

而到了数字时代的今天，即使是营销组合理论，也更加需要用户的参与，消费者本身和消费者行为都在数字化，因此菲利普·科特勒提出，传统的4P元素组合应该重新被定义为新的4C元素，即共同创造（co-creation）、浮动定价（currency）、共同启动（communal action）、对话（conversation）。共同创造指的是在产品开发的时候，让客户充分参与进来，品牌可以通过媒体、论坛等与客户进行沟通，充分听取建议，或者为客户提供量身打造的

[①] CCDVTP是创意（create）、沟通（communicate）、传递（deliver）、价值（value）、市场（target）、获利（profit）6个英文单词首字母的缩写。

定制服务。浮动定价指的是借鉴航空、酒店行业的弹性定价，结合便利性、客户的消费行为进行动态定价以后的最大的利润。共同启动相当于共享经济，如 Uber、Airbnb 将客户的产品和服务提供给其他客户。对话则是移动社交时代的必要行为，企业要借助社交媒体做到让消费者可以随时和企业进行沟通、评论等，进行互联网时代的社会化营销。

2015 年，菲利普・科特勒在日本举办的“科特勒世界营销峰会”上做过一次题目为《营销的进化》的开场报告，他把 20 世纪 50 年代之后的市场演进历史划分为 7 个阶段，即 1950—1960 年的战后时期、1960—1970 年的高速增长期、1970—1980 年的市场动荡期、1980—1990 年的市场混浊期、1990—2000 年的一对一时期、2000—2010 年的价值驱动期以及 2010 年至今的价值观与大数据期，每个阶段都具备当时那一个特定时期的营销特点，这是对现代营销管理理论演进做了一次完整的总结。

三、营销 4.0，从传统到数字

菲利普・科特勒对于营销的进化历程分类是基于历史的，随着时间轴推移而演变。于是，菲利普・科特勒又提出了另一种基于逻辑的进化路径，即从营销 1.0 进化到营销 4.0。

营销 1.0 就是工业化时代以产品为中心的营销，解决企业实现更好“交易”的问题，功能诉求、差异化卖点成为帮助企业从产品到利润，实现马克思所言“惊险一跃”的核心。

营销 2.0 是以消费者为导向的营销，不仅仅需要产品有功能差异，更需要企业向消费者诉求情感与形象，因此这个阶段出现了大量以品牌为核心的公司。

营销 3.0 是以价值观为驱动的营销，它把消费者从企业“捕捉的猎物”还原成“丰富的人”，是以人为本的营销。

营销 4.0 以大数据、社群、价值观营销为基础，企业将营销的中心转移到与消费者积极互动、尊重消费者，让消费者更多地参与到营销价值的创造中来。在数字化连接的时代，洞察与满足连接点所代表的需求，帮助客户实现自我价值，是营销 4.0 所需要面对和解决的问题，它是以价值观、连接、大数据、社区、网络分享、新一代分析技术为基础所造就的。营销 1.0、2.0、3.0、4.0 时代的综合对比如表 3-1 所示。

表 3-1　营销 1.0、2.0、3.0、4.0 时代的综合对比

类　　别	1.0 时代	2.0 时代	3.0 时代	4.0 时代
	以产品为中心的营销	以消费者为导向的营销	以价值观为驱动的营销	共创导向的营销
目标	销售产品	满足并维护消费者	让世界变得更好	自我价值的实现
推动力	工业革命	信息技术	新浪潮科技	社群、大数据、连接、分析技术、价值观
企业看待市场方式	具有生理需要的大众买方	有思想和选择能力的聪明消费者	具有独立思想、心灵和精神的完整个体	消费者和客户是企业参与的主体
主要营销概念	产品开发	差异化	价值	社群、大数据
企业营销方针	产品细化	企业和产品定位	企业使命、愿景和价值观	全面的数字技术+社群构建能力
价值主张	功能性	功能性和情感化	功能性、情感化和精神化	共创、自我价值实现
与消费者互动情况	一对多交易	一对一关系	多对多合作	网络性参与和整合

移动互联网最大的影响是带来了点对点的互联，让人类的网络化效应颗粒度更细，人类的行为、习惯、消费、兴趣、需求等都被更深的网络化了。谈及互联网的巨变，回顾互联网应用普及以来的发展状况就可见一斑。2011 年发生了两件大事：第一件事是小米发布首款智能手机，通过极高的性价比营销大大促进了智能手机在国内的普及；第二件事是腾讯发布了微信，这一目前国内用户数最多的社交 App，已成为企业营销的主阵地。因此，2012 年被称为中国移动互联网的元年。移动互联网普及应用后，太多的商业模式、互联网思维、营销策略和方法都随之变化，太多的企业借势崛起，如小米、今日头条、快手等。

在市场变得比市场营销更快（market changes faster than marketing）的时代，从传统全面转入数字化的时代，营销人员需要一个新的营销方法来引导其平衡新的技术，这就是营销 4.0 的存在。4C 理论就是为此而被定义，在数字经济中，用户的购买路径也被重新定义。

来自西北大学凯洛格商学院（Northwestern University Kellogg School of Management）的德里克·罗克尔（Derek Rucker）曾经在 AIDA 理论模型的基础上推出了 4A 模型——了解（aware）、态度（attitude）、行动（act）、再购买（act again），这是一种漏斗状的客户购买路径，随着了解，产生好恶感觉，到购买，然后再次购买，客户的数量是不断减少的。而如今数字时代发生了转变，客户彼此间积极联系，客户对品牌的态度会受到身边朋友的影响。在数字时代之前，客户的忠诚度体现在客户的留存和再购买上；在数字时代，客户的忠诚度体现在客户对品牌的拥护上，客户之间的沟通也会增强或者削弱品牌的吸引力。菲利普·科特勒认为，客户购买路径应该修改为新的 5A 模型以适应当下人类高度网络化和数字化的时代，5A 指的是了解（aware）、吸引（appeal）、询问（ask）、行动（act）、拥护（advocate）。客户购买路径的 4A 模型与 5A 模型如图 3-2 所示。

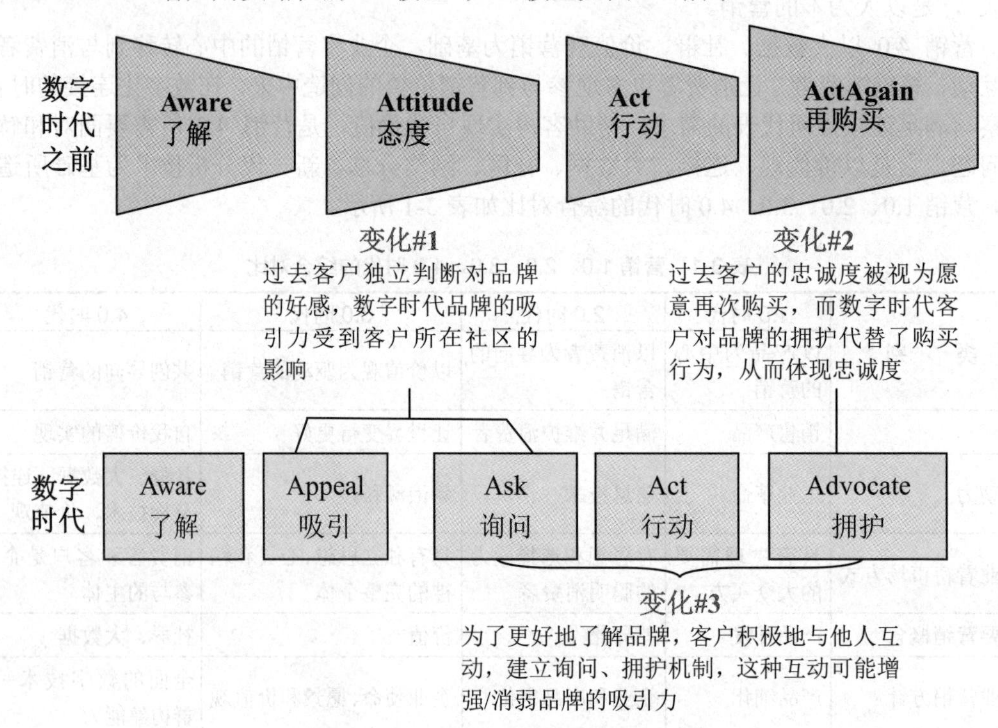

图 3-2 客户购买路径的 4A 模型与 5A 模型

目前，我国的企业尚有很多处在营销 0.0 阶段，缺乏营销的意识，处在供应链的某点位置，只是简单地生产标准产品。大部分企业处在营销 1.0 阶段，强调自身产品的价值点和优势，强调差异化定位。少数企业进入营销 2.0 阶段，以客户为中心，注重自己的品牌管理。在互联网科技型企业中，有些已经进入营销 3.0 阶段，如小米公司有着自己的固定粉丝群，与粉丝价值观一致，态度趋同。进入营销 4.0 阶段的企业特征是以价值观、连接、大数据、社区、新一代分析技术为基础。期待未来互联网界出现更多站位营销 4.0 的新型科创企业。

第二节　网络营销基础概念

开展旅游网络营销，不但要掌握网络营销的方法和技能，还要了解网络营销的基础概念。本节主要介绍互联网领域与营销相关的一些基础概念。

一、网络品牌

在互联网时代，任何一个产品或一项服务，如果形成消费者认可的网络品牌，它就会获得持续收益的网络效应。自从 1998 年凯文·莱恩·凯勒（Kevin Lane Keller）出版著作《战略品牌管理》这一“品牌管理的圣经”之后，国内外的很多企业都再次强调自身的品牌塑造。然而，品牌到底是什么，有什么作用？品牌是一个企业专有的识别体系、信用背书，能够为企业产生产品溢价。品牌的本质是降低消费者的选择成本、企业的营销成本以及社会的监督成本。从消费者角度来说，有了品牌的印象，在面对选择时能够更加快速地做出决策，尤其是在互联网电商时代面临着海量的产品选择时。

网络品牌，顾名思义，就是在网络环境里形成的品牌，这是线下品牌转到线上传播的过程，也是线下品牌通过网络化效应放大的过程，更是传统品牌接受更广大消费者群体监督的过程。在互联网的电商时代，每个客户的选择性空前广泛，各种产品之间同质化问题也非常严重，当同质化问题严重时势必就变成品牌的角逐。网络品牌不仅包含企业 Logo 等视觉识别体系、官方的网络社交矩阵账号主体等，还包括企业与客户之间的互动反馈，为客户创造其需要的内容，聆听客户本质的需求，还需要企业公关形象的展示，以及企业舆情信息的监测等内容。

多媒体技术、搜索引擎、社交媒体、小程序 App 等促进了网络品牌的经营和传播。多媒体技术的发展，使得关于品牌的信息从简单的文字发展成为图片、音频、视频、直播等多种形式，且图片、视频的传播效率、影响力要远远超过文字。当企业品牌的信息（正面的、负面的）永久地被记录之后，任何人都可以通过搜索引擎进行搜索获取，搜索引擎对于网络品牌来说是一把双刃剑，任何不好的品牌形象都无法被隐藏，好的品牌形象也可以更快地呈现在消费者面前，而移动互联的社交网络效应对于品牌的影响力极大。凯度咨询公司（Kantar Consulting）发布的《2019 年社交媒体趋势》（*Social Media Trends 2019*）研究报告指出，越来越多的消费者通过咨询自己的社交同伴来做出品牌选择，这也是很多企业开始通过关键意见领袖（key opinion leader, KOL）进行网络品牌传播的原因。

塑造网络品牌的目的是建立消费者产品/服务需求和特定品牌之间的连接，让自己的品牌成为消费者有需求时脑海中想到的第一个选择。比如上网找资料立马就想到谷歌、百度，预订机票就立马想到去哪儿网、飞猪，预订酒店就会想到携程等。产品/服务需求和特定品牌之间的特殊联系就是一个品牌塑造的最高目标。在网络环境中，还需关注品牌与客户、潜在客户之间的黏性互动，并利用社交媒体进行更加广泛的传播，才能形成更深远的影响力。

网络品牌的塑造虽然在一定程度上可以摆脱传统媒体（报纸、电台、电视）的高投入，但最终还是建立在好产品的基础上的。比如，微信初级版本在迭代更新时，用户数不如同期问世的“米聊 App”，但是现在微信已经是用户量超过 10 亿的社交平台，而“米聊 App”的用户量却发展缓慢。

网络品牌的塑造就是基于好的产品，同时注重用户体验，借助多媒体技术、搜索引擎、社交媒体等技术，通过生产高质量的营销内容，在消费者心中构建产品/服务与品牌特殊联系的过程。

二、长尾理论和 20/80 定律

互联网技术的出现，一直都在颠覆传统的行业，众所周知的就是亚马逊（Amazon）的线上书店颠覆了美国最大的线下连锁书店巴诺书店，美国流媒体巨头网飞（Netflix）颠覆了当时美国最大的 DVD 租赁巨头百事通。以前，我们对传统的市场份额理解为 20%的巨头占据着 80%的市场，快消品 20%的品类占据着 80%的客户需求。比如，一家实体书店受限于物理空间大小、主流受众的偏好，经营的书籍品类和总量都是有限的，经营者通常只能重点陈列最畅销或者最经典的著作，但是这并不代表大家对于不太畅销的书籍就没有需求，只是受限于物理条件不能方便地购买到而已。

随着互联网和电子商务的出现，物理的边界被打破了。亚马逊线上书店突破了传统书店物理空间大小和藏书数量的限制，其数据库中提供的书籍可以轻松扩展到几十万册甚至几百万册，能兼顾到所有人的各类需求，消费者可以随意搜索自己想要的书籍且能通过电子商务方便地实现购买，从而形成巨大的业务销售量。这类情形同样可以应用于音乐 CD、DVD 等租赁业务，这就是“长尾理论”的力量。

“长尾理论”（the long tail）的概念最早是由美国《连线》杂志主编克里斯·安德森（Chris Anderson）在 2004 年 10 月的《长尾》一文中提出的，主要用来描述诸如 Amazon、Google、Netflix 之类网站的商业和经济模式，如图 3-3 所示。

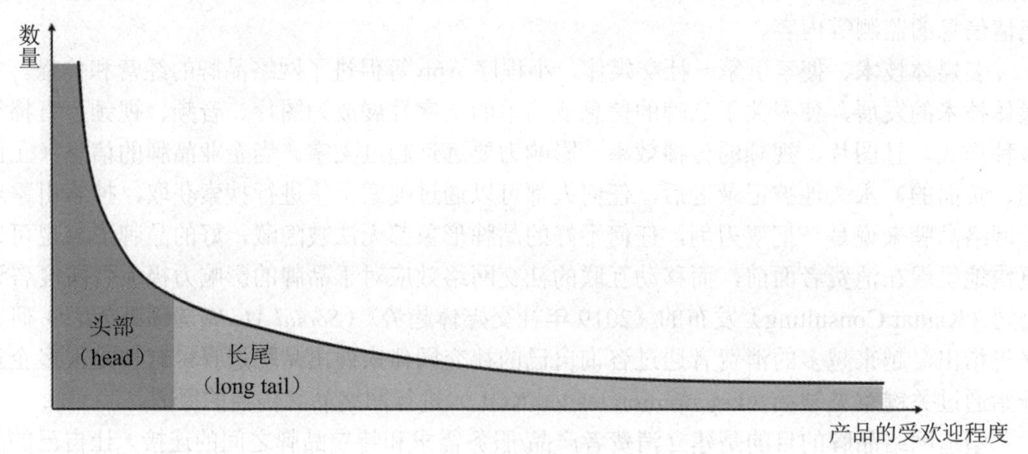

图 3-3 “长尾理论”模型图

图 3-3 中，横坐标代表产品的受欢迎程度，“头部”（head）是最受欢迎的产品，有广大的受众，需求量也很大。“长尾”指的是右侧“long tail”的部分，这部分的产品种类非常巨大，单个产品的需求量虽小，但“长尾”的尾巴可以延长到无穷。实体店一般选择经营头部产品，放弃“长尾”部分的少有人问津的产品，而这部分恰巧是电子商务才能经营的部分，由“长尾”部分创造的利润可以与“头部“相媲美，这就是只有在互联网电子商务环境下才能实现的“长尾效应”。

相比于“80%的结果来自 20%的出处”的“20/80 定律”，电子商务的“长尾效应”有足够宽的网上销售渠道（面向所有人），因此才能在互联网时代取得颠覆传统的胜利。企业利用互联网的长尾优势，可以在主流巨头掌控的市场之外，寻找目标非常细化的小众市场，满足小部分人的特定需求，无论这些人在哪里都可以通过互联网相互连接，从而实现崭新的创新创业市场。

类比到旅游业，出于降低成本和便于管理的考虑，传统线下旅行社提供的旅游线路通常是有限的，且多是一些热门路线，入住的也是一些经常合作的酒店。但是 OTA 出现之后，很多冷门的旅游线路借助互联网的宽渠道迎来了自己的发展机遇，自由行、定制游产品迎合了非热门的需求，一些偏远的酒店也能借助 OTA 突破地缘的物理限制提升自己的出租率。借助互联网，总会出现一些特定的产品/服务满足某一特定需求的群体，如特色民宿本质上就是借助互联网的长尾效应发展起来的。在互联网时代的市场营销，需要考虑长尾需求的客户，以便获得服务产品的“长尾效应”。

三、产品、流量、转化率、场景

众所周知：销售收入=流量×转化率×客单价。在实体经济的销售收入模型中，流量取决于实体经济的地理位置，好地段就是流量，转化率和客单价取决于产品本身、价格、促销活动、销售员的销售服务活动、流量客群实际需求等。传统商业模式可以抽象为 4 个要素，即“空间”“产品”“流量”“转化率”。

互联网电商的“长尾效应”可以突破物理空间的限制，实现网络全渠道大流量模式。互联网商业可以简单地抽象为三个要素，即“产品”“流量”“转化率”。

互联网商业模式下的“产品”既可以是实体的，如小米手机、iPhone；也可以是虚拟的，如软件服务、互联网金融产品等。互联网时代的产品设计早已脱离了工业化时代“功能性”主导的阶段，转而是一种基于用户生物性情绪、用户需求、用户体验的产品。因此，互联网时代衍生出了一个岗位，叫作“产品经理”。

“流量”已经从传统商业中“人流涌动”的线下动态模式扩充到线上。现在的流量还包括人们在网络上的时间消耗、行为轨迹和需求沉淀。比如，要看视频打发时间就形成了视频网站的用户流量；要看新闻资讯就形成了资讯类 App 的用户流量；要与人沟通就形成了微信月活跃用户数超过 10 亿的社交流量；要随时随地用手机支付就形成了支付宝庞大的用户流量。

线上流量和线下流量、不同场景之间的流量、不同时间轴上的流量，都是可以互相转化的，无论是通过经营社群流量，还是渠道流量，抑或两者兼顾，最终都是为了使这些流量转移到交易端，发生交易行为，形成商业闭环。

流量转化的量化指标就是“转化率”。无论是线上流量在线实现消费，还是线上流量引导到线下发生消费，抑或是线下流量导流至线上，最终都是为了转化成交易。转化率是衡量产品定位、流量质量的关键指标。如果流量没有形成交易，就没有价值实现，一切都是泡影。

互联网商业的核心，就是产品的比拼、流量的争夺以及转化率的优化，这是网络营销的核心概念。

现下各家巨头都在抢夺流量，如“滴滴出行”和“蘑菇街”充分利用微信 10 亿级的用户流量，在微信 App 植入第三方服务流量接口；万豪酒店集团打通飞猪的会员体系也是看中了阿里巴巴背后 5 亿级以上的用户流量。但是，并不是有了“入口”就会有“流量”，其中还有一个关键性的因素是“场景”。虽然互联网“长尾效应”可以帮助企业摆脱“空间”这一物理因素的限制，但是对于“场景”却从未丢失。未来，万物互联，我们身边到处都是屏幕，都是网络连接的入口，但是一定要有触发用户情绪的场景存在，才能形成真正的流量，如抖音、直播等。比如，2014 年《罗辑思维》的主讲人罗振宇通过直播卖书，借助《罗辑思维》社群的流量，把 499 元/套共计 8000 套的图书在一个半小时内全都售罄，这就是罗振宇通过营造一种场景，触发用户想看书的情绪，最终实现了社群流量向图书购买的转化。

现在，优秀的产品设计都要考虑产品的使用场景；未来，基于客户的大数据（兴趣、爱好、收入、购买行为、位置信息、时间）等客观环境的“场景营销”将引领移动社交时代。场景在网络营销中已成为非常重要的实操概念。

第三节　旅游网络营销的策略

互联网时代，每个行业都在积极地开展网络营销，旅游业也不例外。那么，旅游业所面临的主要问题是什么？应该基于什么样的方法论去做旅游的网络营销？是否创建一个网站、开设一个微博或微信公众号，定期更新一下信息就算是开展网络营销了？当然不是！

目前，旅游业网络营销面临的主要问题有：产品同质化严重，景区服务质量差，缺乏类似迪士尼的超级 IP，过分依赖 OTA 而缺乏自主品牌意识，对客户缺乏沟通和场景营造，各旅游要素之间整合差，区域间联动性差，市场定位冲突，缺乏专业的营销人才等。

对于旅游业的网络营销，应首先考虑好开展网络营销的策略，在网络营销策略的指导下，再选择具体的方法开展网络营销。旅游网络营销的策略必须适应当下移动互联网甚至未来万物互联的大背景，基于现代营销学理论，结合网络营销的特点，开发出面向旅游业的网络营销的有效方法。

一、市场研究策略

和研发产品一样，做旅游网络营销推广前一定要做市场研究，主要弄清楚自己的目标客户群是谁以及他们的兴趣点，如何向目标客户群传递自己的旅游产品信息/品牌形象更加有效，目标客户群接收和获取信息的渠道有哪些，竞争对手的推广策略以及应对措施等。这样做的目的是用合理的财务预算做出最有效的营销推广。

在研究旅游消费者的行为特征和心理预期后，可以采用 5W2H 研究法，该方法非常适合指导旅游业的网络营销，如图 3-4 所示。5W2H，即消费者为什么要选择消费或使用（why），消费和使用品牌/产品的人到底是谁（who），他们关注产品/品牌的哪些因素（what），他们会在什么时候消费和使用（when），旅游消费者通过什么渠道购买和使用，以及通过什么渠道获取信息（where），他们是如何做出购买决策的（how），他们一般消费多少钱以及消费频次（how much/often）。

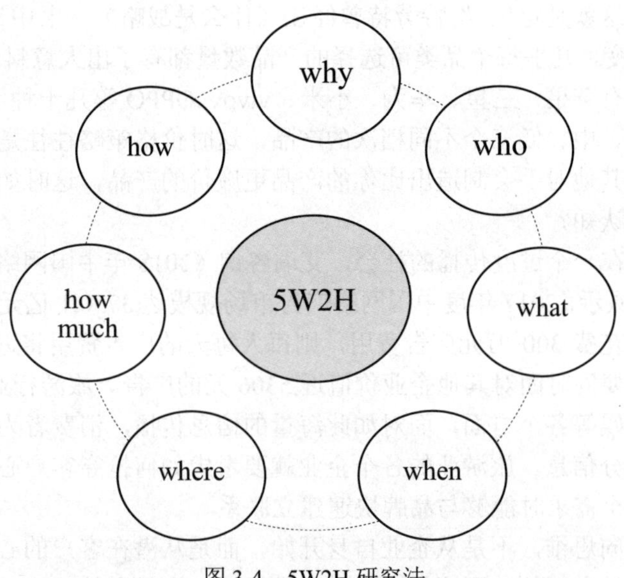

图 3-4　5W2H 研究法

市场研究要贯穿网络营销活动的全过程，包括活动主题、推广渠道、时间节点、市场反应、受众反馈等问题，营销过程中可根据研究结果调整推广策略。比如，发现直播平台的市场反应很冷淡，那就降低其比重转而增加其他效果好的推广渠道（如大咖公众号文章、新闻 App baner 广告等）。最后要对推广活动进行一次市场总结和复盘，从而更好地指导下一次的网络营销推广活动。

二、市场细分策略

互联网是一个面向所有人的超宽渠道网络，现实的商业运营中存在着明显的长尾效应，在旅游产品同质化严重的形势下，如何找到适合自身的一个精准细分市场尤为重要。市场细分策略是由美国营销学家温德尔·史密斯（Wendell Smith）在 1956 年首次提出的，是指营销者通过市场调研，依据消费者的需要和欲望、购买行为和购买习惯等方面的差异，把某个产品所对应的一个大的整体市场划分为若干个消费者群的细分市场的过程。

比如，Airbnb 在 2017 年收购了一家成立于 2015 年的名叫 Accomable 的公司。Accomable 公司的两位创始人 Madipalli 和 Martyn Sibley 都是脊髓性肌萎缩病人，每次旅游时要寻找适合自己的饭店总是非常困难，因此他们成立了这家专门帮助行动不便的旅客解决住宿问题的公司，精准地为这些旅客提供营销服务。这家公司瞄准的就是饭店业巨头或者 OTA 巨头都不愿意涉足的无障碍住宿服务领域。

市场细分策略十分适用于互联网时代的企业，找准自己的利基市场、自己的受众，精准地进行推广营销，将有助于制定更好的营销策略，集中人力、物力投入，以提高企业的经济效益。

三、心智定位策略

定位理论奠基人杰克·特劳特对“定位”的解释是：“商业成功的关键，是在顾客心智中变得与众不同，这就是定位。”特劳特曾经在《什么是战略》一书中说道：“最近几十年里，商业发生了巨变，几乎每个品类可选择的产品数量都有了出人意料的增长。”例如，现在买一款手机，就有苹果、三星、华为、小米、vivo、OPPO 等几十种手机品牌可供选择，且每种品牌都有高、中、低三个不同档次的产品，这时价格策略往往是行不通的。在信息透明的今天，总有其他对手会制造出比你的产品更廉价的产品，这时如何在顾客和潜在顾客的心中建立品牌认知？

消费者一直处在一个过度传播的社会，艾瑞咨询《2018 年中国网络广告市场年度监测报告》的核心数据显示，2017 年度中国网络广告市场规模达 3750.1 亿元，同比增长 32.9%。假设一个企业每年花费 300 万元广告费用，则每人每天的广告费用将近 0.002 元，与此同时，每个消费者还要同时面对其他企业价值近 5306 元的广告。旅游行业涉及消费者的吃、住、行、游、购、娱等各个方面，面对如此海量的信息传播，消费者为了防御信息轰炸就会筛选和排斥大部分信息。旅游业的各个企业就要考虑如何抢夺客户心中的品牌认知，让消费者每次想到某个需求时能够与品牌快速建立联系。

定位是一种逆向思维，不是从企业自身开始，而是从潜在客户的心智开始。定位的基本方法，并非创造某种新的、不同的事物，而是调动心中已有的认知，重新连接已经存在的联系。杰克·特劳特在其著作《定位》中，介绍了成功定位的六个步骤：第一，你已经拥有什么定位？第二，你想拥有什么定位？第三，你必须超越谁？第四，你有足够的钱吗？第五，你能坚持到底吗？第六，你的传播体现了自己的定位吗？

山东青岛的旅游定位非常清晰，即“滨海度假旅游城市”，在中国广大旅游消费者心中，说到“滨海度假旅游城市”，就能第一时间想到山东青岛。四川成都市是继哥伦比亚波帕扬之后，全世界第二个、亚洲第一个被联合国教科文组织授予“美食之都”荣誉称号的城市。“美食之都”成为成都非常形象且贴切的旅游定位，每年有无数的旅游消费者前往。据《2018 年旅游迁徙报告》的数据显示，成都在 2018 年最受欢迎 10 大“旅游目的地”排行榜中排名第 2，仅次于北京。

山东省基于深厚的齐鲁文化底蕴，以五岳之首、大海之滨、孔孟之乡、礼仪之邦的整体形象，结合“山东人”的“好客之道”，将山东的旅游品牌形象整体定位为“好客山东”。“好客山东”，语言简洁凝练，准确提炼和概括出山东鲜活的形象和深刻的内涵，视觉冲击力猛烈，语言感召力强。

四、产品/服务策略

在旅游业，不同的产品需要不同的服务策略，以便探索最有效的网络营销方法。

（一）旅游产品类型和属性

旅游业的产品是围绕旅游消费者的吃、住、行、游、购、娱、商、学、养、闲、情、奇等实际需求出发的，这是新时代旅游的新要素，如图 3-5 所示。新时代的旅游产品主要包括景区、酒店、交通线路、配套餐饮、零售、娱乐项目、商务旅游、研学旅游、养身旅游、休闲旅游、情感旅游、探奇旅游等方面的产品。

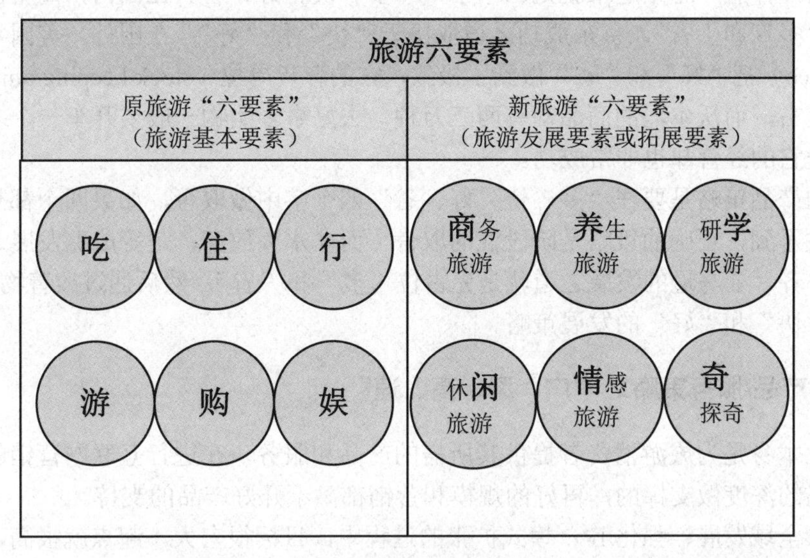

图 3-5　旅游新旧六要素

旅游业的产品按资源依托情况主要分为两种，即资源依托型产品和资源脱离型产品。从景区产品角度来说，主题公园就属于资源脱离型产品，温泉就属于资源依托型产品。滨海度假区，森林探索，大型商务会展，成都特色美食，内蒙古的草原骑马、摔跤、娱乐项目等属于资源依托型产品，酒店、交通、大众餐饮等属于资源脱离型产品。

不同的目的地或者细分行业，在通过产品策略开始进行营销前，首先要做的依旧是市场调研。通过调研剖析产品的属性（资源依托型、非依托型，特有吸引物），定位的细分利基市场及受众，该细分市场内已有的同类型产品及其在消费者心中的地位，已有产品和自己的竞争关系，同类产品的未来发展趋势，从而反思自我产品的定位是否合理、产品打造的方向以及迭代更新的速率等。

（二）旅游产品规模效益

在互联网电子商务模式下，旅游业的服务是一种 O2O 服务，作为提供 O2O 服务的产品，一定要考虑“规模效益”。“规模效益”是指提供的产品与服务要在多大规模范围内获得效益，是全城范围、全省范围还是全国范围。一般来说，主题公园主要是服务周边 2～3 小时车程范围内的省级区域规模，单体酒店一般是服务全城范围的区域规模，连锁酒店的规模效益可以放大到省级乃至全国。

比如，美团外卖和饿了么外卖平台的竞争不是比较全国范围内有多少订单，而是对每个城市内的不同品牌进行比较，是一种“同城规模效益”。同一个城市的主题公园之间的竞争、品牌连锁酒店之间的竞争也是如此，需要站在“同城规模效益”的角度制定产品策略。当地特色的纪念品、美食产品通过电商平台和物流系统可以销往全国，这样就可以站在“全国性规模效益”的角度制定自己的产品策略。

（三）产品/服务策略之“多、快、好、省”

好的用户体验，总结起来就是四个字——多、快、好、省。在国内，淘宝创立之初依靠的就是“多”和“省”，京东成功之道取决于“快”和“好”；在国外，美国零售巨头好事多（Costco）把“好”和“省”做到了极致，它的存货单位（stock keeping unit, SKU）只有四千个左右，而沃尔玛的商品却有两三万种，去好事多购物一般要开车一个多小时才能到达，但是它的经营却也非常成功。

一般的产品策略是要在“多、快、好、省”四个字中做取舍，如果四个都想做到，可能一个都做不到，正确的策略是阶段性的取舍，而非永久放弃，是等成熟发展之后再尽可能地慢慢补齐。亚马逊的发展之道就是先占位“多”和“省”，然后通过改善物流及服务，逐步补齐“快”和“好”的发展策略。

（四）产品/服务策略之“广、深、高、速”

旅游业本身是为旅游消费者提供其所需的产品和服务，在进行互联网营销的过程中，是需要产品的深度做支撑的，再好的规模和营销都离不开好产品的支持。

在追求全域发展、强化 IP、模式扩张的过程中，目标很宏大，起点就很高，扩张的速度很快，规模的广度有所增加，但是往往做的深度不够。作为旅游服务业，所有的产品和服务都是以“提供更好的客户服务”为中心，只有 IP 心智占有度做得足够深，才能有底气做广度和提速度。比如，迪士尼的 IP 深入人心，细心打磨每一个和客户之间的服务触点，才能做到在全球范围内的扩张。再如，亚朵酒店也是紧紧抓住与客户接触的“十二个核心节点”，才能在中高端酒店市场奠定自己的品牌深度，然后逐步扩张。

而产品的广度也不仅仅是简单的产品/服务之间的组合，抑或是覆盖了多广的空间区域。迪士尼乐园的娱乐项目多种多样，但它们都不是独立的存在，而是建立在积极、清晰、一致的品牌使命之下的。迪士尼的使命就是“使人们感到快乐”（make people happy），所以迪士尼招的人员、做的事情、开发的产品，都是奔着这个使命来的，这就是一帮乐观的人，为使命而工作，抓住每一个在迪士尼乐园里和客户接触的机会，为他们创造快乐，才成就了伟大的迪士尼。迪士尼的 IP 已经如此强大，经验如此成功，却没有急于在中国乃至全球建立更多的迪士尼乐园。截至目前，全世界一共只有 6 个迪士尼乐园，分别是洛杉矶迪士尼乐园、奥兰多迪士尼世界、东京迪士尼乐园、巴黎迪士尼乐园、香港迪士尼乐园和上海迪士尼乐园。

此外，在产品策略上，小企业是不能学大公司一味地拓宽产品线和投入新的产品研发，只有为数不多的成功产品是能够赚回研发和投入的资金的，小企业是负担不起这样的成本投入的，它只能在一个产品方向上先做到极致，把一个市场的用户服务做得足够深之后再考虑扩张。

五、渠道策略

渠道就是连通产品和消费者之间的桥梁。网络营销的渠道主要是在线上，通常包含三部分：一是自有渠道，包括官方网站或商城、官方微信公众号、官方微博；二是第三方平台，如 OTA 平台、电商平台、O2O 服务平台、搜索引擎 SEO、第三方旅游网站、全域旅游平台、协会网站、线上广告位等；三是社交网络的关键意见领袖（KOL）及消费者本身自发的传播渠道。

比如，迪士尼的官网预订和微信公众号预订渠道，酒店的微信公众号及小程序 App 预订渠道等都是很多旅游业在深耕的自有渠道。在 OTA 渠道之外，还有很多旅游企业通过电商平台进行网络营销，如希尔顿、亚朵、首旅如家在飞猪平台的旗舰店销售自己的产品和服务，迪士尼天猫官方旗舰店在“双十一”期间联合上海迪士尼官方旗舰店，在飞猪平台销售自己的玩具、手办、儿童用品、门票、酒店房间。另外，有些景区、酒店也会利用 KOL 进行直播或者评价分享，通过社交媒体的传播途径，充分拓宽自己的网络传播渠道。

总体来说，企业制定产品策略和渠道策略首先要认清自己的产品特性，其次根据市场调研明确自身产品的竞争优势，然后不断拓宽自己的线上营销渠道，增加产品与消费者之间的服务触点。

六、价格策略

旅游业涉及的行业众多，产品多种多样，定价逻辑也各不相同。很多景区是依托于公共资源向广大群众提供服务的，过高的定价侵犯了民众的公共利益，过低的定价又不利于景区的总量控制和运营管理；酒店的定价也取决于其不同的营销渠道和营销目的；旅行社的产品定价相对于景区和酒店来说，“标准化”程度较低，可组合变化的程度高，且有明显的淡旺季分布；餐饮业的定价受地理位置影响比较大。

（一）定价目标

不管是什么产品，无外乎以下几种定价目标。

（1）利润最大化。定价的目的是尽可能地获取最大的利润。企业的总利润是建立在销量和单品利润之上的，定价一定会影响销量，而一般为了获取最大的利润，就会采取动态定价策略。动态定价与单一价格定价的区别在于，动态定价相对于单一价格定价能够最大限度地获得“消费者剩余”，从而获取最大的利润。

（2）占据市场。通过定价占据市场，一般是通过价格战的模式。一方通过主动降价赢得客户，从而实现对市场的占有，如滴滴和快的、携程和去哪儿的烧钱大战，都是为了通过资本的补贴换取客户的流量，从而占据市场。而价格战一般是通过降价补贴用户从而留住客户，如果竞争对手之间一直不惜成本地烧钱降价，最终只会两败俱伤，滴滴、快的、Uber 中国共烧掉了超过 300 亿元人民币，最后只能通过合并的方式和解。去哪儿和携程的价格战，本质上是为了争取旅游业的稀缺资源（机票和酒店资源），这也是去哪儿能后来居上的成功关键。

（3）预期投资收益。旅游业的投资回报一般都是长周期的，前期大量的投入需要数年才能有所回报，因此，为了保证预期的投资收益，就必须达到一定的定价。

（4）企业生存。很多时候产品的定价不是受企业控制的，比如企业间竞争的价格战、国家间的贸易战、相关政策的调整等，都会影响定价，企业为了生存必须跟随市场做出应对和调整。

（二）定价技巧

在网络定价上，可以运用一些心理技巧。例如，通过添加参照物，让两个产品的价格形成鲜明对比，使消费者很容易看出其中一个很划算。比如，景区A的票价90元，景区B的票价60元，景区A和景区B的套票定价100元，如此一来，消费者就会觉得套票非常划算，从而选择套票。

七、促销策略

旅游促销是旅游营销者通过各种媒介将旅游目的地、旅游企业及旅游产品的有关信息传播给潜在购买者，促使其了解、信赖并购买，以达到扩大销售的一种活动。促销的目的是刺激需求，激励消费者购买，建立消费习惯；突出产品特色和竞争力；梳理品牌IP，加强产品的市场定位；提高销售业绩；带动整个旅游产业链的协同发展等。

旅游产品的网络促销方式主要有网络广告、站点推广、销售促进（折扣、赠送等）、关系营销、社交软文、明星代言、网络节目赞助、网红直播、KOL推荐等方式。

在促销策略上，主要有限时限量打折促销、有奖促销、赠送促销、免费资源服务促销、积分促销、会员促销、整合促销等。促销策略的选择与实施是由增加销量、测试市场、加强忠诚度、增加会员数量、提升品牌传播等目的决定的。

八、场景策略

什么是场景营销？举个简单的例子，当你走出地铁口发现正在下大雨，这时有个老奶奶正好在旁边兜售便宜的自动雨伞，你刚好需要就买了一把雨伞继续赶路，这就是场景营销。构成这幅场景营销成功实现交易闭环的，有以下几个因素：场景地点（location based service, LBS）、合适的时间、置身场景里的人、合适的需求、方便交易（移动支付/现金），这几个因素缺一不可。比如，肯德基推出的扫码点餐免排队，本质上就是对其传统的点餐排队场景进行营销，在点餐区、点餐高峰期，为想要快速就餐的人提供手机就能订餐的功能。

而互联网的场景营销还加入了“大数据”这个丰富的元素，互联网场景营销兴起的本质原因在于对流量的再一次变革，线上流量的上升已经达到瓶颈，且获取客户的成本越来越高，线上线下深度融合，互联网营销下沉，大数据下沉是新的流量入口。

互联网场景营销1.0是基于位置的服务（LBS），简单地根据客户的位置，推送相关的营销信息。而互联网场景营销2.0是在LBS的基础上，基于大数据做消费者的需求和行为预测，并结合线下场景，深度融合。场景营销中人的数据主要分为信息数据和行为数据，如图3-6所示。

结合消费者的基本信息数据和在网络上购物、消费所产生的行为数据，可以为客户画像并给予恰当的分类标签，可以在适当的时间和地点对客户的下一次需求进行预测，并通过信息推送系统，建立与消费者之间的联系。这时的广告营销是非常精准的，这也使得广告投放是基于大数据计算的，通过大数据挖掘客户的需求后，在合适的场景就可以进行广告实时竞价（real time bidding, RTB）。

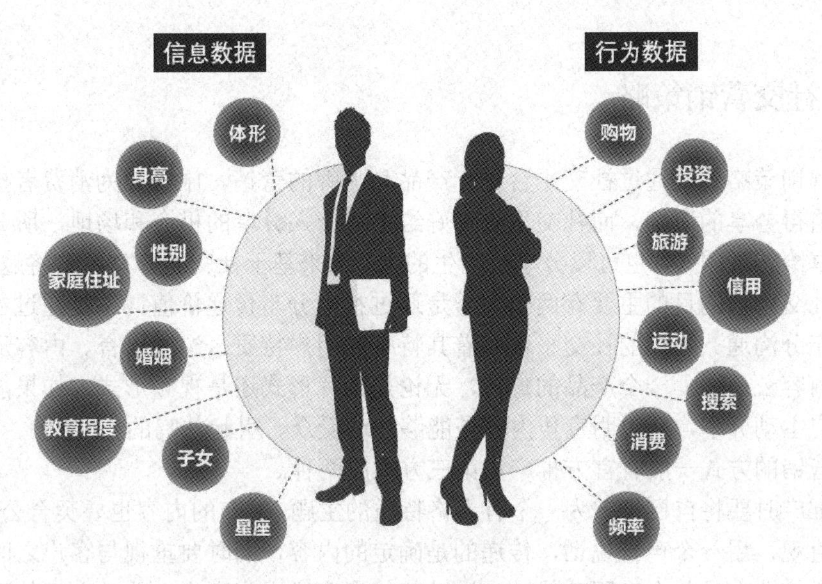

图 3-6 一般用户的信息数据及行为数据

未来，5G 网络的应用普及以及万物互联时代的到来，会带来更多的场景应用和流量入口，基于场景的营销模式将更加丰富。

例如，亚朵酒店对于场景营销就做得非常好，除了考虑到跟客户之间的每一个触点之外，客户在亚朵酒店使用的物品，如枕头、床垫、洗发水都是可以购买的。仅 2016 年，亚朵酒店的床垫共卖了三万张，这是一个很大的销量。亚朵的蓝图是要开到一千家门店，一年要服务几百万名独立用户，未来它很可能会成为一家成功的电商公司。

九、创新策略

互联网的营销策略是跟随技术和流量不断变化的。例如，10 年前的在线外卖还仅仅停留在拨打传单上的电话号码进行预订，10 年后的今天（2019 年）外卖平台已经改变了国人的就餐方式；10 年前移动拿到 3G 牌照，10 年后 5G 开始商用；10 年前网页 banner 广告大行其道，10 年后人们仅靠一部智能手机就能实现说走就走的旅行；10 年前还没有微信、微博，大家都在逛博客和百度贴吧，10 年后最新的、最有质量的内容基本都在知乎、微信公众号和小程序 App 中。

技术的发展改变了人与人之间的沟通方式和信息获取渠道，也在不断地改变互联网的营销方式，从网站的 SEO 到公众号运营再到 KOL 直播等，营销方式的创新从未停止过。创新的动力是技术驱动，创新的方向是流量导向，创新的目标是为了在品牌和不同客户之间建立更好的连接和沟通。

旅游行业的互联网营销创新也要紧紧抓住技术变革的趋势，利用新的互联网流量导向，通过不同目标客群的行为方式，找出适合自己的营销渠道。比如，有些旅游目的地和景区看中了抖音短视频的巨大流量潜力，积极展开合作，依托抖音平台生产匹配的内容，这一策略也让重庆、成都、西安、大理、青海茶卡盐湖、厦门鼓浪屿、稻城亚丁等地在 2018 年赚足了用户的眼球。

十、社交营销策略

社交营销策略就是通过社交平台进行产品和品牌的营销。旅游业为消费者提供的服务本身就是值得分享的事情，而社交平台刚好给了每个人分享的机会和场地，所分享的内容既可以分享给熟悉的人，也可以分享给陌生的人，未来基于社交的分享经济将越来越活跃。

进行社交营销的目的主要有两个：一是通过社交分享传递价值；二是通过社交平台和客户进行充分沟通。不同的社交平台有着其特有的用户特质、沟通语言、内容形式、算法机制以及内容公信力。一个产品的宣传，无论是图片形式还是视频形式，如果能够被社交平台的用户主动分享，就说明宣传内容是能够打动受众、引起共鸣的。

社交营销的方式一般有官方推广和第三方推广两种。

官方推广时要将自己设定为一个有人格特质的主题，发布的内容也要契合公司的使命、愿景和价值观，用一个声音说话，传递的是确定的内容，同时要重视与客户之间的互动沟通，比如微信公众号整合客服功能，通过功能的聚合增强与客户、粉丝之间的互动。如果是微博类的社交平台，也要选择性地回复留言粉丝，让粉丝感受到品牌的温度。对于每一次的推广动作，要全程跟踪并分析传播的效果（阅读量、转发量、点赞数）和粉丝的行为（阅读高峰时段、转发量、点赞数），从而找出客户最关注的兴趣点和与其最恰当的沟通方式。

第三方推广一般借助具有关键影响力的人、网红直播或通过自媒体进行发声，看重的是 KOL 的影响力和追随其后的目标粉丝。第三方推广一般是阶段性的、节点性的，为了配合短期的销售目标和营销活动而展开的，以在社交平台扩大影响。

十一、整合营销策略

罗伯特·劳特朋（Robert F. Lauterborn）教授的整合营销理论的核心思想是将与企业进行市场营销所有相关的一切传播活动一元化，也就是用一个声音说话，进行整合行动推广，这一营销策略非常适合互联网时代和全域旅游时代。互联网的营销渠道多种多样，但是作为一个品牌，对于所有的营销传播都要基于同一品牌调性和价值观说话，这是在传递品牌一致性和价值观统一性。在大力发展全域旅游的今天，旅游目的地旅游产业链的不同行业、不同区域也是被整合在同一个品牌之下的。比如，黑龙江的北国风光，生态吉林、22℃的夏天，皖如仙境、大美安徽，七彩云南，阳光海南等旅游目的地的互联网营销都是整合在同一个大品牌之下的，目的是整合多方吸引物，用一个声音占据旅游者的心智，做的是产业及业态的加法，占据客户心智的品牌传播的减法（收敛、聚焦）。

十二、品牌策略

所有的营销策略最终都是为了建立更好的品牌影响力。找准市场定位，挖掘 IP 资源，精心开发旅游产品，重塑旅游形象，提升旅游服务等一系列动作都是为了塑造好的品牌形象。

营销学大师菲利普·科特勒指出，建立品牌主要有四个步骤：第一是定义目标市场；第二是定位；第三是价值主张；第四是品牌推广。总结起来就是在目标市场里，基于自己的定位和价值主张推广自己的品牌。网络营销的品牌策略就是在自己专有的利基市场里，通过精准的定位和统一的价值观，通过各种线上渠道传递自己的品牌价值。

每个公司都应该重视自己的品牌影响力。英国著名的品牌商业估值咨询公司 Brand Finance 公布的 2019 年《全球最具价值品牌 500 强》报告中指出，京东由于创始人的相关负面新闻，导致其品牌价值较 2018 年下降达 42%，排名也从 2018 年的第 63 位下降到 2019 年的第 151 位，同样陷入品牌危机的还有全球社交巨头 Facebook。互联网时代的任何负面消息都会通过网络放大无数倍，影响力非同一般，对企业的伤害也是不可估量的。青岛的“天价大虾”事件让“好客山东”的品牌形象大大受损，对山东整体的旅游业带来了超过数十亿元的损失。

互联网时代，做好品牌管理和网络营销，是每个企业、每个组织的必修课。

十三、营销策略与关键要素融合

本节所介绍的 12 种旅游网络营销策略，本质逻辑是将菲利普·科特勒的 R-STP-MM-I-C 现代市场营销理论和 CCDVTP 模式与互联网营销的利基市场定位、产品、流量、转化率、场景等关键要素相融合的过程。

R-STP-MM-I-C 现代市场营销理论，是一套指导企业开展市场营销活动的方法论。旅游网络营销策略中的“市场研究策略”“市场细分策略”“心智定位策略”对应了 R-STP（research、segmentation、targeting、positioning）营销组合理论，重点解决的是互联网利基市场的研究和定位，这也决定了后续策略的有效实施。

“产品/服务策略”“渠道策略”“价格策略”“促销策略”对应了 MM（marketing、Mix）营销组合理论，重点解决的是互联网商业模式中的“产品”和“流量”问题，通过营销组合策略占领“产品”和“流量”的网络竞争优势。“场景策略”侧重于执行（implementation）环节，旨在通过营造场景提升网络营销的转化率，然后控制营销过程实现企业价值。

“创新策略”和“社交营销策略”对应了 CCDVTP 营销理论中的创意（create）、沟通（communicate）和传递价值（deliver value），只有旅游业充分抓住网络营销中的创意，充分和客户进行沟通，才能更好地传递品牌价值。

“整合营销策略”既符合互联网时代“用一个声音说话”的品牌传播逻辑，又顺应全域旅游这一大的行业发展趋势，充分做好整合营销能够在消费者心中做到品牌影响力的加法和心智选择的减法，从而占据更高的品牌地位。所有策略实施的最终目标（target）是让企业在获得利润（profit）的同时，提升企业的品牌影响力。

综上所述，旅游网络营销要充分立足于现代营销管理论，抓住互联网商业模式的关键要素，坚持创新、沟通、整合，不断提升自己的品牌影响力。

第四节　网络营销创意

对于网络营销，最核心的部分就是创意，没有创意的营销推广，就是随波逐流，可能会产生一定的效果和流量，但是绝对不会在广告信息大潮中脱颖而出。在大 IP、大企业“马太效应”抢占流量和心智的当下，旅游业作为中小型企业没有资金拼广告投入，创新和创意是唯一的出路，它应在存量市场之外，通过创新开辟新的增量市场，通过创意抢占营销流量。

一、眼光放在增量市场

互联网营销追求流量，包括线上流量的引导，线上线下流量的融合，新流量入口的开发等，都是在不停地追求市场流量。旅游业的知名 IP 和企业与互联网巨头一样，每个都是已有存量市场里面的统治者。迪士尼和环球影城是主题公园存量市场里的超级大佬；携程、去哪儿、同程、艺龙是 OTA 存量市场里的超级大佬；万豪、温德姆、洲际等是高星级酒店存量市场里的超级大佬。在这些存量市场里面，中小型企业想要正面对抗几乎没有活路。好比联想统治了个人计算机市场，其他中小型企业想要在这个存量市场里与之竞争，取胜的机会微乎其微。直到如今，金山的 WPS 都没有撼动过 Microsoft Office 的市场地位。

但是，互联网不是存量的竞争，而是增量的竞争。

在增量市场，即使再大的巨头企业，可能也丝毫无法威胁到一个创业者。要想在增量市场开辟自己的利基市场，就要创新。服务好自己的用户，就不用担心存量市场的巨头。Airbnb 能如此成功，就是因为它开辟的是所有酒店连锁巨头都没有关注过的市场。Airbnb 把一个所有人都认为不靠谱的想法做成功了，而且对存量市场的巨头产生了强烈的冲击。谁都认为把自己家的房间拿出来出租给陌生人是不可思议的事情，但是这个市场目前在全球已经有了超过 500 万间的客房，从 2 万美元起家，短短 10 年，发展到现在估值超过 300 亿美元，已经接近全球最大的酒店集团万豪的市值。

小企业要想生存，只有离开存量市场，进入增量市场，寻找没有大佬甚至用户体验几乎为零的蓝海为消费者创造价值，这是小公司或新公司改变命运的唯一机会。

二、创新和创意的选择

创新（innovation）是改变或创造新的事物、方法、元素、路径、环境等，并获得更有益的效果。创意（creativity）是指创造性的思维和想法。创意偏重思想性，创新偏向技术性。比如，苹果发明了 iPod 和 iPhone，这是对音乐和手机行业的创新；Facebook 开启了网络社交时代，这是对交流方式的创新。移动支付的出现是便捷的创新，外卖平台的出现是对餐饮方式的创新，而微信推出的“摇一摇”“红包”功能就是创意。

对于一个小公司来说，找到一条创新之路很难，如果找到就可能成长为非常大规模的企业，如 Airbnb 对住宿业和 OTA 行业的创新，Twitter 对社交的创新，Uber 对用车的创新。创新虽然很难，但不是不可能。旅游业的创新也有很多，比如民宿行业的兴起，依托微信生态的酒店电商运营，专门为旅游目的地提供服务的客路（Klook）等都是一种服务创新。

创新是为了发现增量市场，去行业巨头没有涉足过的领域开发自己的蓝海，而创意则是每一个企业都要面对的互联网营销问题。内容不死，创意永恒，如酒店游戏化地吸引客人订房等。

很多中小企业主对于互联网营销的效果都不敢苟同，总觉得跟风做了很多网络营销，但是没有达到预期的效果。很多中小企业对于网站页面优化、网站 SEO、百度竞价、微店、裂变式营销增粉、微商城、微信分销等工具和平台都了如指掌，却没有好的效果，本质原因还是没有产出别人想到但未必能做到、别人有钱但未必能买到的创意内容。花钱可以买传播渠道、平台流量甚至可以买粉丝，但是花钱最难买到的是具有创意的营销方案。

任何企业，在“互联网+”的时代要想生存，必须要生产出有创意的内容。所有人都在分析大公司的经典营销案例，但是营销界有句话：“学我者生，似我者死。”

三、互联网营销创意举例

对于旅游业的互联网营销，有很多营销的创意方法可参考，好的创意搭配好的文案和表现形式就会产出好的营销内容。

（一）借史

种种迹象表明，有历史文脉支撑的企业/产品，在营销的过程中更加有内涵。借史可以是借企业所在地的历史文脉，也可以是借企业/产品本身的历史，如刘邦故里、iPhone8 等。微信推出的数据报告，如图 3-7 所示，可展示用户使用该产品的天数，以激起用户的传播欲望。

图 3-7　2018 微信数据报告

对于有些企业的创业历程，在产品开发过程中，一些有趣的创业故事，关键的转折点，对企业有重要影响的人等，都可以作为历史进行挖掘。例如，小米上市发布的 8 周年内部纪录片《一团火》，就是借史进行挖掘的一种营销方法。借史的创意特别适合一些人文景区的营销方案。

（二）借势

借势可以理解为蹭热点、蹭节点。常借的势有节假日、节气、重大事件、体育赛事、纪念日、名人八卦、热播影视剧等。借势讲究天时、地利、人和，在合适的时机、合适的场合进行创作。借势的表现形式有软文、海报、段子、互动活动等，对文案和平面设计的功底要求较高。

（三）借人

借人，一般是指借名人的影响力，以达到自己营销传播的方法。借人可以是借明星代言（主动、费钱），也可以是借鉴宣传，还可以是 KOL 的借势宣传，非常适合酒店类企业的营销策划。

比如，美国的 Shake Shack 快速慢食餐馆，因为 2013 年当时的美国第一夫人米歇尔·奥巴马被拍到在路边吃 Shake Shack 双层芝士汉堡，该品牌就借此机会好好宣传了一次，带来了很好的营销效果，如图 3-8 所示。

图 3-8 Shake Shack 快餐店

（四）拟人与卡通

拟人的营销手法非常常见，比较知名的有美国玛氏公司推出的 M&M’S 豆，通过运用拟人化的手法，用卡通形象给每颗巧克力豆赋予了生命力，如此一来，该品牌就被赋予了人格化的形象，如图 3-9 所示。

图 3-9 M&M’S 豆广告形象

M&M’S 豆曾在微博上与代言人陈奕迅一起互动，借助名人效应，在网络媒体上传播，引发了强烈关注，这是运用了拟人、卡通、借人等多种营销组合的创意。这类创意也非常适合民宿、乡村旅游一类产品的营销方案。

（五）互动

互动，可以是企业和用户之间的互动，也可以是企业和企业之间的互动。比如网易云音乐通过“荣格心理学”的人格分析模型，做了一次与用户之间的营销裂变，对云音乐是一次很好的网络营销推广。这类创意非常适合旅行社、景区一类的营销方案。

企业与企业之间也会产生互动，比如宝马、奔驰之间的宣传互动，杜蕾斯和其他品牌之间的互动等。奔驰曾在宝马 100 周岁的时候送上祝福：“感谢宝马 100 年的竞争，没有宝马的那 30 年，确实有点无聊。”而宝马也做出了回应：“谢谢。君生我未生，我生君已老。”这种温文尔雅的企业之间的互动，也能带来很好的传播效果，如图 3-10 所示。对于旅游企业，如旅行社与酒店相互之间也可以用互动创意的形式策划共同的营销方案。

图 3-10 宝马 100 周岁，奔驰与宝马的营销互动

（六）奖赏

奖赏的营销噱头屡试不爽，正是应了“重赏之下必有勇夫”这句古话，奖励给的高就会引来很多人的关注，如微信、支付宝的春晚红包。支付宝的集五福活动也是通过设置巨额奖金来吸引广大用户的关注和参与，是奖赏和互动的创意结合。饭店和旅行社企业都可以用奖赏创意开展营销。

曾经各大楼盘经常用的营销手段就是通过发布“爱犬寻物启事”，承诺如果寻得爱犬愿意用“×××楼盘”的一套房子作为报酬，这往往在全城范围内引起不小的轰动。

（七）对比

做对比是一个很好的能够突出自己产品优势的方法，好的东西往往是不怕比的。亚马逊在 2014 年做了一个对比的创意广告，如图 3-11 所示。亚马逊做了一个巨大的书柜，宽 2.8 米，长 25.6 米，书柜中密密麻麻地堆放着二千余本在亚马逊官网上可购买到的畅销书籍，然后配上文案：“想把这里的书全部带走，享受阅读随时随地？一部 Kindle paperwhite 就够了！”夸张的对比效果，让 Kindle 可以随时随地阅读海量书籍的卖点深入人心。景区、乡村游中可用对比的方法来突出自己的环境生态优势，以达到较好的营销效果。

图 3-11　亚马逊在上海静安寺地铁站的广告

（八）第一

虽然《中华人民共和国广告法》对于很多极限词的使用进行了限制，但是对于“第一”一词的使用并没有禁止，而是要求给出实际的理论支撑。因此，很多企业就会通过创造“第一”的方式，来达到自己营销的目的。

比如 2018 年 10 月 9—11 日，黑龙江举办“2018 中国 · 黑龙江首届国际大米节”，如图 3-12 所示。该活动通过第一次举办盛会的形式，以达到营销的目的。与之类似的还有很多创造性的节事营销。

图 3-12　2018 中国 · 黑龙江首届国际大米节

此外，对于行业内的真正业绩或规模第一名，是值得也是必须宣传的。有些时候也可以按时间段进行拆分，或者通过增加细分标语的方式创造第一，比如“××市第三季度高星级酒店销量第一名”。

（九）共鸣

营销最好的效果是能够引起客户内心深处的共鸣，让客户不自觉地因为某场营销活动调动情绪，并主动转发。网易云音乐的地铁宣传就是这方面比较好的例子。2017 年 3 月，网易云音乐在杭州地铁的车厢里做了一场“看见音乐的力量”的宣传活动，如图 3-13 所示。通过精心挑选云音乐歌曲下方的网友评论留言出来，然后印在地铁车厢中，从而实现了和用户情感之间的直连，一夜之间刷爆了网络。

图 3-13　网易云音乐 杭州地铁乐评营销

旅游网络营销经过一定的创意策划，最后就要付诸行动，即选择一定的方法实施具体的营销方案。这些方法主要包括社交网络营销、自媒体营销、即时通信营销、网络视频营销、搜索引擎营销、人本营销、博客营销、小程序 App 营销、大数据互动营销等，再结合网络舆情检测技术、人工智能技术、搜索引擎优化技术、客户画像技术等，可以不断地提升旅游企业的网络营销效果，为企业源源不断地创造收益。限于篇幅这些具体的网络营销方法和技术在这里就不展开了，有兴趣的读者可以参考其他相关书籍。

课后案例分析：开元酒店的信息化与电子商务发展理念

本 章 小 结

旅游业的网络营销起步于 1996 年，即互联网出现以后的两年，由此开始了旅游电子商务的发展。在互联网深入应用的今天，旅游企业的营销基本都以网络营销为主、传统营销为辅，这成为旅游业营销的主要形式。作为中小型旅游企业，真正能做好网络营销的并不多，不管是财力方面还是人才方面，都无法与大型旅游企业相竞争，因此我国总体旅游业的网络营销还处于初级阶段。根据我国旅游业网络营销的实际情况，本章围绕管理学的营销理论发展，在介绍网络营销基础概念的基础上，重点对旅游业网络营销的策略展开讨论，希望通过对网络营销策略重要性的分析，认识到在旅游业开展网络营销可以少花钱达到小企业翻身做大的可能，还介绍了网络营销的核心是创意，而不是资金实力，希望通过创意变成创新的具体行动，来达到旅游企业通过网络营销做大市场的效果，最后对互联网营销创意举了几个常规例子。

拓展知识

社区营销	微博营销	直播营销
即时营销	视频营销	自媒体营销
口碑营销	人本营销	事件营销
关键意见领袖（KOL）	MM 营销组合理论	旅游 IP
心理价格技巧	搜索关键词	流量截取
整合营销传播	客户画像	推荐式营销

思考题

1．试解释什么是 4P 营销理论？它的基本点是什么？
2．试解释什么是 4C 营销理论？它的基本点是什么？
3．试解释什么是 4R 营销理论？它对互联网营销有哪些影响？
4．什么是网络营销？旅游的网络营销主要基于什么营销理论？
5．4C 营销理论是哪个营销专家首先提出的？
6．4R 营销理论是哪个营销专家首先提出的？
7．什么是营销 4.0？它由哪些基本要素组成？
8．什么是营销的 4A 模型理论？从 4A 到 5A 体现了什么营销理论？
9．什么是网络品牌？如何创建旅游的网络品牌？
10．什么是长尾理论？长尾理论在旅游业中有哪些应用？
11．什么是转化率？作为旅游业中的网络营销，如何提高转化率？试举例说明。
12．什么是网络营销的市场细分策略？旅游企业应该怎样实施市场细分？
13．什么是网络营销的渠道策略？企业应依据什么选择网络营销渠道？
14．什么是网络营销的价格策略？请以酒店网络营销的价格策略进行说明。
15．什么是网络营销的场景营销策略？试举例说明。
16．什么是网络营销的社交营销策略？目前社交营销有哪些实用的方法？

17．为什么说网络营销的核心是创意？如何才能把创意变成创新的行动？

18．请叙述旅游电子商务开展过程中网络营销的重要性。

19．作为旅游服务企业，在整合营销过程中，应如何把服务与营销整合在一起？

参考文献

[1] 克里斯·库珀，约翰·弗莱彻，大卫·吉尔伯特，等．旅游学：原理与实践[M]．张俐俐，蔡利平，等，译．北京：高等教育出版社，2004.

[2] 陈志辉，陈小春．旅游信息学[M]．北京：中国旅游出版社，2003.

[3] 王谦．旅游管理信息系统[M]．重庆：重庆大学出版社，2006.

[4] 杜文才．旅游电子商务[M]．北京：清华大学出版社，2006.

第四章　饭店电子商务

开篇案例

技术新平台，科技为酒店行业赋能

2019 年，绿云科技数据事业部总经理石杰受邀参加 ITB China 论坛，围绕当前酒店电子商务发展中的问题发表了“技术新平台酒店新动力——科技为酒店行业赋能”的主题演讲，核心内容包括 C 端突围、B 端赋能、G 端连接。

C 端突围——共享共生，突出重围

酒店电商，在 C 端基于移动网络的小平台建设是关键。绿云科技可以提供哪些小平台？

1. 搭建酒店预订平台

经常有 walk in 客户到了前台却还是能通过 OTA 预订获得更好的价格，在酒店直接预订反而没有价格优势，因此搭建酒店自己的拥有差异化产品和更优价格的预订小平台是非常必要的，目的是方便散客。

2. 搭建在线会员平台

专业的会员系统非常昂贵且无法做到很好地与客户实时互动分享酒店信息，绿云线上线下一体化的会员系统让酒店用得起又有好的效果，以方便会员客户。

3. 搭建在线营销平台

做酒店自己的产品、服务、团购、促销等营销推广活动，让潜在客户成为自己的粉丝，形成品牌黏性，目的是针对潜在客户。

4. 搭建差旅策略平台

为客户提供不同的住宿、旅游、出行、购物等服务产品搭配，更新酒店周边的吃、住、行信息，旨在让客户旅途愉快，以方便差旅客户。

5. 搭建在线客服平台

解决客服响应不及时的问题。

B 端赋能——物信融合，赋能酒店

绿云电商全线产品：

提供酒店集团完整的解决方案，包括集团管理系统、酒店管理系统、移动智能系统、财务/人力资源/供应链等系统、系统集成等，提供完整的酒店集团电商平台并可提供代运营服务。

提供服务互联平台：帮助酒店直连渠道，连接各种支付和服务，也可支持酒店间资源交换和跨界资源组合，为盘活酒店闲置资源和创新产品提供系统支撑。

G 端连接——整合资源，共建生态

内部连接 UIC/UPG 帮助酒店业接入更多本地化设备和服务。

渠道连接：

面向酒店业的 B2B 交易和服务平台，将众多的旅游行业 B 端业务平台与酒店内部运营管理系统链接起来，形成一条行业期待的“信息高速公路”，为酒店的市场营销、客户体验和产品迭代提供互联互通的技术支撑，也为酒店业未来的完全电子商务提供最新的技术支持。

酒店电子商务开展中面临的最大困难就是各种客人的个性化服务，由此很难实现真正意义上的完全电子商务。绿云提供的技术小平台与连接方案，为酒店解决了这些难题，提供的小平台不但为酒店电子商务赋能，也为各类消费者提供了贴心的便捷服务，为未来酒店完全的电子商务提供了有效的解决方案，受到酒店和消费者的喜爱。

（本案例资料由绿云科技提供）

本章将围绕饭店企业，系统地介绍饭店电子商务的概念及相关内容，如饭店业的信息通信技术应用、饭店信息化管理、饭店数字化管理的概念及内容，以及饭店电子商务应用与架构。

第一节　饭店业的信息通信技术应用

饭店开展电子商务，信息通信技术应用是基础。所谓饭店电子商务，是指利用信息通信技术，实现饭店销售、营销、服务与管理所有活动过程的电子化，即饭店商务活动各个环节的电子化。广义的饭店电子商务，包括饭店所有的经营业务和管理业务。在互联网应用普及阶段，简单地理解饭店电子商务就是“互联网+饭店业务”。由于各饭店电子商务主业务的侧重点不同，开展饭店电子商务就有很多种不同类型的系统应用，这就意味着饭店有很多种信息通信技术应用的支持。在现阶段，有以移动互联网技术为基础的系统应用，也有以物联网技术为基础的系统应用，还有以大数据技术为基础的系统应用，以及以人工智能和区块链技术为基础的系统应用。在开展电子商务的系统化建设以前，饭店首先应有良好的信息通信技术应用基础。

信息通信技术发展已为饭店行业带来了前所未有的发展机遇和挑战，它帮助饭店走向全球化并开展电子商务，面对全世界的客户进行宣传和促销，但同时也带给饭店更加激烈和瞬息万变的竞争环境。如何利用快速发展的信息通信技术来帮助自己发展，尤其是利用数据技术创造可持续的竞争优势，是当今饭店面临的一个很重要的课题。

一、信息通信技术的作用

随着网络应用技术的普及和人们经济水平的不断提高，尤其是移动互联网的应用，客户对饭店服务质量的要求也越来越高，他们希望饭店能提供便利、快捷和个性化的服务。在经济全球化的大趋势下，饭店面临着全球市场越来越激烈而残酷的竞争，国际大品牌的连锁饭店大举进入我国，如雅高集团、香格里拉集团、希尔顿集团、万豪集团、凯悦集团等，残酷的竞争加剧了信息通信技术在饭店行业的广泛应用和迅速发展。信息通信技术能为饭店带来创新的突破口，提供战略发展机会；与合作伙伴建立联系，提高饭店的经营效益；提高顾客满意度，创建竞争优势；支持饭店面向国际化服务，走向全球市场。具体来说，信息通信技术对饭店行业主要有以下几个方面的作用。

（一）利用信息，实现辅助经营决策

饭店业是服务性很强的旅游企业，要在激烈的市场竞争中生存与发展，就必须提升服务质量，通过对饭店内外部信息的采集、整理与筛选，得到有价值的信息，从而提高服务效率，同时作为经营决策的依据，如饭店人员可以通过网站、信息系统、电子分销等渠道，利用分析、调查、访谈等手段大量收集原始信息。必须要注意的是，首先，在收集信息的过程中要根据具体情况选用合适的方式以尽可能地确保信息的准确、可靠；其次，饭店人员可以利用旅游管理信息系统，通过智能化的信息处理流程对获得的信息进行深加工，筛选出其中有价值的信息；最后，将这些信息及时地送到真正需要它们的工作人员那里，并充分而正确地使用它们，为辅助经营管理决策所用，从而为饭店创造价值。

饭店收集和处理信息的主要方式包括以下几种。

- 利用传统媒体和互联网收集信息。
- 利用信息网站或分销渠道收集信息。
- 利用信息系统分类和处理信息。
- 利用移动网络和云服务收集信息。
- 利用自建平台和云端平台处理信息。
- 利用移动端小前台收集和处理信息。

（二）利用网络，实现营销电子化

电子化营销即网络营销，信息通信技术的主要作用就是帮助饭店开展电子化营销，如通过网站、电子分销系统、全球分销系统、互联网搜索引擎等开展全方位的网络营销。电子化的营销可以帮助饭店实现关系营销、个性化营销或一对一营销，即饭店可以与某个细分客户群体建立联系，为他们量身定制各种服务，甚至可以与每一位客户建立起一种长期的关系，通过沟通了解他的个性化需求，并为其提供一对一的个性化服务。

网络营销是一种借助信息通信技术和多媒体技术来实现目标的营销方式，它能够使饭店的营销活动跨越时空，提高营销效率，并可节约营销成本，同时还能很好地迎合目前旅游市场逐步散客化的变化趋势（自助游）。互联网是饭店开展网络营销的主要平台，目前饭店业采用的网络营销方式主要有电子邮件营销、网络广告营销、客户关系营销、移动短信营销、搜索引擎营销以及病毒型营销（通过人与人之间传递信息来进行销售，也称为口口相传的营销模式）等。

利用网络开展营销，饭店可以达到以下几个方面的经营目的。

- 吸引国际游客并可加盟国际预订系统，建立国际客户资料库。
- 为游客设计个性化的服务组合，充分整合当地其他旅游服务资源，实现打包服务。
- 利用社交的即时通信方式，维持与长期客户和忠诚客户关系，实行差异化服务。

- 有利于在线深入分析客户的需求，挖掘潜在客户。
- 与其他饭店结成营销联盟或建立互动式的战略伙伴关系，如建立饭店联盟预订系统、分时度假联盟等。
- 扩大营销的受众面，不受时间和地点限制地提供信息服务。
- 有利于开展移动电子商务，实现全面的即时商务电子化。

（三）利用信息系统，实现业务管理流程电子化

信息系统是饭店主要的信息通信技术应用，通过信息系统应用可以优化饭店的业务流程。饭店目前的接待流程、排房流程、结账流程、客房服务流程、餐饮服务流程、财务管理流程等都可利用信息系统来处理，避免了手工操作的过程烦琐、效率低下和错误率高等问题，也减轻了员工的工作负担。同时，信息系统方便了客户的一次性结账，减少了客户的等待时间，提升了对客服务水平。因此，信息系统不但改善了饭店的业务流程，也提高了管理效率，有助于饭店员工对工作实施有效的控制，改善饭店的产品与服务质量，提高服务与管理效率。

从经营管理的角度，饭店业务流程电子化主要表现在以下几方面。

- 预订管理流程的电子化：订单、确认、统计表单等。
- 登记流程的电子化：客人登记、开房、启动空调、账单等。
- 客房管理流程的电子化：房间打扫、消耗品、迷你吧、客房设备等。
- 消费流程的电子化：记账、转账、联系单等。
- 结账流程的电子化：部分转账、记账、冲账、销账、结账等。
- AR 账务的电子化：记账、佣金结算、清算、转账等。
- 设备管理流程的电子化：计划润滑、计划维修、报修、账单等。
- 餐饮服务流程的电子化：点菜、加菜、配菜、结账等。
- 采购流程的电子化：计划、申请、验货、结账、付款等。

目前，饭店信息系统的功能还在不断完善，这对饭店业务流程提出了更高的要求，因而提出了对饭店业务流程进行重组的要求，如预订业务流程的重组、销售业务流程的重组、营销业务流程的重组等，这些重组主要考虑了网络业务，有利于未来饭店电子商务的开展。

（四）利用网站，实现服务窗口流程的电子化

服务是饭店永恒的话题，高质量的服务是饭店立足和不断发展的基础。在信息化时代，饭店服务增加了新的内涵，即需要完善的信息服务。饭店的信息网站，可以提供完善的信息服务并实现服务流程的电子化，这也是饭店吸引并使客户满意的主要窗口。新型的商务网站，不但是饭店服务的窗口，更是服务的延伸，它能帮助饭店实现服务流程的电子化，实现敏捷服务，提高服务质量，为客户提供更温馨的服务。在饭店经营过程中，服务流程电子化主要体现在售前、售中和售后三个环节。

1．售前服务

售前服务指的是饭店在客户入住前提供给客户的包括咨询、预订等内容的信息服务。饭店通过网站或搜索引擎等其他一些电子手段向目标客户提供详细的饭店产品和服务信息，让客户可以不花费任何费用就能了解饭店的基本情况，同时得到他所感兴趣的相关信息。

饭店网站图文并茂地向客户展示饭店的产品和服务信息，不但能够让客户了解到最新、最全的饭店信息，而且能让他们方便地检索到自己感兴趣的产品信息。通过网站或者小程序 App，饭店能为潜在客户提供咨询服务，为常客提供新产品信息。通过与客户进行沟通和互动，快速响应客户咨询，解答客户疑问，提升饭店的服务形象。此外，饭店还可以通过网站、App 预订系统、全球分销系统等开展预订服务，满足客户以最方便、快捷和低成本的方式预订包括客房、餐饮、会议、娱乐等在内的饭店产品和服务的需求。

2. 售中服务

售中服务是指饭店在客户住店期间向客户所提供的服务。它是饭店所提供的最重要的对客服务。饭店可以通过内部信息系统、网站、大堂触摸屏、二维码等多种方式为入住的客人提供信息服务，使他们能享受饭店及时、完善的信息互动服务。

客户进入饭店后，需要的服务包括自动登记服务、客房送餐服务、上网服务、环境查询服务、商务处理服务等，这些都可以实现电子化。电子化的售中服务不但可以减少客户的等待时间，还可以获取个性化的服务。在住店期间，客户可以用自助的方式，通过饭店内的信息设备查询所需要的各种信息，包括周边旅游交通信息、天气预报信息、自己的消费账户信息等。另外，引入信息系统的饭店客房能为客户带来全方位的电子化应急、安全和结算服务，如客房内的迷你吧系统能够实现客房消费的自动输入和结算，能使客人方便地查询自己的消费信息，随时了解自己的消费情况，并且还能简化客人的退房结账过程。

3. 售后服务

售后服务是客户关系维系中的主要环节。售后服务是指在客户离店之后，饭店通过各种方式与客户保持联系，以了解他们的消费感受和消费动向。售后服务是完整的饭店对客服务过程中不可缺少的组成部分，饭店对此应予以充分重视。客户离店后，饭店需要主动与客户联系，以了解客户在住店期间的感受以及是否需要其他服务，这些可以通过手机或网站互动等方式来实现。

饭店售后服务的主要对象是大客户、重点客户和近期有消费潜力的客户，它能提高客户对饭店的满意度，帮助饭店树立良好的品牌形象。售后服务的主要作用就是提供一个能让客户与客户之间、客户与饭店之间进行及时沟通与交流的平台，这将有利于饭店不断地改进其产品与服务。饭店可以利用电子邮件向客户发送促销信息，通过网络社区让客户畅谈对服务的感受和评价，以及利用网络或者手机进行售后跟踪服务，及时获得反馈信息，所有这些方式的售后服务都将有利于饭店提升形象，并进一步实现个性化的对客服务。例如，开元旅业集团的金卡会员，可以享受开元网站的互动服务，可以查询到其他客户看不到的信息，增加客户的价值感，饭店营销人员可以随时与金卡会员取得联系。

二、信息通信技术的应用概况

信息通信技术的发展依赖于企业应用需求的增长。从 20 世纪 70 年代初期的萌芽阶段发展至今，信息通信技术正在不断发展成熟，功能越来越强大与完善，同时也越来越能满足饭店的应用需求。目前，应用于饭店的信息通信技术主要是基于网络的信息系统，这些信息系统大多应用于饭店经营的前台管理和后台管理，以及饭店合作伙伴之间的业务协作，并帮助饭店实现电子商务，如饭店可以通过网络销售客房、与客户在线沟通，这不但实现了饭店与客户之间的在线联系，也实现了饭店与合作伙伴之间的在线联系。

如今，国际知名品牌的饭店在应用信息通信技术方面已非常成熟，拥有完善的支持品牌发展的信息系统；国内饭店尽管在应用信息通信技术方面还与国际水平存在一定的差距，但在过去的二十多年里也取得了长足的进步，初步形成了满足国内饭店需求的信息技术系统体系，而且市场上已经涌现出不少优秀的国产饭店应用软件，尤其是基于人工智能的系统应用。下面介绍信息通信技术在饭店业应用的发展概况。

（一）饭店业信息通信技术应用概况

饭店业信息通信技术的应用起步于 20 世纪 70 年代初期，主要应用于饭店产品的预订和排房，后来逐步应用于账务和财务方面。信息通信技术首先应用于管理方面，然后逐步应用于对客服务方面。我国饭店业起步较晚，饭店信息通信技术的应用开始于 20 世纪 80 年代初期，比国外整整晚了 10 年，其应用也主要是对饭店客房产品的预订、排房和接待管理，然后逐步应用于饭店的后台管理和对客服务环节。

1. 国外应用概况

下面以相关年份为序简要说明国外饭店业应用信息通信技术的概况，从 20 世纪 70 年代开始。

（1）20 世纪 70 年代初期，计算机开始用于预订、排房等业务管理。

（2）20 世纪 80 年代初期，形成系统的饭店管理软件，核心技术为数据库管理系统。

（3）20 世纪 90 年代初期，形成完善的、系列化的、能支持多种平台的饭店管理软件。

（4）20 世纪 90 年代末期，开始出现基于 Web 技术的饭店管理软件。

（5）2008 年，提出用 SaaS 模式构建饭店信息系统的设想。

（6）2012 年后，云系统、云服务开始全面应用。

2. 国内应用概况

下面也以应用的相关年份为序简要说明国内饭店业应用信息通信技术的概况，从 20 世纪 80 年代开始。

（1）1982 年，出现了第一套饭店管理软件（杭州）。

（2）20 世纪 80 年代中期，主要是 DOS 型的饭店管理软件，部分饭店开始应用国产软件。

（3）20 世纪 90 年代初期，国产软件趋于成熟，出现国内软件和国外软件并存的局面。

（4）20 世纪 90 年代末期，基于 Windows 型的软件成熟，开始设计基于 Web 技术的软件，境外管理的饭店开始选用国产软件。

（5）21 世纪初期，国内软件开始应用于饭店集团和连锁饭店。

（6）2010 年，国内软件供应商开始提出用 SaaS 模式架构饭店信息系统，饭店管理软件开始走出国门。

（7）2013 年，出现基于移动互联网和云计算的饭店平台化软件，使饭店管理、服务、营销实现一体化整合。云系统、云服务开始在饭店业应用。

（二）饭店业信息通信技术应用范围

目前，信息通信技术在饭店业的应用涉及前台和后台的所有部门，计算机已成为各部门重要的信息处理工具，特别是在业务数据处理领域。电子商务系统已经成为饭店现代科学管理的重要工具，它们往往具有很强的先进性和很高的智能性，极大地提高了饭店信息数据处理的及时性和精确性，提高了饭店管理工作的效率与质量，是饭店经营中不可缺少的现代信息技术系统。自网络普及以后，尤其是移动互联网的应用，使饭店信息通信技术的应用出现了蓬勃生机，移动服务和移动软件已成为饭店应用的主流。目前，信息通信技术在饭店业中的应用主要表现在以下几方面。

1. 信息系统的应用

饭店信息系统的应用主要包括以下几个方面。

- 饭店综合管理信息系统（含前台系统、后台系统和办公自动化系统）。
- 计算机预订系统（包括各种类型的CRS，并含市场营销）。
- 饭店客户关系管理系统（包括会员管理系统、CRM系统等）。
- 饭店信息服务系统（包括信息网站和移动App）。
- 饭店财务管理软件和中央结算系统。
- 客房计算机保险系统、客房节能控制系统。
- 计算机娱乐管理系统。
- 饭店收益管理系统。
- 人力资源管理系统。
- 饭店自媒体营销系统。

2. 其他信息通信技术的应用

饭店业除了信息系统的信息通信技术应用以外，还包括其他一些应用。

- 饭店安全保卫的监控系统。
- 饭店广播和视频系统。
- 饭店电子门锁系统。
- 饭店触摸屏查询系统。
- 饭店电子屏系统。
- 饭店智能建筑控制系统。

信息通信技术在饭店业中的应用已深入饭店的客房、餐饮和娱乐等各个管理部门，也应用到与经营相关的各种自动控制系统中，但在我国饭店业，其发展大多还只是停留在战术层面上的应用，在更高层次的战略层面上的信息通信技术应用才刚刚开始。饭店的战略层面的信息通信技术应用，才是体现竞争优势的创新举措。

（三）饭店应用的主要信息通信技术

近年来，围绕数字化建设，饭店电子商务应用的主要信息通信技术包括以下几个方面。

1. 虚拟现实技术

虚拟现实（virtual reality, VR）技术是一种利用图形和计算机技术实现的仿真系统，它可以让用户仿佛身临其境地沉浸在一个人为虚构的场景中。饭店的商品和服务具有无形性特点，无法像普通商品一样流通到消费者面前。虚拟现实技术可以让用户虽身在异地，又如同在现场般地体验饭店的产品。把现实场景搬到互联网上进行全方位展示，对饭店的销售工作有着极大的帮助。

2. 增强现实技术

增强现实（augmented reality, AR）技术与虚拟现实技术不同，这种技术是在智能设备上，把虚拟世界展现在现实世界并与用户进行互动的一种技术。VR 技术更加侧重于让用户沉浸在一个完全虚拟的世界，而 AR 技术则把虚拟世界带入用户的真实世界中。星巴克是应用 AR 技术比较早的企业之一，早在 2011 年，星巴克为其圣诞节纸杯配套开发了手机 AR 应用程序。在该程序中，当手机镜头朝向星巴克圣诞节纸杯，屏幕上会出现各种可以互动的动态卡通人物。星巴克和阿里巴巴也开展了部分 AR 方面的合作，在一部分星巴克的店面通过支付宝扫描，即可出现咖啡豆的烘焙、咖啡的制作流程等服务体验。

3. 人工智能技术

人工智能（artificial intelligence, AI）技术是研究、开发用于模拟、延伸和扩展人的智能的理论、方法、技术及应用系统的一门新的技术科学，实现某些脑力劳动自动化的技术基础。人工智能领域包括智能机器人、语言识别、图像识别、自然语言处理和专家系统等。饭店人工智能技术主要应用于智能机器人，服务领域包括迎宾、入住、运送物品、安防巡逻、餐厅服务、清洁服务等。

4. 大数据技术

随着饭店的不断经营发展，结构化、半结构化以及非结构化的数据为大数据分析提供了基础，通过数据积累与分析实现大数据挖掘，因此，大数据技术能够让饭店的 PMS 系统的数据创造新的价值。例如，美国的红屋顶酒店（Red Roof Inn）曾经就利用天气情况和航班取消率的大数据，针对可能会受天气影响的地区的移动设备用户进行了有针对性的营销活动，大获成功。

5. 物联网技术

物联网技术（the internet of things, IOT）实现的是物与物、人与物之间的信息传递与控制。通过物联网技术，饭店的系统可以通过传感设备，自动调节客房温度，减少能源消耗，提高对客服务体验。例如，喜达屋酒店度假村通过检测进入房间的自然光的多少，自动调节 LED 照明，既节省了能耗，又提高了客户的服务体验。

6. 5G 技术

5G 技术，全称为第五代移动通信技术。5G 的数据传输效率要远远高于之前的通信系统，同时 5G 延时的响应时间低于 1 毫秒。5G 网络的诞生，为饭店行业突破原有的业务模式提供了无限可能。2019 年 4 月，广东深圳华侨城洲际大酒店、深圳电信、华为联合启动全球首个 5G 智慧酒店建设项目，通过 5G 系统，可以远程控制房间的温度和湿度、体验 VR 游戏，实现云游戏、云办公、VR 直播、全息互动等。

第二节　饭店电子商务的基础——饭店信息化管理

当今社会，信息化已成为饭店增强核心竞争力，在激烈的市场竞争中谋求发展的重要手段。其中，信息化管理是饭店开展电子商务的基础，饭店信息化管理不但能提高饭店的经营管理效率和效益，而且是电子商务中减少信息孤岛的重要手段，有利于电子商务流程的即时处理。多年的实践表明，饭店信息化管理是指饭店企业在其制定的信息战略的指导下，采用先进的管理理念，通过信息通信技术对饭店企业信息资源进行深度开发、综合分析和广泛利用，从而形成高效率的集成化信息系统，实现对饭店各部门管理过程的改善。信息化管理可以帮助饭店管理者对宏观环境和微观环境进行分析和预测，从而有针对性地制定商务管理决策，提高商务处理的效率，有利于饭店全面开展电子商务。

一、饭店信息化管理的主要特征

信息化管理是一个渐进式的过程，它需要不断地投入、不断地改进、不断地深化。一般来说，信息化管理程度高的饭店拥有完整的信息系统，而且拥有移动通信网络以便与饭店内外部的人员进行沟通，以及采用全球电子分销系统开展全球化的营销和分销，并能实时地与关系客户或重要客户进行沟通和交流。在现阶段，衡量一个饭店的管理是否信息化，可以用以下几个特征来衡量或做参考。

- 新型的组织管理机构。
- 经营办公无纸化。
- 工作环境网络化。
- 信息资源化。
- 营销电子化和网络化。
- 客户互动虚拟化。

一个现代饭店的管理架构应该体现信息通信技术的应用，拥有负责信息通信技术应用和开展电子商务管理的专门部门，而且日常的办公管理信息都应通过网络来流转，实现办公信息的网络化。在饭店经营方面，应实现所有信息资源化管理，由专门的信息系统来管理，以实现对信息资源的收集、分类、整合、废除等系统化管理。在营销方面，应以网络营销为主，通过自己的网站或综合性的门户网站开展网络营销。对客户的管理，应通过网站或移动网络实现虚拟化的互动，实现在线维系客户关系，随时关心客户的偏好，培养稳定的忠诚客户群体。

二、饭店信息化管理的交叉功能

饭店信息化管理依托各种类型的信息系统，其中包括前台信息系统、后台信息系统、客户关系管理系统、收益管理系统、电子采购系统和合作伙伴关系的协作型信息系统等，这些信息系统整合在一起构成集成系统。因此，集成系统必定存在各种交叉功能，而这些交叉功能是建立在饭店信息资源库和内部业务流程整合的基础上，有助于减少饭店中信息孤岛的存在，有利于处理饭店客户、员工、合作伙伴以及供应商之间的数据关系，也有利于电子商务的开展。饭店集成系统的交叉功能如图 4-1 所示。

（一）业务管理

良好的业务管理与操作是饭店实现其他功能的前提与基础。饭店的业务主要包括预订、接待、客房、餐饮、账务、人力资源和工程设备等方面，业务操作需要客户的业务数据或者供应商的业务数据，这些数据大多能通过内部网和内部的管理信息系统来获得，如前台信息系统、后台信息系统、客户关系管理系统等。信息化管理使得饭店内所有服务流程基本实现电子化，能够为客户提供全方位的便捷化与个性化服务。内部网和内部信息系统不仅能够加快饭店内部信息的流动，提高员工的工作效率，而且能够从根本上创造竞争优势，提升饭店的形象。

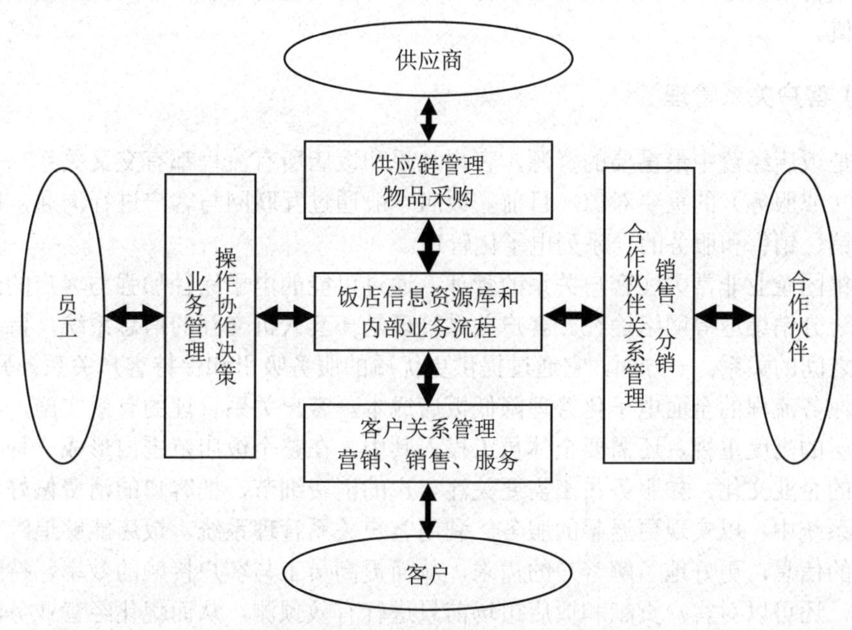

图 4-1　饭店集成系统的交叉功能

（二）合作伙伴关系管理

饭店的合作伙伴可以是同行业中的其他饭店，也可以是其他相关行业中的企业，如旅行社、景区景点等。通过协作型的信息系统可以实现合作伙伴关系的业务管理，能够实现合作伙伴之间的业务数据传输、资料共享与信息沟通。这些数据交换主要通过外部网和基于互联网的企业间的信息系统来实现，即和饭店内部信息系统进行数据交换。一般企业间的信息系统是基于互联网的信息系统，也有基于虚拟专用网的信息系统。

通过合作伙伴关系管理，饭店能够更加有效地管理与饭店合作伙伴之间的关系，从而创造合作联盟的竞争优势。饭店可以直接通过外部网或者互联网与外部合作伙伴建立连接，如果饭店想要和它的合作伙伴建立更为密切的联系，则可以使用虚拟专用网，用虚拟专用网建立起来的连接不但能够保证数据传输的安全性，而且成本也不高。

（三）供应链管理

物资供应与采购是饭店管理中的重要内容，存在与财务部门、餐饮部门和客房部门等管理的交叉。饭店每天进行大量的采购活动，采购依据来自财务计划和相关部门的计划，高效的采购通过建立外部网的方式与饭店用品供应商构建协作关系，实现在线采购，这些也是通过企业间的信息系统来实现。

饭店供应链管理（supply chain management, SCM）的电子化，最早由南京金陵集团开发建设，并于 2005 年交付使用。它是以饭店采购为中心，运用一系列管理技术与方法将客户、供应商、分销商、服务商整合在一起，以实现电子化的采购流程，并且确保资源的最优化配置。供应链管理突破了传统管理以及饭店内部采购流程的局限性，把饭店供应链上的各个节点无缝整合在一起，形成了一个不可分割的有机整体。饭店通过信息通信技术实施供应链管理，能够以最低的成本建立最广泛的采购网络，确保饭店能有效地控制采购成本、保证原材料质量，以及防范采购中各个环节可能出现的漏洞，并为供应链中的所有成员创造价值。

（四）客户关系管理

客户是饭店经营中最重要的资源，客户几乎和饭店所有流程都有交叉关系，是饭店信息化管理（或服务）的重要对象。目前，饭店一般通过互联网与客户进行沟通，以实现对客户的营销、销售和服务的一系列电子化管理。

饭店集团企业非常关注客户关系的管理，通过可能的电子途径加强与客户的沟通，如社交平台、分销渠道等网络途径。客户关系管理是一套人机交互的信息系统，旨在改善企业与客户之间的关系。一方面，它通过提供更优质的服务吸引和保持客户关系；另一方面，它通过对业务流程的全面电子化管理降低饭店成本。客户关系管理的有效实施，不但需要饭店领导层的高度重视，还需要全体员工投入其中，在整个饭店范围内形成一种“以客户为中心”的企业文化，如服务员工需要关注客户的消费细节，把客户的消费偏好尽可能地输入信息系统中，以实现更温馨的服务。利用客户关系管理系统，饭店能够追踪和分析每一个客户的信息，更好地了解客户的需求，从而提高员工与客户接触的效率，持续改进产品和服务，还可以对客户贡献和饭店市场前景进行有效预测，从而优化经营业务流程和产品，提升客户服务价值。由此可见，在信息通信技术的支持下，客户关系管理是饭店提高顾客满意度、维系良好客户关系、增强顾客忠诚感、保持持续竞争优势的关键途径。

饭店信息化管理是一个逐步提升的过程，涉及饭店管理的方方面面，是饭店开展电子商务的主体，包含饭店内部电子商务与外部实体企业的电子商务。需要强调的是，电子商务要求的信息化管理涉及饭店的各个业务流程，尤其是饭店内部的一些业务流程，它们存在于不同的信息系统中，这些信息系统的整合实现了交叉管理的需求。

三、饭店信息化管理的主要系统

饭店信息化管理是由各种不同类型的信息系统来实现的，这些信息系统刚开始应用时无法实现交叉功能，因而饭店开展电子商务存在数据交换的问题。随着电子商务的深入开展，饭店逐步开展了信息系统的整合工作，并且在系统设计上增加了组合的功能，解决了电子商务开展中要求实现信息系统间数据无缝交换的要求。饭店的信息系统都具有系统间数据交换和整合的功能，供不同规模的饭店企业选用，这既提高了饭店商务处理的效率，提升服务质量，又降低了信息系统的构建成本，改善饭店的投入和产出。目前，国内三星级以上的饭店基本上都已经实现了业务流程的信息化管理，从房间预订、客人入住、入店消费到宽带接入、视频点播等在线服务，都由饭店信息管理系统的一系列子系统来实现电子化管理，先进的信息管理系统已成为现代饭店管理的核心内容之一。

我国的饭店信息管理系统于 20 世纪 80 年代初开始，在吸收国外管理系统精华的基础上，结合国内的实际情况，逐步发展成熟。自 20 世纪 90 年代末以来，我国自主开发的饭店信息管理系统开始进入五星级饭店，但其主要用户集中在四星级以下的饭店。目前，国内市场上常见的主要有杭州绿云、北京泰能、北京华仪、广州万讯等软件厂商开发的饭店管理信息系统。

饭店信息化管理的主要系统有前台信息系统、后台信息系统、扩展信息系统、接口系统，如图 4-2 所示。前台信息系统主要是经营管理信息化，如 PMS；后台信息系统主要是办公流程、人力资源和财务信息化。

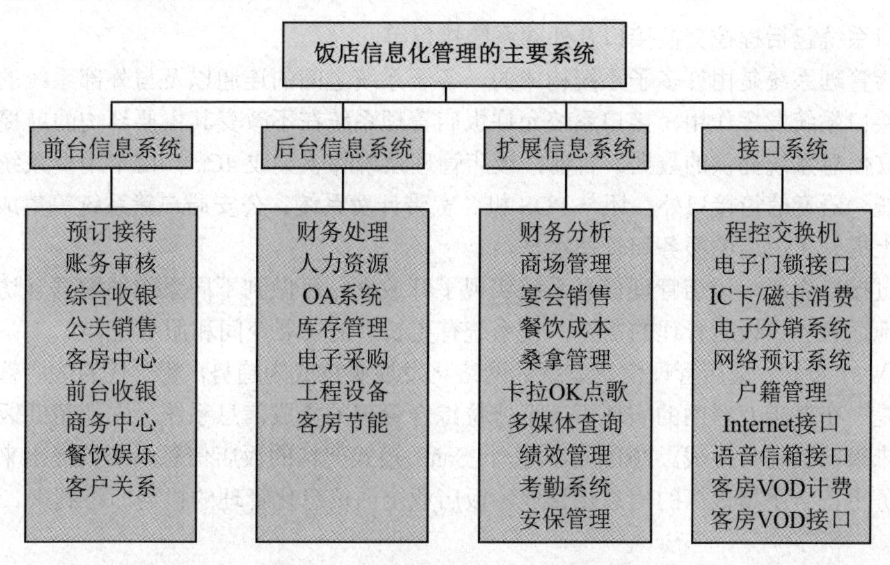

图 4-2　饭店信息化管理的主要系统

（一）前台信息系统

前台信息系统主要包括预订接待、客房中心、账务审核等与客户直接相关的信息系统，还包括客户关系管理等系统，这些子系统是饭店商务流程的核心。

饭店前台信息系统是一个直接面向客户的，旨在为客人提供全方位服务的信息系统，它的特点是信息处理流程复杂，系统的实时性要求较高。由于其处理的业务基本上都是饭店的主体业务，且往往是客户进入饭店后首先接触到的服务，因此其服务的敏捷性、效率的高低，都直接影响着客户的感受以及他们对饭店服务的满意度。

（二）后台信息系统

后台信息系统主要包括财务处理信息系统、人力资源信息系统以及工程设备管理系统等，这些子系统都是支持前台经营的重要信息系统。

后台信息系统的主要作用是通过管理和控制人力、物力、财力等方面的资源以及协调各有关部门的工作，来保障前台各部门能够为客人提供满意的服务。它的特点是保密性、安全性和可靠性程度较高。尽管该系统处在后台，一般不与客户直接接触，但是它与前台的业务是密切相关的。后台信息系统能正常地开展工作，在很大程度上决定了前台服务的高质量和高效率，因此对饭店来说，后台信息系统是至关重要的。

（三）扩展信息系统

扩展信息系统主要包括财务分析、餐饮成本控制管理以及商场管理等信息系统，这是饭店经营的分析和辅助性信息系统，是饭店管理中不可缺少的子系统。它是对前台和后台信息系统的补充，是对前台和后台信息系统功能的延伸或拓展，也是饭店管理实现创新功能不可缺少的信息系统。

（四）接口系统

接口系统包括程控交换接口及外部系统接口等。

饭店管理系统是由许多子系统构成的，各子系统之间的连通以及与外部系统的数据交换需要接口系统发挥作用。接口系统允许饭店管理系统在不改变其主要结构的前提下，访问由独立信息系统提供的数据。目前，饭店管理系统除了集成 IC 卡/磁卡消费系统、电子门锁系统、语音信箱接口外，还与 POS 机、宽带计费系统、公安局户籍系统等集成，在更高层次上提升了饭店的服务和管理水平。

通过接口系统，饭店管理信息系统实现了开放性，可做到不同系统的数据互访，因此能更好地适应当今饭店管理的需要，使系统有更长远的发展空间和服务延伸。

进入 21 世纪，饭店管理信息系统的网络化发展必将成为趋势，新一代的饭店管理信息系统将是一个基于互联网的实现饭店全方位综合管理的集成信息系统，它能帮助饭店更好地应对未来的机遇与挑战。2010 年，基于 SaaS 模式架构的饭店信息系统被提出来，其软件及服务更符合小型饭店的信息化管理，饭店业全面信息化管理的机遇即将到来。

四、饭店信息化管理战略

信息化管理战略既是饭店发展规划战略的内容，也是饭店电子商务战略的内容。信息化反映了管理电子化的过程，它是一个渐进的过程，饭店开展信息化管理需要投资，确定投资项目就一定要有战略规划，通过规划使信息化管理支持饭店经营管理目标的实现，而不能毫无目标地今天买个软件、明天再买个系统。饭店实施信息化管理战略需要考虑以下几点。

（一）信息化管理战略要适合饭店的经营使命

信息化管理战略要因地制宜，适合饭店的经营使命。每个饭店都有自己的经营使命，除了有一个经营意图的总体陈述外，还需要体现市场、产品和服务、技术、客户、经营理念、员工等基本要素，这些要素的协调需要信息化管理战略的支持。饭店需要依赖信息通信技术，采用合理的信息化管理方式，以保证信息化管理始终不偏离饭店的经营使命。

（二）信息化管理战略要围绕饭店的战略目标

在具体制定信息化管理战略规划时，应围绕饭店的战略目标，即用怎样的信息化战略计划来支持战略目标的实现。饭店战略目标的实现需要各方面的配合，包括人力、物力、财力等，信息化管理能实现所有方面的最佳配合。

（三）信息化管理战略要考虑饭店经营的形象

饭店信息化管理涉及方方面面，包括网站和其他信息展示的设备，在制定战略规划时，需要考虑信息展示的设备与饭店形象是否相符。饭店经营形象是社会公众对饭店经营的综合评价，是饭店经营者通过经营活动所形成的无形资产，它与信息化管理形象密不可分，因为信息化管理能提升饭店的服务水平，树立更温馨的服务形象。

（四）信息化管理要体现业内的竞争能力

信息化管理中的信息系统、信息设备以及信息展示环境都能体现一个企业的竞争力，在规划时一定要结合或体现饭店企业的竞争能力。信息化管理水平能体现饭店管理的创新能力和在业内的创造能力，而体现信息化管理水平的就是信息系统的功能和开发此系统的合作伙伴，这就需要在规划前进行一定的评估，制定出符合饭店竞争能力的信息化战略规划。信息化管理在饭店中的开展，可以改变饭店企业之间的竞争关系，也可以提升饭店的竞争力。

第三节　饭店电子商务的智慧——饭店数字化管理

当社会进入智慧发展阶段，饭店业的竞争将更加激烈，饭店发展仅靠信息化已远远不够，还需要在智慧城市发展框架下发展智慧型的饭店或智慧商务。在现阶段，饭店在信息化发展的基础上，更需要开展数字化建设，这时饭店信息系统所有的建设都需要考虑互联互通，考虑移动化，打通所有数据流动的环节，用数据流动支持饭店所有的管理与服务，实现所有业务环节的数字化。饭店原来的预订系统，包括自己的预订网站以及第三方的预订渠道，都变成了传统的电子商务。目前，饭店业面临的是新一代的电子商务，这些新型电子商务的应用需要饭店一系列的数字化建设才能实现。

一、数字化管理的内容

目前，饭店经营正面临着新一代电子商务的冲击，移动化、游戏化、社交化等电子商务新特征不断涌现，电子商务领域的新事物层出不穷。饭店业面对电子商务的变化，为适应消费者需求的变化，需要从自己的电子商务软件着手，让电子商务软件的数据自由流动，从而提升商务处理效率，这就是饭店软件数字化建设的内容。

（一）数字化管理的必然

随着大数据分析和应用的不断细分以及全行业数字化浪潮的兴起，数字化发展也给饭店业带来了广阔的发展机遇，数字化成为国内大多数饭店集团和连锁饭店发展的新动力，“数据”也将成为这些企业发展过程中的核心资产。随着饭店智能房控、自助入住、语音助手、商务助理、人脸识别、机器人服务等各式各样系统的不断涌现，智能化硬件可代替重复性人工劳动，提升饭店服务效率与客户体验，智慧饭店正走进大众视野。毫无疑问，这些智能系统的应用提升了饭店的竞争力。但这些智能系统的应用要发挥出整体效果还需要进行系统性的数字化管理的建设，否则这些智能系统只能是“点”的应用，无法体现“面”的应用，即无法形成智慧饭店的整体效果。

环境和客户的变化迫使饭店开展数字化建设。2020年年初，一场突如其来的新冠肺炎疫情席卷全球，客户对于“无接触”和“智能化”的服务需求已成为刚需，环境的监测和宾客的安全成为常态，饭店内部的沟通、审批、培训、业务协同以及物资采购等都转为线上，数字化管理成为饭店自救和复苏的主要抓手。饭店要在突发事件下保持正常运转，唯一的保障就是数字化管理，要实现对饭店的会员、财务、招聘、业务数据等的数字化管理，就需要全面提升数字化管理的在线体验。

（二）数字化管理的基本内容

饭店数字化管理是智慧商务发展的基础。首先，数字化管理最核心的工作是软件系统的整合。饭店所有的应用系统都是在不同时期购买和建设的，各自的软件结构和运行环境差异性很大，虽然信息化阶段已尽量实现数据的流动，但还会存在一个个数据孤岛，涉及前台、后台、客房、餐饮等所有系统。其次是业务流程的整合，包括管理流程、服务流程、采购流程、协同流程等。然后还要做好数字客房以及客控系统的数据化整合和提升，通过整合和提升，形成饭店高效率经营的数字化管理平台，这是饭店开展智慧电子商务的技术基础，也是饭店数字化建设的主要抓手。

1. 软件系统的整合

目前，饭店已具备了各种各样的应用软件系统，如何让这些应用软件系统发挥出最大的潜能，支持饭店商务的电子化和智慧化，是体现饭店竞争力的主要衡量指标。饭店软件系统的整合最常用的方式就是移动+云端化，让应用软件实现移动管理与移动服务，让应用软件通过云平台为经营服务，从而提高软件系统的数据使用效率，减少人力管理的劳动力成本。根据绿云科技的统计，2020年上半年饭店CRS软件的云端化比2019年同期提高了20%，是近几年云端化增长最快的饭店应用软件。饭店通过利用云端服务整合的软件，系统数据的使用效率大幅度提升，也为电子商务营销提供了分析依据。

2. 业务流程的整合

饭店有管理的流程，也有服务的流程，以前管理与服务的数据无法相互流通，影响了饭店经营的决策效率。通过新一代的数字技术和网络技术，可以把饭店中管理与服务的不同应用系统的业务流程整合起来，释放应用系统的数据流动性，使得管理类应用系统和服务类应用系统可以互相访问业务数据，真正实现在饭店经营中让数据跑路，提高饭店经营决策的效率以及电子商务的业务处理效率。

3. 数字客房的提升

建设数字客房已成为饭店经营者的共识，它能提高饭店客房的出租率，降低客房管理的人力成本，是智能化、自动化、电子化在客房具体应用后形成的一种客房业态，但目前大多数饭店仅是“点”状应用，并没有把所有应用整合起来。目前，客房的视频点播、网络使用、信息咨询、客房吧、智慧客房等应用，体现了客房人性化和个性化服务的优势，但这些“点”状应用管理成本很大，很难获取住客的行为数据。数字客房建设的目的是了解住客的行为需求，以便能更好地为住客提供温馨服务或个性化服务，如果客房中的展示体系、互动体系、网络体系、视频体系、咨询体系、控制体系等应用通过整合能得到提升，就可以形成真正意义上的数字客房，这是提升客房电子商务服务的关键点。

4. 客控系统的提升

客控系统建设的目的是使饭店的经营收益最大化，但目前大多数饭店的客控系统数据收集和分析不到位，同样需要数字化提升。一个理想的饭店客控系统能汇总饭店的相关数据并进行深度的分析来为饭店日常运营提供所需的大数据信息，从而减少饭店的运营成本和人工成本，进而提高饭店的经济效益，更具体地说，可提高饭店电子商务的收益率。一个理想的客控系统应包括每个客房的状态即时数据、历史数据、能耗数据、客户数据以及住客的行为数据等。通过收集客户的行为数据，可以分析住客对客房产品的喜好，开展有针对性的二次营销，也有利于提高饭店的电子商务收益。

另外，饭店数字化管理还包括组织架构的整合，用数字化打破传统的组织架构，组建以业务为导向的微组织，这些微组织可以根据业务的需要自动组合，形成快速响应的服务体系，所有的业务协同都有数字化系统支持。例如，前厅、客房、餐厅都可以由多个微服务组成，这些都可根据客流量的规模自动形成关联关系，所有微组织都由首席数据官（CDO）统一指挥，形成数字化饭店扁平化的组织架构。

二、移动电子商务

数字化管理的重点内容就是移动化建设。随着移动互联网新技术的不断出现，移动互联商务，在未来的较长一段时间内会保持较快的发展势头。如何运用移动互联服务（包括商务）占领市场，使用移动互联服务高效、科学地进行饭店管理和商务服务，已经成为行业竞争的关键所在，这也是移动电子商务的智慧所在。从饭店的角度看，所谓移动电子商务（mobile electronic commerce），就是借助于移动互联网和智能的移动终端，实现饭店商务或服务的移动化处理，包括网络商务、前台商务以及消费过程中的各类支付商务。这里的移动终端可以是智能手机，也可以是平板电脑，或者各种形式的掌上机，它们通过各种类型的 App 或者小程序，随时随地地实现客人商务的即时处理。随着移动互联网的普及，以及各种小程序的成熟应用，移动商务将成为饭店商务前端处理的主流形式。从消费者的角度看，移动电子商务就是借助于移动互联网，利用自己的智能手机，获取自己所需要的信息，并可直接购买需要的商品。

移动电子商务的业务模式目前主要有三种，即推（push）业务模式、拉（pull）业务模式和交互式业务模式。推业务模式主要用于一般信息的发布，如饭店的产品信息发送、促销信息发送和网络广告等。拉业务模式主要是消费者的定制信息接收、咨询信息响应以及消费账单信息的查收。这两种移动商务模式都是单边模式，灵活性比较差，特点就是实现简单，系统实现费用较低。交互式业务模式提供双方互动的业务，业务的即时性比较强，从而吸引了广大消费者。目前，饭店的移动商务有发展潜力的就是交互式业务模式，当然该模式的系统实现的复杂性也高。饭店使用移动电子商务可为自身建立无可匹敌的优势，实践证明，只有移动电子商务能在任何地方、任何时间，真正解决饭店经营中的任何服务问题。从消费者和饭店自身发展两个角度看，饭店移动电子商务的互联服务具有以下特点和优势。

（一）服务形式多样性

首先，饭店移动商务应用是依附于移动终端设备的。移动终端设备中最具有代表性的是手机、平板电脑，但是也不仅仅局限于此，自助入住机、银联智能 POS 机等移动终端设备目前也已经被应用到饭店服务中，并得到一定程度的普及。

其次，饭店采用多种手段让提供的服务通过移动互联流动起来。饭店通过网站、App、微信小程序及商城等各种不同的渠道来推动流量增长，吸引潜在客户转变成实际消费者。

最后，移动互联服务功能多样化。饭店可以引导消费者进行饭店信息的查询、地址导航、分享入住体验等，提升客户的体验。另外，也可以通过不同类型的 App，实时监控饭店的营业情况，查看统计报表，协助一线岗位服务，如办理入住、管理客账、点菜送单、协助退房等，以提高工作效率。此外，最典型的服务功能多样化就是支付，除了银联的电子支付，还可以采用各种形式的第三方电子支付，解决和满足各种消费者的移动支付问题。

（二）最新信息即时共享

饭店利用相应的管理软件可以即时对外共享饭店最新信息，发布促销优惠，鼓励潜在客户查看饭店促销活动，知悉饭店提供的服务，阅读评论，浏览客房及餐厅图片等。人们可以利用生活中的各种碎片时间，如在搭乘公共交通工具的过程中，或者在餐厅、咖啡厅甚至旅途中，都能够对饭店信息进行查询，享受饭店的咨询服务。任何时间、任何有移动网络或 Wi-Fi 网络覆盖的地点，人们都能够快速查询，方便、迅速地获取饭店的信息，符合人们的现代化生活理念。

此外，饭店还能够通过电子邮件、短信、微信向消费者及会员发送即时信息。一旦有预订或修改相关服务的信息，或者是有了新的优惠或活动，可以自动向宾客发送相关信息，使客户能够在所持的移动设备上及时获取饭店资讯和享受服务。

（三）提高消费者忠诚度

首先，饭店运用移动平台进行品牌推广，通过移动互联网为客户搭建桥梁。饭店移动服务应用的功能十分强大，它能为客户提供完整的体验链，从住店之前，至入住中，再至离店后，全阶段抓住人们出行的消费诉求，为广大消费者提供便捷、简单、安全的全新体验。在人机结合甚至是全智能的环境下，让客户感受到科技带来的高品质服务，提高客户满意度。

其次，饭店一般会利用一些优惠条件吸引通过移动平台预订的消费者注册并绑定会员，通过会员忠诚计划，维护宾客关系，利用直销平台查看评论反馈，及时了解客户的住宿体验，并对消费者提出的问题和建议及时做出反应。这种迅速的回应对双方的有效沟通起到了显著的正面作用，帮助饭店与客户之间建立融洽的关系。

最后，移动平台会对消费者的操作行为进行历史记录，饭店可依据此类记录对消费者进行行为分析。例如，华住酒店 App，不仅记录用户的曾住酒店和最近浏览记录，还会记录常用旅客身份信息、邮寄地址和发票信息，消费者下次使用时可直接引用历史记录，操作简单。

此外，部分饭店还会制定相关营销策略，倡导全民分销，通过平台记录用户的购买历史，以及推荐新用户成功购买的历史记录等，并给予一定的奖励，鼓励客户成为酒店的间接品牌大使，实现饭店产品的推广与销售。在此期间，饭店与客户保持长期的即时通信关系，使得消费者更加信赖饭店，提高客户的忠诚度。

（四）鼓励消费者自助服务

传统饭店与移动互联技术的结合，简化了服务过程，更多地鼓励顾客自助服务，改善客户体验，让客户通过智能设备即时获取专业服务，让预订、入住、离店及用餐的时间自由掌握在消费者自己手中，也更具有私密性。从饭店管理的角度看，大大节约了人力成本和管理成本，展现了饭店运营顺应科技发展的潮流，让饭店走在移动互联网时尚的前沿。

近年来，还提出了智慧型饭店的概念。饭店可以无人值守，消费者线上预订客房并支付，或无预订直接使用前台自助机，通过人脸识别等技术完成登记入住手续，通过刷脸、刷身份证、登录 App 或微信等多种方式开启智能门锁，并且智能取电，利用多种方式控制房内电器，同时可完成入住后一键退房免查房。智慧型饭店带给宾客更多的私密空间，为其节约了时间，高科技的智能体验可以满足现代社会中人们对便捷性和个性化的要求。

（五）简化饭店管理流程

基于饭店行业的特点，饭店管理者需要实时掌握酒店的经营状况。在大方向上可以通过经营者或管理者自身的经验预估和把握酒店的经营状况，但是管理者对饭店在某月、某周、某天、某时段的营业情况的掌握是无法脱离饭店管理系统的。为方便饭店管理者对饭店经营情况全方面的把控，基于移动终端的酒店管理系统出现了，它非常贴心地满足了饭店管理者在任何时间、任何地点都能监控饭店营业情况的要求，实现了饭店商务的移动化管理和管控，也在一定程度上改变了饭店的管理模式。

此外，移动商务还可以优化并简化饭店内部流程，例如，手机版 PMS 可以用于 VIP 会员办理入住与退房，普通顾客的退房也有专门的移动产品可用，这样可以省去人工退房、电话查房等工作流程，加快退房速度，提高了经营管理的工作效率。随着人工智能与移动互联网的结合，人工智能应用已使移动商务无所不能，智能商务已显露了其巨大的潜能。目前，饭店智能化商务充分考虑消费者的个性化需求，满足其商务智能和商务助理的需求，并利用智能化高度保护消费者的个人隐私。

三、游戏化电子商务

游戏化（gamification）是电子商务发展的一种趋势，它是指将游戏元素和游戏设计技术应用于非游戏场景，用游戏化机制创造乐趣来更好地实现目标。也就是说，通过游戏的方式，为非游戏化的场景或产品赋能，让用户在使用产品的过程中获得更多的乐趣，为企业创造更大的产品价值。例如，支付宝的蚂蚁森林和蚂蚁庄园两个游戏产品，用户都非常喜爱，吸引了很多流量。饭店也可以在自己的预订小程序或自媒体 App 上，设计适合客户的游戏产品，制定好游戏规则，让消费者不停地玩下去，越到最后奖励诱惑最大，以此吸引消费者停留，并刺激消费者的消费动机，玩游戏的人越多，玩的时间越长，饭店的商务机会就越大，对客户的黏性也就越大。

（一）游戏化产品的价值

游戏化产品设计的目的是为商务服务，目前在电商领域，游戏化产品主要是作为流量产品存在的，其核心目标是为了增强平台的用户黏性，盘活现有的存量用户，提高用户活跃度。游戏化产品的具体价值包括深度激活用户、形成内部触发、减少用户流失、增加用户停留、提高转化率。目前，饭店的自媒体平台很缺乏有黏性的客户，非常适合通过游戏化产品来提高用户活跃度，随着时间的增加，游戏产品的用户黏性越强，饭店客户流失的概率也就越低。

（二）游戏化产品的分类

通常，设计游戏产品时都是选择与企业产品有关联的，如饭店的游戏化产品既可以选择与客房产品或与餐饮产品有关联的，也可以选择与饭店本身娱乐产品有关联的。市场上的游戏产品分为成长类游戏产品和积分类游戏产品。成长类游戏产品由客户选择奖品后开始游戏，客户通过获得一定的成就后获得相应的奖品；积分类游戏产品是用户先开始游戏，完成游戏后获得积分，然后用积分兑换奖品。游戏产品的其他类别还有购物抵现类、公益捐献类等。在电商平台上，目前游戏化产品的竞争非常激烈，需要不断地进行玩法创新，才能带给客户差异化体验。例如，拼多多系列产品，通过实物领取和兑换，带给客户全新的互动体验感受，对客户的吸引力也更强，游戏化的效果非常明显。

（三）电商游戏化设计的要点

一个电商平台或小前台的游戏同样需要策略性的设计，但电商的游戏化不等于游戏，因此这里我们并不去讨论怎么设计一个游戏，而是借鉴游戏当中的一些要素来进行电商产品的交互设计。游戏化设计其实是一种广义的交互设计原则而已，它仅是一种吸引客户的交互思维。交互设计是玩心理，探测客户内心互动的想法，因此设计的要点在于洞察消费者在使用产品时的心理和心态。

1. 进度提示（progress）

当用户刚进入游戏的一个陌生环境时，未知是一种恐惧，帮助用户快速建立时间和空间感是一个好用产品的基本要求，这就是进度提示。如在线客服较忙时，一定要提示前面有几个用户在排队，更重要的是要提示用户大约还有多长时间排到，因为用户对人数可能没什么概念，他关心的是还要等多长时间。设计产品时切忌让用户去猜后面可能要做什么步骤，而是要记住用户都是新手，用户第一次用你的产品时，对你来说很简单的事情对他们来说要猜上半天。因此，如果一个需要多步操作或者需要花一定时间才能完成的过程，一开始就要显示进度。

2. 任务目标（multiple long and short-term aims）

建立任务目标是探索一个陌生世界的最有效的方法。任务的本质，既是引导用户去熟悉陌生的游戏环境，也是帮助游戏建立意义的过程。不同阶段的任务目标其实赋予了产品不同的意义，给予用户不同的任务，意味着让他从不同的角度去理解和解读产品。例如，跑步，如果任务目标设定是跑 1000 米可以锻炼身体，和跑 1000 米消耗掉几百卡路里的热量，又或者是跑 1000 米可以消耗掉摄入半斤猪肉的热量，再或者是跑 1000 米就给你的公交卡充值 1 元或者给贫困山区的孩子多捐一本书，都会给用户不同的动力。因此，合理的任务量和目标的设定至关重要，可以帮助提高产品的黏性。通常，任务的设定能将一个漫长的目标恰到好处地分解为可接受的多重目标，这样就可以大大提升用户的接受度。

3. 确定奖励（reword for effort）

有了付出就期待回报，这是人类的本性。受到激励人们才会有动力继续尝试，因此奖励绝对可以引导和改造人们的旧习惯，养成新习惯。产品设计一定要有意识地运用奖励去培养用户养成使用自己电商产品的习惯。当然，奖励就要付出成本，因此让你和竞品拉开距离的是如何巧妙而低成本地运用奖励机制。通常，新习惯需要持续地做 21 天才能有效养成，那么我们最需要在第 1、2、3、5、8、13、21（斐波那契数列）这几个关键节点去激励用户，而不需要每天去激励用户，掌握这个规律可以大大降低激励成本。奖励的幅度可以由小而大，慢慢增加奖励力度，在用户形成“奖励免疫”时果断突破用户的心理预期，形成良好体验，以获得游戏化的业绩效果。

4. 建立反馈（repad, frequent, clear feedback）

人与人打交道时，是非常注重反馈的。大到一个任务完成的结果，小到呼唤名字时及时答应，都是反馈的体现。玩游戏时也需要反馈，其实反馈的概念和奖励有相似的地方。事实上，奖励就是一种有效的反馈，不过这个主题要强调的是无时无刻的反馈，是更广义上的“奖励”。反馈是体现系统设计的“机灵”，提高游戏化产品的响应度。如用户点击一个按钮马上有对话框或者页面弹出，用户做完一个任务马上呈现数据统计结果，用户进入一个新界面立刻弹出说明和介绍，甚至在程序崩溃、网络不通、服务不畅的情况下卖个萌、主动承认错误，这样的反馈都会极大地将增加赢得用户的机会。

5. 注意力窗口（windows of enhanced attention）

我们的大脑里含有一种叫作多巴胺的物质，它与学习和寻求奖励的行为机制是紧密相关的。研究人员成功地建立了人脑中多巴胺水平的数学模型，可以预见学习的注意力窗口何时出现。简单地讲，可以预知什么时候人们更容易兴奋起来，在这个时间窗口，人们的记忆力、理解力更强，也更加自信，可以说是黄金窗口。如果我们通过不断地改进产品结构设计和奖励机制，在用户出现疲倦时给予新的刺激，就可以让用户不知疲倦地、持续地参与到（玩）我们的产品（游戏）中。设计合理的游戏产品注意力窗口，可以提高用户使用的黏性，保证用户在游戏中集中精力，在关卡间隔时用过场动画、音效等提供短暂的休息，再用进度、得分和下关简介来激励用户继续“战斗”。

6. 不确定性（an element of uncertainty）

不确定性或者叫随机性到底有多重要呢？可以这么说，没有随机性就不叫游戏化，游戏之所以吸引人就是因为具有大量的不确定性。这一点在所有优秀的游戏（狭义的游戏）设计中都体现得淋漓尽致。怎样利用不确定性来提升产品的黏性呢？麻将好玩是因为你不知道抓到的下一张牌是什么，俄罗斯方块好玩是因为你不知道下一个出来的形状是什么。但是完全的随机也不行，麻将要打好还需要玩家的牌技，好的俄罗斯方块玩家需要非常熟悉套路，这些是需要用户努力才能获得的技巧与技能。这里有个诀窍就是：随机性与努力碰撞在一起，会产生奇妙的化学反应，会产生强烈的吸引力。通常，把随机性和努力设计成为三七开到七三开不等都是可以的，把握好这个度可以大大提升游戏化产品的黏性。

7. 与他人互动（other people）

目前，无论何种人机交互的技巧，都无法取代人与人之间的交互所带来的乐趣与成就感，这也是深深根植于人性之中的特点。任何简单的游戏产品，只要加上了好的社交属性，立刻化腐朽为神奇，可给消费者带来无穷的乐趣。这种交互体现了游戏的社交化属性，社交化可以极大地提高产品的游戏性和黏性，所以对于电商服务的游戏化通过互动体现它的社交化属性。好产品的发展路径是：工具化产品切入、社交化增强黏性、电商/广告变现。当然，通过互动的社交化不能过度，不是水到渠成的、强行的社交化可能会适得其反，会反映在过低的活跃度上，应根据活跃度不断地去调整互动程度和它的社交属性，当产品拥有一定的人气规模，就可以通过流量来变现。

（四）游戏化商务软件的应用建议

电商游戏化是未来的趋势，但不是所有的商务流程都需要游戏化，饭店应根据当前需要改善和突破的流程进行游戏化的尝试。在项目投入之前，一定要进行必要性分析，然后基于顾客的需要进行有参与感的游戏化设计，同时要注意可行性，设计成本不能过高。

1. 游戏化的必要性

游戏化可以应用于各领域，不代表它必须被应用到各领域。饭店当下运行很好的领域就没有必要进行游戏化，并且游戏化一定要从实际需求出发。例如，当饭店发现需要提升顾客黏性，或者发现会员某一行为的互动比例太低时，才需要去考虑游戏化的方案。

2. 游戏化的趣味性

趣味是驱动顾客参与饭店游戏化营销的关键因素。饭店的产品是不是给客户带来好的体验，饭店的品牌是不是有趣，预订过程是不是有乐趣，这是饭店在满足产品和服务的功能性之后需要反思的问题。饭店行业的营销竞争已经从传统商业维度的价格、品牌、渠道向有趣、好玩、参与性的游戏化方向转变。

3. 游戏化的参与性

饭店通过游戏化的方式，用有趣、乐趣去吸引顾客参与，在顾客的参与过程中提升对产品和服务的体验，两者相互促进，实现正强化。参与感是连接顾客和饭店产品的桥梁。饭店选择游戏化商务应用软件时，要考虑顾客在参与过程中是否可以进行社交分享和能否获得成就感。这种通过自己努力的获得，比不劳而获更加让客户难忘。

4. 游戏化的可执行性

很多设计看起来很美好，但是执行时需要相当大的时间成本且执行难度大。游戏化不能流于表面的形式，要围绕用户在使用过程中感受到的乐趣和成就感，一定要多考虑饭店是否不需要借助太多外力就可以把设计付诸实践。

四、智慧商务及未来

智慧商务的基础是数字化管理。未来饭店业智慧商务竞争的激烈程度取决于流程数字化的程度，而流程数字化的竞争力来自于电子商务的智慧。不管是饭店的移动电子商务，还是游戏化电子商务，都是在考量饭店的电子商务智慧，即电子商务是否迎合消费者的实际需要。现阶段饭店电子商务的发展，随着饭店业务流程电子化的深入，正在向智慧商务发展，不管是饭店前台的PMS系统，还是所有消费点的收银系统，或者是基于互联网的自媒体系统，都在形成智慧型的电子商务。只要客户接触饭店的系统或者访问饭店的小程序App，系统都能感知或预测到客户的实际需求，并可主动向客户推荐产品信息，形成智慧化的商务互动。

（一）PMS的智慧商务

随着大数据技术和人工智能在饭店应用的深化，PMS系统的数据分析结合人工智能可以实现PMS的商务智能，目前已基本实现了商务助理的功能。例如，绿云PMS的数据分析可以直接调整经营方向以实现PMS的智慧化处理，PMS与IDeas等收益系统对接后在完成了第一阶段数据抓取、推送、数据分析后，结合人工智能可提出PMS中的客房价格的修改方案，在通过饭店收益人员的审核后自动调整价格。目前的研发工作将继续注重与收益系统、Upselling数据分析系统的双向对接，自动进行结果的运用，将饭店PMS的数据分析真正做到商务智能。新一代的PMS智能与门锁系统自动检索可对比客人信息与门卡信息，将差异、可疑信息提供给管理人员，避免经营中的跨部门作弊现象。

PMS的移动商务也在不断深化，未来的移动PMS将打通分销渠道，可智能化地监管各渠道的分销价格。饭店通过自己的直销平台（官网、微信等）积极发展会员，动态平衡渠道的分销比例，以减少饭店的利润流失。饭店通过移动PMS实现与各个线上渠道的直连可以掌握价格设定的自主权，通过移动PMS和小程序App双向对接以及和分销渠道的对接实现将网络价格掌握在自己手中。未来的移动PMS智能可以实现全网、全平台的价格监控，通过这个"价格哨兵"让不合规的网络价格及时暴露，从而维护饭店和消费者的利益。

（二）客房的智慧商务

新一代的客房既是休息的场所，也是消费的场所，也可能是处理公务的场所。绿云科技通过应用智能管理客房产品后，消费者可以通过多种方式，如手机App、微信、智能语音识别设备等控制饭店客房中的设施。目前客户中的智慧商务比较常见的有智能客房宝、智能迷你吧等智能设施，智能客房宝可实现点餐、订票、旅游咨询、查询信息、退房等请求服务，该功能应用已开始与移动PMS整合在一起，成为客房中客人最喜爱的智能移动设备。未来，客房设施还将具备学习功能，通过智能化应用收集客人的行为习惯，传输到PMS系统的客户行为数据库中，作为CRM系统的数据分析和数据挖掘的基本数据。因此，未来的客房在人工智能的应用后既是客人休息的场所，又是客人娱乐的场所，对于商务型饭店来说更是客人安静处理公务的场所。

（三）智慧商务的未来

饭店电子商务的发展趋势将与人工智能、5G通信等新技术应用密切相关，人工智能这一快速发展的高科技使机器能够胜任之前只有人类才能做的工作，形成高效率的智慧商务。机器人会在未来对饭店客人的某些方面或相关体验产生影响，能处理与客人相关的重复性饭店商务。在现阶段，饭店结合数字化后的大数据分析应用形成了商务助理、画像预测、精准营销、主动推送、个性化预订、刷脸支付、自动退房、离店关怀等一系列智慧商务。未来的智慧型电子商务能给饭店带来以下几方面变化。

1. 饭店无人化

饭店无人化意味着前台的工作人员将会越来越少。随着电子商务智慧技术的成熟，包括数据安全等技术的保障，未来的商务型饭店或许不再需要服务员，饭店也不需要接待人员，几乎也不需要结账人员，所有的前厅接待可以通过移动电子商务的形式，由客人自助解决。随着人工智能的普及应用和大数据技术的成熟，饭店接待可采用具有深度学习功能的机器人，它们能理解人们的自然语言，可以接受客人服务需求的指令，快速、精准地为客人提供服务。客人住在这样的高科技饭店内，无人打扰，也能很好地保护隐私，可以在饭店轻松处地理自己的公务。

2. 餐厅收银台或将消失

随着新技术的应用和支付技术的进步，饭店餐厅的收银台即将消失，已出现的一些智慧餐厅内收银员和餐厅服务员的数量已大幅度减少。餐厅可以通过刷脸技术、指纹技术实现支付，不久的将来利用基于区块链技术的消费者独立 ID 号就可以实现最便捷的支付。例如，老字号五芳斋联手口碑网在杭州打造了旗下首家“无人智慧餐厅”，一个月后，实现了营业额增长 40%、绩效提升 3 倍的惊人成绩；周黑鸭和微信共同打造的“智慧门店”亮相深圳，实现刷脸进门、点赞支付；京东旗下首家“未来餐厅”在天津中新生态城亮相，顾客可以在餐厅享受机器人提供的服务及菜品制作。所有这些无人餐厅基本上都实现了无收银台和只配备少量的服务员，消费者的服务体验大幅度提升，同时也降低了餐饮业的人力资源服务成本。

3. 全智能的自媒体平台

自媒体平台是饭店电子商务系统的一个重要平台，饭店自媒体平台的主要作用是营销以及作为电子商务的小前台，是未来饭店开展电子商务不可缺少的系统。这里所谓的全智能是指自媒体平台可与饭店经营的所有系统打通，实现基于人工智能和自动化的数据交换，并通过数据的分析与客户在线互动，主动向客户推送其所需要的服务信息。在具体操作上，全智能自媒体能自动建立多个不同层次的客户群，由不同的销售人员去分管，负责对社群的信息发布、互动沟通、精准营销以及相关的推广活动。所有销售人员管理的社群都由自媒体平台统一处理和管理，以避免因饭店销售人员离职而将客户也带走的情况发生。

4. 饭店总服务台或成咨询台

一直以来饭店总服务台的功能主要是接待登记和退房结账，未来这些功能都将自动完成，只要客人在网上选定了房号，确定预订后，预订人的信息就自动采集到前台的 PMS 中，客人到了饭店在手机上转登记就可以刷脸入住了。退房也是一样，客人可在手机上选择退房操作就可以直接离开了，系统的诚信体系不需要服务员查房等环节，出现问题都会自动记录客人的诚信数据。如果客人入住期间有问题，可以上服务台咨询或利用客房中的智能客房宝获取相关的服务。服务台更多的是为客人提供咨询服务，以及安装一些新型的自助服务设备，如自助登记设备、自助结账设备、自助查询设备等。当然，总服务台的功能转化需要饭店有完善的软件平台，需要有完善的基于移动互联网的电子商务系统的支持。随着区块链技术和人工智能技术的实用化，饭店的移动支付功能将更加完善，当饭店实现了人人都可以用移动支付来结算时，也许饭店总服务台将转化为移动支付的咨询台。

5. 大数据助推智慧商务发展

大数据应用也是未来饭店移动电子商务应用的必然趋势，不管是移动服务，还是移动支付，为了精准地帮助消费者获取饭店服务，所有饭店的信息系统都必须建立在大数据的基础上。从目前来看，饭店的大数据应用刚刚起步，与 OTA 等平台服务商相比，饭店自身的大数据应用还缺乏有效的数据基础，帮助饭店企业实现大数据应用将是未来主要的研究方向。饭店 PMS 中的客户数据库大多数都是消费者数据库，是饭店服务过的客户留下的消费信息，是饭店最集中的数据，这些数据是饭店分析客户最基本的数据。另外，消费者访问官网、自媒体交互、客服中的咨询等都是不确定的或潜在的数据，它们也是饭店进行客户分析的重要数据。饭店可以通过自己的官网窗口、移动服务、小程序等客户使用的微应用，记录客户的访问行为和咨询信息，如访问的时间、客户的ID、访问的内容、访问的次数、关心的产品、使用频率、有无购买、又去了哪里等。通过分析，为推荐系统、精准营销、客户关怀提供精准的数据，助推饭店智慧商务的发展。

第四节 饭店电子商务应用与架构

随着移动互联网和人工智能在饭店中的应用，饭店电子商务应用正在由传统电子商务向智慧化的新一代电子商务转变，电子商务已经成为当今人工智能时代饭店经营的常态。一方面，客户利用电子商务的形式获取饭店服务的比例在逐年提高，这说明电子商务在饭店服务方面的需求正在不断增加；另一方面，饭店也逐渐意识到了电子商务的强大作用，不断加大其应用范围，加深其应用层次，这说明电子商务已在饭店服务方面成为提升竞争力的重要指标。饭店电子商务涉及饭店所有商务的数字化处理，是饭店利用新一代信息技术和先进的数字化传媒技术进行的各项商业活动。实践表明，饭店开展电子商务有利于招徕客源，并能提高饭店企业的核心竞争力。在现阶段，饭店开展电子商务，需要从以下几个方面努力。

- 一个好的有预订流程的官网。
- 一个好的首席数字官（CDO）。
- 一个好的智慧型云 PMS。
- 一个好的 CRS 服务接入。
- 一个好的 CRM 客户管理。
- 一套好的微服务小程序。
- 一套好的即时型财务结算系统。
- 一套好的电子支付系统。
- 一套好的网络预订管理制度。

饭店电子商务开展的二十多年来，信息通信技术的进步已使饭店电子商务发生了很大的变化，饭店开展电子商务的应用架构已发生了很大的变化，以前饭店建设应用系统要购买服务器、网络等设备，现在建立机房和网络设备等硬件架构已经淡化，所有的基础设施已被云计算的云服务所替代（如 IaaS、PaaS 等），就连电子商务的应用软件也可以通过云服务（如 SaaS）来解决。作为饭店的管理层，目前已经不关心系统的硬件问题，而是关心整个饭店企业的电子商务业务架构是什么，电子商务的技术架构是什么，这些都是与企业开展电子商务和发展战略相关的问题。

一、饭店电子商务的业务架构

考虑业务架构是为了更好地提出技术架构，饭店企业在开展电子商务时需要整体考虑，既要考虑产品的营销及销售情况，又要考虑各类业务的支付功能等，以便使得技术架构保证各业务部门的数据相互流动，释放数据的流动性。

饭店的电子商务业务包括多个方面的内容，既有饭店内部部门之间的电子商务业务，它们共同配合完成对客服务，也有饭店与所有其他利益团体之间外部的商务协作业务，即协作企业与企业之间的电子商务，如电子采购、会员共享等。饭店的电子商务内容应包括客房销售、财务结算、合作伙伴商务、网络咨询和内部商务等应用。由于饭店的核心业务是客房销售和餐饮销售，因此围绕客房、餐饮的电子销售、电子支付和结算以及客户关系维系是饭店企业电子商务中最重要的内容，它们主要利用网络的优势提高饭店销售、支付、客户服务的效率和效益。饭店电子商务基本业务框架如图 4-3 所示。

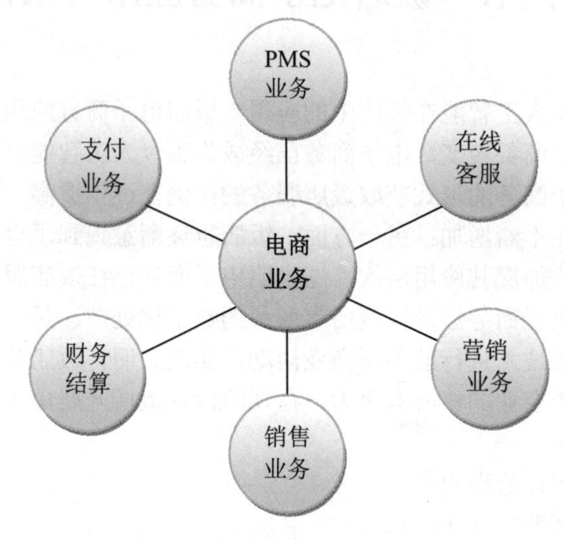

图 4-3 饭店电子商务基本业务框架

（一）PMS 业务

饭店 PMS 业务包括前厅的预订、接待和排房，是饭店电子商务最基本的业务系统。在互联网时代，饭店开展电子商务首先要有一个开放型的 PMS，该系统可以轻松接收来自网络渠道的订单，这是饭店开展完全电子商务的基本要求。目前，新一代的 PMS 是通过云端化来提高 PMS 的电子商务能力，称为新一代的云 PMS。互联网时代下饭店及连锁集团需要深入挖掘数据价值，赋能服务、运营管理，因此智能化的 PMS 不断出现，特别是饭店集团全数据、厚数据的集中对饭店电子商务布局提出了更高的要求，智能化的云 PMS 可以满足这些要求。传统的本地布局无法保证数据抓取的准确性、全面性、实时性，而 PMS 的云端部署、本地+云端部署将服务人员对数据的搜集、系统中数据的分层呈现、管理人员的分析、应用有效地结合起来，真正实现了数据化赋能。未来，饭店的电子商务系统或平台，需要战略性地融合 PMS 业务，使电子商务系统能高效率地运行，在线客服能高效率地提供服务，最终提高饭店的电子商务能力，而云 PMS 的功能本身就是饭店内部所有业务电子化的一个功能枢纽，它能接收和处理所有内部和外部的电子化业务数据。

（二）在线客服

饭店现有的客服业务包括官网的在线客服、微信公众号的在线客服、小程序 App 中的在线客服、CRS 中的在线客服以及会员系统（或 CRM）中的在线客服等。这些客服业务现在都在各自的应用软件中运行，都属于互联网的碎片化应用，如何把这些应用整合起来，统一收集客服中的需求数据，是饭店电子商务平台化战略的重要内容。在线客服也是饭店电子商务的窗口，目前已有许多微服务的电商实践统一解决饭店的在线客服问题。因此，在线客服业务的数字化和智能化，可以提高饭店电商的转化率，从而增加饭店的收益。

（三）支付业务

饭店的支付业务既包括客房房费结算支付、餐饮结算支付、娱乐消费支付、会议室服务结算支付等，又包括大堂吧消费、客房消费等支付业务，这些支付业务的便捷性同样影响到饭店电子商务的形象和饭店的收益。饭店开展电子商务，首先要对支付体系有一个战略性的构建，现在不管是银联支付平台，还是第三方电子支付平台，可供选择的方式有很多。对于大多数的星级酒店而言，一般选择银联支付平台较多，因为银联支付平台有便捷的预授权功能，特别适合服务台的收银系统；而对于低端的中小型饭店而言，则选择第三方电子支付平台的较多，每个饭店需要在电商环境下构建自己的电子商务支付体系。为了便于客户选择更为方便的支付渠道，在构建电子商务支付体系时还需要运用多元化的支付工具，特别是新兴的电子支付工具，比如电子现金、虚拟货币移动支付及多用途的储值卡等，这些都支持非现金支付。在构建电子商务支付体系时，需要覆盖各种各样的支付工具并应用在饭店各营业点的收银台，方便客户能够运用任何非现金支付工具完成支付行为，尽量地满足各类消费者的需要。在构建电子商务支付体系时，饭店需要考虑的是使用的便捷性和构建成本。

（四）营销业务

饭店的营销业务包括传统营销、渠道营销、网络营销和社区营销等业务。其中，网络营销是饭店电子商务的核心内容，它是通过互联网、社交网络，并借助信息通信技术和人工智能技术来实现营销目标的一种营销方式，效率高，受众面广，很好地弥补了电话、电视广告等传统营销方式存在的区域限制、对人的依赖性大等不足。网络营销在电子商务中至关重要，能不能做好网络营销业务是电子商务能否成功的关键。

现代移动互联网技术的迅猛发展、市场营销的全球化和竞争的电子化以及消费者需求的个性化，所有这些因素都促使了网络营销的快速发展。网络营销最大的特点就是以客户为中心，以客户的需求为基本出发点，通过网络把饭店的服务产品立即展示给处于任何地方的消费者，使饭店能以最快的速度开展各种促销与宣传活动，并能够与客户进行双向沟通，使客户真正参与到整个营销过程中来，真正实现个性化的一对一营销。电子商务整合营销的各类业务同样需要平台化，发挥数据流动快速、跨时空和低成本的优势，根据饭店在市场上的不同定位，进一步制定相应的营销整合策略，使饭店营销业务在电子商务中发挥最大的作用。

（五）财务结算

财务结算业务包括饭店与饭店之间、饭店与供应商之间、饭店与第三方合作渠道之间的财务结算，财务结算的速度、自动化程度以及精确度直接关系到饭店电子商务的成效。饭店在快速发展的过程中，经营业务的财务结算与管控也是其不可或缺的一部分，饭店经营分析中的人为漏洞把控也是增效的一部分，用智能化结算体系可提高饭店的整体商务智能。饭店集团与成员饭店或第三方的账务结算通过商务智能的数据自动化传输和同步，支持往来账目实现自动核对，解决资金往来账务的自动核销、对账、核算，以实现资金结算的集中化管理，即未来财务结算可利用人工智能实现中央结算功能。

（六）销售业务

饭店销售业务主要包括客房销售、餐饮销售、会议室租用销售以及娱乐服务产品的销售，有些饭店还包括康养、休闲等特色服务产品的销售。销售也是需要电子商务处理的主业务，这些销售业务的电子化会直接影响饭店电子商务的总体绩效水平。在饭店的销售业务中，哪些产品可以自己在线直销，哪些产品可以通过渠道分销，饭店需要有一个电子销售的战略考虑，直销和分销也需要确定一个合理的比例，使得饭店开展电子商务能取得最佳的收益。这些销售业务比例的分配与饭店自身的电子商务能力有关，饭店要在自身电子商务能力提高的基础上，兼顾第三方利益团体的利益，把电子商务容量和收益不断做大。

二、饭店电子商务的技术架构

一个饭店的电子商务由许多系统或微系统组成，它们在数字化建设的整合下，逐渐形成一个电子商务的平台。作为一个饭店的电商平台，不但为饭店提供完善的内部商务处理系统，即云 PMS 系统，还为饭店提供完善的电子商务技术架构，分别为不同饭店业务提供其所需的电子商务解决方案。通常，饭店电子商务技术架构包括云 PMS，还包括各种专用服务的小前台，每个小前台可以共享主平台下的数据，通过这些专门的小前台为客户提供温馨、便捷的服务，不但减轻了饭店服务台的服务工作量，还可以源源不断地招徕客户。电商平台具体包括在线直销方案、网络分销方案和网络营销方案，这些方案都是基于饭店电商的战略以及电商主平台的服务能力，结合互联网相关的社交平台、支付平台和分销平台等，通过饭店大数据分析指导饭店电子商务的业务开展。饭店电子商务平台技术架构如图 4-4 所示。

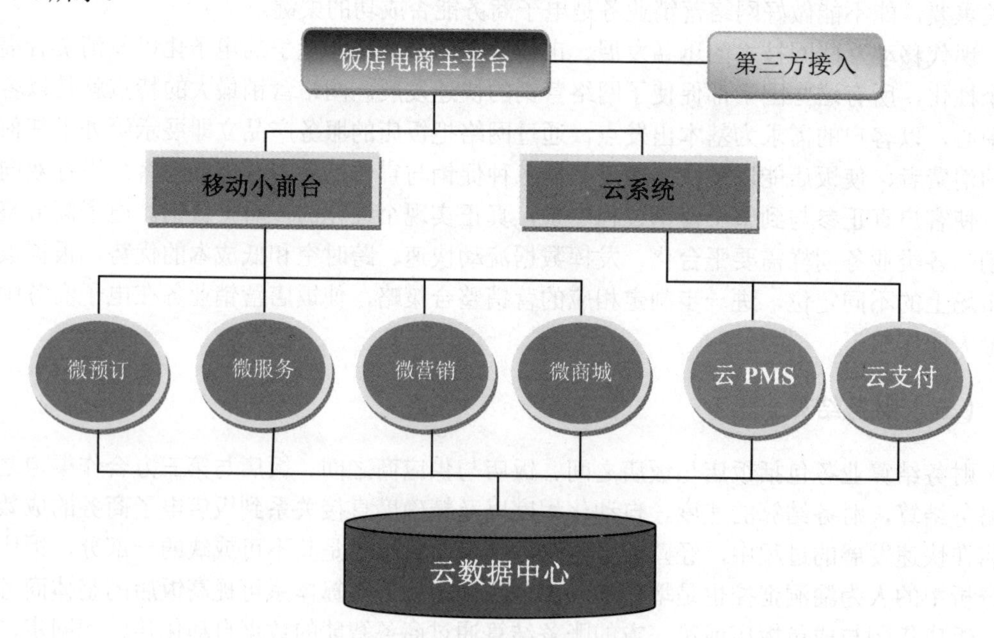

图 4-4 饭店电子商务平台技术架构

饭店电子商务平台技术架构由主平台、多个小前台和业务处理的云系统等构成。云系统是电商业务的主要系统，由云 PMS 和云支付等组成；移动小前台是饭店电商的微应用，包括微预订、微服务、微营销、微商城四大应用，有些饭店还有微预测等技术应用。微预订主要基于微信社交平台，为饭店提供基于微信的预订服务；微服务主要是客房服务在线，为客人提供各种关于饭店客房的咨询和相关服务；微营销主要是线上的促销活动，为饭店提供在社交平台、分销渠道上的营销服务；微商城是饭店的移动商城，可为在住客人或附近社区居民提供餐饮服务、生活用品、食品等销售服务，客人在客房利用自己的手机登录微商城就可以获取所需要的用品。饭店电商主平台管控所有的服务业务和管理业务，融合饭店所有管理与服务的数据，小到单体饭店所有的数据，大到集团或连锁饭店所有的数据。例如，绿云科技的 i-Hotel 电商平台就是主平台，它可以管控所有的电商业务。

下面简单介绍饭店电子商务平台技术架构中的主要系统应用。

（一）云系统（支付）

目前饭店的云系统应用主要包括云 PMS 和云支付，云 PMS 是饭店业务处理的主要系统，所有客房相关商务都由该系统处理。饭店云支付主要是接入技术，它是电子商务收银结算的主要环节，如银联的电子支付系统，包括中国建设银行、中国工商银行、中国农业银行的电子支付接入，饭店在服务台的收银系统主要是银联电子支付的接入，因为它有人性化的预收银功能。除了银联的电子支付接入以外，饭店还有第三方电子支付的接入，包括支付宝、微信等电子支付，这些电子支付在饭店其他的消费点基本都有接入，如餐饮的收银点、娱乐设施的收银点、酒吧或吧台服务的收银点等。目前，饭店电商已开始研究区块链技术的应用，应用了区块链技术的电子支付将更加便捷，支付数据也将更加安全，它将是饭店未来电商主要的云支付技术应用。

（二）微预订

微预订是饭店应用于微信社交平台的一个电商小前台。饭店利用微预订可以在微信社群中直接开展在线销售，客人利用微预订借助自己的手机可以随时向饭店咨询和获取服务。利用微预订开展电子商务的优势是便捷、见效快，不管是饭店还是消费者，微预订都是在即时通信的环境下开展互动服务，客人访问的转化率高，是目前饭店在社交平台中最理想的在线销售方式。另外，微预订还具有运营成本低、管理简便等优势，有利于饭店销售人员掌握和使用，也有利于饭店开展全员销售。从技术上来看，目前微预订既存在微信公众号、小程序等形式，也可以在会员系统中开展微预订。

微预订既是一个独立运行的微系统，又是一个主平台下的电商应用，它利用主平台的大数据，为饭店开展独立的在线预订服务。目前，微预订提供的功能有饭店查询、自助选房、地图导航、餐厅预订（包括电子券预订），凡是通过微预订所订的客房订单都可以直连饭店的云 PMS，中间不需要任何人工处理，是饭店网上直销最完整的电子商务解决方案，既可以为单体饭店打造专属微预订，还可以为饭店联盟打造专属微预订，实现联盟会员预订的协同服务。由于微预订是饭店在线直销的主要形式，因此饭店如何运行微预订非常重要。从已有微预订实践的经验看，要用好微预订，首先还是要从服务上下功夫，客人需要的是温馨的、快捷的、恰当的服务，未来微预订的竞争力在于人工智能应用以及大数据分析。例如，在微信社交平台上，饭店首先要知道客户在哪里，在线服务群在哪里，然后微预订应该放在哪里，微预订应该定制哪些服务功能才是客户所需要的，用微预订所提供的服务去迎合客户的实际需要，逐步培育饭店的在线客户群。因此，微预订除了提供预订功能外，服务功能的完善也是很重要的内容，这其中饭店要配合相应的在线客服人员，关注客户的微预订使用，让客户知道饭店的客服人员随时都在客户的身边。

（三）微服务

微服务是指饭店通过社交平台或移动 App 等工具所提供的服务。客人住店期间涉及许多服务，这些服务是否便捷是衡量一个商务型或度假型饭店服务质量的重要方面。饭店通常在主平台下设许多微服务，多数是用于微信社交平台的一些在线服务小前台。饭店利用微服务可以在微信社群中为常客或普通客户提供在线服务，客人也可以利用微服务随时向饭店咨询相关的业务。目前，饭店大多数的微服务是一种关怀性服务、便捷性服务，是维系常客之间关系的一种工具。客人住店期间的客房用品和迷你超市产品的补给服务、接送机服务、在线支付、自助退房、订餐服务，以及维修服务、开门服务、叫醒服务等，都可以通过微服务来解决。微服务还包括一些电商服务，利用机器人为客户提供送货服务，操作简单、方便、快捷，不但为饭店提升了服务形象，也为饭店增加了收益，是饭店电子商务的重要组成内容。这些微服务既能大幅度降低服务人员的劳动力成本，又提高了服务效率，实现了高效、温馨的服务效果。

（四）微营销

微营销通常在社交平台上开展，如微信。微信是我国目前最大的社交平台，利用微信开展营销已是饭店常用的一种方式，许多饭店直接利用微信建立营销中心或自媒体平台来开展广泛的社交型营销，已取得非常好的营销效果。通常在微营销中，由每个营销人员自己管理和服务对应的客户，开展一对一营销，即每个营销人员在微信有自己的粉丝群体。微营销的优势在于，饭店可以与客户直接在线互动、智能回复、做个性化推广等，客人可以进行入住点评、享受会员福利等，饭店还可以在社交平台上开展各种促销活动，如发放电子卡券、限时抢购、全民分销等，极大地提高饭店在社交平台的网络营销效率。饭店可以通过 Web 3.0 提供的工具对浏览过网站的用户数据进行聚合分析，挖掘潜在价值和可能感兴趣的产品，从而制定出最佳营销方案，迎合潜在客户的需求，从而将营销信息点对点地投放到潜在用户的 PC 端或者移动端，以实现精准化营销。

微营销的另一个功能是分销，这里不是针对渠道的分销，而是由饭店全体员工参与的分销，可激励员工参与客房或其他商品的分销，并对员工的分销业绩进行排名和奖励。员工可寻找自己在分销业务中的不足，也可以总结自己成功的经验，以便下一年度采取更好的分销措施，在自己的客户群里组织更好的促销活动。微营销一经推出已受到饭店业界的广泛认可，不但提升了饭店在网络中的服务形象，也收到了很不错的营销收益，如在微营销中开展的限时抢购，只要预测出微信群消费者的需求信息，限时抢购都能收到非常好的收益。当然，促销活动获得成功的前提是一个用心的营销人员平时与客户群的沟通、寻找话题和智能判断。

（五）微商城

饭店是公共场所，许多饭店都会为住店客人设置购物场所。但有些客人由于没有时间或习惯于网上购物，且许多饭店的购物场所商品不全，尤其缺乏当地土特产，因此饭店的购物场所通常收益甚微。为了适应消费者的行为习惯，以及为饭店拓展住店客人的购物收益，微商城诞生了。微商城和饭店里的实体商店不同，它拥有丰富的商品可供客人选择，也有良好的一条龙服务，如配送服务等。有些饭店的微商城也成为当地社区居民的购物场所，为附近社区的居民提供购物和配送服务，所销售的商品不但有日常用品，还有饭店的食材半成品等，尤其是通过微商城可以购买到饭店的原创性产品，如蛋糕、月饼以及一些特色菜肴的半成品等。很多消费者体验后觉得饭店的微商城购物非常方便，已成为住店客人和社区消费者身边的移动商城。

随着饭店社区化服务功能的提升，饭店的微商城对电子商务的创收所起的作用越来越明显，如君澜酒店集团的微商城，它的业务定位主要是度假客人和附近社区居民，其商品主要是度假目的地的旅游服务商品，以及度假村内及周边的美食产品，也包括当地的一些土特产品。君澜集团自从微商城上线以来，每年的商品销售额都在稳步上升，购买者既可以在微商城上直接在线支付结算，住店客人也可以在饭店退房时一次性结账，既满足了住店客人的购物需要，也方便了附近的居民。目前，微商城已成为君澜饭店又一个创收的业务渠道，成为饭店电子商务不可或缺的重要组成部分。

第三方接入，是饭店开展电子商务很重要的渠道接入部分，与饭店合作的相关分销渠道都可以通过饭店电子商务的主平台接入，客人在第三方渠道预订的客房，其信息可以直接输入前台的 PMS 中，如携程网、同程网和飞猪网的订单都可以通过第三方接入，把客人订单无缝连接到饭店 PMS 中。例如，绿云科技的 i-Hotel 电商平台，通过第三方接入使客人在任何分销渠道预订的客房订单在 30 秒内就可以接入预订饭店的前台 PMS 中，极大地提高了网络订单的业务处理效率。

三、饭店电子商务的云端化

饭店开展电子商务的应用软件由以前购买软件、建设机房、安装软件、调试应用等一系列步骤，发展到今天一键应用、一键删除，非常简单、快速。随着云计算技术发展的云服务模式实用化，使得电子商务应用软件不管是客服软件，还是支付软件，或者是饭店前台处理的所有电商软件，都可以一键搞定，它们都采用了云端化技术的软件应用。这里所说的云端化是一款采用应用程序虚拟化技术（application virtualization）的软件平台，通过该软件平台，各类应用程序软件都能够在独立的虚拟化环境中被封装起来，从而使应用软件不会与系统产生耦合，以达到绿色使用应用软件的目的。云端化的软件特性就是，需要使用时，就映射在系统中；不需要使用时，就从系统中实实在在地消失。通过云端的虚拟化技术可以保证各类应用软件（包括绿色的和不是绿色的）都能在系统中很干净地使用和移除，达到电子商务软件绿色应用的目的，用户不用担心是否有病毒、数据是否会丢失等状况。

（一）什么是云端化

云端其实是一种网络，是提供一种平台服务的网络。云端化就是把软件逐渐通过虚拟化技术存放在云平台中，这个平台可以供用户下载、管理、使用、备份，实现企业对软件的管理使用逐渐由自己（机房）管理向云平台管理过渡，反映了软件逐渐向云平台过渡的应用过程。云端的工作原理是将事先分离出来的软件和数据通过虚拟化的环境映射到系统中运行，它既保持了应用软件的原貌，又能达到将应用软件与系统安全隔离的目的，从而具有应用环境瞬间恢复、软件绿色化、操作系统保护、资源快捷管理等优势。软件云端化后可为用户提供完全不同的使用方式，即使用软件不需要安装和重装，几乎无垃圾，使应用软件集搜索、下载、使用、管理功能于一体。目前好多应用软件都已开始了云端化，如财务软件的云端化、ERP 软件的云端化、支付软件的云端化、电商软件的云端化、金融 App 云端化、教育软件的云端化等。

云端化是基于云计算的一种云端运算服务，其服务是一种通用型的云端运算解决方案，通过此方案可大幅简化用户端桌面与应用软件的管理与更新，进而降低软件的管理成本，提高资料保存的安全性，同时也提供了完备的使用者弹性与 IT 的管控能力，如饭店使用云端化软件可减少 IT 的管理人员和运行成本。在平台的云端运算整合管理服务中，能支持多重操作系统类型，并将系统与个人硬盘分离，亦可以使用无盘模式，不仅防止了病毒侵入，使用者享有个人弹性的存储空间，还能提供安全、多元化的使用环境。透过云端资源池获取所需要的服务，可大大降低用户的设备维护、运行管理和人员管理的成本。

（二）电子商务软件为什么要云端化

企业开展电子商务，涉及商业及客户数据的安全问题，而自己管理的系统其安全系数并不高，病毒侵袭、数据泄露时有发生。另外，现在电子商务软件越来越多，软件的管理与维护成本越来越高，对于低收益的饭店企业越来越难以维系，尤其是采用粗放管理形式的企业。饭店使用电子商务软件需要系统性的思考，云端化应用在其中的价值，就是饭店为什么选择用云的理由，云端化不是简单的软件上云，而是云的使用价值，体现饭店未来的电子商务价值。

云端虚拟化服务方案打破了饭店企业对于电子商务软件高额投资的印象，也打破了对于软件运行的高额维护费用的印象，并为饭店提供了各种应用软件和硬件，低成本、高弹性、高节能、更有效管理整合方案的云端服务，帮助企业轻装、低费用地开展电子商务。云端虚拟化服务可完全满足各种类型、各种规模饭店的电商运维需求，高端星级饭店、连锁饭店、度假型饭店、饭店联盟、小型民宿等经营皆适合采用云端虚拟化服务平台。透过虚拟化服务平台解决方案，可为饭店业主、联盟管理、连锁经营省下大量的运营成本，降低重要智慧资产外泄的风险，提高 IT 管理架构的灵活度，节能又环保，有利于未来电商的大数据积累与分析。云端化服务平台解决方案可满足不同规模、不同类型饭店的不同需求，并且其快速的部署与强大的扩充性可让规模饭店轻松地踏入云端运算的领域，快速又安全地开展电子商务活动，因此云端虚拟化服务已成为未来饭店开展电子商务的最佳合作伙伴。

（三）云端化的饭店电子商务优势

电子商务系统的建立需要一定的人力、财力和物力，如果用传统的方法构建系统，对于单体饭店还比较好办，而对于集团饭店而言，由于成员饭店的分散性，采用传统方法就非常费时、费力，很难体现它的电商优势。例如，开元旅业集团目前已有 500 家成员饭店分布在全国各地，很难想象用传统方法如何建立一个集团的电商系统，而用云端化的电子商务平台就可以轻松建立集团的电商系统。未来的饭店经营，电子商务系统已是饭店经营中不可缺少的系统，而建立电子商务系统需要有领先行业的竞争优势，不管是饭店自己开发还是购买电商系统，是否云端化已是选择电商系统时需考虑的重要指标。从已有的饭店电子商务实践来看，电子商务的竞争优势主要在于计算优势、拓展渠道的优势、云营销的优势以及低成本运行的优势，而云端化的系统就具备了这些竞争优势，它更体现了完善的平台优势。下面简要介绍云端后的饭店电子商务所具备的优势。

1. 可以建立完善的电子商务平台

饭店建立电子商务平台不是仅为销售客房那么简单，消费者不仅关心饭店围绕销售是否能提供完善和周到的服务，更关心订房环境所带来的人性化和个性化的体验，云端化的电子商务就好比城市自来水厂提供的优质管网体系以及专业的水处理能力，在优质水管网中，每个用户都能快捷、方便地获得优质、安全的水资源。云端化的电子商务平台同样有优质业务流程和内容管理，能快速响应消费者的任何需求，它比传统的电子商务平台更敏捷，数据处理更专业，所提供的服务也更加优质。

2. 可以提供强大的计算和处理能力

电子商务的网络环境存在很大的不确定性，存在事件的突然性和并发性等特点，这些特点会造成预订平台访问量的突然升高和拥堵。如果在传统电子商务平台上，此时的网站将会瘫痪或减慢访问速度，这会导致饭店网络用户的快速流失，造成饭店企业经济损失，而云端化的电子商务平台能够快速满足用户的各种业务需求，达到在普通计算环境下难以达到的数据处理能力，使之能够快速完成复杂业务的计算和处理任务。在云平台强大的硬件资源支持下，云端平台可以实现快捷的云服务，极大地提高电子商务平台的灵活性和专业性。对用户来说，高效且高质量的服务是购买服务的根本要求；对饭店企业来说，强大的数据处理能力是开展电商业务的重要保障。

3. 具有拓展电子商务渠道的优势

随着云服务平台的普及，新的消费形态和分销形态不断出现，新零售、新分销、新渠道不断地由实转虚，各分销渠道通过云端将各主体连接起来，虚实结合或者是完全虚拟地为分销拓展了渠道，扩大了饭店分销的范围，而非局限于局部区域市场。云端化的分销渠道比传统分销渠道信息沟通更畅通，这种优势有利于饭店优化渠道、扩展渠道，形成消费者、电子分销商、饭店共赢的局面。

4. 可以更便捷地开展社会化的云营销

“云营销”就是依靠基于云的软件、搜索引擎以及社会化媒体作为主要媒介，通过网络把多个成本较低的计算实体，云整合成一个具有强大营销能力的完美系统云平台。其核心理念就是通过不断提高“云”的覆盖能力，以及“云”之间的逻辑计算能力，达到系统营销的效果。云营销可以减少饭店的成本负担，最终使饭店简化到只要在办公室或家里有一台终端就可以开展即时性营销，得到近乎无限数量的优质客户，享受“营销云”带来的强大经济利益。云营销就是在不断的技术革新中产生的一个新的承载在云平台之上的营销模式，它能够利用云本身的特点和优势消除营销技术门槛，降低企业使用成本，提高营销效率。

5. 更高的电子商务安全性和可靠性

云端化软件的安全性和可靠性取决于云主机。通常，云主机是在一组集群服务器上划分出来的多个类似独立主机的部分，集群中的每台机器都会有云主机的一个镜像备份，当其中一台机器出现故障时，系统可以自动访问其他机器上的备份，从而保证云主机的安全性与稳定性。另外，云端化软件安全性还包括数据的安全性和操作的安全性，无论是抵御 DDoS 攻击、检测恶意代码，还是确保传输中的数据完整性，已经成为任何云端软件的基础品质要求，从而保证软件安全品质的提升，降低用户使用软件的维护成本。云端软件运行避免了物理设备损坏的问题，避免了病毒的侵袭问题，也避免了黑客的恶意攻击问题，它比传统服务器的安全性和可靠性更高。

第五节　电子商务的战略作用

在全球知识经济发展的背景下，电子商务已经成为饭店经营中的重要组成部分，也是饭店发展知识经济（或数字经济）的重要手段。由于电子商务能够挖掘饭店的潜力，影响饭店的持续竞争力，而且会改变饭店之间的竞争格局，因此，饭店开展电子商务需要确定一定的战略。实践表明，在饭店经营过程中，实施电子商务战略对饭店数字经济发展和经营目标的实现有着十分显著的支持作用，它不仅可以提高饭店业务拓展的竞争力，而且还可以扩展饭店销售的电子渠道，最终增加饭店的盈利能力。此外，开展电子商务还需要技术、管理、系统等战略的支持，需要循序渐进地按计划逐步开展，而不能盲目、碎片化地开展，因此，只有通过制订一个支持饭店经营目标实现的电子商务战略计划，才能为饭店创造竞争优势。本节主要对电子商务的战略作用进行简要论述，在对其充分认识的基础上开展有序的电子商务战略。

一、电子商务战略的作用

电子商务是信息系统建设的系统工程，不能无目标地开展碎片化应用，要有系统目标、系统规划渐进式地开展电子商务，这就需要系统性的战略规划，围绕饭店经营的战略目标开展。作为饭店管理者，首先要了解电子商务战略的作用，认识到饭店为什么要开展电子商务，为什么要进行电子商务的战略规划。电子商务对饭店经营的战略作用，主要表现在以下几方面。

（一）支持饭店低成本扩张

饭店的扩张必须考虑两方面的成本：一是经营管理成本；二是饭店人力资源成本。电子商务系统是一个既能实现信息化管理，又能实现电子化商务及管理的应用系统，它能降低管理成本，提高商务处理效率。用电子流程既能替代人工处理流程，也能扩展销售渠道，节省大量的劳动力，即用电子商务替代人工商务，因此电子商务有利于饭店的低成本扩张，如可实现管理流程的复制、企业扩展的复制、电子商务的联合等。作为一个饭店集团或连锁饭店，一定要集中力量构建适合自身发展的电子商务系统，这是反映饭店竞争能力的一个重要标志。

（二）支持饭店收益最大化

电子商务既支持饭店内部商务的电子化，又支持饭店与其他合作伙伴之间业务的电子化，这种电子化可以有效地预测业务情况，根据预测的业务趋势，敏捷地调整各渠道或电子渠道销售的分配比例，如电子分销渠道的比例、旅行社的比例、散客的比例、网络客户的比例等。这种调整有利于饭店收益的最大化，如预测网络客户 5 月份会增加 10%，这时电子分销渠道可以考虑适当减少 10%，因为电子分销渠道支付的佣金比较高，该渠道销售得越多，饭店的实际收益并不会增加多少。因此，电子商务与收益管理的有效配合能帮助饭店敏捷地获知市场变化情况，实现饭店客房资源的最大收益。

（三）降低投资风险

目前，在饭店业开展电子商务，失败的案例举不胜举。原因只有一个，在开展电子商务以前并没有进行有效的战略规划，而是盲目地开展系统建设。开展电子商务需要投资来用于信息系统的建设和购买云服务，如果不经过一定的规划论证，随意开发一个电子商务应用软件，就会陷入低效率的运行之中。开展有目标的电子商务计划，对饭店来说可以有效降低投资风险，使系统建设的每一步都迈向电子商务应用的战略目标，支持饭店经营的每一个环节。

（四）支持饭店信息技术应用能力提升

电子商务系统是一个技术性系统，它的应用涉及饭店管理层面的每一个员工，饭店所有员工在电子商务系统中进行熟练的业务操作，反映了员工的信息技术应用能力，整个系统的运作也就反映了饭店信息技术的应用能力。电子商务系统的规划、成功的开发或建设、稳定的运行和管理，都是饭店信息技术应用能力的一种表现。成功运行电子商务系统，支持饭店经营扩张，也就提升了饭店的信息技术应用能力。有战略规划就有系统建设成功的可能性；有成功的系统，饭店的信息技术应用能力才会提升。

电子商务战略还支持系统的完善和绩效提升，支持饭店的常客计划，更支持饭店客户关系的维系，任何对客户的服务和维系都是在战略计划中通过软件来实现的。

二、电子商务战略的内容

电子商务系统既有硬件系统部分，又有软件系统部分，它们在运行中是否都能支持饭店业务的开展，就看对这两个部分的规划是否到位，是否考虑到饭店经营中可能出现的问题。例如电子商务系统中的 Web 服务器，它主要接受外部的到访者，对它的规划主要考虑服务器容量、瞬间的接待能力是否可以胜任突然的访客群；再如电子商务系统中的软件，规划时需考虑其处理能力能否胜任许多笔业务并行发生的商务，是否会产生死锁现象。这些接待和处理能力都是在设计电子商务系统时必须考虑的，也就是在整个电子商务系统的战略规划中，需要考虑技术、业务、资源等有效配置问题。这里我们提出电子商务战略内容，就是解决规划中的有效配置问题。

图 4-5 所示是饭店电子商务战略的基本框架。它由四个战略内容组成：业务规划战略、信息资源战略、信息系统战略和信息技术战略。业务规划战略和信息资源战略是管理和资

源层面的，信息系统战略和信息技术战略是技术层面的。电子商务战略规划的依据是饭店的业务规划战略，但要实现信息系统战略，必须有信息资源战略，这是对整个饭店信息进行资源化管理的前提，也是开展电子商务必须满足的条件，没有资源化管理的信息，设计的信息系统肯定是不完整的。而信息技术战略是对其他几个战略内容的支持，饭店必须渐进式地推进信息技术应用，这样的电子商务系统才有竞争力和优势。

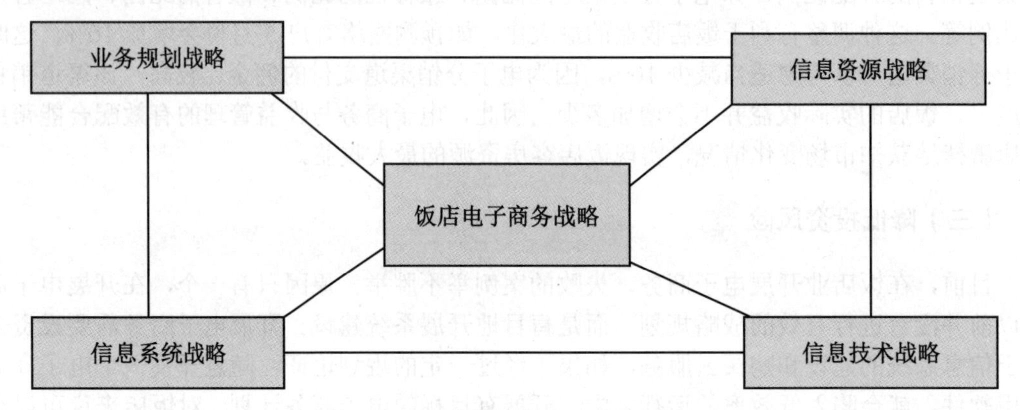

图 4-5　饭店电子商务战略的基本框架

（一）业务规划战略

业务规划战略主要确定饭店电子商务处理哪些主业务，但每个饭店的业务不尽相同，需要分析这些主业务未来的发展情况和业务量情况，如饭店的主业务是客房销售，就需要确定在网上销售的方式、销售比例。由于电子商务系统整合各种销售渠道，需要确定不同渠道的销售量。如果主要是放在自己的预订网站上进行销售，信息系统战略就要依据确定的销售量来设计。业务规划战略还要考虑电子商务系统需要销售的产品，如餐饮、宴会、娱乐产品的预订等，如保龄球馆和桑拿服务也可以通过网络预约，这些业务如果想在网络上销售或预订，需要通过业务规划告诉系统开发人员，使其设计的电子商务系统在未来几年内能胜任饭店各项业务的开展和在线管理。

（二）信息资源战略

信息资源战略就是信息的资源化管理战略，电子商务系统是一个集成化的信息系统，必须整合饭店内所有的信息系统，消除内部的信息孤岛，提高电子化商务处理效率。但怎样整合不同的信息系统所对应的信息资源，需要通过一定的规划和策略来实现，制定信息资源战略有助于信息系统的整合，从而统一管理饭店内部的所有信息资源。饭店最主要的信息资源是产品信息资源、客户信息资源、员工信息资源、业务档案资源、财务信息资源、合作伙伴信息资源以及环境旅游信息资源等。这些信息资源分散在不同的信息系统中，资源化管理战略可以实现不同信息系统的相互访问和信息交换，以满足电子商务系统对各种信息资源的需求。

（三）信息系统战略

一个好的信息系统能创造企业的竞争优势，但是只有好的战略规划才能开发出好的信息系统。信息系统战略要求饭店的经营者选择或者建设有竞争优势的信息系统，这需要对当前饭店信息系统的类型和供应商有详细的了解。电子商务系统是一个集成型的信息系统，由多种信息系统类型组合而成，饭店经营者需要通过信息系统的战略设想去选择和构建自己的电子商务系统。例如，前台信息系统，在构建时就要考虑能否接受网络预订单，处理的程度如何（无缝链接还是选择链接）；电子采购系统也需要考虑和合作伙伴的信息系统是否能实现无缝链接；所设计的预订网站是否也能和其他信息系统进行业务对接，实现数据接驳，所有这些都是制定信息系统战略时必须考虑的。

由于饭店前台信息系统是最基本的信息系统，在选择时就必须考虑它是否支持电子商务、是否支持协同商务、是否支持后台业务等，这便于以后信息系统的整合和集成，好的前台系统会减少电子商务系统的整合成本，有利于电子商务的全面开展。

（四）信息技术战略

信息技术战略是电子商务战略中非常关键的内容，一个电子商务系统从设计到运行，从没有业务到大批量业务的集中处理，从专业技术人员维护到一般技术人员的维护，都需要不断涌现的新技术的支持，没有这些新技术的支持，电子商务系统就没有生命力，也没有竞争优势。例如，数据库技术、网络技术、安全技术等都必须按照战略的要求，不断地为电子商务系统更新技术。信息技术战略必须支持信息系统的更新、支持信息资源管理的新需求，也必须支持电子商务中业务协同处理的新需求。信息技术的应用是渐进式的，是根据业务处理的需求不断推进的，决不能脱离业务实际搞大范围内的技术推动。因此，制定一个适合饭店企业实施的信息技术战略，有利于饭店电子商务的开展，也有利于饭店获取市场竞争优势。

三、电子商务战略实施中需要注意的问题

电子商务战略是一个指导性的文件，是电子商务系统建设的行动纲领，在具体实施电子商务战略时，饭店的环境往往是在不断变化的，还需要一些其他策略性的调整内容，因此在执行和实施战略过程中，还需要注意以下几方面的问题。

（一）管理和服务的数字化程度

电子商务不能急于求成，需要饭店管理和服务的数字化程度支持，如平时的预订管理、产品与服务管理、会员和客户管理、采购和物资管理、人力资源开发与管理、财务结算管理等，都必须有良好的数字化管理基础。饭店数字化管理的程度主要取决于饭店经营的总体战略和电子商务战略，因为只有所有业务流程都数字化了，管理和服务的数据才能融合，才能通过数据释放为商务服务。

饭店实现数字化管理与服务的主要目的就是要形成饭店对客户的全方位敏捷服务和个性化服务，这是开展电子商务所必需的。饭店应该积极通过信息技术战略引入新的信息通信技术，开展数字化管理与服务，形成饭店电子商务的核心竞争力，在此基础上再逐步发展智慧型电子商务，为饭店成功开展商务战略奠定基础。

（二）知识管理与组织架构

饭店实施电子商务战略，需要一定的知识管理和组织架构支持，如定价策略、营销策

略、客户关怀策略等，都需要和企业知识管理结合起来，为此建立一个专门负责电子商务和运行管理的部门，是系统高效率运行的保证。饭店需要设立一个首席信息官（CIO），由他来全面负责饭店的电子商务和信息事务，他需要参与到饭店战略决策的制定中，确定数字化服务的长期规划和具体实施步骤。国外的饭店在这一点上做得更进了一步，它们已经开始设置知识主管（CWO），通过数据挖掘形成知识管理，协助电子商务更好地发挥作用。

目前，人才短缺正成为中国旅游电子商务发展的瓶颈，我国饭店业迫切地需要兼具饭店专业知识和信息技术知识的复合型人才。饭店可以采取一些有力的举措来提高员工的信息技术知识水平。一方面，饭店可以用美好的事业前程、良好的工作环境和优厚的待遇来吸引并留住一批电子商务人才，让他们为饭店贡献自己的力量；另一方面，饭店需要对所有员工进行电子商务技能培训，只有让全体员工都树立起电子商务理念并掌握一定的电子商务技能，电子商务才能真正在饭店中实施起来。饭店可以采用自主培养或与高校、科研机构合作等方式，通过开展电子商务知识培训和电子商务岗位技能培训的方式来培养人才，以提高员工的素质和技能。所有这些工作的开展都需要一个职能部门的组织架构来支持，如电子商务部或信息管理部等。

（三）域名的选择

域名是饭店企业网站（官网）在互联网上的唯一标识，它相当于饭店在网上的商标，对饭店而言具有非常重要的战略作用。域名必须一次就确定好，不能今年用这个域名，明年又换另一个域名，经常换域名不利于饭店网络品牌的形成。一个简单、易记而又能充分表现网站与饭店特色的域名，能帮助饭店企业传播口碑，树立良好的形象，招徕客户。对于饭店而言，域名是一种无形资产，在取名时，应该予以认真考虑，便于人们记忆；在使用时，应该广泛推广，同时做好域名的保护措施，这对饭店企业的生存和发展是非常重要的。

（四）互联网服务提供商的选择原则

互联网服务提供商（ISP）是为用户提供网络接入服务的机构，其服务的敏捷性和带宽的程度都会影响用户上网的质量。目前，我国主要有两类互联网服务提供商：一类是具有官方性质的服务商，如中国公用计算机互联网（ChinaNet）和中国教育和科研计算机网（CERNet）；另一类是能为用户提供专线、拨号上网等全方位服务的商业机构，如中国电信、网通、263 企业邮箱等。

在选择互联网服务提供商时，饭店主要需要考虑以下几个因素。

1. 服务承诺

服务商需要有良好的服务意识，为饭店提供培训和售后技术支持服务。周到、细致的培训以及完善的售后服务计划都是饭店在选择互联网服务提供商时需要考虑的。

2. 带宽

出口带宽是指互联网服务提供商以多大的速率连接到互联网或者其上级互联网服务提供商上，以体现互联网服务提供商的接入能力。当用户访问互联网时，真正决定其访问速度的因素就是出口带宽，因此互联网服务提供商的带宽越大越好。

3. 技术力量

技术力量主要包括接收信息的速度以及服务的安全性、稳定性与可靠性。是否有备用线路，可以在主要连接线路发生故障时代替使用，也是一个衡量可靠性的依据。

4. 价格

不同的互联网服务提供商的收费形式和金额都不同，需要饭店根据其使用互联网的情况和实际承受的费用水平来进行选择。目前，大部分互联网服务提供商的收费都有不同的优惠政策，需慎重选择。

5. 发展前景

发展前景主要包括互联网服务提供商的信息源、建设投资、覆盖面情况和升级扩容能力（即随着用户数量和通信量的增长，互联网服务提供商的接入能力能否随之提高），从而看出该服务商未来是否有较大的发展空间，这是影响电子商务网络稳定性的一个因素。

（五）电子商务服务商的选择原则

中小型饭店一般不具备自己建设、开发电子商务系统的能力，因此向专业的电子商务服务商购买产品或服务往往是较好的选择。在众多的电子商务服务商中进行选择时，饭店主要需要考虑以下几个问题。

（1）该服务商的主营业务是不是提供电子商务系统服务？

（2）其成功案例是否都是饭店业，现在这些客户的满意度如何？

（3）其服务信誉是否良好？

（4）其价格费用是否合理？

（5）该服务商的后续产品是否有竞争力？

选择电子商务服务商的一般过程包括：首先，初步挑选出几家服务商，要求他们根据饭店的基本情况和系统建设要求，提交电子商务解决方案，在这期间饭店可以允许服务商到现场调研与考察；其次，听取所有服务商的方案介绍，并对各服务商的方案进行评价；最后，饭店与选定的服务商进行谈判并签订合同。例如，杭州绿云科技的电子商务事业部是国内饭店业的主要电子商务服务商，他们开发的微系统、微服务与云 PMS 有非常好的连接，其产品受到国内饭店业的普遍欢迎。

课后案例分析：锦江国际酒店的电子商务系统

本 章 小 结

本章主要围绕饭店企业的电子商务展开讨论，包括概念、技术应用、智慧商务等内容。

在系统地介绍饭店业信息通信技术应用的基础上，对饭店的电子商务基础，即信息化管理展开了讨论，包括系统的应用以及技术的应用，全面介绍了饭店信息化管理的基本内容和技术点。在此基础上，对电子商务智慧即数字化管理进行了介绍，包括移动电子商务、游戏化电子商务以及未来智慧型电子商务等内容。在饭店电子商务的系统架构中，主要介绍了饭店电子商务系统业务架构以及平台相关系统的内容，包括电子商务的移动小前台、电子商务的云系统以及电子商务平台的第三方接入技术等问题。最后论述了饭店电子商务战略的作用，简单介绍了饭店电子商务战略的内容，在当前技术背景下一个完整的饭店电子商务战略，应该包括业务规划战略、信息资源战略、信息系统战略以及信息技术战略等内容。

拓展知识

智能客服
数据关联
账户关联
标签关联
房间关联
云服务系统
虚拟专用网
交易授权
支付网关
支付协议
AR 账务
垃圾流量
智慧餐厅
电商游戏化
移动服务
指纹签到
刷脸签到
智慧小前台
CRS 系统
智慧客房
微信小程序

思考题

1．信息通信技术在饭店企业中主要有哪些方面的应用？
2．信息通信技术对饭店经营管理的作用是什么？
3．饭店应如何利用信息通信技术来提升自己的竞争优势？
4．饭店有哪些业务管理流程？如何规划信息系统去管理这些业务流程？
5．饭店的网站应怎样体现饭店经营中的信息化服务流程？
6．试列举饭店主要的信息通信技术应用并分析内部网和外部网在电子商务中的作用。
7．蓝牙技术是一种什么技术？在饭店经营中主要应用在哪些地方？
8．什么是信息化管理？什么是信息化服务？饭店信息化管理主要有哪些特征？
9．理解信息化管理的交叉功能对电子商务的建设和开展有哪些帮助？
10．什么是饭店前台信息系统？它主要处理哪些饭店管理业务？
11．什么是饭店后台信息系统？它主要处理哪些饭店管理业务？
12．饭店信息系统为什么有接口系统部分？饭店有哪些业务接口？
13．什么是移动电子商务？目前饭店有哪些移动电子商务应用？
14．什么是电商的游戏化？游戏化电子商务能给饭店经营带来怎样的影响？

15．什么是饭店电子商务的小前台？饭店有哪些小前台应用？

16．饭店电子商务有哪些业务内容？在构建电子商务平台中如何考虑所有的业务内容？

17．什么是云服务？饭店开展电子商务有哪些云服务应用？

18．什么是云系统？饭店在经营过程中有哪些云系统应用？

19．云端化软件系统在应用过程中有怎样的优势和特点？

20．饭店开展电子商务重点应从哪些方面去努力？

21．饭店电子商务的核心内容是什么？在系统建设中如何突出核心内容？

22．什么是微商城？饭店应如何利用微商城创造电子商务收益？

23．饭店网络营销应采取怎样的策略才能发挥最大的营销效果？

24．试简要分析饭店信息化和数字化的主要区别。

25．什么是电子商务战略？饭店电子商务战略的作用是什么？

26．试解释饭店电子商务战略的内容框架，并分析它们的相互作用。

27．一个单体饭店在实施电子商务战略时，应注意哪些问题？

28．根据你所掌握的电子商务知识来谈谈饭店企业应如何利用电子商务来改善自己的商务模式并提升自己的市场竞争优势？

参考文献

[1] 布哈里斯．旅游电子商务：旅游业信息技术战略管理[M]．马晓秋，张凌云，译．北京：旅游教育出版社，2004．

[2] 陆均良，杨铭魁．信息技术与饭店管理[M]．北京：旅游教育出版社，2007．

[3] 查良松，陆均良，罗仕伟．旅游管理信息系统[M]．4 版．北京：高等教育出版社，2021．

[4] 杜文才．旅游电子商务[M]．北京：清华大学出版社，2006．

[5] 杜文才，胡涛，顾剑．新编旅游管理信息系统[M]．天津：南开大学出版社，2008．

[6] 周春林，梁中，袁丁．旅游管理信息系统[M]．北京：科学出版社，2006．

[7] 韩向东．集成企业管理信息系统的开放性[J]．机械设计与制造工程，2000，29（4）：46-47，51．

第五章 旅行社电子商务

开篇案例

传统旅行社与在线旅行社抢占“微商”市场

风行互联网行业的“微商”已开始进入在线旅游业。由于消费者出游前只要一部手机就可以把行程计划全部搞定，移动商务的发展正在成为在线旅游的主流趋势。目前，随着携程旅行网上线“携程微商”平台，传统旅行社的电子商务发展更具压力，传统旅行社与在线旅行社抢占“微商”市场的趋势愈演愈烈。据公开数据显示，全国传统旅行社逾两万家。近年来，部分中型传统旅行社关闭门店数量占总门店数量的20%以上，有的甚至多达50%，而在线旅游企业的业务规模却在不断扩大。以携程为例，尽管没有一家门店，但2014年携程交易额超过1500亿元，其旅行社业务规模达100多亿元。据分析，2015年中国移动旅游市场规模超过PC端，成为在线旅游行业的转折年。

实现线上线下融合发展，是目前旅游业者一直在摸索的道路。中国社会科学院旅游研究中心特约研究员刘思敏曾表示，传统旅行社与旅游电子商务的相互渗透是大势所趋，如中国国旅+悠哉、港中旅集团+芒果网、中青旅+遨游网、华远国旅+携程等融合发展的模式就是最好的说明。实际上，包括携程在内的多家在线旅游企业向旅行社业界开放其旅游B2C服务体系，提供包括产品代理、技术支持、营销推广、客户服务等在内的一站式旅游电子商务开放平台，联合业界推动传统旅游行业网络化、移动化，也是线上线下融合发展的具体行动，这是传统旅行社抢占“微商”市场的有效途径。携程相关负责人表示，传统门店作用式微，发展微商符合携程移动化、平台化的发展方向，有利于扩大在线旅游市场的领先优势。

在微信朋友圈晒旅游信息、旅途美照以及旅游产品的人日渐增多，旅游已然成为互动交流最受关注的行业之一。在线旅行社和传统旅行社纷纷推出微店、掌上店铺等产品，正是线上线下融合发展的一种新模式，反映了旅游微商热潮正在逐渐兴起。目前携程网、中国国旅广东公司纷纷推出的“微商”，主要由内部员工率先推动，根据点击率和成交量给予员工相应的回报。随着在线旅游消费的增长，市场供给亦在逐渐发生变化。对于传统旅行社来说，利用在线旅游平台开微店，有利于解决门店多、成本高、推广费用高、商品库存量大等问题；对于个人卖家而言，优质货源稀缺、产品同质化严重、收益缺乏保障、售后维权难等问题也将得以缓解。

携程正式上线的“携程微商”，开放其跟团游与自助游产品库，宣称“人人都可以开微店”，只要用手机号注册一个账号，即可代理售卖携程网内的海量商品，分享至微信和朋友圈，只要用户成功付款出行，微店就能获得返佣。目前，携程微商首批上线的有三万多条跟团游产品，接下来将接入全线的机票、酒店、自由行、邮轮等各类产品。值得一提的是，携程微商还推出100%个性定制化的个人微店功能，微店中所有产品、板块信息均可由店主自定义，“最终目标是，只要是携程网上有的商品，你都能挑出来放到自己的微店里去卖”。携程有关负责人表示，微店只负责推荐用户预订即可，预订后的一系列服务将由携程的专业团队执行。“卖什么、怎么卖、去哪里卖等都可由微店完全自定义，携程将给予前后台技术支持。”

由此看来，旅行社的电子商务将要进入新一轮的竞争旋涡中。

（资料来源：携程微商上线1月用户破万　六成是旅行社从业人员[EB/OL].（2015-11-25）. http://www.dotour.cn/article/13833.html.）

进入数字化时代，电子商务已成为旅行社组织旅游的核心环节。当电子商务出现在旅游业中，许多人认为提供中介服务的旅行社会受到极大的冲击，甚至许多学者曾预言，传统旅行社将会消失。但电子商务发展到今天，传统旅行社不但没有消失，反而出现了与电子商务深度融合的局面，而且这些旅行社积极利用信息通信技术改善自己的业务流程，采用传统商务与电子商务相结合的手段，用更专业的水准，使传统旅行社不断地发展壮大。

第一节　旅行社的信息通信技术应用

旅行社是高度信息依赖型企业，在经营中积极利用信息通信技术已成为一种必然趋势。旅行社在提供一条龙的包价服务产品时，需要收集和处理大量的旅游信息，这些信息的正确性、完整性、及时性直接影响旅行社的经营竞争优势。旅行社在旅游业价值链中作为一个中介机构存在，它在向旅游者提供各种旅游服务的过程中充当媒介和经纪人的作用，同时也是采购、组合和销售旅游产品的中间服务商。对于消费者而言，旅行社是帮助其进行旅游的一个机构，并能提供丰富的旅游信息；而对旅游资源型企业而言，旅行社是其接触消费者的一个渠道，通过旅行社可向消费者提供旅游产品及服务信息，并进行宣传和销售工作。旅行社既要获取消费者的信息，又要获取旅游资源型企业的信息，通过对信息的汇总和处理，来把握旅游市场的变化，并进行资源优化配置、设计并推出符合市场需求的旅游产品，进而实现自己的利润最大化。因此，信息通信技术的应用对旅行社经营来说非常重要。

一、信息通信技术的作用

旅行社应用信息通信技术的目的往往是为了提高运营效率、获取信息优势，为游客提供正确、及时的旅游咨询服务，同时提高组团、接团的运作效率和效益。通过信息通信技术的应用及时反馈游客咨询，提高游客的满意率。信息通信技术为旅行社的流程重组及传统旅行社经营方式的转变提供了技术手段，它使旅行社可以迅速地获取来自游客及旅游资源型企业的各类信息，同时缩短旅行社内部各部门之间的信息传递时间，并可有效减少各部门之间的工作摩擦，使旅行社的业务在内部各部门之间以及与其他企业之间实现无缝对接。

信息通信技术的应用会对旅行社经营产生以下几方面的作用。

（一）快速整合供需方的信息

信息通信技术，尤其是网络技术的应用，给旅行社供需方信息的整合提供了方便。旅行社利用网络可以非常便利地获取经营线路中的景区、住宿、用餐、交通工具等信息，旅行社要做的就是根据自己的包价定位对这些信息进行整合。而通过网站，旅行社也可以获取游客的需求信息，把他们的消费需求与自己掌握的产品信息整合成游客能接受的包价产品。信息通信技术可以提高获取信息的效率，也可以提高信息整合的效率，有利于包价产品的快速设计和推出。

（二）更好地维系客户关系

旅行社的客户类型主要有散客、企业客户以及政府客户等。旅行社可以通过信息网站来维系散客关系，并为客户提供各种旅游信息的咨询服务，为客户提供反馈渠道。通过信息网站中相关软件的分类功能来实现客户分级，并提供差异化的信息服务。通过信息网站的互动功能把 e 客户逐步培育成为自己的常客或忠诚客户，用温馨的信息服务维系客户关系。另外，旅行社还可以通过预订网站或电子商务系统来实现与企业客户以及政府客户的对接，为其提供个性化商务考察行程，并利用商务软件来实现服务的延伸。

（三）提高旅行社的组接团能力

不管是经营出入境旅游的旅行社，还是经营国内旅游的旅行社，其组接团的能力都反映在处理外联事务的速度上，即响应服务的敏捷性。信息通信技术给旅行社提供了很多外联的工具，为旅行社经营建立了信息交换和旅游产品的分销机制，如网上组团、接团的协调管理、网上计调等。近年来，国内著名的春秋旅行社就通过网络开展了“网上组团”业务，通过收集游客信息，将具有相同偏好的顾客聚集在一起，依据其批量生产的优势及强大的信息收集能力，为不同游客的偏好提供个性化的行程服务，从而提高了组接团的业务能力。

（四）为旅行社连锁经营提供支持

信息通信技术有利于旅行社连锁经营，如网上联合组团。我国旅行社的总体竞争力不强，可归结于以下两个原因：一是我国旅行社行业存在旅行社规模小且数量多的情况，行业进入门槛低，导致 20 世纪 80 年代后期出现大量的小规模旅行社，经营模式传统且单一；二是市场恶性竞争激烈，如零团费、低团费情况非常普遍，旅行社缺少有效的竞争手段，技术力量薄弱。为改变我国单体旅行社规模小、数量多的局面，提高我国旅行社的市场竞争能力，开展旅行社的连锁经营已是必然趋势。连锁经营的基础就是构建一个企业协同的电子商务系统，如组团协同、结算协同、服务协同等。

二、信息通信技术的应用概况

旅行社信息通信技术虽然起步较早，但真正大范围地开展应用还是近几年的事情。从目前来看，网络技术、软件技术、数据库技术、定位技术是其信息通信技术的主要应用。在现阶段，旅行社信息通信技术的应用主要靠电子商务的推动，用于组团、接待和结算等业务方面，如果没有电子化手段做支持，就无法建立竞争优势。虽然旅行社信息通信技术的应用起步与饭店业差不多，但在我国发展却比饭店业要慢得多。

（一）发展概况

信息通信技术在旅行社的应用大致可分为两个阶段：IT 应用阶段与 Network 应用阶段。在 IT 应用阶段，信息通信技术主要用于旅行社内部管理，以提高工作效率，辅助决策者进行决策并进行高效、科学的经营管理。互联网出现以后，旅行社的信息通信技术应用开始进入 Network 应用阶段，如计算机预订系统、全球分销系统和机票代理人系统等开始进入旅行社行业，主要用于旅行社与其他企业之间业务的协同管理。20 世纪 70 年代初期，信息通信技术开始用于组团管理，计算机预订系统由此进入旅行社，但当时的网络都是专用增值网，一般的小旅行社无法享用。20 世纪 80 年代末期，旅行社各种职能的信息系统开始形成，包括全球分销系统（GDS）、账务与结算计划（BSP）等，GDS 通过网络把航空公司、饭店、汽车出租公司、旅游产品等信息集中起来，节省了大量的通信费用，为旅行社产品选择和预订提供了极大方便。BSP 则用于管理旅行社与航空公司之间机票与现金交易所产生的资金转移，提高了在线结算的效率。20 世纪 90 年代中期，开始出现基于 Web 的无票旅行信息系统，即由电子票代替纸质票，该技术主要应用于航空业，电子机票是普通纸质机票的一种存在于计算机系统内部的电子映像，它有助于航空公司减少大量成本，同时也可加快航空公司的资金结算速度，国际航空运输协会已宣布从 2008 年 5 月起全面停用纸质机票而改用电子机票，大大改善了旅行票务的信息化管理环境。

国内旅行社的信息化建设起步较晚，落后于西方发达国家近二十年，且在应用规模和应用水平上与世界发达国家之间存在较大差距。1981 年，中国国际旅行社（以下简称中国国旅）引进美国 PRI-ME550 超级小型计算机系统，用于团队数据处理、财务管理等。1992 年，中国国旅建立完成自己的计算机中心，并通过与澳大利亚的 JETSET 联网运营加入了全球预订系统，由此中国国旅的计算机中心在对外业务招徕和内部管理方面取得了较大进步。1994 年，当国内大多数企业的电脑还仅仅用于简单的数据处理时，上海春秋国际旅行社就研发了春秋广域网软件，建立了信息系统来开展跨地区业务管理，实现了全国近一百个城市的近四百家旅行社的业务互联，上海春秋国际旅行社的辐射力越来越广。1997 年，国内开始出现电子旅行社，开展互联网的业务管理，一批旅游网站如华夏旅游网和我国旅游资讯网相继成立，华夏旅游网号称我国规模最大、资源最丰富、服务功能最强的旅游网站，这批旅游网站的出现标志着我国旅行社业务进入了网络化经营的时代。1999 年，国内出现了基于 Web 的旅行社信息系统和在线旅行网，以青旅在线、携程旅行网、艺龙旅行网等为代表，它们的诞生标志着我国旅行社电子商务进入了“鼠标+水泥”的阶段。

（二）应用范围

旅行社的信息通信技术应用主要围绕旅行社的基本业务展开，如旅游产品开发、旅游产品营销、旅游接待服务、旅游的售后服务等环节，其应用形式主要是信息系统软件，以及利用网络实现通信和与客户的沟通，具体应用主要包括以下几个方面。

1. 基本业务管理

- 旅行社组团管理：独立组团、协作组团、网络组团。
- 旅行社接团管理：接待、导览、结算、送团等。
- 旅行社外联管理：行程、联络、记账等。
- 旅行社核算管理：组团核算、接团核算、外联核算等。
- 旅行社订票管理：航班机票、火车票、船票等。
- 旅行社销售管理：预订、销售等。
- 旅行社线路管理：国内线路、国外线路等。
- 旅行社客户管理：老客户管理、新客户管理、潜在客户管理等。

2. 市场和营销管理

这是旅行社对外的信息通信技术应用，包括公关、营销和与客户互动等，具体包括几个方面。

- 营销内容管理。
- 营销渠道管理（指各种分销渠道等）。
- 网站信息和产品管理。
- 客户咨询管理。
- 客户互动管理。
- 关怀和服务管理。

3. 采购管理

旅行社的电子采购是目前信息通信技术的主要应用领域，如同程网主要就是帮助旅行社实现电子采购并帮助旅行社进行产品管理。采购管理主要包括以下几方面内容。

- 产品查询和搜索。
- 产品询价。
- 业务洽谈。
- 订立供货合同。
- 在线业务结算。

不同的旅行社由于经营规模的不同会有不同的信息通信技术应用范围。一般大型旅行社的应用范围比较广、功能比较全面，有较完整的应用功能需求，即使是拥有相同功能需求的旅行社也会因经营规模不同，在信息通信技术应用范围和形式上有所不同。信息通信技术在旅行社的应用除了以上介绍的几个方面外，还包括与合作伙伴之间的业务协作管理以及旅行社经营战略的管理，它们需要协作型和战略型的信息系统，这是旅行社信息通信技术的高级应用，对国际旅行社而言尤为重要。

（三）主要信息通信技术

信息通信技术使旅行社获得了竞争优势，成为其经营中积极推广应用的主要技术。目前，旅行社应用信息通信技术主要包括软件技术、网络技术和信息设备等。

1. 软件技术

在旅行社开展电子商务的过程中，软件技术主要是指各类信息系统和网络编程等技术。

（1）MIS 系统，即管理信息系统。管理信息系统主要对旅行社业务进行管理，包括经营中的预订、接待和办公自动化等，它主要利用计算机系统对业务数据进行处理和分析，包括各种报表的处理。MIS 系统的实施涉及企业的各个部门，设计追求的目标主要是高效率，其目的在于满足旅行社的业务需求，提高业务处理效率。

（2）CRS 系统，即计算机预订系统。计算机预订系统主要用于开展预订业务和旅行社的营销，它是旅游业内部的专用预订系统，一端连接航空公司、饭店等服务单位；另一端连接各地区的旅行社，用于预订机票、客房等服务，同时还可用于连接单位间的费用清算。CRS 系统不但追求业务处理的效率，还要追求效益，目的是为旅行社带来更多的订单收益。

（3）ERP 系统，即企业资源计划。企业资源计划以信息通信技术及网络为运行平台，基于资源计划和供应链管理思想，可对旅行社产品资源实现统一计划与管理，使旅行社产品资源及各方面的生产要素得到合理配置，提高旅行社服务的精细化管理和敏捷性，并最大限度地发挥产品资源的组合作用。该系统追求的是管理精度和资源产品效益的最大化。

（4）CRM 系统，即客户关系管理系统。该系统用于对旅行社客户关系实现统一管理，并为关系客户实施自动销售和一对一营销。CRM 既是一套应用软件系统，也是一种现代企业以客户为中心的管理思想。它在经营中始终以客户为中心，意在通过有效的管理提升客户满意度，培养忠诚客户，提升客户价值。该系统追求的是敏捷服务和差异化服务。

（5）CMS 系统，即网站系统。该系统包括营销型网站和商务型网站。旅行社可在网站上发布产品的相关信息，销售和管理旅游包价产品，同时旅游者也可通过网站搜寻旅游信息，预订、购买自己喜欢的个性化旅游产品。网站为旅行社与旅游者、旅行社与供销商及旅行社之间提供了一个信息交流平台，使信息传递不再受时间及地域的限制。该系统追求的是服务延伸，与客户进行互动交流，提高营销效益。

（6）GDS 系统，即全球分销系统。该系统实现对旅行社产品的采购和营销，这是旅行社业务中包含技术内容最多的一种信息系统。GDS 从计算机预订系统的基础上发展起来，是为旅行代理人提供航空及其他旅游产品营销和分销的网络型信息系统，以计算机技术和网络运营为基础。它由国际性航空公司领头开发建设，其客户端基本上都是在旅行社和饭店，旅行社是使用 GDS 比例最大的旅游服务企业。该系统追求的是分销收益和信息的完整性。

（7）KMS 系统，即知识管理系统。该系统通过信息通信技术为企业提供知识管理服务，实现知识创造价值及信息的有序化。它属于旅行社高层次的管理，专为高层的决策管理服务。该系统追求的是知识形成的有效性，以提高旅行社管理决策的成功率。

2. 网络技术

网络技术是构建电子商务系统的关键技术，也是旅行社经营中实现客户沟通、企业协作、内部管理的主要技术，是构建信息系统的运行平台和基础。在电子商务系统组建中，涉及的网络技术主要包括内部网、外部网、互联网和电子数据交换网等；在电子商务互动服务中，4G/5G 通信网络、移动互联网应用已成主流，通过这些即时网络互动，为旅行社的电子商务创造竞争优势，形成基于智慧服务的移动化服务。当移动互联网技术在旅行社经营中得到广泛应用，移动服务、移动管理以及移动化商务就成为电子商务中发展的主流，从而发展为移动电子商务的普及应用，尤其是在客服以及网络营销方面，移动互联网技术应用已成为旅行社的首选。

3. 信息设备

旅行社在开展信息通信技术应用中，涉及许多信息设备，这些信息设备有在线使用的，也有离线使用的，具体包括计算机设备、网络设备、数码设备和外部设备等。

（1）计算机设备。它指业务处理中所用的服务器、工作站机等设备。在信息系统中，服务器包括应用服务器、数据服务器等，以及Web服务器和通信服务器等。工作站机包括办公室的台式计算机、手提电脑以及其他移动计算机设备等。计算机设备是信息设备中最主要的信息化设备，其性能和可靠性影响到信息处理和传递的效率，应根据不同的工作场合和业务处理要求选择合适的计算机设备。近年来，这类设备已几乎被云服务技术替代了。

（2）网络设备。它指内部网中连接计算机的共享设备或交换设备，以及内部网连接外部网或互联网的互联设备或路由设备等。旅行社电子商务中常规的网络设备有HUB集线器、路由器，以及各种交换器设备等。

（3）数码设备。它指经营管理中需要处理照片、图像、线路图、电子地图以及文档和文件等内容的数字设备，如数码相机、数字扫描仪以及影碟放映机等。通过这些数码设备可以处理目的地照片、目的地电子地图以及旅游线路介绍等。这些设备是旅行社信息化管理必需的设备，有利于提高旅行社产品管理的效率。

（4）外部设备。它指经营管理中需要与计算机相连的设备，如打印机、各种输入设备以及移动终端设备等。旅行社经营管理中主要用的打印机是激光打印机和喷墨打印机，这些打印设备根据业务的需要进行选购，主要是考虑打印速度快慢和能否彩色打印等要求；输入设备主要包括鼠标、键盘、扫描仪、摄像头、语音输入板等；移动终端设备包括PDA、智能手机等。

除此以外，旅行社在信息通信技术应用中还应考虑多媒体技术、Web服务技术以及电子通信技术等，在业务分析中还需考虑数据挖掘和数据仓库等技术，它们是旅行社经营中的产品设计、产品预订、销售以及线路设计等方面不可缺少的技术工具。另外，信息通信技术在不断进步和发展，旅行社在开展电子商务过程中，应积极关注和应用信息通信的新技术。

第二节 旅行社电子商务概念及发展

电子商务的概念起步于电子数据交换（EDI），那时仅限于企业间交易数据的交换，旅行社主要通过全球分销系统实现一些电子数据的交换业务。新一代的电子商务概念不仅是交易，还包括营销、促销、调研等与交易相关的所有业务活动。本节仅限于基于互联网的电子商务，围绕旅行社业务的数字化，对旅行社商务信息化概念做一个概括性的介绍，以便读者理解旅行社企业开展电子商务以及信息化建设的重要性。

一、旅行社电子商务的概念、特点及功能

基于互联网的旅行社电子商务起步于20世纪90年代，当时的电子商务仅是通过互联网做一些营销和推广，如通过网站方便旅游消费者获取旅游线路的相关信息以及咨询。进入21世纪，旅行社的商务电子化逐步流行起来，开始有旅游采购、线路预订、网上组团、在线咨询等电子商务形式出现。2010年以后，电子商务已涉及旅行社的所有经营活动，包

括客户关怀、定制旅游以及会员服务等。

（一）旅行社电子商务的概念

世界旅游组织对旅行社的定义为“零售代理机构向公众提供关于可能的旅行、居住和相关服务，包括服务酬金和条件的信息。旅行组织者或制作批发商或批发商在旅游需求提出前，以组织交通运输，预订不同的住宿和提出所有其他服务为旅行和旅居做准备的行业机构”。传统旅行社一直担任信息收集、传递、整合，以及旅游活动组织和旅游产品分销渠道等的中间商角色，经营模式是把自己已有的资源组合成线路产品，通过固有渠道推向市场，如图 5-1 所示。最常见的传统旅行社的旅游产品便是包价旅游产品，信息不对称是传统旅行社企业的市场基础之一。

图 5-1　传统旅行社产品运作模式

随着信息技术的发展，互联网化和信息化打破了传统旅行社对于信息的“垄断”，消费者可以通过网络更加方便、快捷、高效地获取自己所需要的旅游信息，传统旅行社的信息优势不复存在。随着互联网应用的发展，在线旅行社迅速崛起并获得快速成长，它们抢占旅游市场，给传统旅行社造成巨大冲击，也倒逼旅行社商务电子化的进程。随着人们收入水平的提高和出行经验的增加，对于旅游产品的需求不仅仅局限于传统旅行社的旅游产品，而是追求旅游产品的多样化、个性化，游客出行更加倾向于散客化，不再依赖旅行社成团。这一系列的旅游需求变化都促使传统旅行社积极进行创新和转型，走旅行社电子商务化道路。

旅行社电子商务的出现是信息通信技术应用和互联网普及的成果。王真慧等在综合众多学者意见之后，提出了旅行社电子商务的基本概念：旅行社电子商务是指旅行社基于网络、通信、电子支付等现代技术应用，以市场需求为导向，在互联网上发布旅游信息，进行网上促销、旅游市场调研和实施交易的一系列电子商务活动。旅行社可以根据客源市场，在现代网络中实时进行线路咨询、业务洽谈、网上旅游交易、在线支付、售后服务等。同时，旅行社还可以对企业经营管理活动进行资源重组，建设企业内部办公网，依托旅行社业务渠道管理、客户关系管理和财务管理等经营管理系统，实现旅行社经营管理商务的完全电子化。

简单地理解，旅行社电子商务就是通过互联网技术与旅行社业务的融合，变传统业务数据为数字业务的电子数据，再加上人工智能技术的应用，实现所有商务活动的电子化和智慧化。

（二）旅行社电子商务的特点

每个行业的电子商务都有自己的应用特点，旅行社电子商务是依赖于互联网和信息平台发展起来的，对内可以帮助旅行社企业实现业务流程电子化，提高旅行社企业经营管理水平；对外可以高效、全方位地整合旅游信息、旅游资源，实现协同服务，更好地为旅游消费者提供个性化服务。旅行社电子商务的应用特点具体表现在以下几方面。

（1）成本低。旅行社利用互联网技术，实现整个企业经营管理和商务过程的电子化、数字化和网络化，降低了经营成本。一方面，旅行社将电子商务应用到企业运作的各个层面，包括产品设计、市场营销、管理信息系统、客户关系管理、企业资源计划、供应链管理系统等方面，提高企业的经营管理效率，降低企业的经营管理成本；另一方面，旅行社电子商务利用互联网“信息高速公路”的优势进行网络营销，覆盖面广，营销和宣传成本也大大降低，并增加了市场交易的机会。

（2）可视化。旅行社通过电子商务平台可以迅速获得用户的访问信息、旅游动机、购买方式、旅游广告效果、旅游服务要求等信息，并可以进一步了解游客的旅行偏好或需求，及时根据客户需求或潜在需求进行产品研发和创新，从而有针对性地进行产品设计和营销，如个性化的自由行产品、定制游服务产品等。

（3）高效性。旅游六要素从以往的“吃、住、行、游、购、娱”丰富到新的旅游六要素“商、养、学、闲、情、奇”，旅游者的旅游需求不断变化，更加突出个性化，追求体验感。旅行社利用电子商务系统，可以将众多零散的旅游信息整合在一起提供给消费者，并且可以根据不同类型旅游消费者的个性化需求进行不同的旅游产品设计和组合，形成个性化、定制化的旅游产品向旅游者销售，打造线上旅游交易平台，使得旅游业的上游机构、中介机构和下游机构均可通过平台进行沟通、交易、获利，实现合作共赢。

（4）不受时空限制。互联网技术使得信息的传递突破了时间和空间的限制，旅行社利用电子商务系统，可以 24 小时不间断地向全球的旅游者提供旅游信息、旅游服务和接受产品预订等，还可以通过内联网与合作伙伴进行畅通无阻的信息共享和业务交流，不受任何时空的限制，同时还能及时获得旅游者的旅游需求和对旅游产品的反馈意见，随时解决问题，从而优化旅游服务的质量，大大提高旅游者的满意度和忠诚度。

（5）线上线下融合。旅行社利用电子商务系统提供可视的、可查询的、可实时更新的信息平台，通过众多旅游经营者和消费者的参与，刺激消费者的旅游动机，吸引线上消费者产生实际的购买行为，并在线下为消费者提供服务，如半自助旅游、拼团旅游、自由行等，使得线上线下结合，实现消费者快乐的线下体验，如携程旅行网的经营理念就是融合。比如众信旅游，以标准化服务流程为主线，以现代信息技术整合传统旅行社业务，建立了以 ERP 综合运营管理系统为核心，与众信旅游网、B2B 分销平台和呼叫中心等组成的线上电子商务平台，并初步实现了企业内部管理及运作流程的信息化，对上游资源整合、旅游产品研发、销售渠道建设和旅游团队运作等业务关键环节进行管控，提高了运营效率，更好地响应和满足客户个性化和多样化的需求，形成线下实体营销网络和线上电子商务相结合的业务新模式。

（三）旅行社电子商务的功能

旅行社对信息技术的依赖，促使了旅行社电子商务的发展，使得旅行社电子商务所搭建的网络信息交流平台成为现代旅行社赖以发展的基础。实践证明，旅行社电子商务的出现丰富了旅游产品，在更大程度上匹配了旅游供需，激发了旅游者潜在的购买欲望，扩大了整个行业的市场。具体来说，旅行社电子商务可以实现以下几个功能。

（1）信息查询。查询内容包括旅游线路信息、旅游景点信息、旅游服务、价格比较、旅行常识、生活常识、旅游电子地图及网上导游等。

（2）在线预订。在线预订既包括团队酒店客房、旅游交通、餐饮、景区门票、旅游线路及自由行散客产品预订等，也包括定制旅游的服务预订。

（3）客户服务。客户服务指在客户关系管理系统支持下，为游客或代理商提供在线旅游产品预订的用户端服务，如移动服务App、小程序等客户服务。

（4）桥联服务。旅行社可以与其他旅游企业、旅行社或航空公司等多种旅游产品提供商进行链接，实现实时网络业务查询、实时预订、产品实时变更、电子支付与交易。

（5）定制服务。通过旅游电子商务系统以及门户网站等开展高端的定制旅游服务，也包括休闲类产品的定制服务。

二、旅行社电子商务数字化过程

数字化是电子商务深度应用的关键节点，旅行社和饭店业一样，也正在从信息化全面进入数字化进程，商务数字化已成为最关键的环节。数字化过程包括组团、接团和导游服务等的数据处理业务，各类用户数据的维护与处理，与酒店和旅游开发、汽车公司等上游旅游供应商企业的数据融合与维护，财务结算数据的在线管理与维护，以及票务服务业务的数字化联络、客户关系档案管理数字化等，这些都是数字化过程中的基本内容。对旅行社企业而言，更重要的是商务完全数字化。

（一）国外旅行社电子化

国外旅行社没有信息化的说法，一直提倡的是电子化进程。所谓的电子旅行社的概念，其后期的电子化建设类似于我们现在提出的数字化。国外旅行社电子化进程始于20世纪50年代，最早是应用于航空客票销售，采用的是计算机预订系统的销售方式。计算机预订系统的发展促进了信息技术的推广和普及，到了20世纪70年代计算机预订系统延伸至旅行社代理商，并开始在旅行社的发展中独领风骚。在计算机预订系统不断完善的基础上，除机票以外的其他旅游产品，如酒店客房、车票、游船票、机场接送及其他服务项目也可以通过其销售，从而使旅行社的整个销售都实现了电子化和自动化，这是国外旅行社电子化的起始阶段。

从20世纪80年代开始，计算机预订系统开始向全球分销系统过渡。全球分销系统也是应用于民用航空运输及整个旅游业的大型计算机信息服务系统。随着互联网的日益普及，全球分销系统已经通过互联网遍及世界各地的每一个角落，从此旅行社的业务管理电子化主要利用全球分销系统。在美国、欧洲等国家旅行社的上下游主要采用全球分销系统实现商务的电子化。进入20世纪90年代，在主要的旅行社企业内部都开始有完善的电子化管理软件，主要用于业务的采购和调度，以及电子化的旅游线路设计和网上组团，这是国外旅行社电子化的发展阶段。

进入21世纪，国外旅行社电子化基本普及了互联网技术，商务的电子化基本实现，开始应用人工智能技术从而向智慧型的电子化阶段发展，形成了在线化的完全电子商务，这是国外旅行社电子化的成熟阶段。

（二）国内旅行社数字化

我国旅游业的信息化建设落后于西方发达国家近二十年，真正应用计算机技术是在20世纪80年代初期，这也是国内旅行社信息化发展阶段的开始。

中国国际旅行社总社是我国最早涉足信息技术应用的旅行社企业。1981年，中国国旅引进美国PRIME550超小型计算机系统，用于旅游团数据处理、财务管理和数据统计。在此之后，适用于旅游企业的计算机系统开始逐步推广，然而能实现全球预订的全球分销系统还处于缺位状态。当时的国家旅游局从 1990 年起开始抓信息化管理并筹建信息中心，先后投资了一千多万元用于机房改造和设备配置，并根据客观实际与发展的可能，建设了一个旅游信息网络及信息传递系统。最重要的是，为应对电子商务对旅游业的冲击，帮助旅游企业向电子商务化运作转型，国家旅游局于 2001 年正式启动“金旅工程”，成为我国旅游业国家级“电脑网络系统”开始信息化建设的一个重要标志。

其后，信息化建设经历 20 世纪 90 年代中期、20 世纪 90 年代末期以及 21 世纪的前 10 年，由于智慧地球、智慧城市概念的提出，信息化建设开始慢慢向数字化方向发展。随着移动互联网技术的普及以及人工智能技术的应用，越来越多的旅行社开始采用新一代的信息通信技术开展数字化建设，把信息化推向了一个新的高点，即数字化发展阶段。2018 年，数字化和新技术，如云服务技术、大数据技术、人工智能技术等开始普及应用，数字化转型进入成熟发展时期，部分旅行社开始通过云端构建电子商务系统，更多的旅行社则将财务、商务和人事等业务通过云端融合发展，实现管理、服务、外协一体化的融合发展。可以说，我国旅行社运用信息通信技术的数字化时代已经到来。

数字化建设与信息化最大的区别就是数据的流动性。信息化最大的特点是业务数据电子化处理，但数据基本不能流动，数字化最大的特点是数据的流动性，实现信息系统之间的数据有序流动，这是开展电子商务最基本的数据要求。高效率的电子商务能使业务数据在系统之间跑路，减少人工处理流程。因此，旅行社的数字化建设重点就是让信息系统之间实现数据流动，以提高电子商务效率。

与国外相比，我国旅游电子商务主要是在线旅游方面的建设。我国在线旅游虽然起步晚，但是发展迅猛。1997—1999 年是我国在线旅游的萌芽期，一些大型的旅行社开始投资兴建旅游网站。2000—2004 年，我国在线旅游企业开始吸纳资金，扩大业务范围，这一阶段是我国在线旅游的发展期，如 2000 年 4 月，青旅在线的诞生标志着我国旅游电子商务进入“鼠标+水泥”的阶段；2000 年 10 月，携程旅行网宣布收购现代运通，标志着它从一个互联网企业转型为大型的旅游企业；2003 年 12 月，携程在纳斯达克成功上市和 2004 年 10 月艺龙在纳斯达克上市。2005 年至今，随着在线旅游平台以及移动终端等技术的不断发展及普及，中国在线旅游行业呈现多元化、差异化发展态势。进入 21 世纪以来，中国在线旅游预订市场不断扩大，市场商机凸显。在在线旅游服务商的带领下，我国中小旅游企业纷纷开展数字化建设，以推进旅游电子商务的发展。一些在线旅游服务商开始不断地进行合并或投资扩张，国外资本也开始通过大规模并购或直接建立网站来进一步挖掘中国在线旅游市场，旅游 OTA 竞争开始进入白热化阶段，旅行社行业正在经历大的变革，未来鹿死谁手还未可知。

进入数字化发展阶段，旅行社的电子商务进入了快车道，传统旅行社和在线旅行社的融合也进入了快车道，旅行社电子商务逐渐成为旅行社经营发展的主动力。

第三节　旅行社电子商务系统和模式

旅行社企业开展电子商务，要解决的核心问题主要有两个方面：一是开展电子商务的信息系统形式；二是选择适合自己的电子商务模式。前者是解决软件的系统问题，后者是确定开展电子商务的盈利模式。

一、旅行社电子商务系统的形式

电子商务系统的形式取决于网络形式，由于现在组成电子商务的网络形式多样，也就存在多种不同的系统类型和形式。传统的旅行社电子商务系统通常由内部网系统（TS Intranet）、外部网系统（TS Extranet）和互联网系统（Internet）通过网络编程开发而组成，它们都有一定的场合开展应用，如图 5-2 所示。

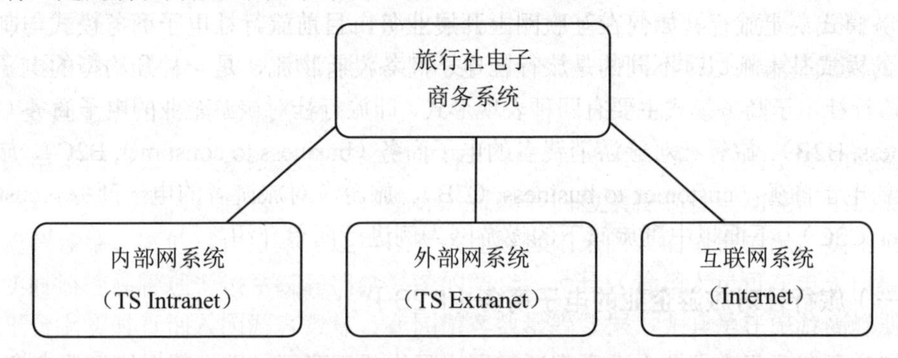

图 5-2　旅行社电子商务系统构成

内部网系统是基于互联网技术（TCP/IP 协议以及相关技术标准）承担旅行社内部信息系统的运行及内部信息处理的企业网络，也可视为旅行社企业的内部信息资源管理系统，对内进行企业资源管理以及内部电子商务的协同。通常，旅行社内部网系统包括人力资源管理系统（HRM）、客户关系管理系统（CRM）以及企业资源计划（ERP）等，帮助旅行社企业通过互联网实现组织结构和工作流程的优化重组，提高旅行社企业的工作效率和业务管理水平。内部网系统是旅行社电子商务的基础，只有在企业内部实现工作流程的电子化才能使外部网系统和互联网系统高效率地开展电子商务。

外部网系统是基于接入服务商（internet access provider, IAP）所提供的服务，是面向旅行社合作伙伴或外部协作组织的信息交换系统或业务协同系统。它与内部网系统相对，是旅行社与旅游供应商、旅游批发商、旅游零售商及旅游消费者等组织交流的信息系统平台，同样是旅行社电子商务系统组建的基础。外部网系统是旅行社与外界开展业务的重要平台，也是连接价值链上下游的枢纽，如旅行社采购系统、连锁经营管理系统、计调外协信息系统等。

互联网是以 TCP/IP 协议为基础组建的全球最大的国际互联网络，是开放性系统应用的主要网络，基于互联网的系统能提供丰富多样和先进的信息交流手段。旅行社通过在互联网上建立提供旅游产品信息的网站/App/小程序等为旅游者提供即时性服务，通过互联网系统拓宽市场范围，提升电子商务的效率和效益。可以说，互联网系统是旅行社对外商务服务的网络门户，是企业的窗口，也是市场信息传递和交流的重要渠道，并通过它增加了交易的机会，降低了成本，如旅行社的自媒体平台、服务公众号、小程序应用等都属于这类系统。

新一代旅行社电子商务系统形式已经发生了变化，开始应用云服务技术，通过云计算把旅行社电子商务系统云端化。这种技术使得旅行社开展电子商务的成本更低，使用更方便，数据也更安全。旅行社不需要建设复杂的硬件系统，只需要通过服务商采用 SaaS 模式，用多少软件支付多少费用，基本实现了内部网、外部网、互联网系统的深度融合和一体化，降低了应用的复杂性。旅行社只需要区别私有云、公有云在应用上的不同，加强对电子商务系统数据的控制能力，并注意使用的便利性。

二、旅行社电子商务的模式

商务模式决定旅行社如何在互联网上开展业务，目前旅行社电子商务模式与制造业电子商务的模式基本相似，不同的是旅行社电子商务没有物流，是一种预约型的电子商务。目前，旅行社电子商务模式主要有四种表现形式，即旅行社对旅游企业的电子商务（business to business, B2B）、旅行社对旅游消费者的电子商务（business to consumer, B2C）、旅游者对旅行社的电子商务（customer to business, C2B）、旅游者对旅游者的电子商务（customer to customer, C2C）。下面以中青旅旗下的遨游网为例进行简单介绍。

（一）旅行社对旅游企业的电子商务（B2B）

B2B，原先是指企业与企业之间通过专用网络或互联网，进行数据信息的交换、传递，开展交易活动的商业模式。在旅行社行业中，B2B 泛指旅行社与旅游企业之间的购买、销售和交换旅游产品、服务以及信息的过程。交易形式包括旅行社向酒店、餐馆、其他旅行社、景点、车队等旅游企业采购资源，与航空公司、目的地旅行社、汽车公司、餐厅等建立良好合作关系，以及旅游地旅行社批量采购旅游资源（如当地旅游饭店客房、景区门票、餐馆餐位等）和客源地组团社与目的地地接社之间的委托、支付关系，等等。各类旅游企业之间也存在着复杂的代理、交易、合作关系，而 B2B 的出现大大提高了旅游企业之间的信息共享和业务对接的运作效率，同时也提高了整个旅游业的运作效率。

（二）旅行社对旅游消费者的电子商务（B2C）

旅行社对旅游消费者的电子商务，即旅游电子零售。旅游者通过旅行社的电子商务平台可以远程获取目的地信息、预订旅游产品，减少了时空差距带来的信息不对称。目前，最广泛应用的旅游电子商务之一就是通过网络上旅行社企业门户网站、旅游目的地的营销系统等进行订房、订票。互联网的便利性使得旅行社网站成为旅游消费者查找旅游目的地、查询最实惠的价格、预订机票与客房等服务时最常用的一种工具。

比如，中青旅旗下的遨游网，将其可以提供的产品和服务通过网站展示给旅游者，包括旅游目的地、交通、酒店、景区门票等信息和跟团等传统旅行社服务，以及个性化的自由行、定制旅游等，如图 5-3 所示。旅游者通过对相关信息的收集，自行选择、制定适合自己的旅游线路，然后通过网站预订交通、住宿、景区门票等服务。

遨游网还面向旅游者推出代办签证业务，极大地方便了现代旅游者的出游，满足旅游者的个性化需求，如图 5-4 所示。国内主流的旅行社，如中国国旅、上海春秋旅行社等，基本上都拥有丰富的 B2C 网络业务，B2C 电子商务已经成为旅行社的业务常态。

图 5-3　遨游网的产品信息展示

图 5-4　遨游网签证费用展示

（三）旅游者对旅行社的电子商务（C2B）

C2B，泛指由旅游者在专业的旅游网站、门户网站或旅游频道提出旅游需求，若干旅行社通过竞争来满足旅游者的需求，或者是由旅游者通过网络结成群体（团购）与旅游企业讨价还价。通过虚拟的开放平台，旅游者上网直接发布需求信息，旅行社查询获取信息后，双方交流，自愿达成交易。这是一种能很好地满足游客的个性化需求并丰富旅行社企业旅游服务产品的服务。

目前，比较典型的 C2B 是定制化的出现，旅游者通过将自己的旅游需求提交给旅行社网站，旅行社根据旅游者的需求，综合已有的旅游产品信息进行组合，满足旅游者的定制需求，旅行社电子商务朝更加人性化的方向发展。比如，中青旅旗下的遨游网专门推出定制专栏，为个人和公司提供旅游定制服务，用户只需要将自己的旅游需求通过互联网提交给旅行社，旅行社便会根据用户需求为用户打造最适合的旅游行程，如图 5-5 和图 5-6 所示。

（四）旅游者对旅游者的电子商务（C2C）

C2C 在我国还处于起步阶段，主要是旅游者通过网络平台来销售自己的产品，可以是交通票、旅游纪念品、旅游线路行程、旅游经验等。这种模式在所花费用较少甚至是免费的情况下，不受地域、时间限制地向全国各地及世界各地的旅游者进行销售，交换旅游服务产品。它在我国旅行社的应用并不多。

图 5-5 基于 C2B 的定制旅游

图 5-6 定制旅游操作界面

旅行社新一代的电子商务模式还在不断涌现，如线上商务与线下商务（online to offline, O2O）的模式在旅游业已成功应用。这种线下服务可以通过线上来揽客，消费者可以在线上筛选服务并在线结算，可很快获取产品的规模业务。该模式最重要的特点是：推广效果可查，每笔交易可跟踪，服务具有灵活性. 最近发展起来的社交模式，即通过社交平台招揽游客，同样也获得了成功，已成为旅行社招揽游客的主阵地，团队、自由行、定制游在社交平台上的业务量也不断在提升。

第四节 旅行社的网络营销

网络营销永远是旅行社电子商务的重点内容。广义的旅行社电子商务可以应用在旅行社企业经营管理的各个环节，包括旅游产品开发与采购、旅游产品营销与促销、旅游接待、客户关系管理等各个业务活动环节，从而大大提高企业的经营管理效率，降低旅行社经营管理的成本。随着互联网对旅行社企业的覆盖，尤其是移动互联网的普及应用，网络营销将成为旅行社实现营销战略目标的主要方式。为了便于比较，本节在介绍传统营销策略的基础上，介绍旅行社网络营销的概念及其优势，然后介绍旅行社开展网络营销应采取的策略。

一、传统旅行社营销策略

在传统营销方式下，旅行社通过与饭店、交通部门、旅游景点、购物点等旅游服务提供商洽谈取得低价，并把旅游服务组合加工，形成自己的特色线路产品。产品推广主要靠打广告、打价格战、拉客户等成本导向的营销手段。

由于传统营销缺乏有效的数据优势，无法针对性地采取有效方法，以往学者只能按经营的各环节从产品、价格、渠道、促销四个方面总结传统旅行社的营销策略，这些策略明显没有有效的协同性。

（一）产品

产品是旅行社营销的核心内容，能设计出吸引顾客的旅游产品是旅行社营销策略的核心组成部分。虽然传统旅行社经营的产品种类有所增加，但从总体情况来看，传统旅行社销售的产品还是以单一的“团体、全包价、文化观光旅游”为主，营销也是以产品为中心展开，这样的形式已经不能满足新时代旅游者多样化的旅游需求。

（二）价格

价格策略是传统旅行社常采用的营销手段，低价竞争是最明显的特征。传统旅行社的产品价格类型根据旅行社的产品内容进行划分，旅行社的产品价格分为组团报价、半包价、小包价、单项服务收费、特殊形式的旅游收费等，营销策略也是围绕价格展开，没有突出服务的重要性。传统旅游业的定价不透明、不够规范、相对固定，同一条线路的定价会出现低价竞争的现象，但提供的服务难以达到承诺的标准。

（三）渠道

目前，传统旅行社的销售渠道主要有直接销售渠道、地接社与自组团信息系统、大客户渠道，这些不同的传统渠道营销方式基本都采用各自的人际关系营销，营销成本高、效率低。直接销售渠道是指旅行社直接向旅游者出售其旅游产品。地接社就是旅游地负责接待、服务的旅行社。自组团就是与游客签订合同的旅行社。大客户渠道，就是一般组团社直接联系集体出游的多人客户，如企事业单位集体出游、奖励旅游等。当然，还有一些通过传统网络进行旅游电子商务活动的销售和营销。

（四）促销

促销是旅行社最常见的营销策略。传统旅行社营销常见的促销工具有广告、公共关系、行业推广、人员推销、直接营销或促销活动。最常见的是组织员工在路边发宣传材料，依靠人脉在社区、写字楼、关系客户中转发旅游广告来吸引客户。这些促销策略具有效率低、见效慢、效益不高等特性。

总之，围绕传统旅行社产品、价格、渠道、促销的营销策略都是基于人工的传统方法，缺乏有效的绩效评估和即时的数据分析，策略选择上也缺乏相互的协同性，很大程度上局限了线路产品的设计和市场推广。

二、旅行社网络营销的概念与优势

旅行社网络营销就是旅行社将相关的旅行线路及旅行社所能提供的服务，通过新一代网络平台发布、展示的方式进行在线提供，或者通过企业自媒体平台做在线推广。作为企业营销战略的重要组成部分，网络营销主要是为实现企业预定的经营目标而进行的以互联网为基本手段的诸多网上经营、推广活动的总称。

旅行社网络营销相对于传统营销方式而言，减少了中间环节并节省了宣传册的印制成本，同时利用网络庞大的用户信息和积累的数据，建立自己的客户数据库、业务数据库以及产品资源数据库，对不同类型的客户进行分类宣传，并及时获取他们的需求信息，推出个性化的旅游产品。网络营销具有信息传播速度快、无时间和地域限制、内容详尽、多媒体传送、形象生动、双向交流、反馈迅速等特点。网络营销最大的优势是交互性，它的营销效果是可测试、可度量以及可评价的，能帮助旅行社企业不断地完善营销的管理工作。具体来说，旅行社网络营销具有以下几个优势。

（一）降低企业经营成本

互联网的普及使得旅行社只需要配置相关的计算机等硬件设施便可以进行网络营销，不需要再借助各门店和传统的纸质媒体或广播电视媒体等方式进行宣传，大大节省了房屋租金、广告费用和人力成本等。此外，旅行社通过互联网可以与旅游者直接联系，信息可以精准及时地传达给客户，节省了沟通的时间成本，并且能够直接了解顾客的需求和建议，减少中间环节的差错，从而为顾客提供更好的旅游服务。

（二）突破时空限制

互联网的信息流动不受时间和空间的限制，旅行社和旅游者通过互联网可以随时随地进行信息的发布、获取和互动。对于旅行社而言，只要有网络就可以随时随地办公，工作时间和地点不再局限于以往的朝九晚五或者企业办公室，可以根据旅游者需求的变化随时为其提供服务，工作时间和地点更加灵活方便。对于旅游者来说，可以随时随地查询自己所需要的旅游信息或者实现在线交易，更加方便快捷，不再因为时间或者空间的限制而影响自己的旅游出行。

（三）满足旅游者个性化需求

随着生活水平的提高，人们有越来越多的可自由支配时间和收入，出游次数不断增多，出游经验大大丰富。技术进步尤其是交通方式的便利，推动了自助化旅游的开展。人们的出行方式不再局限于传统的组团出游，更多地倾向于自由行，个人的旅游需求越来越多样化、细分化和个性化。网络营销，不仅可以帮助旅行社企业进行产品设计、渠道拓展、促销优化、在线交易等，还可以对旅游者的信息进行收集和分析，实现旅行社与旅游者的在线信息交流和互动，帮助旅行社企业了解旅游市场变化和旅游者的个性化需求，从而进行产品设计与创新，向旅游者提供个性化的销售和服务。

（四）展示信息丰富

互联网环境下的媒体信息十分丰富，利用先进的技术手段，可以把旅游信息通过图片、动画、文字、声音、视频等形式进行展示，声文并茂，翔实生动，其内容不仅包括产品和价格信息，也包括环境的知识文化信息。例如，在星巴克网站购买咖啡，不仅可以了解咖啡的种植历史、制作工艺、如何饮用等，还可以了解相关俱乐部的活动，以及丰富多彩的咖啡文化，这一点是传统营销方式很难做到的。此外，利用短视频进行信息展示，可以让旅游者欣赏旅游目的地的自然景观，有效激发旅游者的出游动机。

（五）即时效果监测

利用先进的信息技术，对网络营销效果可以即时监测，随时根据效果调整营销策略。例如，广告客户可以通过网络即时获得数据，形成分析报告，这对调整广告策略的意义非常重大，也是传统媒体营销无法做到的。另外，网络营销还可以通过互联网的舆情监测，随时调整营销方法和策略，这些都可以为旅行社创造更敏捷的营销优势。

网络营销的优势还有很多，它可以实现在不同渠道、不同促销活动、不同客户之间的协同营销或关联营销，可以根据自己的情况制定网络营销策略并在不同阶段进行应用，如对会员客户可以开展一对一的营销、人本营销，通过社交平台可以开展即时互动的营销，通过不断完善最终实现高效的精准营销。

三、旅行社网络营销的策略

网络营销的方法很重要，但更要讲究策略。旅行社网络营销与传统营销不一样，有基于网络的数据依据优势，旅行社自身的服务优势，再结合数据导向的市场分析，因此旅行社可在网络营销上应用自己的策略。

（一）线上线下相结合，发展网络营销

在互联网时代，传统旅行社的发展必须与在线旅游市场相结合，像携程旅行网都在融合传统旅行社，作为传统旅行社更要融合在线旅游市场。一方面，传统旅行社可以通过建立自己的旅游网站、移动 App 来开展营销和促销，整合线上线下资源，进行品牌的推广；另一方面，传统旅行社可以与拥有较大市场影响力的在线旅游服务商签订协议，成为合作伙伴，为其提供旅游产品。与此同时，稳固已有的客源市场，通过发展网络营销开拓潜在的客源市场。此外，依托互联网平台，进行旅游营销创新，线上线下实现营销内容、时间的整合，以新媒体、自媒体为主要工具构建新时代的旅游营销体系，精心策划旅游活动，借助微信、微博、QQ 等社交平台进行宣传，积极维护社交平台的互动关系，尤其是通过促销活动巧妙实现与传统媒体的融合，促进旅行社网络营销的稳步发展。

（二）学会利用数据分析，创新营销服务

旅行社要生存和发展需要营销服务的创新。传统旅行社可以建立已有客户的资料数据库，依托旅行社的网站、网点及门店，收集、整理、分析及跟踪客源市场特征，以了解与预测市场供需情况及旅游消费者需求偏好的变化。在此基础上，旅行社可通过数据分析，挖掘客户需要的产品，改进产品和服务，并精准地开展个性化营销与服务。因此，旅行社可根据旅游市场细分需求对旅游产品体系进行服务创新，广泛聚合各个产业资源，组合设计个性化、差异化、多元化的旅游服务产品，如面向新一代旅游消费者可增加体验型旅游项目，以提高参与性；面对创新营销服务，旅行社可以挖掘高端客户，积极发展以自由行为核心的旅游业务，开拓自助旅游市场。提供高端定制旅游产品及服务，适应定制化旅游消费需求，这是未来旅游市场非常有前景的一类产品。

（三）精准营销，提供个性化服务，提高服务质量

利用移动互联网开展精准营销，可以提升服务质量。传统旅行社应该意识到旅游者已经在普遍使用移动互联网进行交易活动，而自身更需要使用移动互联网进行产品的展示、在线的互动、在线的推广等，更要利用在线支付、在线画像等新技术，通过自己的移动互联网平台或自媒体平台，开展有目标的精准营销。旅行社可通过自己的平台向旅游用户个性化地展示旅行线路的文字说明、图片、景点、影音录像等多媒体信息，智慧化地推送用户所需要的信息或产品，另外还可以通过数据分析、社群网络、真实ID号、画像标签等方式，开展基于社交网络的精准营销，有助于提升旅游产品的受关注度，进行精准信息宣传，达到更好的宣传效果并最终提升旅游产品的服务质量。

（四）多样化促销手段，留住老客户，吸引新客户

传统旅行社借助移动互联网技术和平台，促销手段呈现了多样化的趋势。网上促销相较于传统促销手段的宣传面更加广泛，且网页可以插入图片、文字、声音以及视频等，多种方式灵活地展现旅游线路的内容和特色。移动互联网内容容易更新、成本低廉，而且与消费者可进行双向信息交流，感知消费者对产品的态度，因而促销效果更好。互动促销、展示促销、广告促销、事件促销、视频促销等都可以在互联网上实现，因此网上促销已成为旅行社和旅游消费者之间进行信息沟通的桥梁，消费者通过手机网页、聊天室等提出问题、获得解答，对旅游者的关怀服务所产生的促销效果会更好。

（五）培养在线营销复合型人才，提供技术和智力支持

在互联网背景下，传统旅行社营销创新需要懂互联网思维的创新人才。网络营销既要有大数据思维、平台化思维，还需要有营销和促销的网络技能，用新技术开拓新的营销渠道，这就要吸收拥有互联网思维和专业旅游知识的员工，从思想上转变发展思路，培养适合企业自己使用的在线营销人员，懂企业的营销战略思想。为了吸引并留住这方面的人才，传统旅行社需要建立具有竞争力的薪酬制度和激励体系，重视懂技术的复合型人才，也可以搭建专业的运营团队培养这方面的营销人才，提升旅行社的营销服务质量。

第五节 在线旅行社的电子商务

在线旅行社（online travel agent, OTA），通过网络平台为旅游消费者提供预订旅行机票、住宿等在线服务，是互联网出现以来诞生的旅游新业态，也是旅游电子商务发展的先锋者。近年来，OTA 电子商务发展倒逼传统旅行社电子商务的发展。为了借鉴 OTA 电子商务的发展经验，本节专门介绍 OTA 电子商务的一些概念以及发展特点。

一、在线旅行社的概念及特点

在我国，基于互联网的 OTA 是从 20 世纪 90 年代末期开始发展起来的，经过二十多年的发展，逐渐形成了我国最大的旅游电子商务市场。现阶段，OTA 的业务主要包括在线订房、订机票、订度假产品、订车船票、订餐饮以及其他休闲产品。OTA 的业务特点包括在线咨询、在线销售以及在线分销。OTA 发展的起点就是基于网络的电子商务，因此它的发展引领了旅游业电子商务的发展。

（一）在线旅行社的概念

近年来，受互联网和移动互联网浪潮的推动，使在线旅游成为生机勃发的市场。在线旅游是指以网络技术和移动互联网为依托，通过在线网络查询和预订旅游产品，并可以通过网络分享旅游产品或旅行经验。在线旅游是一种服务手段，通过网络或移动互联网来方便用户，提供旅游者在行程中的所有服务，由此诞生了在线旅行社。

OTA 开始起步的时候没有实体旅行社，完全通过网络开展在线服务业务，旅游消费者通过网络或电话向 OTA 平台预订机票、酒店、旅游线路、度假产品等旅游服务，并通过在线支付完成交易，OTA 在在线服务过程中获得分销佣金或提成而取得收益。OTA 在旅游产业链中属于产品整合分销的 B2B、B2C 平台，是互联网化的在线旅游服务代理商和分销商，商家通过网络向消费者提供旅游产品的预订或购买服务，如携程旅行网、同程网、途牛网、去哪儿网等都是新一代的 OTA 服务商。

（二）在线旅行社的特点

人们最早接触旅游是从旅行社开始的，现在年轻人对旅游的最初接触的已变为 OTA，从旅行社到 OTA，核心的内容没有什么变化，本质上都是出行旅游的准备，但入口已从原来的电话、门店发展到网络的线上（Web、App 等），获取信息和服务的方式变了。OTA 提供的服务有自身的一些特点和优势，它不同于实体旅游企业提供的服务。我国 OTA 的经营主要呈现以下一些特点。

（1）OTA 平台既是在线旅游平台，又是供应链平台。OTA 是为旅游者提供在线服务发展起来的平台，通过丰富的产品、高效的服务获得庞大的消费群，从而形成强大的 B2C 服务平台。为了保障 OTA 平台服务产品的供应链，它开展了 S2B 的商务模式，这里的 S 表示供应链服务，B 为提供服务的实体企业，OTA 平台通过 S2B 模式为数以万计的 B 端实体企业赋能，目的是提升消费者的在线客户体验，提高平台的经营效率和效益。这种有保障的供应链服务，使消费者在享受到丰富资源的同时，更能感受到高效、便捷的服务体验，以及线下实体企业有温度的专业服务，这是OTA平台非常有竞争力的经营特色。

（2）OTA平台本身没有旅游产品和资源，仅仅是旅游服务代理商。早期OTA平台自身缺乏旅游产品和资源，通过收购上游旅游供应商的产品或与之合作，以网络为主体，对上游旅游产品要素和信息进行整合、重组和设计，为用户提供食宿产品、交通产品、休闲度假产品、商旅管理产品等的在线查询、在线预订和在线交易（支付）等相关旅游服务，以获取代理费、佣金以及广告收入等。OTA平台最重要的功能是实现旅游产品的网上预订和支付，提供在线旅游的所有线上服务。随着互联网技术的普及和与旅游的深度融合，在线旅行社在全国甚至世界范围内与旅游产品供应商和传统旅行社合作，随时为国内外旅游用户提供丰富、多样化、个性化的旅游产品选择和服务。

（3）OTA平台丰富的旅游产品，可以满足客户的个性化需求。OTA作为一个网络服务平台，其另一个主要特色就是旅游产品的丰富性。OTA通过与众多旅游产品和旅游资源供应商的合作，将众多旅游产品和资源的信息进行汇总，不仅可以为消费者提供更多的选择，还可以提供旅游目的地周边的特色旅游服务，基于消费者的需求提供丰富的旅游线路，信息公开、透明，符合旅游市场多元化、差异化、个性化的消费需求趋势。基于移动定位服务（LBS），OTA平台可以根据不同用户的定位进行个性化推荐，包括附近酒店、旅游景点、娱乐设施等相关信息。

例如，携程旅行网是我国第一家OTA平台，在建设初期，它是以风险投资作为资本注入形式，以纯粹的旅游供需中介代理商的形式存在，在其发展早期均无实体旅游企业做支撑，曾被称为“无根的携程”。虽然后来它成立了旅行社，但是正是因为它改变了旅游信息不对称的市场格局，让更多的旅游者了解到丰富的产品信息，因而拥有了自己的顾客群体。携程在开始阶段并没有实体产品或者旅游资源，而是通过与旅游产品供应商的合作，利用携程自身的平台，汇聚各种旅游供给要素，如旅游交通、旅游酒店、旅游餐饮、旅游购物、旅游资源、旅游线路等信息，并提供在线预订业务。它以代理佣金作为赢利来源，并占据了在线旅游预订业务的绝大部分的份额。

（4）OTA平台服务功能丰富，引领旅游“新零售”。OTA平台具有丰富的在线服务功能，除了在线直销、在线服务功能外，还具有垂直搜索、产品分销、在线点评、定制服务、分类广告等功能，而且随着大数据、人工智能等新技术的应用，平台功能还在不断地完善和涌现。在新零售功能方面，OTA平台的另一个特点就是用新零售思维给传统门店赋能，帮助旅行社实现线上、线下、移动端各个场景的协同服务和融合。例如，携程App在旅游板块增加了“附近门店”的查询功能，主要是为实体店导流，以增加门店的赢利能力，实现真正的线上线下融合。

二、在线旅行社电子商务的运营模式

随着人们可自由支配收入的提高、闲暇时间的增多，以及交通工具的现代化，在线旅游消费市场快速增长，风险投资和其他产业不断涉足OTA，OTA形成了一个庞大的产业群，造成市场竞争愈演愈烈，各大OTA平台通过对市场的调查分析，采用了不同的运营模式，以求在在线旅游市场中分一杯羹。常见的OTA电子商务的运营模式包括以下几种。

（一）垂直搜索引擎

旅游业是信息密集型产业，尤其是随着互联网技术的应用与普及，为大量旅游信息快速、广泛、精确地传输和使用提供了很好的契机。于是，帮助旅游消费者提供在线旅游信息查询的旅游垂直搜索引擎应运而生，它的出现能为旅游者快速地提供其所需要的信息。旅游垂直搜索引擎平台不直接参与旅游产品与旅游消费者之间的交易，通常依靠广告费和点击率获取收益。

垂直搜索引擎的业务向垂直方向发展，针对细分市场的服务内容比较专一。细分市场的依据可以是产品类型，如旅游度假、酒店住宿；也可以按地域资源和消费偏好来细分市场，如地方性旅游网站、专业性旅游网站、自助游旅游网站等。产品垂直网站以途牛旅游网为代表。垂直搜索引擎除向细分市场的业务垂直的含义外，还有一个技术垂直的含义，此类搜索引擎以去哪儿网和酷讯网为代表，自身没有完善的旅游产品信息库，它们按照旅游者搜索的条目抓取相关产品信息，并按价格排序，以方便旅游者选择。

垂直搜索引擎可以帮助旅游者短时间内在庞大的信息库通过搜索关键词找到自己想得到的旅游信息，通过搜索引擎的比价功能获取性价比最好的服务，迅速而准确地做好出发前的旅游决策。旅游垂直搜索引擎对于航空公司、酒店、景区、景点等上游旅游产品供应商而言，可以迅速整合全国上万家网站的数据，将旅游产品供应商的位置、产品、价格、服务、网上评价配套设施等信息呈现给用户，为旅游消费者提供更大的选择空间。对于在线旅行社、在线旅游批发商而言，在线旅游搜索引擎的出现，加剧了在线旅游预订市场的透明竞争，压缩了它们的盈利空间，促使在线旅行社、在线旅游批发商寻找新的经营和盈利模式。垂直搜索引擎的出现打通了各在线旅游价值链参与主体之间的联系，使在线旅游价值链更为完善，推进了在线旅游服务的健康发展。

比如去哪儿网为旅游者提供国内外机票、酒店、度假和签证等服务的深度搜索，帮助旅游者做出更好的旅行选择。去哪儿网已经搭建起一个智能化的比价平台，并不断对其进行改进、丰富和完善。消费者通过在去哪儿网上设定对机票、酒店、度假和签证等在线旅游产品的需求条件，就能够进入搜索结果页面，得到一系列相关的产品信息列表。消费者可以根据时间先后、价格高低等咨询条件，对搜索到的全部产品信息进行排序，进而自行选择最符合自身需求的产品。

比如，以杭州为目的地搜索酒店，可以按照酒店位置、价格范围、酒店级别、连锁品牌等选项进行筛选，还可以根据星级、评分、价格进行排序，极大地方便了旅游者对于信息的搜索和筛选，从而方便其快捷、高效地选择自己心仪的旅游产品。去哪儿网的搜索结果如图 5-7 和图 5-8 所示。

（二）用户生成内容

用户生成内容（user generated content, UGC）是指随着以个性化为主要特点的 Web 2.0 概念而兴起的用户原创内容，所提供的都是用户的体验性信息。用户体验性是旅游的一大特性，随着旅游者对于深度游、特色游等个性化旅游产品需求的提高，以往固定的旅游网站提供的样式化旅游信息已经不能满足消费者的需求，消费者不再被动地接受来自商家的推荐信息，而是开始主动地搜集来自各个网络社区消费者分享的经验信息。网络社区的互动式分享更能获得旅游者的信任，人们借鉴其他人的体验经历可以帮助自己进行决策，而社区攻略点评等网站使旅游者不需要实地考察，就可以通过在线网络获取其他旅游者分享的相关旅游信息，这使得 UGC 模式的在线旅游平台得以蓬勃发展。

图 5-7　搜索杭州相关酒店界面

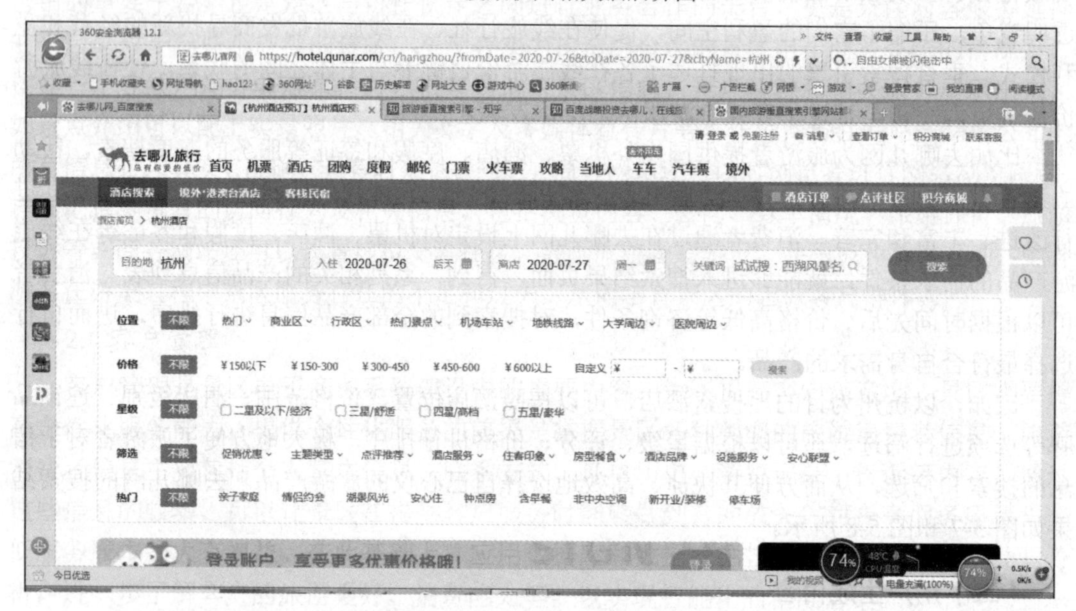

图 5-8　搜索结果页面

这类网站是社交网站与体验者推荐相结合的产物，以社交网站（SNS）来渲染氛围，以用户生成内容吸引成员，在增加成员互动性的同时，给更多潜在用户提供出行经验借鉴。如果我们将旅游过程分为出游前、旅游中和出游后三个阶段，UGC 模式平台的用户在前两个阶段主要是通过社区寻找感兴趣的出游信息，并对自己的出游行程进行规划，此时的社区发挥了提供信息的作用；最后一个阶段主要是进行分享和交流。现代旅游者越来越喜欢通过互联网分享自己的旅游生活，UGC 模式平台作为一个带有社交属性的平台因此获得了来自众多用户的丰富数据资源，极大地丰富了数据库。UGC 模式平台通过收集大量的用户需求信息及旅游资讯，再将其进行筛选、整合，进而整理出当下最受欢迎的旅游攻略反馈给用户，使用户了解产品和旅游目的地的相关信息和其他旅游者的体验。与此同时，通过旅游者的旅游经历分享，旅游供应商也通过 UGC 模式平台了解当下旅游者的多元化、个性化的需求，从而有针对性地开发满足旅游者需求的产品，为用户提供更加个性化的旅游方式和服务，开拓新的旅游潮流。

此类平台的代表是马蜂窝。马蜂窝是基于旅游社交和旅游大数据的新型自由行交易平台。攻略引擎是马蜂窝针对旅游攻略、游记、点评的引擎算法，通过自动的语义分析和数据挖掘，系统识别出真实可靠、有价值的旅游信息，实现用户和旅游产品、服务之间的精准匹配。马蜂窝攻略引擎数据已经覆盖了国内外近 50 万个旅游景区、72 万家酒店以及 158 万家餐厅。马蜂窝提供全球 6 万多个旅游目的地的旅游攻略、旅游问答、旅游点评等资讯，以及酒店、交通、当地游等自由行产品及服务，与境内外航空公司、旅游局、景区、旅行社有深度合作，其核心产品是旅游攻略，攻略中的照片和文字信息都来自真实旅游者的反馈，覆盖全球热门旅行目的地，涵盖了旅行中食、住、行、游、购、娱、出入境等重要信息，还有用户旅行的真实体验评价，为用户的旅行决策提供可信的借鉴。马蜂窝攻略的操作界面如图 5-9 所示。

图 5-9　马蜂窝攻略的操作界面

（三）渠道模式

渠道，即第三方交易平台，是指为在线旅游供应商、旅游批发商、在线旅行社等旅游经营企业提供一个网上交易平台，吸引在线旅游经营企业入驻，直接向线下旅游者提供旅游产品预订服务。它不提供产品，而是做服务，建立一个卖家企业和消费者直接沟通的买卖平台，体现在线上就是一对多的分销渠道，其盈利主要来自点击率、广告收入和佣金等。当平台达到一定知名度时，就会吸引许多优质的商家主动入驻平台。从在线旅游供应商的角度看，借助第三方交易平台有三个优势：首先，第三方交易平台拥有庞大的客流量，能吸引大量的客户和潜在客户；其次，第三方交易平台拥有完善的网上营销体系、在线支付体系和网站管理体系，能为在线旅游经营企业降低旅游经营成本、提高效率；最后，在第三方交易平台服务商中，在线旅游经营企业能直接面对形形色色的消费者，获得顾客的消费信息，为丰富和创新产品、制定科学的发展决策提供依据，以应对瞬息万变的市场。

携程网将各地丰富、优质的酒店、旅行社等旅游服务信息汇集于自身的平台，建立了一个大集市，为消费者提供全方位的商务及休闲旅行服务，包括酒店预订、机票预订、休闲度假、商旅管理、特惠商户和旅游资讯等。携程网通过专业化经营建立旅游产品的网上百货超市，通过整合旅游信息创新旅游价值链，采用立体营销方式增强品牌影响力，是用制造业的标准做高品质旅游服务。携程网的主界面如图 5-10 所示。

图 5-10 携程网的主界面

携程网还有自己的会员网络，所有的用户都可以在携程网建立虚拟社区——攻略社区，进行线上的交流与沟通，并不断地促进用户相互间的联系和交流，用户可在该社区发布自己的游记，对旅游中的问题进行在线提问、解答，还可以寻找旅游者结伴出行。携程网通过这样的社区来培养用户对携程网的忠诚度，并把自己融入整个营销过程中，使会员网络的每一位成员都能互惠互利，共同发展。携程网攻略社区的操作界面如图 5-11 所示。

图 5-11 携程网攻略社区的操作界面

（四）集成模式

集成模式主要是指集成在线旅游市场各种商业化模式的部分特点，可以是代理模式，也可以是用户出价模式或是电商模式，通过综合优化，实现盈利的一种商业化玩法。它可以一键全程代订自助游或定制游，可以实现让用户自由、一站式地自助挑选与行程相关的（包括部分稀缺的）旅行产品，用接近乃至低于目前跟团游的价格享受跟团游无法比拟的自由体验。集成模式通过综合优化各种商业化模式，实现了在线旅游市场商业化创新的玩法，是未来全新的 OTA 电商新模式。典型的集成模式应用平台代表是世界邦旅行网。

通常，OTA 平台在实际运营中往往不是采用单一的模式，作为电子商务业务，平台运行业务往往是多方面的，在平台的软件架构中可采用相对应的多种运营模式组合以创造平台的最大收益，携程旅行网就是这样。

三、在线旅行社应用实例——携程旅行网

携程旅行网（以下简称携程）创立于 1999 年，总部设在上海，于 2003 年 12 月在美国纳斯达克成功上市。携程在我国的在线旅行服务市场居领先地位，连续 4 年被评为中国第一旅游集团，目前是全球市值第二的在线旅行服务公司。

作为中国领先的综合性在线旅行服务公司，携程成功整合了高科技产业与传统旅游业，向超过三亿名会员提供集无线应用、酒店预订、机票预订、旅游度假、商旅管理及旅游资讯在内的全方位旅行服务。目前，携程已在北京、广州、深圳、成都、杭州、南京、厦门、重庆、青岛、武汉、三亚、南通等 95 个境内城市，以及新加坡、首尔等 22 个境外城市设立分支机构，进行全球化的业务布局。

携程最初是经营酒店、机票预订业务，随着市场需求的改变，不断调整自己的定位，逐步向旅游产业链上下游渗透，并以预订客房、预订机票、预订线路、休闲度假的业务为主要盈利点。如今，携程将自己明确定位为综合性在线旅游服务公司。

携程一直走在互联网的前端，为在激烈的市场竞争中保持自己的核心竞争力，携程一直关注客户需求和行业趋势。携程在成立之初，酒店预订量就创国内酒店分销业榜首。为了占领更大的市场，携程紧密布局国内和国外市场。携程于 2002 年将机票预订网络覆盖至国内 35 个城市；2005 年，进军商旅管理市场；2006 年，度假出发地拓展至国内 11 个城市；2008 年，携程度假体验中心登陆各大机场；2011 年，开始进军中小企业商旅市场；2014 年，与 Priceline 建立战略关系；2016 年，在新加坡成立东南亚区域总部，并与途家达成战略合作协议；2016 年，与美国三大华人地接社（纵横、海鸥、途风）建立战略合作关系；2017 年，开始布局国内二三线城市，5500 家实体体验门店落地。

携程一直将技术创新视为企业的活力源泉，在提升研发能力方面不遗余力。2004 年，建成国内首个国际机票在线预订平台；2006 年，携程网络技术大楼正式落成并投入使用；2007 年，携程旅行网英文网站全新上线；2008 年，携程南通呼叫服务中心正式启动，并推出国内首个航意险保单销售网络平台；2010 年，“携程无线”手机网站正式上线，携程信息技术大楼在江苏南通正式落成；2010 年，成立驴评网；2011 年，携程将南通呼叫中心升级为服务联络中心；2011 年，携程推出“惠选酒店”频道；2012 年，携程发布中国首个顶级旅游品牌“鸿鹄逸游”，并推出全新国际机票预订平台和海外酒店预订新平台；2013 年，

携程全球门票预订平台上线；2017 年，推出全球首个“旅游 SOS”服务，携程 App 上线“玩转当地”，实现本地化战略，携程美食林试水海外餐厅预订功能等。目前，携程已建立了一整套现代化服务系统，包括海外酒店预订新平台、国际机票预订平台、客户管理系统、房量管理系统、呼叫排队系统、订单处理系统、E-Booking 机票预订系统、服务质量监控系统等。

紧跟智慧旅游的热潮，携程还推出了智慧旅游服务。携程智慧旅游充分利用互联网技术、移动互联网技术、计算机技术、高性能信息处理技术、智能数据挖掘技术等，基于大数据分析，提供系列软硬件、数据接口、App、微信平台产品等市场化导向、互联网思维的、以旅游目的地及景区营销一体化为核心的智能解决体系和一站式服务体系。

在交通出行领域，携程也一直在进行全球化的布局。在机票预订业务上，2011 年携程组织中国游客赴夏威夷直飞首航，并获得印尼“鹰航假期”品牌在华独家运营权；2016 年，与东航签署战略合作框架协议，并投资英国机票搜索平台天巡（Skyscanner），完成了对海外机票市场的布局。此外，携程也一直在布局游轮旅游市场。2014 年，购买“精致世纪号”邮轮，并推出中文游轮预订平台；2017 年，与全球最大的轮渡公司 Stena Line 展开战略合作。

在携程的全球化战略布局中，最值得注意的是它的并购策略。通过并购，不仅可以将企业间由竞争关系变为合作关系，而且还实现了资源上的共享，扩大了双方的经营优势和竞争优势，以此达到 1+1>2 的协同效应。2010 年，携程战略投资台湾易游网和香港永安旅游，实现海峡两岸暨香港的互通。2014 年，投资途风旅行网，将触角延伸至北美洲。2015 年，携程战略投资艺龙旅行网，并与百度达成股权置换交易完成对去哪儿网的控股。2016 年 1 月，携程战略投资印度最大旅游企业 MakeMyTrip。同年 10 月，携程加大对北美洲地区的投入，与纵横、海鸥、途风达成合作，逐渐拓展自己的版图。携程通过并购与战略投资，一方面，可以通过渗透市场从而进一步占据市场份额，阻止越来越多的竞争者进入此行业；另一方面，通过优势互补及细分市场的需求，使携程网弥补自身的劣势和不足，让服务全面覆盖高、中、低端用户，进一步确保了携程在国内旅游网站中龙头企业的地位。

第六节　电子商务战略及作用

世界已进入战略制胜的时代，经营战略已成为企业取得成功的关键，旅行社也不例外。中国经济的“入世”、新兴旅游网站的兴起、国外旅游企业的竞争，都促使着传统旅行社重新进行战略定位。旅行社若不去积极面对全球环境的变化、技术的进步，通过经营战略决策来掌握自身的命运，就有可能在不久的将来面临被淘汰的危险。要注意的是，旅行社的战略制定并不是单指旅行社某一实务性活动的策略改变，而是针对旅行社经营活动的全局，不仅要考虑旅行社内部的经营管理，还要结合来自外部环境、竞争对手、利益相关者的变化和应对。

旅行社是一个中介型服务企业，它的存在和发展在于创造一种新的信息资源传递和整合方式，发挥信息收集与传播功能，通过规模性批量生产旅游产品来降低成本，从而在市场竞争中得以生存和发展。而互联网的兴起及其覆盖范围的迅速扩大，使旅行社失去了传统的竞争优势，利润空间降低，旅行社不再是信息的主要掌控者，任何消费者只要有一台计算机、一个网络端口就可以搜索到原本由旅行社操控的旅游信息，这使得旅行社近年来一直面临着消除中介和再造中介的压力和挑战，也迫使旅行社去思考未来的发展方向、制定适应时代发展的经营战略。上海春秋航空旅行社、北京中青旅等就积极制定电子商务战略，对自己的业务重新定位，成为传统旅行社电子商务应用的典范。

根据现代战略管理理论，经营战略的制定需从战略分析开始。就旅行社的电子商务战略而言，旅行社经营受到的冲击主要来自信息通信技术在其他相关领域的应用及互联网的普及，因此，旅行社的电子商务战略制定必须围绕信息通信技术及互联网而展开，用电子商务战略来进一步提升自己的服务是一个较好的选择。电子商务在其他行业的兴起及成功发展已给旅游业带来了新的发展模式，同时也给旅行社提供了新的发展空间。电子商务具有高效、精确及低成本的优点，非常适合处理像旅行社这样多批次的小额交易。另外，从旅行社自身的发展来看，其对电子商务的需求也越来越高。一方面，旅行社属信息产业，所经营的业务不涉及有形产品的物流配送，而关注于旅游信息的传播，信息的收集、整理、加工和传递是它的重中之重；另一方面，自助游、自由行的个性游需求越来越大，旅游者自主设计旅游线路、直接与饭店和航空公司等联系的可行性，使旅行社受到了前所未有的挑战。因此，旅行社可以从规模上、服务上、专业上主动积极地布局电子商务战略，提供更温馨和人性化的专业服务，这对旅行社的生存与发展均具有重大意义。

一、旅行社电子商务战略与其他战略的关系

旅行社开展电子商务，其战略制定与旅行社本身的发展战略有关，这里我们并不讨论旅行社的发展战略，这已超越了本书研究的范围。但每个旅行社都有自己的人才战略、内部整合战略、IT 应用战略以及客户管理战略（如挖掘），这些战略都与电子商务战略直接相关。下面我们简单讨论这些战略与电子商务战略的关系。

旅行社开展电子商务最缺的就是 IT 技术应用人才，以及客户管理手段。由于缺乏 IT 技术应用人才，因此无法开展 IT 的应用，这对旅行社的信息技术应用能力影响很大。从单体的中小规模旅行社来说，应用信息系统的并不多，由于没有信息系统，所以无法进行内部业务的整合。从电子商务角度来说，旅行社要开展电子商务必须与电子商务战略、信息技术应用战略、电子商务人才战略、企业发展和内部整合战略、挖掘潜力客户战略同步讨论，如图 5-12 所示。

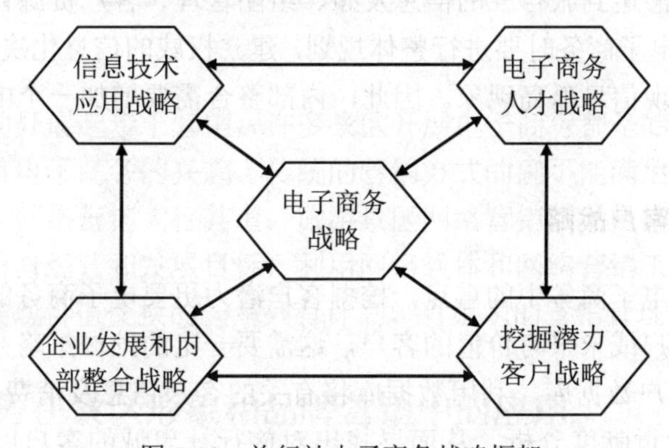

图 5-12 旅行社电子商务战略框架

（一）电子商务战略

电子商务战略的目标是逐步构建和不断完善电子商务系统，以支持旅行社的总体发展战略。电子商务作为一种新兴的商业模式，可以打破传统旅行社战略的束缚，有助于改变旅行社的业务流程，增强与客户及供应商的联系，开拓新市场。同时，电子商务系统充分应用了信息通信技术，使企业内部管理信息化、外部关系管理网络化，有助于旅行社培养和发展良好的竞争环境，提升业务的综合竞争力。

（二）信息技术应用战略

信息技术是电子商务战略实现的基础，电子商务系统通过信息技术应用战略而逐步得到改善。未来，旅行社的竞争将不再仅局限于产品与服务的竞争，而将涉及信息技术应用能力的竞争，如何快速、准确地将信息传递给消费者并建立良好的反馈途径，将成为旅行社的竞争焦点。信息技术有助于旅行社深入了解消费者需求及市场动态，为旅行社提供探索客户认知的新工具，从而使旅行社能以市场为导向，开发、设计迎合客户需求的旅游产品，同时，信息技术也为旅行社建立客户关系管理提供了技术支持。

（三）电子商务人才战略

旅行社开展电子商务，人才是实施战略的关键。旅游电子商务是旅游与电子商务的结合，可通过学历教育、继续教育、在职培训和远程教育等多种形式培养兼具旅游知识及电子商务知识的复合型人才。只有这样，电子商务的技术、功能和模式才能更好地运用到旅游业中，优化旅游电子商务的整体功能。未来，商务网站的经营和维护、信息系统的维护、电子商务的战略制定等，都需要 IT 相关的电子商务人才的支持。

（四）企业发展和内部整合战略

开展电子商务，内部业务流程整合是关键。内部整合就是要构建适合电子商务运作的企业结构形态，以符合信息系统数据流转的要求。一个旅行社通过科学的流程再造或内部整合后，将旅行社的传统业务与电子商务相结合，把电子商务与旅行社的各个业务环节整合应用起来，并逐步渗透到旅行社的信息发布、组团管理、客户资源管理、营销等领域。同时，旅行社在运用电子商务时要进行整体规划，建立权威的信息化决策机构和管理机构，避免在整合过程中出现信息孤岛现象。因此，内部整合需要增加一个电子商务系统运作的管理机构。

（五）挖掘潜力客户战略

客户关系管理是电子商务中的重点，挖掘客户潜力更要电子商务的支持。挖掘潜力客户就是寻找有价值客户或未来有价值的客户，这需要一定的挖掘策略并结合信息通信技术才能实现，如建立客户数据库，利用数据库将有关的客户信息及消费信息进行统一管理、分类、共享，并进行贡献度分析，从而寻找出对旅行社忠诚的客户以及未来有消费潜力的客户。潜力客户对旅行社而言尤为重要，因为未来的市场预测需要潜力客户的贡献。

从长期发展来看，旅行社不仅应保留住原有客户，同时也应积极开拓目标市场，挖掘潜力客户。

二、旅行社电子商务战略的作用

电子商务是一个循序渐进的过程，其开展过程与社会环境、技术、消费观念等因素有关，通过电子商务战略的制定和对市场的定位，能稳步推进旅行社的电子商务进程。进入21世纪，电子商务已被认定为现代企业的重要特征之一，如果一个企业没有开展电子商务，就很难成为现代化的企业。作为旅行社企业，如果不积极开展电子商务，肯定会被社会所抛弃，没有立足的市场。

（一）能支持旅行社的发展战略，实现业务的快速拓展

中国青年旅行社自从开展了电子商务，其业务开展速度惊人，各省的青年旅行社业务不断扩大，因此成为最早上市的旅行社企业。电子商务使旅行社运营成本降低，实现了低成本扩张，同时信息技术的应用将旅行社员工从日常繁复的惯例性事务中解脱出来，从而可以将更多的精力投入到市场分析、研究上。这些由电子商务带来的变化有利于旅行社应对新环境中产生的种种变化与挑战，扩大其业务范围而不再仅局限在传统的经营活动中，以实现业务的快速拓展。作为旅行社，只要有一个完整的电子商务系统、一个商务网站窗口，就可以实现在各地开设旅行社进行经营，而建立一个旅行社经营点和复制一个软件一样方便。

（二）能有效维持与客户的关系，实现客户的差异化服务

当今，旅游产品的差异化越来越小，服务和竞争手段也越来越同质化，而客户的需求却越来越多样化，对服务的要求也越来越高。因此，建立和维护与重点客户的关系，显得非常重要。为保持市场份额，有效地满足客户需求，旅行社有必要实行差异化服务，利用客户关系管理系统对客户群进行细分，为拥有不同偏好的客户群提供合适的服务，让客户充分感受差异化服务所带来的不一样的感受，从而获得客户的认可。旅行社可以采取以下几个电子化措施。

- 与关系客户保持一定的联系。
- 用RSS网络营销方式让消费者主动获取产品信息。
- 搜集相同偏好的客户信息，为相同偏好的客户建设交流的平台。
- 贡献不同的客户享受不同的服务（包括价格）。
- 每年为最有价值的客户组织一次联谊活动，建立亲情关系。

（三）能提升旅行社员工的自身素质，实现管理环境网络化

传统旅行社内部业务多数依靠手工操作，外部联系则以电话、传真为主，日常活动重复性高，对员工的学历及技术要求不高。而电子商务则给旅行社带来了一个信息化、网络化的环境，它要求旅行社的员工能够熟练操作计算机、熟悉信息化流程。为顺利推行信息

化管理，旅行社必须对内部的人员结构进行调整和重组，聘请具备较高素质的员工。另外，电子商务也带来了一系列的旅游业务管理信息系统，如计划调度系统、信息查询系统、账务和成本核算系统、人力资源管理系统等，这些系统的应用使旅行社能够在较短时间里掌握信息，做出决策，并实现内部管理的信息化、网络化。以下是管理环境网络化的重要特征。

- 旅行社内部有 Web 服务器，培养员工的网络文化。
- 所有内部的业务协作必须无纸化。
- 旅行社之间的业务（组接团协作）必须电子化，由信息系统处理。
- 旅行社的采购业务也是电子化，通过网络完成采购任务。
- 外联协作业务都通过网络来实现。

（四）能全面实施管理信息化，实现旅行社的敏捷管理与服务

现代旅行社采用的内部信息系统主要有企业资源计划、信息管理系统、客户关系管理等，这些信息系统的应用整合构成了旅行社的电子商务系统。内部信息系统的应用目标是管理信息化，而整合后的电子商务系统应用目标是商务电子化（信息化），其商务电子化处理需要内部信息系统的支持。旅行社要提高管理效率，实现敏捷管理与服务，必须全面实施信息化管理，利用信息系统的电子流程规范旅行社各部门之间的协作流程，合理配置旅行社的人力、物力、财力等资源，以实现手工操作无法达到的准确性和高效性。同时，工作效率的提高也缩短了客户等待服务的时间，有助于减少工作中的失误，提升服务质量。

（五）能有效建立上下游关系，以电子商务创造竞争优势

任何一个旅行社都要有一批“上游”和“下游”企业作为业务合作伙伴，如一个旅行社既需要若干个饭店、航空及车船公司等为其提供客户所需的住宿服务和行程服务，也需要旅游目的地的旅行社为其接待客户。电子商务系统有助于加强旅行社与“上游”和“下游”企业之间的业务联系，增强信息沟通，巩固合作关系，从而提高旅行社的工作效率及服务质量，为旅行社创造竞争优势。这些电子化的关系，提高了服务企业的变更成本，有利于加强协作创造市场的竞争优势。上下游旅游企业间的电子商务关系主要包括以下几方面。

- 旅行社之间协作型信息系统的业务数据通道。
- 接待中服务产品采购业务的数据通道。
- 机票订购的数据通道。
- 饭店与旅行社业务的数据通道。
- 旅行社与国际电子分销系统的业务数据通道。
- 与旅游消费者的咨询、预订业务的数据通道。

（六）能创造数字经济收益，实现知识经济突破

由电子商务带来的网上营销、网上组团、电子采购等业务给旅行社创造了新的盈利点，即数字经济。信息技术的发展影响了消费者的消费习惯及消费偏好，越来越多的消费者已开始转向网上购物、网上组团等消费习惯，旅行社的网络业务正好适应了这一变化。另外，

网络业务降低了旅行社的促销和流通费用，使产品成本和价格降低成为可能，而低价格的产品又可以刺激消费者的消费需求。初步的数字经济经电子商务系统累积后，逐渐形成一种经营战略的竞争，知识和策略在电子商务中越来越重要，从而出现了旅行社的知识经济。

目前，国内一批具有一定规模的旅行社，如上海春秋国际旅行社、中国青年旅行社等都已成功实施了电子商务。电子商务不但在旅行社中发挥了重要作用，而且正在向知识经济发展，具体表现在以下几方面。

- 在线预订的网络组团比例越来越高。
- 差异化服务产生的收益比例越来越高。
- 自由行业务产生的利润率高于大众团队业务的利润率。
- 电子商务实现的电子采购成本大大低于传统采购。
- 个性化业务的挖掘越来越依赖于电子商务系统。

以上表现说明，旅行社与电子商务的结合已成为一种必然趋势，同时也有利于旅行社知识经济的突破。旅行社实施电子商务战略既是本身业务及产品特点所决定的，也是外部环境的变化及信息通信技术的迅速发展决定的。为使自己在未来的竞争中占有一席之地，旅行社必须结合自身特色发展电子商务战略，逐步扩大知识经济的比例，以促进旅行社行业的健康、持续发展。

三、旅行社电子商务战略的内容

电子商务战略内容的制定必须符合旅行社经营的具体情况，也就是提出的战略内容能够付诸实施，逐步形成完整的电子商务系统。在具体制定旅行社电子商务战略时，应围绕近期旅行社的业务发展总目标，并从市场竞争力的角度创造性地提出具体战略内容。下面以国际旅行社业务为背景提出电子商务战略的具体内容。

（一）业务交易电子化

这是旅行社推行主业务优先的电子商务战略内容。旅行社要根据自己的网络环境和信息系统应用的情况，逐年对自己的主业务推进电子化交易，直至全部主业务交易都达到电子化，并带动其他业务的交易也逐步电子化，从而降低交易中的管理成本。例如，中国青年旅行社的“青旅在线”，开始也是部分主业务实现电子化交易，目前其已经成为该旅行社所有业务交易的平台，如B2C业务、B2B业务等，实现了所有资源的协同效应，反映了该旅行社打造“全方位在线旅行社”的电子交易战略，极大地提高了交易的效率和效益。业务交易电子化具体包括以下几方面内容。

- 确定电子商务战略框架的目标。
- 确定每年电子交易目标的比例。
- 确定合作伙伴电子交易的优先顺序。
- 确定每年IT投入的资金费用。
- 确定分销渠道接入的顺序和时间。

（二）客户关系管理电子化

这是旅行社推行客户服务优先的电子商务战略内容。旅行社首先要建立一个客户数据库系统，把客户的基本信息和消费信息储存在数据库中，然后逐步完善客户关系管理的软件。该软件是电子商务战略中非常重要的内容，需要分析客户的偏好、消费习惯、假日时间、经济状况等。该战略的重点是逐年完善与客户互动的方式，为关系客户及时传递有价值的营销信息，用信息技术借助于跑动的数据为关系客户提供温馨的服务。客户关系管理战略要逐步扩大关系客户群体，让他们觉得参加旅行社组织的旅游物有所值，处处有敏捷的服务和关怀。客户关系管理电子化具体包括以下几方面内容。

- 确定客户关系管理战略框架的目标。
- 选择合适的 CRM 系统并逐步进行二次开发。
- 逐步推行面向关系客户的自动营销和自动销售。
- 逐步推行和完善挖掘客户需求的智能化分析。
- 逐步完善客户关系中差异化服务的策略。

（三）电子市场在线化

这是旅行社推行市场重点的电子商务战略内容。旅行社需要有选择地抓住市场重点，利用商务网站，面向客源地招揽消费者，以提高市场推广在线化的效率和效益。例如，浙江省中国旅行社，抓住海峡两岸开放旅游的热点，积极推动海峡两岸旅游的电子市场战略，一方面，利用网站面向台湾地区推广宣传，让台湾地区的旅游消费者通过网站了解杭州，吸引台湾地区的旅游者到杭州旅游；另一方面，通过网站向杭州的旅游消费者积极宣传台湾地区的旅游风光，吸引杭州旅游者到台湾地区观光旅游。通过重点的电子市场战略，用网络的现代手段，实现了前所未有的海峡两岸旅游市场收益。目前，电子市场在线化主要依赖商务网站，具体内容可包括以下几方面。

- 确定电子市场在线化的框架目标。
- 确定自建网站的市场推广计划。
- 确定门户网站以及综合性网站的推广计划。
- 确定各渠道电子通道整合计划。

（四）市场营销电子化

这是旅行社推行营销先行的电子商务战略内容。网络营销也是电子市场的重要组成内容，这里单独拿出来是让旅行社意识到网络营销对开展电子商务的重要性。旅行社开始做网站是为了营销，旅行社到电子分销商那里做广告也是为了营销，不同的是这些营销利用的是网络环境，但在网络环境里开展营销不是想象的那么轻而易举，需要一定的策略、战略，循序渐进地组织开展，其中内容、方法、技巧都是非常重要的。在网络环境里开展营销，投放网络广告、超链接有免费的也有收费的，要求网络营销人员对网络环境非常熟悉，这样才能做好网络营销的推广工作。市场营销电子化可以包括以下几方面内容。

- 确定网络营销战略的框架目标。

- 分阶段、分时段地确定网络营销内容。
- 尽可能地利用免费的网络营销平台和网络环境。
- 逐步推行搜索引擎的网络营销。
- 逐步推行基于 4G/5G 的移动网络开展网络营销。
- 网络营销应采用多渠道战略，并在内容、时间上进行整合。

旅行社在制定电子商务战略时，一定要根据自己的业务背景来进行。对于一个国际旅行社而言，其电子商务战略应把重点放在国际交易环节上，电子商务系统应考虑与对方（如境外旅行社）对接的各种技术问题和标准问题，然后考虑电子市场的战略问题。对于一个国内旅行社而言，其电子商务战略重点应放在网络营销和客户关系管理方面，毕竟旅游者出行目的地最多的是国内旅游点，做好与客户关系的电子化服务，对业务的扩展和吸引忠诚客户对旅行社的发展是非常有利的。一个电子商务战略应考虑综合平衡的因素，而其关键点就是要确定对旅行社主业务的支持，以逐步实现主业务的完全电子商务。

课后案例分析：浙江省中国旅行社集团有限公司的电子商务创新思路

本 章 小 结

旅行社及 OTA 电子商务是旅游电子商务的重要组成部分，旅行社作为传统旅游企业，OTA 作为新型的在线代理服务企业，它们在电子商务开展中有各自的应用特点。本章共分六个部分。第一部分介绍了信息通信技术在旅行社经营中的广泛应用，实现了旅行社的业务重组及经营方式的数字化转变，提高了旅行社的经营能力及竞争力；第二部分介绍了旅行社电子商务的概念以及应用特点和功能特性，以及互联网技术应用对旅行社所产生的改变；第三部分介绍了旅行社电子商务信息系统的组成，以及旅行社电子商务内部网、外部网和互联网系统在旅行社电子商务应用中所体现的功能；第四部分介绍了旅行社网络营销的概念及策略，以及它与传统旅行社营销的不同；第五部分介绍了 OTA 电子商务的发展及概况，分析了 OTA 电子商务的概念和特点，明确了 OTA 与传统旅行社的区别，并以携程旅行网作为 OTA 电子商务的应用实例进行了讲解；第六部分对旅行社电子商务战略及作用进行了概括性的介绍。希望通过本章的学习读者能对旅行社和 OTA 企业的电子商务发展和应用有个全面的认识和了解。

拓展知识

OTA 分销商	电子合同	ERP 系统
电子营销	自由行	定制旅游
智能移动设备	垂直搜索引擎	电子商务平台
联合组团	微商平台	PaaS 模式
网络组团	电子计调	在线点评
私有云	体验型旅游	S2B 模式
公有云	自助型旅游	数字签名
用户出价模式	媒体模式	代理模式

思考题

1．与传统经营方式相比，旅行社电子商务化的优势在哪里？

2．我国旅行社电子商务虽起步晚，但是发展迅猛，试分析其原因。

3．借助旅行社电子商务内部网，可以对传统旅行社的哪些业务流程进行优化？

4．对旅行社电子商务的四种表现形式，即 B2B、B2C、C2B、C2C，分析其各自的优劣。

5．对还处于起步阶段的 C2C，你觉得在我国的市场环境下是否可行？说明理由。

6．旅行社电子商务可以应用于哪些环节？

7．OTA 与传统旅行社相比，有哪些特点和优势？

8．OTA 的主要运营模式有哪些？举例说明。

9．在 OTA 平台的运营模式中，什么是用户出价模式？举例说明。

10．OTA 的盈利模式有哪些？举例说明。

11．如果在国内旅游，你是倾向于选择购买旅行社的服务还是利用 OTA 平台？说明原因。

12．如果出境旅游，你是倾向于选择购买旅行社的服务还是利用 OTA 平台？说明原因。

13．什么是联合组团？它适合什么样的旅行社？

14．根据携程旅行网的功能栏目，请画出携程电子商务系统的功能结构图。

15．传统旅行社和 OTA 在开展电子商务过程中有哪些不同的地方？传统旅行社应如何借鉴 OTA 发展自己的电子商务？

16．传统旅行社和 OTA 如何在电子商务方面实现融合性发展？

17．在现阶段，OTA 电子商务发展的瓶颈在哪里？如何避免？

18．试叙述国际旅行社开展网络营销应采取的策略。

19．什么是一对一网络营销？目前有哪些技术和方法？

20．什么是搜索引擎网络营销？开展搜索引擎网络有哪些步骤和方法？

21．什么是网上组团？目前有哪些网上组团的操作模式？

22．怎样开展网上组团？业务操作上有哪些设计原则？

23．什么是旅行社的电子商务战略？电子商务战略对旅行社经营能起到怎样的作用？

24．旅行社电子商务战略应有哪些核心内容？

参考文献

[1] 王真慧，张佳．旅行社实施电子商务经营管理模式创新探讨[J]．生产力研究，2009（5）：146-148．

[2] 曹小英．旅游电子商务[M]．成都：西南财经大学出版社，2015：172-173．

[3] 李丹．移动互联网背景下传统旅行社的营销策略研究[J]．现代商业，2018（5）：40-41．

[4] 唐璐．旅行社网络营销策略研究[J]．现代经济信息，2017（36）：338-339，359．

[5] 梁大治．浅探旅游在线营销：以旅行社为例[J]．现代信息科技，2018，2（8）：114-116．

[6] 王光伟，宋杨，刘静．基于在线旅游社（OTA）发展态势的旅行社网络营销策略[J]．濮阳职业技术学院学报，2017，30（2）：99-102，128．

[7] 林红，张剑伟．Internet 与旅行社革新[J]．陕西经贸学院学报，2000，13（4）：61-63．

[8] 李蕊蕊．个性化旅游市场中两大主体：旅游者、旅行社的变化分析[J]．特区经济，2006（3）：230-231．

[9] 张继焦．电子分销的四大优势[J]．互联网周刊，2002（31）：79-80．

[10] 禹有松．中美旅游电子商务比较研究：以携程和 Expedia 为例[J]．时代经贸（学术版），2008，6（2）：121-122．

[11] 陈岚．电子商务环境下旅游服务增值化探析[J]．商场现代化，2008（4）：69-70．

[12] 袁翔珠，卢润德．论旅游业的电子商务发展战略[J]．技术经济与管理研究，2002（6）：73-74．

[13] 朱若男，辛江，刘娜．旅游电子商务[M]．北京：中国旅游出版社，2008．

[14] 查良松，陆均良，罗仕伟．旅游管理信息系统[M]．北京：高等教育出版社，2006．

[15] 章牧．旅游电子商务[M]．北京：中国水利水电出版社，2008．

[16] 周勇，胡静．旅游管理信息系统[M]．武汉：华中师范大学出版社，2008．

[17] 朴松爱，吴鸣岐．旅行社管理[M]．北京：中国旅游出版社，2007．

[18] 杨路明，巫宁，等．现代旅游电子商务教程[M]．北京：电子工业出版社，2007．

[19] 陈建斌．旅行社经营管理[M]．广州：中山大学出版社，2007．

[20] 陈永发．旅行社经营管理[M]．北京：高等教育出版社，2008．

第六章　景区电子商务

开篇案例

深大智能景区电子商务平台再升级

浙江深大智能是从事智慧景区行业24年的老兵，也是行业领军的智慧景区解决方案提供商。2020年的新冠肺炎疫情对深大公司的影响非常大，无形中倒逼其进行电商产品和技术的升级和落地。深大智能服务全国60%以上的A级景区，总数量已达到5500家，其中很多都是国内著名景区，这些景区为了应对疫情，主动联系深大智能，从技术角度进行数字化抗“疫”和为开园所做的各方面数字化配套提升，如实名制进景区、景区健康码对接等，并进行一系列电子商务子平台的落地和产品研发，实现了景区非常时期电子商务系统的数字化战“疫”。深大智能景区电子商务平台再升级的数字化保障能力主要表现在以下几个方面。

1. 完善景区电子商务平台中的服务（其中S是景区、C是游客、B是分销企业）

（1）景区直接对游客（S2C）。游客到了景区现场，可通过扫码、现场窗口或者关注公众号购票。

（2）游客对游客（C2C）。很多非5A级的景区要靠游客口碑吸引新的游客前来游玩，这就需要景区有全员营销的能力，同时分佣金给吸引游客来到景区的商家。

（3）景区分销（S2B）。通过旅行社、OTA进行分销。

（4）同业分销（B2B）。景区资源分销给渠道之后，渠道还要进行二级分销。

（5）分销企业对游客（B2C）。景区资源分销给渠道，渠道再应对游客终端，这也是深大智能要解决的一个重点问题。

2. 完善景区电子商务平台的功能

根据疫情和以后突发事件的应对需要，景区电子商务平台补充了实名预约，并支持现场购票、网络购票、扫码购票的三合一实名制，价格可分区段浮动，同时支持导游导览、电子发票、咨询服务、互动营销等即时功能。

3. 完善电子商务平台的子平台服务

子平台是电商服务平台的移动服务平台，也是景区电商的小前台。目前，主要有疫情版实名预约子平台、B2B全渠道分销子平台、导游导览子平台等子平台对客移动服务。这些子平台基本实现了景区经营中的无接触服务要求。

全国有很多A类景区，景区的需求也各不相同，深大智能利用数字化产品的个性化服务来吸引拥有不同需求的景区，如莫高窟、八达岭、杭州灵隐寺等。通过实践，深大智能认识到景区电子商务系统不仅要解决商务问题，更要解决景区中的服务问题。景区不愿意被一些技术和产品打着免费的幌子来绑架，深大智能做到了这一点。它们正在完善的子平台就是用数字化技术去接地气，用数字技术真正地解读景区的问题，理解游客的需求和痛点，提供最好的解决方案。数字化景区，需要新技术的深度应用，通过移动互联网用电子商务平台真正为景区实现本地化服务，这就是景区电子商务平台所追求的目标。

（本案例由深大智能提供，作者加工整理）

世界旅游组织长期预测报告《旅游走向2030年》中指出，全球范围内国际游客到访量从2010—2030年，将以年均3.3%的速度持续增长，预计到2030年将达到18亿人次。中国旅游业的快速发展，得益于中国几千年的文化和美丽的自然风光对游客的吸引。随着旅游业的繁荣，国内旅游景区在规模上的发展也非常迅速。旅游景区是旅游价值链的最后一个环节，也是整个价值链中最重要的环节，因为它对激发游客产生旅游动机起着至关重要的作用。对比位于旅游价值链上游的饭店和旅游中介，旅游景区在新技术应用方面显得比较保守。近几年，以饭店和旅行社为代表的旅游企业都充分利用信息通信技术和网络技术发展电子商务，均取得了很大进展，但是旅游景区的电子商务发展还相对滞后。

第一节　景区电子商务的概念及模式

国外发达国家景区的电子商务应用较早，到目前已经发展得比较成熟。我国景区希望利用信息通信技术改善景区经营管理和营销的意识已经逐步建立，但在实际建设中，绝大多数景区还是处于非常低的水平，大部分景区还停留在建设能够发布信息的网站的阶段，只有非常少数的国内知名的大型景区开始了建设景区电子商务系统的探索，如黄山旅游风景区、九寨沟旅游风景区、峨眉山旅游风景区等。

一、景区电子商务的概念与发展

电子商务是基于信息通信技术，在线上以电子交易的形式进行物品、服务交易的活动。景区电子商务也是利用信息通信技术，借助服务平台，实现景区商务的电子化交易活动。具体来说，景区电子商务包括：以风景名胜区或旅游景区为中心，用先进的技术整合景区门票、景区酒店、景区餐饮、娱乐与休闲、景区交通、景区商店、观光车、景区演出表演等各方面的资源，线上线下为游客提供饮食、住宿、出行、游玩、购物、娱乐等全方位、高质量的个性化旅游服务；利用电子商务系统实现网上预订、票务管理、住宿管理、出行管理、导游管理、导览管理、餐饮管理、景区POS系统、景区电子屏管理、大客户管理以及后台管理等功能，支持人性化的信息查询功能以及支持用户在任何情况下都可以轻松、迅速地查找所需的景区信息。

自从1994年中国互联网正式接入国际网络以来，景区电子商务开始了快速的发展。我国旅游景区的电子商务起步于20世纪90年代末期，出现移动互联网后景区电子商务获得了迅猛发展，游客在网上订票已成为常态，网络订票、网络营销成为旅游景区最基本的电子商务管理工作，尤其是随着景区 OTA 服务商的出现，倒逼旅游景区积极开展电子商务。现阶段，景区大多数开展电子商务都是依赖 OTA，真正自己建立电子商务系统的很少，基本都属于碎片化应用，缺乏战略性的远见。实践表明，系统性地开展电子商务，需要全面的电子化建设，包括管理的电子化建设、服务的电子化建设。大型的旅游景区，景区内有饭店接待、休闲接待、餐饮接待等多种接待设施，它们面向不同的消费者，更需要通过系统的规划，才能建立有竞争力的电子商务系统。现在旅游消费者层次多样、类型复杂，有景区的散客旅游者，也有 OTA 的散客旅游者，更有各种各样的旅游团，以及喜欢个性化旅游的自由行旅游者。景区的电子商务系统建设，需要面对所有层次的旅游者，这就需要景区电子商务系统进行战略规划、精心设计并兼顾各种需求才能受到市场的认可和消费者的喜爱。

国内景区电子商务的发展受国外先进经验的影响，同时在国内旅游消费者电子化需求的推动下，经过二十多年的发展，已经成为推动景区发展的主要力量。下面简要介绍国内外景区电子商务的发展概况。

（一）国外概况

20 世纪 90 年代中后期，欧美诸多旅游发达的国家就已经开始在景区的营销与分销方面利用互联网，为游客提供更为便捷的旅游服务，进而实现旅游产品上游供应商、游客和电子商务运营商的共赢。

美国于 1996 年开始在景区实施电子商务，如网上订票，并于 1998 年开始快速发展。根据美国旅游协会（TIA）的报告，为旅游相关的目的而使用互联网的旅行者数量在 1996—1998 年实现了第一轮的飞速增长，两年内该群体人数上升了 141%，1998 年，已经有近半数的旅行者在网上订票，具有经常出行习惯的旅行者中 51%的人会采用网上订票（大多数采用条形码检票）的方式。欧洲起步比美国晚几年，但紧跟美国旅游市场的步伐，其在线业务份额也日益增多。日本在网络普及率方面位居全球第一，其景区电子商务的发展在亚洲处于领先地位，虽然起步比欧美晚，但是已形成了一定的规模。进入 21 世纪，美国等旅游发达国家景区的电子商务已进入了快速发展时期，景区类 OTA 引领了景区电子商务的快速发展。

景区电子商务作为信息系统应用的一种形式，其具体发展和应用往往需要经历数据处理阶段、信息系统管理阶段、信息系统战略发展阶段和信息系统网络协作阶段。目前，美国的景区电子商务基本已完成了以下几个阶段的发展。

- 数据处理阶段：属于起始阶段，实现业务数据的电子化处理。
- 信息系统管理阶段：属于成熟阶段，实现景区企业数据的系统化处理。
- 信息系统战略发展阶段：创新阶段，用新技术建立景区企业的创新优势。
- 信息系统网络协作阶段：移动互联网推进了景区之间的无缝协作，实现完全电子商务。

（二）国内概况

景区电子商务都是基于互联网的电子商务，也就是说，它是在互联网出现以后发展起来的。1999 年，我国互联网进入普及和应用的快速增长时期，景区的互联网刚刚起步，开始有景区用建立网站的方式开展初级的网络营销。进入 21 世纪，国内景区在旅游目的地机构的推动下，开始了大规模的互联网应用，尤其是网络营销和在线促销。2008 年驴妈妈旅游网的诞生，进一步推动了景区电子商务的发展。2010 年，随着 3G 的推广，移动互联网开始应用，从此景区的电子商务进入了快速发展时期，尤其是四川九寨沟旅游风景区在 2010 年首先提出“智慧景区”的概念，景区的电子化工程建设进入了发展的高潮。景区电子商务的发展建立在在线旅游的基础上，经过二十多年的发展，尤其是 OTA 在线旅游服务商的发展，使我国在线旅游市场获得了飞速发展，景区电子商务市场也获得同步发展。根据艾媒数据中心规模统计和预测的数据显示，从 2009 年的 617.6 亿元到 2019 年的 9895.6 亿元，中国在线旅游市场的规模逐年增长。2020 年，因受新冠肺炎疫情影响，中国旅游发展面临前所未有的压力，虽然在 2020 年国庆节和中秋节长假期间有所恢复，但 2020 年中国在线旅游市场规模仍在下降，景区电子商务也将同步下降。

随着经济发展和人们消费水平的提高，以及国内居民收入的逐步提高和对旅游休闲的重视程度大幅增加，居民对旅游出行的需求还将迅速增长。近年来，移动互联网发展的普及，以及人工智能的应用将确保用户随时随地使用在线旅游服务，极大地拓展了在线旅游市场的空间，成为在线旅游市场发展的强刺激因素，也成为景区电子商务增长的主要技术因素。

我国旅游景区电子商务大约起步于 1999 年，最早是以景区网站的形式开展营销和销售。相较于航空公司、旅游饭店、旅行社等，景区电子商务的发展比较滞后。航空公司和旅游饭店受国外旅游行业的影响较大，在对待新技术方面比较愿意尝试，景区则显得保守和谨慎。按照美国景区电子商务经历的四个阶段划分，我国大多数景区还处于第二阶段；少数大型景区已发展到第三阶段，开始战略性地开展电子商务和信息系统建设，但完全电子商务的协作型系统还没有出现。

虽然我国景区电子商务起步比较晚，但在住房和城乡建设部和自然资源部大力开展数字化景区建设的推动下，景区电子商务步入了快速发展期，各省的大景区（如 4A、5A 景区）都开展了电子商务系统化建设，并取得了较好的成效，移动服务、移动商务已成为信息系统建设的主要目标。很多试点景区改变了传统的手工作业，开始走上办公数字化、营销数字化、服务手段多样化、游客安全监控科技化、指挥调度科学化等的科技发展道路。随着国家号召数字景区和智慧景区的建设，景区电子商务也获得了进一步的发展。

以下为我国景区自身开展电子商务的典型。

- 沿海地区的千岛湖风景旅游区、太湖旅游风景区、武夷山旅游风景区、杭州西湖风景区、上海迪士尼乐园、华侨城等属于电子商务建设投入较大的景区。
- 内陆地区的九寨沟旅游风景区、峨眉山旅游风景区、张家界武陵源风景区、江西龙虎山风景区、黄山风景区、北京故宫博物院等也是电子商务较领先的景区。

以下为基于在线网络开展景区电子商务的平台，其主要业务是帮助景区销售电子门票。

- 驴妈妈景区电子商务：http://www.lvmama.com，公司在上海。
- 同程旅行网电子商务：http://www.ly.com，公司在苏州。
- 飞猪景点的电子商务：http://www.fliggy.com，公司在杭州。
- 深大智能门票系统：http://www.sendinfo.com.cn，公司在杭州。
- 福建票付通电子商务：https://www.12301.cc/，公司在福州。
- 湖南易景通电子商务：http://www.1230t.com，公司在长沙。

目前，景区电子商务主要是通过网络销售或预订门票，以及预订景区内的饭店、休闲等产品。另外，景区通过网络开展营销和促销，主要采用网络广告和社交营销的形式，少数景区已开展搜索引擎、基于社交的自媒体以及视频直播等网络营销。由于旅游景区存在各种形式，组织机构不同，如自然保护区开发的景区、世界自然遗产的景区等，因此景区电子商务还没有一个固定的通用模式，尚处于探索之中。

二、景区信息通信技术

景区电子商务应用的关键是信息通信技术的基础设施，在近年来移动互联网应用的推动下和受数字化浪潮的影响，景区的电子商务发展迅速。一些大型景区开始利用信息通信技术系统为经营管理服务，如利用地理信息系统（GIS 系统）和网络技术对景区进行生态监测和安全管理，也有利用多媒体技术进行景区背景音乐广播和应急指挥系统建设，更多的是利用电子技术和网络进行景区检票自动化和销售管理，以及利用互联网技术实现景区办公的自动化。因此，景区的信息通信技术应用以及电子商务应用水平已成为景区竞争力的主要标志。

信息通信技术应用是开展电子商务的基础，在了解景区电子商务应用现状时，必须了解景区信息通信技术应用的范围及应用概况。

（一）景区信息通信技术的应用范围

根据我国景区应用的调查分析，信息通信技术在景区主要应用在五个方面：景区安全管理、景区管理、商务管理、客户管理和服务管理。

1. 景区安全管理

景区安全管理是应用信息通信技术比较早的领域，主要保障游客的安全、景区管理人员的安全以及景区设施财产的安全（防火、防盗）等，主要是用电子监控系统来防范这些领域的安全问题，电子监控系统的图像信息可以接入景区办公自动化系统（OA）或地理信息系统中。因此，电子监控系统是最早的景区信息通信技术应用。

2. 景区管理

景区管理主要涉及经营管理（包括财务管理）、生态管理、环境管理、人力资源管理等，这些管理都有对应的信息通信技术系统，如景区的经营管理系统、景区生态预警系统、人力资源系统、地理信息系统、办公自动化系统等。这些系统经过整合，可以形成集成化的景区办公自动化系统，实现景区日常管理工作的电子化，这是景区最重要的、范围最广的信息通信技术应用。

3. 商务管理

商务管理主要通过商务网站、电子商务系统来实现，也可以通过旅游电子分销系统来实现。景区的商务管理开始都是简单的销售系统、电子门禁系统、网站系统，这些系统经过多年的完善，功能逐步加强，并逐渐整合成完整的景区电子商务系统。电子商务系统与各种电子分销渠道进一步对接、整合，就可以形成景区的商务网络，以实现业务的无缝电子化管理。

4. 客户管理

客户管理包括对景区所有散客和网络客户的管理。目前，景区的客户管理主要是对旅行社客户的管理，以大客户管理为主，这是因为景区的门票是不记名的，无法进行散客管理。随着电子门票的普及，尤其是网络订票的兴起，每张电子门票都对应有客户的记录，让散客管理逐渐变成可能。在现阶段，景区客户管理主要通过客户管理软件来实现，可实现对旅行社客户的管理、重点客户的管理、企业散客的管理以及普通网络消费者散客的管理。通过对客户的分类和精确管理，可以实现更个性化的营销或一对一营销，从而进一步开发景区的个性化产品，以提高景区经营的收益率。

5. 服务管理

景区的服务管理是游客感知愉悦和提升游览满意度的关键内容，利用信息通信技术开展景区的服务管理将成为常态，包括导游服务、咨询服务、导览服务、休闲服务等管理。采用的技术或网络主要是移动互联网和社交网络等，如微信的景区服务公众号等。通过这些服务管理，尤其是整合后的平台化管理，可以提高景区的服务效率，提高游客游览的满意度，也增加了游客游览中的舒适感，特别是以度假和休闲服务为主的旅游景区，这种基于信息通信技术的服务管理可以招揽需要个性化服务的游客群体。

（二）景区信息通信技术的应用概况

我国信息通信技术在景区的应用主要是信息技术系统、网络系统等，以应用软件系统为主。

1. 景区安全监控系统

伴随着社会经济的飞速发展以及旅游业的发展，风景名胜区等旅游景区接待游客的数量逐年攀升，由旅游带来的一些安全问题也随之产生，尤其是每年旅游“黄金周”的时候，安全事故频频出现，引起了景区管理部门的重视，景区安全监控系统（互联网化）成为信息通信技术应用的首选。该系统主要是在景区各个重要位置设置监测点，实现对全景区重要景点及景点出入口等重要位置进行远程监控。景区监管人员只需要在监控中心控制监控系统，通过监控系统软件调看景区任意监控点的现场情况，采用这种方式可以实现对景区现场实施全天候、全方位 24 小时监控及人员流动的记录，达到加强现场安全监督和安全管理，以提高旅游服务质量的目的。景区监控系统的作用具体体现在以下几个方面。

（1）加强安全状况监控。旅游过程中容易发生各种意外事件，如游客被偷、天气炎热的时候游客中暑、景区出现恶劣天气、景区意外停电、突发灾情等，通过安全监控系统，监控中心可以在意外事件发生的第一时间，甚至提前预警景区内服务人员和游客，从而有利于景区及时有效地处理安全事件，完善景区安全制度和紧急救援机制。

（2）控制人流量和车流量。通过远程监控了解各个景点的游客流量，就可以引导人满为患景点的游客到相对空闲的景点去游览，实现引导分流，从而降低热闹景点的安全隐患，也提升了游客的游览质量，可以有效减少“人看人”的旅游体验。同时，由于景区内停车区域有限，通过监控系统可以清晰地掌握当前各个停车场的停车状况，引导新进车辆的停放，通过监控和调度，让旅游景区有限的资源发挥出最大的效益。

（3）监控游客的不文明行为。在很多景区，一些游客会有一些不文明的行为：进入禁止入内的区域；在景区内留“某某到此一游”的纪念语；在禁止拍照的区域留影等。一些景点遭受到游客的毁坏，但是景点管理工作人员全然不知，以至于要很久之后才会发现。景点的损坏不仅给景区自身带来了经济损失，也影响了其他游客的观赏效果和体验，从而给景区带来了负面效应。

2. 景区娱乐和安全公共广播系统

公共广播音响控制系统是比较常见的景区信息通信技术的应用。公共广播控制系统，主要包括背景音乐控制和紧急广播功能，二者通常结合在一起，平时播放背景音乐或其他节目，出现火灾等紧急事故时转换为报警广播。平时，游客在景区或者休息室时，经常可以听到轻柔的背景音乐，播放背景音乐的主要作用是营造轻松愉悦的环境氛围，可以有效掩盖景区噪声并创造一种和谐的气氛，有利于提升游客的旅游体验。在为游客提供轻松愉悦氛围的同时，景区还可以通过公共广播系统进行业务信息播报。例如，一些景区每天固定时段的节目表演就可以通过广播系统进行播报。当有些地方游客过多，而有些地方游客又比较少时，就可以及时通知游客有选择地进行游览，可以避免游客长时间的排队等待。当紧急情况发生时，由系统提供指令，使广播系统处于紧急广播状态，此状态除了能播放预先录制的紧急广播内容外，还可以通过话筒播放警示信息，指导游客安全疏散。可靠的公共广播系统，在很大程度上反映了景区的现代化水平和服务水准。在2010年上海世博会设计初期，曾有不设公共广播系统的议论，但是受到世博局领导的极力反对。如果世博会没有公共广播系统，谁来引导散布在5.28平方千米的游客呢？世博园开园后，它所采用的公共广播系统对统一指引、疏导园区黄浦江两岸数以十万计的游客起到的作用已经大大超出了世博局原先的设想。因此，公共广播系统是景区最基本的信息通信技术应用。

3. 景区电子导游系统

随着科学技术的进步，景区的导游系统也从最初的以声音为载体的口头讲解或是以纸张为介质的手册、导游书、宣传册等，发展到以文字、语音、视频为载体的电子导游系统。游客可在游览过程中，通过景区内的触摸屏（见图6-1）或音像室直接获取景区游览路线和景点解说信息，从而提升旅游体验，对景点也可以获得更直观、全面、深刻的了解。同时，随着无线技术的日趋成熟，景区出现了无线可移动式电子导游器（见图6-2）。无线电子导游器可以通过覆盖景区的无线网络，根据游客所选择的游览线路和当前位置，实时获得电子导游系统提供的每个景点的解说信息。例如，北京天坛公园和故宫就引入了智能导游讲解机，这种智能导游系统还可以进行多语言自动讲解功能，包括汉语普通话、粤语、英语、法语、德语、日语、韩语、西班牙语等，受到了散客游客，特别是外宾散客游客的欢迎。随着移动互联网的普及应用，游客用自己的智能手机扫一下景区二维码下载App以后，就可以听到电子导游的讲解，更方便了游客的游览。

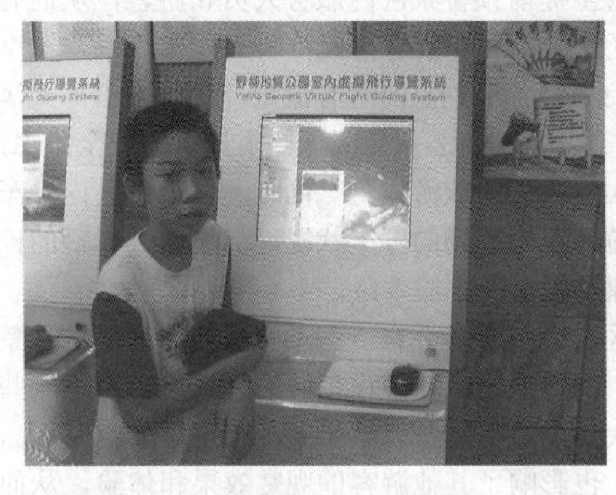

图6-1 触摸屏式电子导游系统

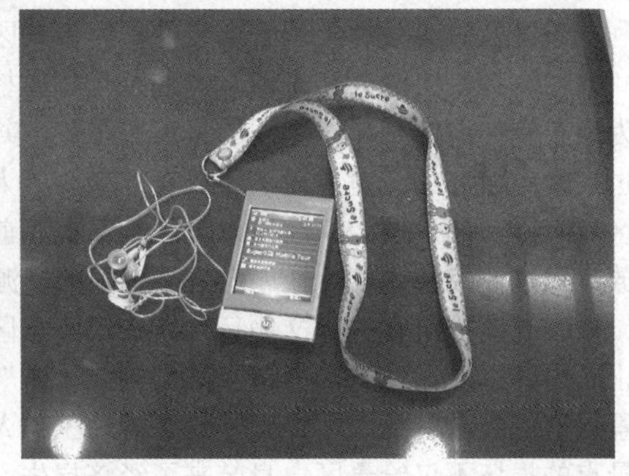

图6-2 游客便携式（移动式）电子导游器

4. 景区日常管理自动化系统

在全球化的竞争过程中，组织对信息的掌握程度、信息获取是否及时、信息能否得到充分的利用、对信息的反应是否敏感准确，已越来越成为衡量一个组织市场竞争能力的重要因素。办公自动化系统经历了以数据为主要处理内容的第一代办公自动化发展到以信息为主要处理内容的第二代办公自动化，并发展到以知识为主要处理内容的第三代办公自动化。由于办公自动化系统的益处显而易见，并且其优势比较容易获得，因此景区对办公自动化系统的建设是相对比较热衷的，尤其是大型的自然保护区开发的旅游景区。通过办公自动化系统的实施，既可以实现无纸化办公，提高景区的办公质量和效率，也可以提高管理决策的科学性和正确性，进而提高综合的管理水平和竞争能力。例如，武夷山风景区的办公自动化系统，不但可以实现景区内部业务流程的电子化处理、各个部门之间实时通信，而且它的远程办公能力，可以使管理人员即使在外办公，也能即时了解景区的动态情况。

5. 景区电子门检票智能系统

景区电子门检票智能系统是景区经营管理中的主要技术系统。它的主要功能是实现计算机售票、验票、预售、查询、汇总、统计、报表等门检票控制管理功能，不仅可以提高售票和检票效率、降低操作成本，还可以有效地掌握未来门票的销售情况，实施全方位的门检票实时监控和管理。该系统和门禁系统的结合，使景区管理人员可在电子门检票系统的操作平台上实时查询入园游客数量、在园游客数量等数据，尤其是在旅游高峰期间，可方便管理人员控制流量，适时调配服务人员。同时，电子门检票系统还可统计多项附加信息，如关于客源市场的统计，可以精确到游客来自于哪个国家、哪个城市等，便于景区对客源地区分布进行分析、预测每日客源，以及对历年同期客源情况进行对比分析，以制订未来相应的营销计划。

6. 景区商务网站系统

目前，景区商务网站系统的应用是较为普遍的，通常称为景区官网。通过景区商务网站，景区可以向游客展示自己独特的景区风景资源，开展在线的营销和促销。游客通过搜索引擎，就可以找到景区的官网信息。例如，游客只需要在搜索引擎上搜索云南石林，就可以很快地找到云南石林世界地质公园，游客在足不出户的情况下，就可以领略到独特的石林景观。

功能较为完善的景区商务网站，一般有在线预订功能。旅游者登录网站并注册后，可以直接在线预订，通过填写标准化的表单内容并备注个性化的要求，甚至可以直接支付票款。预订完成后，商务网站会提供预订号码，游客凭该号码可以直接进入景区，尤其是通过移动官网，游客可以在线预订，并直接凭订单号码进入景区，华侨城、上海迪士尼乐园、江西龙虎山风景区、大连圣亚海洋世界、杭州西溪国家湿地公园等，都可以通过移动官网获取信息和服务，提高了游客游览的便捷性。

7. 景区生态预警系统

由于风景名胜区的自然资源非常珍贵，一旦遭受破坏就无法再生，因此如何在景区获得经济效益的同时，又不会对环境造成不可恢复的破坏，是业内人士一直在探讨的问题。目前，景区利用较多的是卫星遥感技术、地理信息技术等，通过这些技术对景区内的生态环境（含地形地貌、地质构造、植被覆盖、水体变化）进行动态监测，从而对景区的生态环境保护和科学管理提供辅助决策依据。为了更有效地保护生态环境，生态预警系统通过信息技术、通信技术、网络技术等，对大气、水、森林、地质等信息进行收集，以生态信息为基础建立资源数据库，并对环境数据进行评价分析，以实时掌握景区自然资源的动态变化趋势。例如，通过生态预警系统对景区内的森林植被进行监测，通过卫星遥感影像和数据传输，景区管理人员可以准确地掌握森林分布情况及可能发生的各种灾害。通过有针对性地对大气、水质、地质、防病虫害等进行分类监测，可以有效地掌握环境的变化。一旦所检测的值临近或者超过警戒线的阈值，景区生态预警系统就会发出警报，以便景区管理人员及时采取措施，从而实现景区环境效益和经济效益的和谐、可持续发展。

三、景区电子商务的生态环境与模式

景区开展电子商务需要一定的生态环境，如支付的方便性、游客在线服务热情、网络环境的支持等，只有具备了这些生态环境景区开展电子商务才能有效果。另外，景区多数是营利性企业，投入需要有盈利回报，开展电子商务采用什么方式、盈利点在哪里、遵循怎样的商务模式等，都需要加以考虑。

（一）景区电子商务的生态环境

景区开展电子商务既要依赖 OTA 平台，更要有自己开展电子商务的小平台，然而大多数景区认为自己的预订平台没有什么流量，预订数量更少，这就是开展电子商务的生态环境出现问题了，景区开展电子商务需要有良好的生态环境。从电子商务的角度看，景区电子商务生态是景区商务生态的一种，开展电子商务需要有稳定的生态系统支持。景区电子商务生态系统通常由电子商务核心交易企业（景区或代理服务企业）、金融服务企业、平台服务企业、物流服务企业、政府相关部门等构成联盟，专门通过互联网平台以为客户或消费者提供电子化服务或虚拟合作等方式分享资源，相互交换信息，形成一种商业电子化的生态系统，实现利益共享的服务买卖关系，这就是景区开展电子商务的生态系统。从生态链的角度看，景区电子商务生态角色主体由景区经营者、信息传递者、消费者、分解者等构成，景区经营者在交易活动中是主导角色；信息传递者主要是指电子商务生态系统中传递信息的媒介和通道，主要包括门户网站、交易平台等，是生态系统中其他主体依赖的信息通道；分解者主要是指为景区电子商务生态系统中的主体提供有价值信息的或进行规范指导的政府机构、科研机构等；消费者主要是接收并使用信息的客户，主要包括旅行社、饭店、服务公司等客户，以及自由消费的散客客户。

在景区电子商务生态系统中，除主体外，所有的系统组成对象都要适应或喜欢这样的生态环境，主体的电子商务才能开展起来，只要哪个环境不健全或哪个系统对象不适合，电子商务就很难收到好的成效。例如，信息传递者不适应生态环境，这时信息就不畅通，消费者就会感觉服务不到位，电子商务缺少好的服务就肯定做不起来。另外，生态系统中的各个对象都是在不断变化中，作为主体的景区经营者需要关注这些变化，因为每个对象的发展变化都会影响到电子商务生态环境，只有当生态系统中的每个子系统都处在良好的相互适应和协调状态时，整个电子商务生态系统才会处于平衡状态。在平衡状态的发展和演化才能使系统中的每个对象实现良性的成长和收益，这样景区的电子商务系统才会持续发展。

最简单的景区电子商务生态圈可以理解为由客户、平台、景区经营者构成，景区在构建电子商务生态系统时，要明确自己的客户属于哪一类、旅行社是哪一类、散客消费者是哪一类，明确这些客户的电子商务需求，然后通过自己的电商平台去满足他们的需求，这就涉及平台如何构建、平台的商业流程如何整合，以及选谁作为平台的服务商的问题，这些因素都会影响到电子商务的生态和环境，最后也反映到景区开展电子商务的绩效上面来。因此，景区经营者要维护电子商务生态圈最基本的就是做好服务，做好平台服务，否则客户就会离开平台，这时景区就失去了绩效，景区电子商务的生态圈就会维持不下去。

另外，生态系统维持还需要注意信用问题，这是分解者是否符合生态系统的需要的问题，这对电子商务生态系统的影响也非常大。电子商务与传统商务方式一个很大的不同是交易的当事人不见面，交易的虚拟性强，这就要求整个社会的信用环境要好，平台做到相互信任很重要。一些发达国家的电子商务发展势头比较好，一个重要的原因是它们的市场秩序比较好，信用制度比较健全，信用消费观念已被人们普遍接受。然而在我国，一方面，人们信用消费的意识非常薄弱；另一方面，人们到景区也遇到服务不到位、与宣传不符等服务诚信问题，人们对网络的不了解以及对景区服务的不信任也是影响他们在网上消费的重要原因。因此，在构建电子商务生态系统时，景区需要完善生态系统的信任体系，以推动网上消费的电商热潮。

（二）景区电子商务的模式

商务模式简单地理解就是盈利模式。景区开展电子商务首先要选择好商务模式，针对电子商务生态系统定位的客户对象，通过网络做怎样的业务能对景区经营的绩效产生最大的贡献，需要调研、讨论和分析。景区有很多客户，哪些客户可以通过网络开展商务需要进行筛选，哪些业务可以激发网络效应，线上能提供怎样的服务，线下能提供怎样的服务，它们的主要盈利点在哪里，这就是景区开展电子商务需要确定的商务模式问题，以后的商务平台构建及商务流程规划都取决于该商务模式。

景区电子商务的商务模式，基本和其他旅游企业一样，景区有面向散客的票务、面向旅行社等企业的票务，还有面向其他企业采购物资的业务，这些业务基本上由传统的 B2C 和 B2B 商务模式就可以实现。在具体网络业务上，游客可能有转让票务的需要，消费者之间可以在网络上相互转让商品，这就是 C2C 的商务模式操作；也有一些特殊游客对观光旅游的服务要求比较高，需要专门为其定制，游客先提出相关的需求，这就是定制旅游的 C2B 模式。对于 B2C 的商务模式，景区通过自己的官网、移动 App 或小程序等方式可为客户提供相关的商务服务，如在线购票、园内导航、服务预约、手机点餐、购物、停车缴费等多项功能，为游客提供人性化、智能化、精细化的景区服务；对于 B2B 的商务模式，主要是景区与旅行社等分销商、娱乐产品企业、衍生文创产品企业、物流企业等业务往来，可通过企业外网以及移动互联网相关的信息系统实现商务处理，如 PC 平台、平板电脑平台、手机 App 等实现商务交易；对于 C2C 的商务模式，主要是游客之间的服务产品转让，以及游客寻找“陪游”客的需要，景区通过自己的官网、移动 App 等可以为有这些需求的客户提供相关的服务；对于 C2B 的商务模式，目前有两种个性化需求人群，一种是能够为此支付高昂服务费的，另一种是能够付费比标准品稍微多一些的消费群体，这类消费群体的服务需求都需要定制，由消费者先提出来，景区通过官网、移动 App 或客户关系管理系统为客户提供服务。

除了以上介绍的商务模式外，景区还有面向政府部门的商务、面向资源平台的商务，还有其他一些细分的商务，需要通过网络平台来处理。限于篇幅，这些商务模式读者可以自己通过网络去了解，这里不做详细介绍。

第二节　景区电子商务的基础

景区的电子商务基础是景区电子化工程的建设。近年来，随着旅游市场的快速发展，旅游客源的竞争非常激烈。旅游景区为了提升管理与服务，景区电子化成为旅游发展过程的必然，因而电子化工程就成为提升景区竞争力的基础性工程，也是开展电子商务的基础性工程。景区的电子化工程始于2001年，从“金旅工程”的信息化，到“智慧景区”的数字化，不断在深化。原国家建设部启动的国家重点风景名胜区监管信息系统建设工作，以及原国家旅游局的数字化景区示范性创建，进一步推进了我国景区电子化工程的建设。在国家政策的大力支持下，近年来景区的电子化工程建设，特别是在5A、4A级风景区获得了较快的发展。

一、电子化景区概况

电子化景区建设的目标主要是实现景区的电子化管理。电子化景区也被称为数字景区，即以信息通信技术作为基础，实现景区的观光服务、安全、生态环境及资源、商务等一系列的数字化管理，同时在景区与行政管理部门之间、景区与合作伙伴之间、景区与客户之间实现网络信息系统的数据流通与智能控制，以提高景区的社会效益和经济效益，这是景区开展数字化服务和电子商务的基础。由于景区都是在环境优雅的偏远地区，其电子化过程是一个复杂的系统工程，既有安全方面的网络工程，又有广播系统的网络工程，以及信息系统的网络工程，而且这些工程都存在相互交换信息的整合工程，以满足电子商务系统建设的需要。因此，景区电子化工程应不断吸收最新技术以持续改进电子化的管理与服务。

（一）电子化景区的定义

所谓电子化景区，是指以信息通信技术为手段，实现对景区所有业务数据（包括视频数据）的收集、储存、传输、处理与使用，它反映了改善景区管理与服务电子化的动态过程，包括景区自身的业务管理，以及景区与其他合作伙伴之间的业务管理，还包括景区与政府部门之间、景区与游客之间的服务管理，从而全面实现景区管理、服务、商务电子化的不断提升。电子化景区包含的工程内容主要有以下几个方面。

- 景区内部管理的网络工程。
- 景区资源环境监测的电子工程。
- 景区对客服务的网络工程。
- 景区安全监控管理的电子工程。
- 景区对外销售、分销的网络工程。
- 景区所有应用软件开发的软件工程。
- 景区大数据建设的信息系统整合工程。

由于技术在不断进步，景区的电子化工程也是一个不断进步的过程。以景区的网络建设为例，它不会建设一次就结束了，因为网络在不断进步，今天有 4G 网络，明天又出现了 5G 网络，而且网络的技术还在不断更新换代，今天有 1G 的无线宽带，明天又有 2G 的无线宽带。因此，景区的电子化工程是不断改善和改良的工程，只要旅游消费者有电子服务需求，电子化工程就必须予以满足。

（二）景区电子化的必要性

景区电子化工程受技术的推动、市场的推动，更受游客需求的推动。作为现代旅游的景区环境，需要有电子化的设备、电子化的环境、电子化的服务，这是现代景区经营的需要，也是社会发展和进步的需要。

对于景区而言，景区电子化可以协助景区开发各类资源，提高景区工作效率，提升景区管理水平，改善景区对客服务水平。景区可以实现资源管理电子化、景区环境监控电子化、景区内部业务流程电子化。例如，通过电子监控装置，可以实时了解景区内交通情况、停车场空车位情况，及时对交通车辆进行疏导或调度；可以对景区自然环境进行监测，及时发现植被、动物等自然资源的变化，实现环境保护科学化；可以准确记录网上游客的操作过程，并进行统计分析及数据挖掘；可以进行客源地分析、游客需求分析、产品反馈分析等，从而为景区提供及时了解市场的工具。景区电子化后，可以为景区管理者的经营决策提供科学的电子数据依据，从而提高管理决策水平。

对于景区的合作伙伴而言，景区电子化可以实现旅游资源共享，促使旅游价值链上的合作伙伴进行战略联盟，向游客提供本地化的综合旅游产品与服务。例如，将景区门票和旅游过程中的吃、住、游组合，推出不同系列的旅游套餐，以实现双赢。浙江东阳的横店影视城在每年的新春之际，推出了“三星级住宿，1 元抢购”限量活动，针对过年前后的淡季，设计旅游套餐进行促销，套餐中三星级酒店住宿和旅游景点门票价格仅为 581 元，相比门市价 1290 元，降低了 709 元。这种价值链上下游的合作方式，需要景区及其合作伙伴对销售情况的实时监控和管理，及时获得一线销售情况，从而及时改变和调整营销措施。

对于旅游者而言，景区电子化可以实现在任何地点获取景区的信息和服务，其中使用最多的就是预订门票。通过景区电子化，景区官网可以将景区的各类信息资源和旅游服务项目都整合到站点网络或移动 App 上，从而丰富景区网站内容，改善景区的信息服务，方便游客。景区电子化后，游客可以在出发前，了解景区的各类资源和服务，进行实时互动咨询和沟通，并能够直接进行景区门票、景区缆车的预订，减少排队等待时间；在游览景区过程中，还可以充分利用景区的智能导游解说系统提升旅游体验；在游览完毕回到家后，还可以方便地通过网络写游记，分享体验，并且反馈体验后的意见和建议。

（三）景区电子化的作用

为了获取景区的保护资金或促进地方经济的发展，大多数景区都进行了旅游开发，由此产生了与客户的商务往来，电子化的作用就是推进商务往来的电子化处理，同时实现景区管理与服务的电子化。信息通信技术可以使数据跑路并驱动服务，因此电子化景区在信息通信技术的作用下，在实现电子化管理与服务的同时，最终建成了数字景区。景区电子化的具体作用表现在以下几方面。

- 可以及时了解游客在景点之间的分流情况。

- 可视化关注游客的旅游安全。
- 随时反映景区在游客人的数量。
- 可以跟踪景区生态环境的变化趋势。
- 能及时反映景区的地理信息情况。
- 实现对景区重点部位的视频监控。
- 有利于电子导游、导览、导购系统的建设。
- 便于开展完全电子商务。
- 便于信息系统的整合和平台化建设。

二、景区电子化工程建设的内容

对于景区管理而言，首先应实现内部管理的电子化，以达到景区管理和业务流程的自动化；然后与合作伙伴建立电子化的业务通道，实现合作业务流程的电子流转；最后将景区的资源信息与公众网络进行互联，实现对旅游消费者服务的电子化，旅游者能够通过互联网访问景区的服务信息，并可获取服务。下面将介绍这三方面电子化工程建设的内容，因为这些内容直接与景区电子商务系统的建设相关。

（一）景区内部管理电子化

景区内部管理电子化涉及的工程主要是网络建设、应用软件系统开发、硬件系统选择和数据库建设，如办公自动化系统、经营管理系统、环境监测系统、安全监控系统包括它们的互联都需要网络平台，这些应用软件的运行也都需要数据资料库的支持。

1. 组建景区内网，实现资源共享

组建景区内网是景区电子化的网络基础，这是实现景区内部管理电子化的最基本条件。目前，计算机已经成为办公必备品，内网已成为部门之间业务流转的基本平台，可以进行信息查询和业务处理。景区内网是仅供景区内部人员使用的网络系统，是一个开放性架构的网络环境。景区内网用户可以同时访问内网和互联网，但景区外部的用户需要专门的许可才能访问内网。在互联网技术和网络技术快速发展的今天，建立景区内网并不是一件难事，只需要采购网络硬件，如交换机、HUB、路由器等以及网络线、光缆等，就可以将景区内部各个站点的计算机连在一起，实现内部网络互访。另外，为了阻止外部非法用户侵入内网，还需要采用特定的硬件和软件在景区内网的外围创建“防火墙”，阻止黑客和外部用户访问敏感的内部数据或共享文件。

2. 分析功能需求，选择合适的应用软件系统

景区内部管理电子化最难的是应用软件建设和选择，景区所有的电子化管理与服务的实现都需要特定的应用软件系统，如景区监测信息系统，经营管理信息系统，网站信息发布系统，景区电子导游、导览系统，景区电子门检票系统以及景区生态预警系统等，它们都需要使用不同的应用软件。每个景区的情况都不一样，应根据自己的实际业务操作流程，进行软件功能的需求分析和应用软件系统的选择。在实施电子化的过程中，很多管理层急于求成，希望一步到位，追求功能多而全的应用软件系统，这并不是一个明智的选择。景区规模的大小、管理模式的不同，都会影响到对应用软件的功能需求。例如，景区管理有

着非常严格的操作流程，那么应用软件的功能就不需要太灵活，功能太灵活，就和企业本身的管理风格相违背，容易形成管理漏洞。如果景区资金实力比较雄厚，可以自行研发软件系统或委托第三方定制；如果对功能的要求不高，则可以考虑直接购买或者租用相关的应用软件。

景区软件的需求，可以从景区相关利益者的角度考虑。一般而言，需要考虑旅游者需求、景区一般员工业务管理需求和中高层管理者的需求，还包括景区合作伙伴的需求以及政府旅游管理部门的需求等。

3. 选择符合软件运行需求的硬件系统

由于景区专业技术人员的缺乏，管理者又缺乏运行软件的硬件平台的相关知识。有的景区管理者认为硬件选择配置越高越好，而有的管理者却认为硬件配置可以随便一点没关系，这些想法会产生严重的负面后果。软件系统的运行不但需要一个合理的管理流程，还需要与其硬件平台的配置相匹配。如果硬件系统与软件要求不协调，在以后长期的运行过程中，一旦发生故障，轻则给景区业务管理带来不便，重则会丢失景区历史经营数据，造成无法挽回的结果。因此，在采购和选择硬件系统时，需要和软件开发商确认，以确定所采购的硬件是否满足软件运行的需要。原则上，应对应用软件进行功能需求分析后或确定应用软件的运行架构后，才能选择和采购硬件系统，尤其是服务器和网络设备等。

4. 建立电子数据资料库

景区的软、硬件系统，再加上电子数据资料库，构成了景区内部电子化平台。电子数据资料库包括景区资源数据、环境数据、生态数据以及经营业务数据，为了便于景区运营和管理，还需要建立顾客电子资料库，包括企业客户以及游客反馈资料库等，从而为景区管理者提供科学的决策依据，提高管理者的决策水平。电子数据资料库的建立是一个持续改进的过程，它要不断地进行数据采集，形成数据资料库才能供应用软件分析所用。例如，利用卫星监测系统，可以实时监测景区的自然环境变化，从而跟踪旅游活动对景区的生态系统所造成的影响，为实现景区的可持续发展和生态保护提供分析数据。

（二）合作伙伴交易电子化

景区的经营活动过程存在各种形式的合作伙伴，如旅行社、电子分销渠道、景区代理商等，它们之间的交易逐步由传统纸质变为通过网络的电子化交易。这种交易变化涉及的电子工程包括建立景区外部网工程、企业间在线商务的标准化建设以及在线交易软件的开发建设等。

1. 建立景区外部网工程

外部网是一个与互联网使用同样技术的计算机网络，它通常是一个企业为了与合作伙伴的内部网建立联系和数据交换的特定网络环境。由于景区产品的地理位置具有不可移动性，景区的旅游者很大一部分需要通过旅行社、饭店等其他旅游服务企业招揽。在景区的经营过程中，景区与旅行社、饭店、其他景点等都有业务合作，特别是与旅行社的合作非常关键。建立景区外部网可以方便地与合作伙伴进行信息资源的共享，以及业务的在线处理。通过景区外部网，景区合作伙伴可以在线组织旅游包价产品，无缝为旅游消费者提供景区相关的服务，并实现与景区的在线结算或自动结算，逐步形成企业间的电子商务以及景区的实时收益管理，如景区的电子门票预订、景区内交通车辆预订、导游解说预订以及用餐预订等业务都可以通过外部网处理。景区外部网的建立，可以节约大量的通信费用并减少大量的资料重复输入工作，可以最大限度地避免景区运作中的差错，提高业务处理的效率和效益。

2. 企业间在线商务的标准化建设

在电子商务发展的初始阶段，不同企业、企业不同部门都是根据业务需求的变化开发出具备不同功能的信息系统，它们之间往往缺乏统一的规范和标准，导致数据交换受阻，从而产生了一个个独立的、封闭的系统。这些系统不能进行信息的互联互通，形成一个个独立的“信息孤岛”，严重影响了企业间在线业务的开展。在建立景区外部网的过程中，只有建立企业间在线商务的统一标准，将商务流程、商务交换文本、商务安全交易标准化，才可以消除“信息孤岛”，才能真正实现信息资源共享和在线交易。例如，旅行社团队门票预订时，需要对团队名称、组团社名称、团队人数等团队信息构成的文档和交易中的结算文本进行标准化，才能够通过电子商务系统进行景区经营管理数据的统计、分析和汇总，实现真正的企业间商务在线处理。

3. 在线交易软件的开发建设

在线交易软件的开发是景区与合作伙伴之间交易电子化的主要工程。在线交易软件开发涉及网络编程、网络通信、Web 服务、交易安全等核心技术，还要制定相应的商务规则、接口标准，是非常专业的电子化工程。目前，在线交易的安全是影响景区电子商务开展的很重要的因素，已有加密技术、认证技术、入侵检测技术、防火墙（FIRE 协议）技术等来保证在线交易的安全。但就景区来说，由于自己没有开发力量，都是以委托或购买应用软件为主，这是影响景区电子商务安全的主要瓶颈，也是景区交易电子化最薄弱的环节。

（三）旅游消费者服务电子化

景区电子商务中散客是交易对象中所占比例最大的，随着旅游者自由行的流行，越来越多的散客直接通过网络预订景区门票和相关服务。因此，涉及散客服务电子化的工程包括建立景区门户网站、精心设计在线互动服务以及面向散客的在线交易软件开发。

1. 建立景区门户网站

网站是景区向外界展示自己的窗口，其作用是服务、营销、交易。服务包括信息服务以及一些关怀服务的延伸；营销包括信息发布、促销活动以及相关的互动；交易包括产品预订、在线支付以及相关的活动。景区门户网站建设是服务电子化的主要工程，随着科技的进步，建设景区门户网站的费用一再降低，现在大多数景区都有自己的门户网站（官网），建一个景区网站已经不是难事。虽然各个景区网站的商务功能和商务规则各不相同，但业务跟踪功能、商务处理速度、吞吐量等都是需要重点考虑的商务功能。另外，信息的展示也是电子化工程中需要精心设计的内容，如通过文字图片及三维动画等方式，可生动地介绍景区及其特色，但前者实现起来比较容易，后者具有一定的技术含量和难度。动感的信息展示可以增加景区网站的访问量，有利于增加商务机会。

2. 精心设计在线互动服务

要实现景区电子商务，在线互动服务是不可缺少的，对旅游者来说，能够即时了解需要的信息，从而帮助旅游者消除顾虑，促成交易的达成或获得满意的服务；对于景区来说，可以及时响应消费者的咨询，更多地获得潜在商机。目前，在线互动的方式很多，如景区门户网站可以提供社交的即时互动，或通过网络电话和微博方式互动，也可以通过 CRM 的客户关系平台互动。这些互动方式都需要不同的网络来支撑，同时还需要配备专门的服务人员对各种互动服务中的问题进行解答。除了游客主动的互动形式之外，景区也可以主动“出击”，如可以通过景区网站进行游客满意度调查，通过调查的方式达到与游客在线互动的目的。

3. 面向散客的在线交易软件开发

面向散客的交易产品主要是景区门票、车辆出租、导游预约以及住宿或餐饮的预订，其中景区门票是散客交易的主要商务。散客交易软件分为两部分：一是前台业务的处理（通过网站）；二是后台业务的管理（接入业务部门的信息系统）。由于散客在线交易软件是景区经营服务的主要软件，其功能的开发、安全方面的设计是非常关键的，其软件质量会影响服务电子化的开展。景区门票的预订，要让旅游消费者可以像预订饭店那样方便、灵活，可便捷地完成退订、修订、确认、打印等操作。同时，还需要提供电子支付平台，实现在线预订的电子支付，如第三方电子支付的支付宝、微信等，既方便了旅游消费者，不再需要排队买票，又降低了景区的收银工作量，还可以有效减少游客的“爽约”概率，提高业务预测数据的准确性。

这三个方面的电子化工程内容，大多数都是硬件工程和软件工程的建设内容，随着云计算等新技术的出现，电子化工程都可以通过云服务工程来解决。例如，硬件和平台的工程建设，可以通过云服务商的 IaaS 和 PaaS 服务模式来实现，即设施租用服务和平台租用服务，景区不需要购买具体的硬件来开展电子化工程。应用软件可采用 SaaS 模式，即软件租用服务，所有数据都保存在云端，解决了景区的软件开发和数据安全的相关电子化工程。所有硬件、软件用多少就租用多少，价格比自己建设和管理要便宜得多。如果景区有一定财力基础，可以建设自己的私有云来开展电子化建设，价格也比传统的电子化工程便宜得多。关于景区云服务的相关内容，读者也可以通过网络了解，这里就不展开介绍了。

三、景区电子化工程涉及的主要技术

景区电子化工程涉及的技术非常广泛，包括计算机网络技术、电子技术、环境监测技术、遥感技术、电子商务技术、多媒体技术、虚拟现实技术以及云服务技术等。

（一）计算机网络技术

计算机网络技术是信息通信技术中最基本的技术，它主要由计算机技术和网络技术组成，如计算机硬件系统、计算机软件系统、网络通信系统等。景区构建的各种信息技术系统都需要网络技术的支持，如经营管理信息系统、电子门禁系统、办公自动化系统、安全监控系统等。作为景区的电子化工程，需要了解适合景区应用的计算机网络技术，如有线网技术、无线网技术等。在有线网技术中，有局域网技术、广域网技术等；在无线网技术中，有 4G/5G 网、蓝牙技术、城域无线网技术等。选择了相关的网络技术，景区的管理可以通过网络实现内部网和外部网的数据交换，可以轻松地解决不同系统之间的数据交换问题。

（二）电子技术

景区有许多电子屏幕、电子门禁、环境监测和监控等设备和系统，这些设备和系统主要应用的技术是电子技术，如水监测、空气监测、身份证检测、LED 广告牌、摄像头设备等都是电子技术的具体应用，其实大部分计算机设备也都是电子技术的应用产品。景区在电子化工程中，需要有专门的管理人员懂各种电子技术的应用产品，包括技术的先进性、对景区的适应性、价格以及使用中维护的便利性等问题。电子技术和网络技术一样，是构成各种信息技术系统最基本的技术要素，景区电子化工程需要全面掌握这些技术的市场情况。

（三）环境监测技术

景区的环境问题一直是近年来旅游发展中的热点问题，因此在自然景区中，尤其是大型的、非常独特的生态型景区和自然保护区，都对环境有一定的监测和管理要求。例如，杭州西溪国家湿地公园，就有严密的环境监测网络，如水质量的监测、大气质量的监测、气象监测以及土壤质量的监测等，这些监测技术需要通过计算机网络技术把它们集成起来，景区环境管理部门就可以在办公室里监管环境质量的变化。景区在电子化工程中，需要熟悉市场上监测设备和系统的技术变化，以便选择合适的环境监测设备。

（四）遥感技术

遥感（remote sensing），亦指遥远感知事物，该技术可以不直接接触目标物，在距离目标物几公里到几百公里，甚至上千公里的飞机、飞船、卫星上，使用光学或电子光学仪器（称为遥感器）接收地面物体反射或发射的电磁波信号，并以图像胶片或数据磁带的形式记录下来，传送到地面，经过信息处理、判读分析和野外实地验证，最终服务于资源勘探、环境动态监测和有关部门的规划决策。通常把这一接收、传输、处理、分析判读和应用遥感信息的全过程称为遥感技术。

遥感技术为旅游地理信息系统提供了强大的数据资源。在遥感数据分析判读过程中，遥感数据与地图等数据的复合可以提供许多更高精度的旅游信息，为旅游地理信息系统的数据收集提供技术支持。例如，用遥感资料调查泰山风景名胜资源时，不仅准确地核查了已发现的风景地貌、旅游地质、观赏植物、人文景观和旅游线路等，也意外地发现了新的旅游资源，包括蜿蜒于海拔五百多米丘陵的战国古长城，千姿百态、造型各异的孤峰和陡崖，山清水秀的盆地，千姿万态的瀑布群，荒无人烟的峡谷等一大批在实地考察中没有被发现的旅游资源。由此可见，遥感技术无论在自然旅游资源（地质地貌、水体、森林等）还是在人文旅游景观（古城墙、古建筑台基、古河堤等）的调查中都拥有明显的优势。

（五）电子商务技术

电子商务突破了时空限制，使得交易活动可以在任何时间、任何地点进行，从而大大提高了效率；电子商务具有开放性和全球性，为景区创造了更多的市场和发展机会，提高了景区的市场竞争能力。电子商务技术主要包括网络技术、交易技术、安全技术、画像技术、大数据分析技术和软件技术等。景区在电子化工程中，需要选择电子商务系统，在选择中必须关注这些技术的先进性以及系统的可用性。

（六）多媒体技术

多媒体技术是 20 世纪 80 年代末才兴起的技术，它融合两种或者两种以上的媒体，集文字、图像、通信、视频、声音等多项技术于一体，利用计算机的数字记录和传输方式，对各种媒体进行处理，具有广泛的用途。多媒体技术包含超文本技术，如现在网页上看到的内容都需要超文本技术；数据压缩技术，把大量的多媒体信息通过某种格式压缩起来，便于系统地传播和处理；数据存储技术，把各种多媒体信息利用不同的媒介保存，如光盘、磁带等。多媒体技术往往和数据库技术结合起来应用，为景区的各种信息技术系统提供技术支持，如网站的设计、信息系统的设计、查询系统的设计等。在景区电子化工程中，景区技术人员需要关心多媒体技术的最新发展和应用情况，为景区电子化工程选择最理想的多媒体技术应用产品。

（七）虚拟现实技术

虚拟现实技术这一名词是由美国 VPL 公司创始人拉尼尔（Jaron Lanier）在 20 世纪 80 年代初提出的，我国著名科学家钱学森将它翻译为灵境技术。虚拟现实技术是人们利用计算机生成一个逼真的三维虚拟环境，通过自然技能使传感设备与之相互作用的新技术。作为一项尖端科技，虚拟现实集成了计算机图形技术、计算机仿真、人工智能、传感、显示、网络并行处理等技术的最新发展成果，是一种由计算机生成的高技术模拟系统。虚拟现实在旅游业中的应用越来越广泛，在旅游信息系统规划中可以利用它显示和模拟现实，为游客提供远距离旅游目的地的立体视觉与感知，也可以提供虚拟现实娱乐项目。在景区电子化工程中，虚拟现实技术主要用于景区营销，把景区的自然环境虚拟现实到网络环境中，让游客通过网络体验景区的自然风光。

（八）云服务技术

云服务是基于互联网相关服务的增加、使用和交互模式，基于云计算的一种服务，通常涉及通过互联网来提供动态易扩展且经常是虚拟化的资源。云是网络、互联网的一种比喻说法，有私有云和公有云之分，后来也用来表示互联网和底层基础设施的抽象。云服务是指通过网络以按需、易扩展的方式获得所需服务。这种服务可以是互联网技术，和软件、互联网相关，也可以是其他服务，它意味着计算能力可作为一种商品通过互联网进行流通，为企业的信息技术应用提供服务。景区利用云服务技术主要是 PaaS 和 SaaS 模式的应用，通过向云服务商租用平台或软件就可以开展景区的电子化建设，不需要自己购买软件，节省了大量的投入费用和系统运行的维护费用，是未来景区数字化建设采用的主要技术。

第三节　景区电子商务的内容与管理模式

在了解景区电子化工程的目的以及数字景区建设的概念后，本节将进一步介绍景区电子商务的基本内容。另外，景区传统的管理模式也会约束电子商务的开展，没有好的管理模式就没有好的电子商务绩效。本节就简单地介绍一下景区电子商务的内容和相应的管理模式问题。

一、景区电子商务的内容

景区电子商务从系统建设的角度来看包括三个方面的基本内容。首先是官网的建设，用于信息发布、产品介绍、在线预订、客户服务以及导流作用等。其次是主控系统的建设，这部分控制着景区的预订、采购、人力、财务、客服、会员等一切重要的活动情况，可视化的管理系统的运行，敏捷地解决系统的突发问题。最后是景区移动服务的建设，当下的智慧景区解决方案的核心就是移动服务，电子商务也是以移动商务为主，在 4G 和 5G 网络技术和移动支付技术普及应用之后，景区移动 O2O 服务迎来了蓬勃发展的时机，因此景区的电子商务是未来的发展方向，而且电子商务也正朝着移动智能化的方向发展。电子商务属于应用软件，从景区整体电子商务内容的看，应包含以下几个方面。

（一）景区自身的电子商务

景区自身的电子商务与分销、代理等无关，属于电子商务的直销。这里主要介绍与景区直销相关的电子商务，其建设的内容主要包括以下几个方面。

1. 商务网站

商务网站（官网）是景区电子商务系统的窗口。利用在线的商务网站展示景区资源并吸引旅游消费者，是系统建设的关键所在。景区商务网站是景区对外展示形象、进行网络营销的重要平台，也是景区与协作伙伴之间进行业务合作的平台，更是景区对客服务延伸的平台。对于一些小规模的景区，在没有实力构造综合性的景区电子商务系统的情况下，构建一个在线网站并非难事，可以很容易地将景区信息、景点资源和相关服务展示出来，如景点介绍可以配上实景照片、相关文字及多媒体宣传片等。作为商务性网站，网上公布的所有信息必须真实、准确，具有时效性。同时，商务网站还可以对浏览者进行网络浏览跟踪，详细记录浏览者的访问行为及相关信息，包括浏览内容、去向、订单情况、旅游评价、旅游投诉等。商务网站还可以设置虚拟交流社区，鼓励旅游者写游记，并积极和游客互动，弥补游客在游览过程中景区服务存在的不足和过失，从而培育景区的忠诚客户群体。

2. 客户管理

客户管理是景区电子商务系统建设中的重要内容。为了提高客户满意度，景区需要提高个性化服务能力，提供个性化服务的前提是掌握景区各种类型的旅游消费者信息。旅游消费者信息主要包括个人基本信息、联系方式、订单历史、游览记录、投诉等内容，通过这些信息的收集，可以让景区在提供客户服务时能够做到有的放矢，对提高服务质量与降低服务成本都大有裨益。在此基础上，应用数据库和数据挖掘技术进行信息数据统计与分析，进一步了解客户的旅游爱好、消费能力等，以实现智能化的精准营销。

景区应逐步建立客户关系管理系统，以实现对客户的自动销售、自动营销和实施个性化的关怀。

3. 电子票务

电子票务是景区电子商务系统中重点建设的内容，包括电子票销售、电子检票、电子票管理等。另外，电子商务系统需要为景区的合作伙伴、代理商提供电脑预订和售票系统。游客及旅行社根据网上预订票号码凭身份证或条码即可直接进入景区，省去排队等候的时间。景区中各景点实行自动电子检票，可以实时掌握各景点的游客数量，及时生成相关的统计报表，为景区管理提供基础数据。目前，已经有很多景区实现了自动检票、售票系统，游客的门票逐步实现了电子化，提高了景区业务管理和业务统计方面的效率。

4. 网络营销

网络营销是景区电子商务系统建设的核心内容之一，景区希望通过网络营销获得稳定的客源，这里的网络营销主要是指景区媒体系统或官网开展的网络营销。一般景区可以通过自己的商务网站开展营销，也可以通过网络中间商、综合性旅游网站、各类门户网站等开展营销，还可以和搜索引擎服务商合作，开展搜索引擎营销。景区在开展网络营销时，需要对营销内容、营销方法、营销渠道进行精心规划和设计，以获得最佳的网络营销效果。目前，景区可以采用以下几种网络营销方法。

- 网络广告：通过综合型网站或门户网站发布促销广告。
- 客户关系营销：通过许可的电子邮件或 CRM 系统开展营销。
- 搜索引擎营销：通过在搜索引擎广告商处购买关键字开展促销。
- 网络分销系统营销：通过电子分销系统营销景区产品。
- 社交网络营销：公众号、小程序、视频直播等形式的营销。
- RSS（really simple syndication）网络营销：向旅游者（主动获取）提供其感兴趣的营销信息。
- 基于自媒体平台的营销。

5. 环境监控

这是景区电子商务系统特有的建设内容。环境监控系统是通过整合集成到电子商务系统中来的，目的是让景区管理者及时了解景区环境的变化，同时向旅游者提供景区正确的生态信息。景区资源是稀缺的，而且往往不可再生，因此保护景区生态资源，实现景区可持续发展已经成为现代旅游业的重要主题。然而，人类的旅游活动很容易对景区资源造成影响或破坏，例如，节假日时景区往往人满为患，看到的不再是风景，而是“人看人”，“人看人”式旅游观光的直接后果是游客的门票“物不所值”，对游客的人身安全和财产安全造成伤害，同时也超过了景点的接待能力，这会对景区环境造成损害，甚至可能造成无法恢复的永久性破坏。电子商务系统需要对景区的自然资源进行监控，一旦自然环境发生变化，系统能够报警，提示环境管理者关注或采取相应的治理措施。同时，还需要对景区各个景点的环境安全和游客人流量进行监控，遇到异常情况时立即报警，并迅速确定报警位置，提示管理人员采取救护措施，从而提高游客对景区服务的满意度。

6. 电子支付

随着在线订票业务的发展，电子支付已成为景区电子商务建设的核心内容之一，不仅是订票，在景区的其他消费都离不开电子支付，电子支付已经成为景区电子商务中不可缺少的内容。例如，与旅行社、代理商之间的业务结算，都可以通过网络直接按合同规定定期自动地进行电子结算。对于散客也可以通过各种形式进行电子支付，如信用卡、借记卡、智能卡等。各种支付方式都是采用数字化的方式进行款项支付的，避免了以现金和现金流转支付带来的不便，提高了支付的效率。景区可以和银行或者第三方电子支付平台合作，实现票务预订的电子化支付，如使用支付宝、微信支付、网银在线、快钱、财付通、PayPal、百付宝、汇付天下等。

（二）景区与合作伙伴之间的电子商务

景区的合作伙伴既包括旅行社、代理商或旅游服务公司等企业，也包括一些饭店和文创企业。景区电子商务系统的建设必须考虑合作伙伴之间的业务电子化问题。目前，景区与合作伙伴之间电子商务的建设内容包括在线查询、预订和定期支付以及合作伙伴业绩分析与筛选等。

1. 在线查询、预订和定期支付

合作伙伴的电子商务系统与景区的电子商务系统可以对接，以实现与业务相关的在线查询、预订和定期支付等相关操作。通过系统对接，为景区分销电子门票或其他相关旅游产品，并开展营销活动和为会员服务提供便利。对于合作伙伴而言，通过电子商务系统，可以充分利用旅游产品的无形性特点，实现门票预订、线路预订的自动化，以此提高操作效率，减少操作失误。合作伙伴的商务基本需求包括景区景点信息的查询、历史订单的查询、景点门票的在线预订以及在线支付功能等。

2. 合作伙伴业绩分析与筛选

景区电子商务系统可以及时地分析各合作伙伴的业绩情况。由于景区的门票销售在很大程度上依赖旅行社、代理商以及旅游网站等第三方机构，需要及时评估并选择更有价值的合作伙伴。对景区而言，需要对销售、分销渠道进行有效的管理和在线评估，以分析不同合作伙伴对景区产生的不同贡献值。另外，利用电子商务可以进行差异化合作，以提高景区的经营效益。因此，景区电子商务系统需要能够对各类合作伙伴进行定量的业绩分析，促进景区的合作伙伴不断改进业务，提升销售业绩。

（三）景区与旅游者之间的电子商务

这是景区电子商务涉及的散客与企业客户的建设内容，包括一些无协议合作客户，重点是商务流程的在线实现，也是B2C、B2B商务实现的关键内容。

1. 信息查询

游客的旅游动机大多数与景区有关，游客在旅行出发前需要获取有关景区吸引力的确定的信息，因此景区电子商务系统需要通过商务网站为游客提供翔实的景区信息。例如，通过网站可以介绍景区的常规旅游线路、周边交通情况，以及景区内各个景点、景区内饭店、景区周边的购物环境、银行等信息，以便游客查询。

2. 在线预订和支付

在游客确定好行程后，可以直接在景区网站注册登录，进行景区门票的预订，以及相关饭店住宿、餐饮、车辆出租等旅游产品和服务的在线预订和在线支付。预订完毕后，系统将产生预订单号或者电子门票。游客在进入景区时，直接报预订单号就可进入，无须排队买票及付款。景区也可以使用电子门票，游客直接在家里打印出门票，凭着电子门票上的特殊条码即可进入景区游览。

由于目前景区还没有进入的限制，因此网上销售景区门票需要采取一些优惠措施，以吸引旅游消费者通过网络购票进入景区，从而逐步推行景区的电子票务，真正实现电子旅游。

3. 游客反馈

随着网络的发展，出现了很多论坛、博客、微博等社区。景区在商务网站建设中应开辟一个供游客交流的社区，游客游览景区后，往往有很多感想，他们喜欢把这些感想发表到网上与其他网友共享。携程旅行网上的游客游记、住宿体验等，就是一个非常好的例证。旅游者在网上发表自己的体验、见解，有利于形成景区的忠诚客户群体。景区商务网站作为游客产生感想的发源地，通过吸引游客们在自己的网站发表旅游体验，可以聚集爱好相同的游客群体。这种通过网络的游客反馈，共享旅游中的美好体验，可以为景区建立良好的网络口碑。对于游客不满的反馈，则可以引起景区重视，了解其产品和服务存在的不足，从而不断完善景区的产品，有利于景区服务质量的不断提升。

二、景区电子商务的管理模式

许多景区电子商务开展缺乏有效的管理，尤其是服务管理，更缺乏管理模式的创新，造成游客对景区服务的不满意，电子商务绩效不尽如人意。究其原因主要是景区管理模式陈旧，或者景区的信息系统管理模式（如监控型管理模式、办公型管理模式和商务型管理模式）没有得到有效整合。下面我们将从景区电子商务的角度，讨论目前基于电子商务的数字景区新型管理模式。

（一）管理理念更新迫使管理模式演变

目前，所有的管理模式都会受到电子商务的影响，如外部协作是电子商务，内部管理也称为内部电子商务，由此电子商务实现了企业内外部管理的统一。景区的经营和管理也是一样，对外的经营应用电子商务，对内管理也应用电子商务，景区的管理由于电子商务而不断地发展和完善。电子商务改变了经营管理的理念，从而促使管理模式的演变。景区在电子商务的影响下，其内部的管理、内部的通信、内部的企业文化都在演变，这种演变会形成新的管理模式。需要说明的是，电子商务并不是一个企业网站、一套软件系统或者几套硬件，它自身既是一种理念，又是一个整合型的集成信息系统，它需要将景区的人、软硬件设备与景区的经营管理方式进行有效融合，才能发挥出电子商务的高效作用。

在实施电子商务的过程中，景区需要注意以自身发展的需求和景区本身的定位作为出发点，同时要学习和借鉴国外先进的管理思想和管理理念，探索适合自己的新的管理模式。景区需要对自身的电子商务做整体的发展规划，然后通过采购、自主开发、合作研发等方式建设景区电子商务系统，形成具有自己特色的管理模式。

（二）组织机构变革迫使管理模式演变

网络时代要求企业的组织机构扁平化，改变传统的金字塔式结构，景区管理机构也存在这种变化需求。随着信息通信技术，特别是网络技术的快速发展，信息传递速度获得极大的提高，景区的组织机构层次将被部分信息网络所替代，这种组织机构的变化将引发经营管理模式的演变。传统的组织机构，决策权在最上层，最下层只是执行层，但是接触市场最多的是基层，最了解市场变化和消费者个性化要求的也是基层。这种多层次的组织机构无法提供敏捷服务，这就要求金字塔式的组织机构减少管理层次，增加微组织的功能，进行组织机构扁平化、网络化的重组变革，使高层决策者可以与基层执行者直接联系，基层执行者也可以根据实际情况及时进行决策，以增强员工业务管理的责任感和参与感。对于大多数中小型景区而言，有操作层和决策层就足够了，不需要构建中间的控制层，因为决策层利用网络可以随时了解操作层的情况，根据操作层的情况快速实现决策与控制，完全操控景区的经营过程，这样的管理模式只有在完整的信息系统基础上才能实现。

（三）管理方式创新成就新的管理模式

在知识经济时代，信息已成为独特而又无限重要的资源。信息在创造社会财富中起着举足轻重的作用，成为决定企业竞争力的核心要素之一。在旅游业，管理方式的创新基本都围绕“信息”展开，这种创新完全造就了新的管理模式，即以信息处理为核心的管理模式。景区是否能够快速、高效地满足消费者的个性化需求，关键在于经营者获取、处理、传递和利用信息、知识的能力。电子商务打破了地域之间、行业之间、企业之间的各种界限，使企业获取和应用信息的能力大大增强。通过电子商务，景区管理者无论在何时、无论在何处，都可以实时查询到所需要的信息，实时掌握景区当前的经营运作情况，从而辅助景区管理者迅速做出经营决策，有利于造就景区经营中的竞争优势。景区管理者还可以利用网络上的“虚拟现实”技术，与景区的战略合作伙伴通过景区外部网建立连接，类似国外航空公司将航空预订系统的终端安装到旅行社一样，把景区电子商务的部分功能对合作伙伴开放，从而降低沟通和交易成本，提高工作效率。

（四）景区电子商务管理模式

理念、机构、方法的改善，以及管理与服务的数字化，产生了现代管理的新的管理模式，这就是基于电子商务的管理模式。在电子商务环境下，景区的电子商务管理模式将景区的各类信息资源进行充分整合，让数据跑路，充分发挥信息的价值。通过差异化授权和认证的方式，让不同类型的访问者获得其权限范围内的相关资源，实现以“信息”为纽带的经营管理。电子商务背景下的景区管理模式如图 6-3 所示。

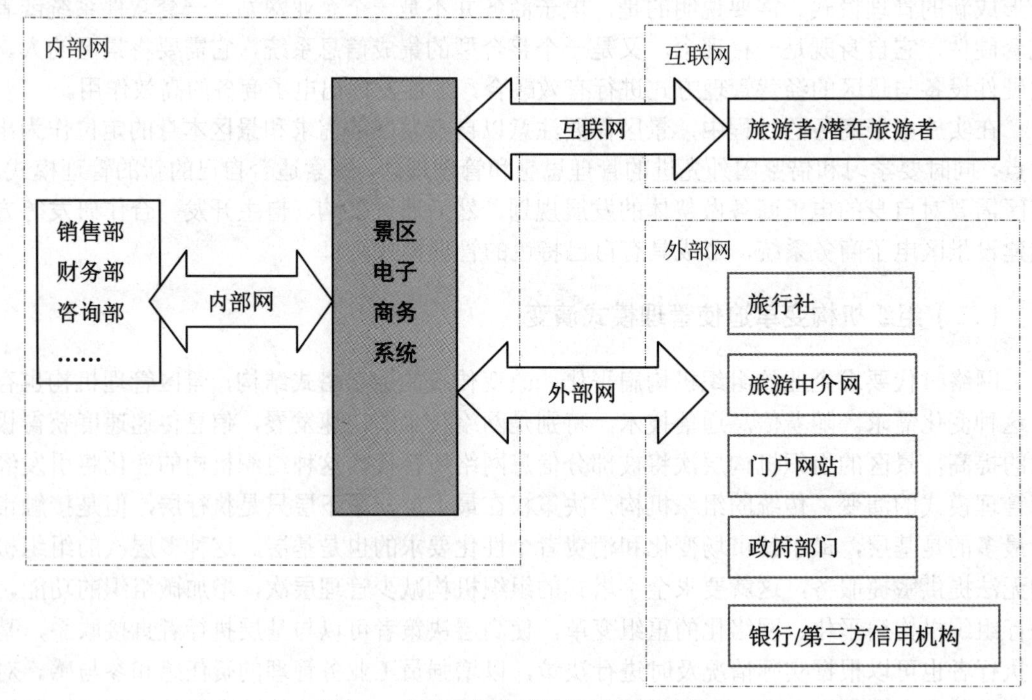

图 6-3　电子商务背景下的景区管理模式

电子商务背景下的景区管理模式具有以下几个信息化特征。

1. 景区内部业务处理集成化

集成化的信息系统是现代管理模式最核心的信息化特征。电子商务系统是一个集成化系统，景区各个部门的业务处理统一都在景区电子商务系统进行。部门与部门之间不再需要通过人工的方式进行业务处理，而是根据景区各个部门的业务需要，对其开放相应的电子商务系统访问权限。所有业务部门都通过该系统进行业务处理，保证了信息的准确性和一致性，提高了内部业务沟通的效率，降低了沟通成本，也体现了以信息为纽带的内部管理特征。

2. 与协作伙伴合作业务电子化

景区与协作伙伴之间业务的电子化处理是管理模式中的又一重要特征。通过电子商务系统，旅行社、代理商、批发商等景区协作伙伴与景区进行结算时，财务部门就不需要再跟销售部门确认结算金额，财务人员可以直接进入电子商务系统查询协作伙伴在某段期间的业务情况和结算金额，然后，通过电子商务系统与银行系统连接，直接进行电子转账支付，以实现与协作伙伴之间业务的自动化处理。

3. 景区对客服务个性化

景区对客服务的个性化需要网络的支持，这也是现代管理模式的主要特征之一。旅游者可以随时访问景区电子商务系统旗下的门户网站或App，查询景区最新资讯和景点信息。当旅游者产生购买决策时，可以直接在门户网站注册为会员，完成门票的预订和支付。景区可以根据游客注册时提供的个人资料、历史浏览记录、历史订单等信息，挖掘出游客的潜在需求以及购买潜力，从而进行“一对一”个性化营销。

管理模式的实现依赖于不同的网络类型，这是景区数字化的主要特征。其中，电子商务系统是一个整合型的集成信息系统，是景区未来系统建设的主要目标。目前，大多数景区还停留在办公自动化系统（如地理信息系统、经营票务管理系统或者监测和控制系统）的层面上，离电子商务系统的要求还有很大的距离。相信随着信息通信技术在景区的成熟应用，以电子商务系统为基础的新的管理模式一定会在我国各大景区全面应用。

第四节 电子商务在景区营销管理中的应用

景区电子商务的开展起步于营销，许多景区开展电子商务都是始于建立一个网站向旅游者发布信息。随着电子商务的兴起，传统的营销方式的确不能满足移动互联网时代的游客服务需求，因此，网络营销大行其道。旅游景区网络营销活动是指，旅游景区为了满足旅游者需求并实现自身经营和发展目标，利用网络载体和网络营销工具，通过创造、沟通和传播景区价值，实现价值交换的一系列有计划、有组织的营销管理活动。

一、电子商务在景区形象和品牌营销中的应用

每个景区都有其特定的形象定位，景区形象定位就是在目标市场游客心中对该景区拥

有的区别于其他竞争景区的形象感性认识。例如，山东旅游早期曾有“一山一水一圣人”“走近孔子，扬帆青岛”的形象定位，特指了泰山、趵突泉、孔子、曲阜、青岛等有具体形象的吸引物。现在的山东旅游形象定位是“好客山东”，侧重了精神和文化感受，这受到了业界和游客的广泛认可。形象定位应符合独特性、垄断性、文化性、创新性、吸引性、认同性、统一性、层次性和艺术性的要求。在电子商务发展过程中，景区运用适当的定位方法，明确形象定位要求，将有助于旅游景区形象的塑造和推广，也有助于电子商务的持续开展。

景区的形象定位确定后，景区品牌营销的创建将成为电子商务成功的关键，其中品牌的创建和品牌的传播将成为品牌营销的关键要素。在互联网时代，旅游景区面临的最大问题就是没有品牌，景区客源过于依赖旅行社、OTA等，想要做好移动互联网战场下的营销，品牌创建很重要。通常，创建品牌和实施品牌营销的关键是把握五个要素，即品质、服务、个性、定位、传播，如图 6-4 所示。在品牌定位中，良好的品质和服务是建立良好品牌的基础。服务在景区品牌构建和品牌营销中起着至关重要的作用，景区需要用电子商务创新良好的品牌服务。品牌的个性也是品牌的核心价值和精髓，电子商务的产品设计需要体现个性化，不同的旅游者可以提供不同的服务。著名的营销专家菲利普·科特勒在总结品牌营销的五要素时曾经说过：市场定位是整个市场营销的灵魂。这说明准确的品牌定位已是景区营销成功的一半，因为好的定位已经迎合了大多数消费者的需求。整合营销传播大师舒尔茨说：在同质化的市场竞争中，唯有传播能够创造出差异化的品牌竞争优势。这说明了互联网时代营销传播的重要性，景区应充分利用互联网做好营销传播。

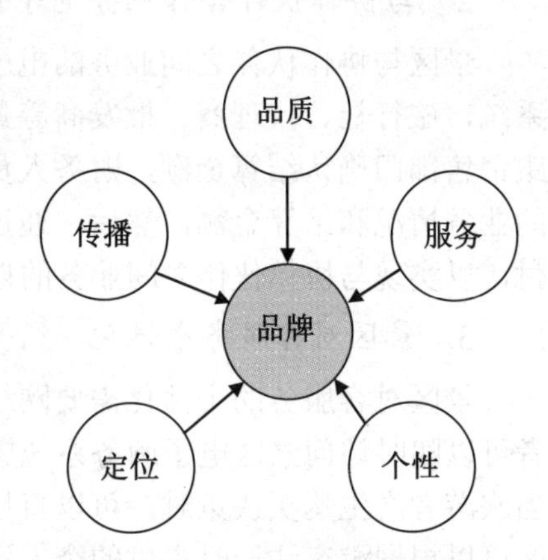

图 6-4 景区网络营销品牌要素

互联网时代的品牌创建已经不能再按照传统的基于自身资源进行定位的逻辑。从电子商务的角度看，景区在互联网时代市场竞争非常激烈，要使一个景区长期受到游客的欢迎，品牌营销一定要基于电子商务消费主体的消费行为大数据分析，迎合大多数消费者行为的个性化需求，同时了解区域市场上已有的品牌和定位，再根据自身的资源确定自己的品牌定位和服务。比如，牡丹江也有冰雕资源，它能不能定位为冰雕之都？答案是不行，因为国内最出名的冰雕品牌在哈尔滨。通过数据分析了解品牌定位，有了合适的品牌定位以后，才能规划旅游景区的服务和传播方式，形成一定品质的景区品牌名片。在电子商务的营销中，景区品牌名片绝不仅仅是一个 Logo。

以台湾南投县的清境农场为例，垃圾箱、大风车外墙都是羊主题的图案，超市里卖的所有商品都跟羊有关，定期举办儿童羊毛 DIY 手作活动和与羊共舞的奔羊节。整个农场内所有的主题都与羊有关，这才是品牌名片。清境农场官网设计主题元素也是羊群，网上商城里的周边产品有绵羊乳液、羊奶护手霜、绵羊高效保湿面膜、绵羊油、羊乳饼干、包装上有绵羊图案的各种茶叶等。该农场从景区实景设计到网站风格、社交媒体、App 界面、周边产品设计，都在不遗余力地、主题统一地传达着景区的品牌。

依托于电子商务平台和社交平台的建设，景区官网设计、景区 App、景区微信公众号、景区微博、促销小程序、景区网上商城的产品设计、景区文娱活动的打造都要围绕景区的品牌定位主题，从旅游六要素“吃、住、行、游、购、娱”（即餐饮、住宿、交通方式、旅游吸引物、旅游商品与娱乐活动）等各方面响应品牌建设。

二、电子商务在景区节日与事件营销中的应用

景区开展多样化的节庆活动、事件营销，有利于景区扩大自身的影响力与知名度，同时满足不同季节、不同开发周期、不同游客的旅游需求。景区的节日活动和狂欢事件统称为节事活动。景区可选择的节事活动分类如图 6-5 所示。

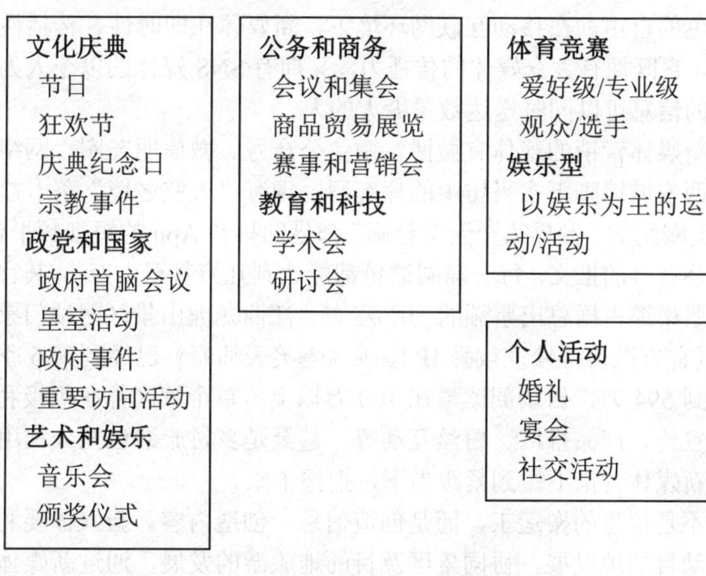

图 6-5　景区可选择的节事活动

景区节事活动的策划，能起到非常好的营销效果，但需要精心设计和开发。对于电子商务与移动社交时代的旅游景区节事开发，重点在于能够产生较强的轰动效应、网络效应，聚集大量的社会关注度，促进游客社交分享，吸引新客户及召回老客户，为景区带来可预见的利润和流量。通常，对于一个景区的官网或景区自媒体系统，应该常年策划和安排节事活动的营销计划，每周可以在官网安排一次活动，以吸引游客的关注。

节事活动策划与设计首先要做好前期准备，确定可能的节事活动组织者和参与者，对本地历史上曾经或已经举办的节事活动，周边地区乃至国内外知名节事的相关活动举办状况进行资料搜集和分类，借鉴相关活动成功的经验。其次，讨论和确定活动的主题内容，在此基础上进行节事活动定位，根据客源市场的特征、景区资源和产品的特点，确定节事活动的形式、规模、时间、过程以及活动吸引物，明确节事活动的目的和任务。再次，整理公关资料，选择合作伙伴，洽谈合作方式，形成整合营销方案，还需要开展相关服务人员的培训工作，提出整体活动的经费预算以及可能发生的情况和调整预案，预测活动环节的得失及可能产生的效果。最后，在官网上制作和设计相关节事活动的网页，或在其他网络渠道做网络广告推广等，以保证景区的节事活动能获得最佳的营销效果。

景区节事活动营销策略属于 4P 理论中的产品策略，在节事开发及营销过程中应注意以下几方面的问题：① 明确主题，多形式、多层次、多专题发展节事活动；② 体育赛事类节事要注重当地企业及社区的参与和支持；③ 节事活动要和谐融入当地文化；④ 追求创

新和突破，多层面演绎景区文化和形象；⑤ 借助网络、社交、新闻及传统传播媒介，推广景区形象和活动，形成市场轰动效应。

三、旅游景区的新媒体营销

新媒体（new media）是基于 Web 2.0 技术构建的新型媒体，包括社区网络、微博、社交网络（SNS）、网络视频（播客）、博客等。之所以叫“新媒体”，就在于它颠覆了传统媒体传播者与受众之间的严格界限，变单向传播为以个人为中心的网状传播架构，给予传播者与受众转换角色的自由。在移动互联网环境下，新媒体在即时性、传播性、互动性、精准性上极具优势，它既拥有大众媒体的传播力，又拥有 SNS 媒体的以个人为中心的信息制造：完全个性化的信息可以同时送达数量庞大的人。

目前，景区新媒体营销的载体有微博、微信公众号、微信朋友圈、网络短视频、景区网站等。例如，西安城墙脚下永兴坊中的摔碗酒、青海“天空之境”茶卡盐湖、四川稻城亚丁、重庆万盛奥陶纪的“世界第一天空悬廊”都借助抖音 App 的短视频平台火遍全中国。上海迪士尼微信公众号的推文，每一篇阅读量都能达到几万甚至十万+，其官网及官方微信公众号的直销售票渠道占据总出票额的 50%左右。江西龙虎山景区网站门票出售量已经突破 13 万张，景区官方微信持续连载强 IP 漫画《爆笑天师府》已经到第 6 季。故宫博物院的微博粉丝已达到 594 万，日均阅读量在 100 万以上。单个景区都在积极利用新媒体的营销平台进行品牌宣传、产品推广、粉丝互动等，甚至是乡村旅游也充分利用网络营销的整合推广能力，在新媒体营销上做到紧跟当下，把握未来。

新媒体营销不是信息的搬运工，而是创造信息、创造内容。新媒体要利用旅游景区的供给来高效地推动目的地发展，协同景区及目的地旅游的发展，通过新媒体找到受众，并向受众传递真正有价值的信息。北京第二外国语学院旅游管理学院院长厉新建教授在“2018 第二届东北旅游新媒体峰会”上提出面向未来旅游景区的新媒体营销的新方向——FUTURE，其每个字母表达的含义如下：

（1）Feeling，对消费者有感；

（2）Useful，对消费者有价值，可以是小而美的东西；

（3）Theme，消费者自我塑造主题和品牌新的意义，如关键意见领袖（KOL）；

（4）Union，连接中心和品牌，以生态圈成就品牌；

（5）Relation，与消费者的诉求发生关联；

（6）Emotion，情感融入和激发，品牌忠诚和黏性。

对于现阶段的景区新媒体应用，应规划和做好自媒体系统，通过自媒体系统积极应用新媒体，发挥新媒体的最佳营销作用。实践证明，在景区电子商务系统或平台的架构中，已离不开自媒体的应用。景区开展网络营销，大多数还是针对当地区域的消费者，通过自媒体系统能达到很好的营销和促销效果。

四、智慧景区在营销中的应用

智慧景区建设本身就是一种营销。任何景区都存在生命周期，其发展过程都会伴随引入期、成长期、成熟期、衰退期的规律现象。景区开发一般都要考虑环境、市场、资源、产品、收益、资本、运营等 7 个维度，各维度均有其特有的重要性。比如，乌镇东栅、西栅的滚动式开发，在开发过程中积极引入智能化科技，如乌镇自 2017 年就实现了游客刷脸进入景区，2018 年，坐落于西栅北侧的栖巷合味民宿，便已经实现了“刷脸入住”，这些都为旅游景区的可持续发展提供了动力，收到了较好的营销效果。在景区 IP 打造和植入方面，陕西的白鹿原民俗文化村，虽然有着著名的“白鹿原”IP，却因为同质化的产品复制走向没落。因此，优质的景区开发必须注重景区的可持续发展，用科技助力营销，实现发展战略、旅游产品、景区服务的可持续发展。

（一）智慧景区的建设框架

智慧景区可以从五个方面进行规划与建设，包括：信息基础设施（构建网络传输与通信系统，包括传感网+互联网+物联网）、数据基础设施（构建数据仓库与云数据中心，涵盖空间数据与属性数据）、共享服务平台（实现信息共享）、应用服务平台（众多业务的应用系统）以及决策支持平台（开展综合分析与辅助决策）。同时，还需要注重相关的政策保障（政策、机制、资金）、技术保障（技术、标准、人才）以及安全保障，最终实现景区规划、管理、保护、运营、发展的全面数字化，体现智慧景区的优势。

（二）三个平台

三个平台是指“信息感知与传输平台、数据管理与应用平台、信息共享与服务平台”，其实是景区软件平台下的三个子平台。其中，信息感知与传输平台包括信息自动获取与高效传输两个方面，是智慧景区建设的基础；数据管理与应用平台包括数据集成管理与计算服务以及各种应用，是数据处理的基础；信息共享与服务平台则是借助于信息基础设施和数据基础设施，面向五大应用系统提供的信息服务与数据共享。

1. 信息感知与传输平台

信息自动获取设施主要是指位于智慧景区信息化体系前端的信息采集设施与技术，如遥感技术（RS）、射频识别技术（RFID）、GPS 终端、传感器（sensor）以及摄像头视频采集终端，以及感应技术的交通流量监测等信息采集技术与设备。信息高效传输设施是指有线网络传输设施及无线网络传输设施，主要包括通信光纤网络、4G/5G 无线通信网络、重点区域的 WLAN 网络等，以及相关的服务器、网络终端设备等。信息感知与传输平台是信息基础设施。

2. 数据管理与应用平台

数据集成管理主要是借助于数据仓库技术，分类管理组成“智慧景区”的数据库系统，涉及空间数据与属性数据库、栅格数据与矢量数据库、资源数据与业务数据库，以及面向应用的主题数据库；在数据集成管理的基础上，借助云计算技术，通过云共享服务平台为五大应用系统提供数据信息与计算服务，实现具体的云服务应用。数据管理与应用平台是数据基础设施。

3. 信息共享与服务平台

信息共享与服务平台是基于 SOA 和云计算的共享服务中心，既为应用软件系统提供服务，也为消费者提供服务。平台通过集成遥感技术、地理信息系统、全球定位系统、虚拟现实技术，面向智慧景区的五大应用系统提供技术及信息服务（包括营销服务），可以实现整个智慧景区的信息管理、应用请求响应、服务管理提供等任务，以保障整个景区信息的协同共享与服务。信息共享与服务平台是共享服务设施。

（三）五大系统

五大系统是基于风景名胜区资源特点及应用系统功能、系统服务对象、系统使用部门等因素考虑而划分的，包括资源保护系统、业务管理系统、旅游经营系统、公众服务系统、决策支持系统，它们共同构成智慧景区的应用服务系统。

1. 资源保护系统

资源保护系统主要实现对景区资源全面保护与监测的数字化，所涉及的主要应用系统可以进一步划分为：自然资源保护与监测系统、人文资源保护与监测系统、自然环境保护与监测系统、人文环境保护与监测系统。

2. 业务管理系统

业务管理系统主要实现对景区业务内部管理工作的数字化，所涉及的应用系统按照业务类型可以划分为：电子政务系统、规划管理系统、园林绿化管理系统、人力资源管理系统、资产管理系统、财务管理系统、视频会议系统等。

3. 旅游经营系统

旅游经营系统主要实现对景区旅游管理与游客服务的数字化，根据景区旅游经营体系所涉及的应用系统主要分为三类，即侧重于内部服务的游客接待系统、侧重于外部服务的网络营销系统以及游客安全与应急调度系统，它们各自都还包含多个相关的移动应用或小前台。

4. 公众服务系统

公众服务系统主要实现景区面向广大消费者服务职能的数字化，所涉及的应用系统类型主要包括两个方面，即面向景区以外广大游客的外部服务类系统和面向景区游客的内部服务类系统，两者相辅相成，共同完成景区的游览和观光服务。

5. 决策支持系统

决策支持系统是在上述四大应用系统的基础上，结合专家知识系统、综合数据分析、数据挖掘与知识发现，通过虚拟现实、情境模拟等手段对景区的重大事件决策、应急预案演练等多系统进行综合智慧应用，提供决策技术支撑的信息支持。

（四）景区的智慧 App 应用

智慧 App，是智慧营销最实用的系统，一个智慧景区 App，既有智慧服务的功能，又有智慧营销的功能。目前，智慧 App 至少应包含几项服务内容：① 位置信息，提供景区的地图向导、卫生间的位置、实时定位等服务，甚至可以进行位置共享，解决了游客要靠高德地图/百度地图寻找卫生间的痛点。② 交通出行，包括自驾游的停车问题、公共交通出行的线路指引，景区内部观光车的站点线路引导。③ 景区介绍，利用语音、文字、图片、小视频的方式为用户提供讲解介绍。④ 在线消费。景区内部及周边的酒店、餐饮及商品的消费是景区运营商的主要盈利方式，通过整合上下游供应商资源到 App，可以在赢利的同时为游客带来更加完善的旅行服务，全面满足客户的吃喝玩乐需求。⑤ 门票及餐饮支付，为客户开通在线购票及点餐的消费的功能，另外门票、温泉、高星级酒店的餐饮等产品的线上组合能够增加营销的组合套路，有针对性地进行推广。⑥ 情景互动，包括直播互动、景区互动、AR/VR 互动等，为客户提供更多的乐趣，提高客户的参与度和分享欲望。⑦ 实时数据，通过与智慧管控平台的集成，实现 BI 解决方案，实现景区的实时数据显示、分析，起到分流、预警、通知等作用，让景区的管理实现最优化。

例如，华强方特致力于为游客提供舒心、快乐的游园体验，为旗下系列主题乐园量身打造了“方特旅游”App。“方特旅游”App 不仅界面设计简洁，而且性能稳定、操作便捷，具备在线购票、园内导航、服务预约、手机点餐、停车缴费等多项功能，为游客提供人性化、智能化、精细化的服务。“方特旅游”App 的用户不仅可以实时查看游乐项目和演出的开放时间，还能随时掌握项目排队的等候时长，可以更高效地安排游玩行程。该 App 新增项目快速预约功能，游客购买特快通行证并提交预约后，随时到场即可优先体验预约项目，并支持添加同行人一起预约，同享专属通道，大大提高了游园效率。此外，该 App 还能根据游客所在位置和项目的开放时间，智能推荐游玩路线，提供游乐和演出项目介绍、美食与纪念品商店等信息，实现全方位园区服务，让游客便捷地体验更多项目，轻松享受无限乐趣，达到了在服务中实现营销的效果。智慧 App 在景区的应用，只要设计合理，使用的用户越多，营销效果就越好。

第五节　景区电子商务战略的作用

中国互联网络信息中心发布第 37 次《中国互联网络发展状况统计报告》（以下简称为《报告》）。《报告》显示，截至 2020 年 3 月，中国网民规模达 9.04 亿人，互联网普及率达到 64.5%，超过半数中国人已接入互联网。《报告》同时显示，网民的上网设备正在向手机端集中，手机成为拉动网民规模增长的主要因素。截至 2020 年 5 月，我国手机网民规模达 9.47 亿人，已有超过 90%的网民通过手机上网。地区类旅游网站与景点商务网站取得了长足的进步，特别是移动端景区网站的访问获得飞速发展，这意味着在线旅游预订有巨大的发展空间，它将成为消费者出行的主流方式。

在这样的背景下，景区电子商务的发展前景非常广阔，但景区电子商务怎么开展，仍值得商榷。应把景区电子商务作为战略内容，而且作为景区发展战略中的重要内容来考虑。因此，制定景区电子商务战略规划是开展电子商务的关键所在，应对景区开展电子商务的目的、系统的方案框架、商务内容、功能定位、客户方向和定位、业务渠道、营销路线、支付方式、安全要求、实施计划以及人员组织等进行统一规划，然后按照战略规划逐步实施。本节我们并不介绍具体的景区电子商务战略规划，需要了解战略规划内容的可以参考信息系统规划相关的教材，这里重点介绍景区电子商务战略的作用及相关要素，这些内容有助于读者理解进行电子商务战略规划的意义。

一、景区电子商务战略对内部管理的作用

电子商务战略保证了电子商务开展的有效性、持续性以及发展的稳定性，因此电子商

务战略对内部管理的作用是非常明显的，它能够为景区创造市场竞争优势，如逐步实现管理模式的创新、促进组织机构的变革、有利于知识型员工培养等。电子商务战略能指导景区的内部管理逐步实现电子化、智能化，并且提升全体管理人员和服务人员的工作素质。

（一）促进景区管理思想和管理模式的创新

电子商务战略的制定、实施有利于景区管理模式的逐步演变，形成科学的管理思想，以及一套电子化管理的新的管理模式。电子商务作为管理创新的经济运行方式，为景区的发展带来了巨大作用和商机。但是，我国景区电子商务的发展现状相较于饭店、旅行社行业，是比较滞后的，还存在很多问题。这些问题的解决需要通过整体的战略规划，需要景区管理者在管理思想和管理模式上进行改革创新。景区管理者要理解电子商务的战略作用，消除电子商务只是一个新的营销手段、一个交易手段、一个电子技术应用的观念误区，积极寻找适合景区自身的电子商务建设方案，循序渐进地发展，用电子商务改进管理与服务。只有在管理思想和管理理念上建立电子商务的战略地位，探索适合电子商务发展的管理思想和管理模式，电子商务才能够真正发挥作用，创造价值。

（二）促进景区组织机构的变革

电子商务战略的实施，要求景区组织机构适应电子化管理的变化，对相应的业务流程进行整合，由此促进组织机构的变革。电子商务和计算机网络改变了信息传递的方式，使管理幅度变大，原来起上传下达重要作用的中层管理者大为减少，高层决策者可以与基层执行者直接联系，根据实际情况及时进行决策。这种变化促使组织机构扁平化，管理的效率得以大幅提高。这种扁平式、专业化程度高的组织机构可以使管理层更加接近底层业务，有利于了解市场和把握经营方向。因此，在 21 世纪的知识经济时代，景区会更具竞争力。

（三）有利于知识型员工培养

电子商务战略的实施，需要员工去适应、去操作，不但可培养员工的 IT 技能，还能培养景区自己的知识型员工。在知识经济时代，“知识型员工”成为人力资源管理的核心。旅游市场竞争的不断加剧使得任何一个景区企业的生存和发展都必须依靠众多的“知识型员工”作为支撑。“知识型员工”可以利用景区内部知识和外部相关知识，尤其是掌握数据技术进行业务分析，从而创新景区的产品和服务，为景区不断带来新的利润增长点。例如，景区的营销信息、广告语编辑、关键字选择、个性化价格策略、社交平台关怀、挖掘潜在消费者等都需要知识型员工去操作和处理。

二、景区电子商务战略对业务流程的作用

电子商务战略需要打通所有信息系统的业务流程，才能发挥电子商务的最大效能。通常，传统的景区业务流程是层次式的，每个层次都有专门的职能部门处理业务，对于手工操作来说，由于每个层次的流程需要一定的计算处理，这种业务流程的安排是合理的。但采用电子化流程后，尤其是逐步实施电子商务战略后，这些业务流程就不一定合理了，因为许多业务的计算处理可以由计算机自动进行，相关业务流程就可以合并，由此促进业务

流程的整合和变革，以发挥电子商务的效能作用。

（一）促进业务流程变革

景区传统的业务流程的实现是伴随着纸质文件的传递而设计的，这不仅成本高昂，更重要的是，以纸为载体的信息传播方式过于缓慢，不利于景区迅速决策和灵活应变意外事件。在某种意义上，电子商务是一个集成平台，所有信息都存储于平台的数据中心。景区的合作伙伴、景区的目标市场、景区的管理部门、旅游者等景区利益相关者都可以在获得授权的情况下，从电子商务系统中获取自己所需要的信息，并进行相应的业务操作。

例如，中青旅需要向九寨沟景区预订 8 月 20 日的团队门票 40 张。传统的操作模式是：首先，中青旅计调部门发传真给九寨沟景区销售部门，景区销售部门接收到传真，确认其有效性；其次，景区销售部门回传给中青旅计调部；最后，中青旅财务部凭相关单据打款给九寨沟景区财务部。如果通过电子商务平台，则可以直接和旅行社、第三方旅游网站等系统进行票务预订和支付，如图 6-6 所示。景区电子商务平台的集成性可以让各方合作伙伴都使用统一的信息渠道，保证了信息的准确性、及时性和业务完整性，并且信息的获取和传递不再受时间和空间的限制。这种流程的变更可以实现跨企业的信息共享和业务集成，最大限度地实现旅游价值链上各环节的价值创造，为景区创造更大的经济效益。

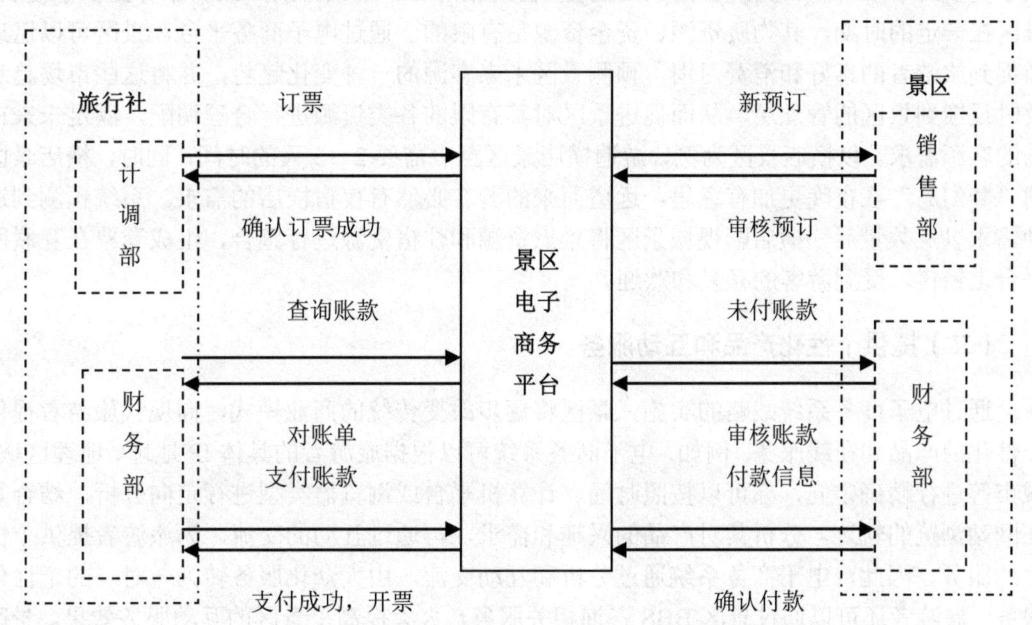

图 6-6 基于电子商务平台的旅行社订票和支付流程

（二）降低经营成本，提高效率

随着景区电子商务战略的逐步实施，景区主业务交易的完全电子化，其经营成本逐渐下降。通过景区电子商务平台，景区只需要花费廉价的上网费用就可以实现景区与合作伙伴、景区与旅游消费者间的自动交易，并快速实现业务的清算。例如，与景区合作的旅行社、饭店需要了解景区最新的促销活动，就不再需要致电景区了解其价格和合作条款，只需要登录景区电子商务系统，便可全面、及时地了解促销活动的相关内容，并进行业务操作。通过这种电子交换方式将极大地减轻景区销售部门员工的工作量，保证景区相关员工有精力去处理更为有价值的工作。对于旅行社或饭店而言，电子化流程则同样提高了交易效率，减少了交易成本。

三、景区电子商务战略对产品和服务的作用

景区电子商务战略的核心是改善景区的产品和服务。实践表明，战略规划的实施有利于改善产品与服务，尤其是内部电子商务可以优化资源配置，提供更符合消费者需求的产品与服务。电子商务是一个循序渐进的过程，通过与客户的互动可以了解客户对景区产品的评价，使景区在产品的规划上提供更符合市场需求的个性化服务。同时，通过电子商务系统的客户管理、即时服务，逐步走向客户关系维系的电子互动，使景区的经营始终围绕以客户为中心的方针展开。

（一）优化资源配置

随着电子商务战略的实施，景区对市场的预测更加精确。电子商务平台不仅给景区提供了更多的了解市场和旅游者需求的机会，也为旅游者了解景区的产品和服务提供了便利。景区在一定的时期，其物质资源、资金资源是有限的。通过电子商务平台，景区可以迅速捕捉到旅游者的喜好和消费习惯，预测景区未来客源的一种变化趋势，并将这些市场趋势及时反馈到景区的管理层，从而促进景区对其有限的各类资源进行合理调配，满足未来市场的客源需求。以横店景区为例，游遍横店景区至少需要 2～3 天的时间，同时，横店景区的“梦幻岛”在夜晚更加有意思，远道而来的游客必然有夜宿横店的需求。系统预测到这种需求以及数量后，横店影视城景区将景点资源和住宿资源进行整合，组成套票在互联网平台上销售，受到游客的喜爱和欢迎。

（二）提供个性化产品和互动服务

通过电子商务系统战略的实施，景区将逐步改变传统的商业模式，向现代旅游者提供个性化的产品和在线服务。例如，电子商务系统可以根据旅游者的具体 IP 地址、地理区域、城市等进行精确定向，亦可以按照时间、计算机平台或浏览器类型进行定向分析，结合其在网站浏览的轨迹，分析其对产品的兴趣和需求，再通过互动的交流，为旅游者提供个性化的服务。因此，电子商务系统通过分析和互动交流，由大众化服务转为一对一的个性化服务。旅游者还可以通过景区 BBS 咨询相关服务，大大提高了景区的互动服务效果。景区通过有效的沟通，充分了解旅游者的需求，从而有助于为不同的旅游者提供满足其需要的个性化产品和服务，尤其是景区拥有休闲产品时，更要注重沟通，以获取消费者的个性化需求，从而在提高旅游消费者满意度的同时，为景区获取更好的收益。

（三）实现顾客关系管理

用电子商务提升服务的关键是对客服务，电子商务战略实施过程中要把对客服务转向客户关系管理。在激烈的旅游市场竞争环境中，客户关系管理将成为景区管理的一个重要内容。传统的景区服务方式以被动服务为基本特点，大部分景区的服务都是在客户找上门

后再提供服务。电子商务系统的建立，可以将景区的产品和服务以及旅游者关心的信息放在网站上，以便客户可以随时随地查询这些信息，这是一种主动服务的表现。通过官网景区可以全天候、跨地区地为旅游者提供服务，并把访客的行为信息记录下来，以实现有效的客户关系管理。例如，引导旅游者发表游记，引导访问者浏览社区中的感想，还可以通过社交平台与游客保持售后联系，倾听游客意见，回答客户提出的问题。这些都是客户关系管理中的内容，通过对客户业绩的分析，提出有效的客户关系关怀计划，以维持更好的客户关系。

四、景区电子商务战略对市场的作用

电子商务战略能提升景区的竞争力，维持竞争优势。战略规划的实施不仅有利于景区对市场的拓展，还有利于对旅游市场变化的及时分析。目前，我国景区同质化产品很多，许多景区缺少客源，由此影响对客服务的质量。利用电子商务可以在某些旅游目的地整合景区资源，共同拓展客源地市场。例如，在营销、销售、客户服务方面可以通过网络将不同景区整合在一起，打造旅游目的地景区的知名度，共同利用电子化手段拓展客源市场。

（一）有利于景区拓展市场空间

电子商务战略可以给景区的市场拓展制订一个计划，然后逐步实施。例如，先在自己的网站开展市场宣传和促销，然后选择网络中间商或客源地的门户网站开展市场促销，再选择大范围内的网络分销商开展市场促销，可以选择免费的，也可以选择付费的，多渠道地开展有目标的市场拓展活动。电子商务战略还能有计划地进行在线市场调查，了解客源地消费者对景区产品的需求和服务改进意见，以前耗时耗钱的艰巨任务现在转瞬之间就可低成本地快速完成。景区自身的移动网站建立，也意味着游客可以更方便地了解景区信息，潜意识地在移动互联网世界拓展市场。通过战略规划景区也可以有计划地改进官网，如建立多语种网站，可以方便国际旅游者了解景区信息，促成国际旅行社与景区的直接合作等。

（二）提高景区知名度

电子商务战略的关键是营销网络战略的制定，广泛的营销网络有利于提升景区的知名度，尤其是景区的产品、景区的服务、景区的环境、景区的生态、景区的人文，把它们组织成有吸引力的营销内容，有利于在消费者中产生共鸣，扩大景区的影响力。由于电子商务为景区提供了一种不受时间、空间约束的，面向全球客户展示其产品和服务的模拟空间，其受众面广，因而有利于提高景区知名度和树立新型的景区形象。已经有越来越多的景区通过电子商务网站宣传和分销渠道的形象推广，提高了产品的知名度，如浙江临安的太湖源头景区、千岛湖风景区等都逐年在增加网络营销的力度。有些景区由于受其旅游资源限制，实力相对薄弱，但通过电子商务战略的有序推进，可以直接和直观地把景区的产品介绍给千千万万的客户，其影响力和知名度也将大幅度提高，景区的绩效也在不断提升。

（三）优化营销手段

电子商务战略专门有网络营销的优化计划。在具体的实施中，对营销的方法、营销的渠道是根据评估结果不断优化实现的，而且营销是通过网络和传统媒体的互补不断改善效果。在传统营销中，大多是通过景区与旅行社等合作伙伴合作实现的，是基于企业对企业的营销模式，因为旅行社是景区的主要客户，其营销手段比较单一，主要通过电视广告、广播、与旅行社等合作伙伴发放宣传单等方式进行。电子商务则将其营销手段直接扩展到景区对旅游消费者的模式，在考虑旅行社利益的同时，尽量面向散客开展强大的网络营销。因此，电子商务中的网络营销进一步优化了市场营销的渠道，减少了营销渠道的中间环节，降低了成本，而且电子商务系统可以有效地运用网络，通过产品的三维展示、电子地图、语音解说、视频直播等技术手段向旅游者直接展示旅游信息。

课后案例分析：黄山风景区的电子商务特色

本章小结

本章首先讨论了国内外景区电子商务的发展历史和应用现状。随着电子商务的普及应用，景区在电子商务的发展上也取得了一定的进展。为了介绍景区电子商务的完整概念，本章在介绍电子商务概念及模式的基础上，进一步介绍了景区电子化工程的概念，从管理、服务、安全、商务等方面介绍了电子化的内容，以及电子化工程所采用的技术。接着介绍了景区电子商务的内容以及管理模式，重点介绍景区自身的电子商务、合作伙伴的电子商务以及针对游客等客户的电子商务。在景区电子商务的网络营销方面，主要介绍了营销的市场定位、节日与事件营销以及智慧景区营销等内容。由于景区电子商务的复杂性，最后指出了景区开展电子商务的战略规划非常重要，重点分析了景区电子商务战略的作用，尤其是对景区内部管理、业务流程、产品与服务、市场的战略作用，这是提升景区电子商务能力，创造竞争优势的重要战略部署。

拓展知识

数字化工程	电子商务生态	信息孤岛
景区电子化	社交网络营销	微博社区
第三方电子支付	客户关系营销	品牌定位
银联支付	博客营销	形象定位
智慧景区	智慧服务	智慧商务

云数据中心	数字经济	知识经济
遥感技术	电子地图	知识型员工

思　考　题

1．试简要叙述我国景区电子商务的发展过程。

2．试说明景区电子商务的生态体系构成要素有哪些？

3．试叙述景区开展电子商务的目的和意义。

4．试叙述信息通信技术在景区的应用范围和内容。

5．目前在景区的信息通信技术应用中，主要有哪些信息技术系统？它们分别处理什么业务？

6．什么是电子化景区？其内容主要包括哪些方面？

7．景区营销为什么要形象定位？景区的形象定位和品牌定位有什么区别？

8．试分析景区电子商务管理模式的特点。

9．目前景区开展网络营销有哪些方法？举例说明。

10．什么是事件营销？景区应怎样设计和策划事件营销？

11．如何实现景区内部管理的电子化？有哪些技术系统？

12．什么是外部网系统？其主要使用者有哪些？

13．为什么说景区电子化工程的目标是建设数字化景区？

14．在电子商务环境下，传统管理模式面临哪些挑战？

15．在电子商务环境下，景区的管理模式有哪些？试画出其结构框架。

16．什么是 GIS？哪些景区适合采用 GIS 模式？

17．什么是 ERP？其核心管理思想是什么？

18．什么是移动 App？景区的智慧 App 有怎样的应用特点？

19．假设你是一个小型景区的管理者，如何为该景区规划电子商务的功能和内容？

20．景区代理服务商的电子商务内容主要有哪些？

21．请浏览驴妈妈网站（http://www.lvmama.com/），分析驴妈妈网站中景区电子商务的主要内容。

22．在进行景区电子商务战略规划时，需要注意哪些问题？

23．什么是景区电子商务战略？电子商务战略对景区有怎样的作用？

24．景区电子商务战略应有哪些核心内容？

25．请选择当地的一个旅游景区，为其设计一份切实可行的电子商务发展战略计划。

参　考　文　献

[1] 巫江．我国旅游景区电子商务发展探析：以敦煌为例[J]．生产力研究，2006（1）：

152-154.

[2] 张跃文，郭瑞涛．价值链角度的旅游电子商务发展过程浅析[J]．电子商务，2010（4）：30-32．

[3] 李锦业，王丹，耿丹．对风景名胜区数字旅游服务的几点认识[J]．中国建设信息，2009（2）：36-39．

[4] 李文杰，曹靖．GIS在国内旅游领域的应用回顾与展望[J]．内蒙古师范大学学报（哲学社会科学版），2008，37（4）：112-117．

[5] 冉建华．面向服务架构在数字景区管理中应用的探讨[J]．铁路计算机应用，2009，18（9）：41-43．

[6] 车谊，张学梅，蒋洋．峨眉山景区数字化管理研究[J]．消费导刊，2009：137．

[7] 李德顺，祁东辉．在线网络用户调研信息设计分析研究[J]．艺术百家，2008（4）：127-137．

[8] 李颖．驴妈妈：欲引领景区分销与营销新模式[N]．中国旅游报，2008-05-26．

[9] 九寨沟管理局．数字九寨沟综合示范工程全面见成效[EB/OL]．（2007-08-21）．http://www.scit.gov.cn/scit/xxhfiledb.nsf/0/7D64243BFFA149A04825733E000FC559?OpenDocument．

[10] 胡媛媛．欧美旅行预订用户相对亚洲用户更偏爱网络预订[EB/OL]．（2009-08-11）．http://news. iresearch.cn/charts/98932.shtml．

[11] 谢焘．驴妈妈：网络时代的景区、目的地营销专家[N]．中国旅游报，2008-10-27．

[12] 鹿晓龙．景区在网络营销中的“中庸之道”[N]．中国旅游报，2010-05-24．

[13] 杜文才，常颖，杜锋．实用旅游电子商务[M]．北京：对外经济贸易大学出版社，2009．

[14] 周国忠．旅游景区服务与管理实务[M]．南京：东南大学出版社，2007．

[15] 周勇，胡静．旅游管理信息系统[M]．武汉：华中师范大学出版社，2008．

[16] 董林峰．旅游电子商务[M]．天津：南开大学出版社，2009．

[17] 齐齐．网络环境下以景区为核心的旅游供应链构建及景区营销策略研究[D]．青岛：青岛大学，2013．

[18] 赵斐．中小型旅游景区电子商务发展模式选择研究[D]．北京：对外经济贸易大学，2014．

[19] 陈佳会．旅游景区客户关系管理系统研究[D]．大连：大连理工大学，2013．

[20] 郭亚军．旅游景区管理[M]．北京：高等教育出版社，2006．

[21] 孙英杰．旅游景区开发与管理[M]．北京：中国财富出版社，2016．

[22] 郑维，董观志．主题公园营销模式与技术[M]．北京：中国旅游出版社，2005．

[23] WORLD TOURISM ORGANIZATION BUSINESS COUNCIL. E-business for tourism: practical guidelines for destination and business[M]. UNWTO Publications, 2001.

第七章　旅游目的地电子商务

开篇案例

北京用文化符号输出，实现 IP 落地营销

新冠肺炎疫情暴发对旅游行业的重创显而易见，为了防止疫情扩散和保护自身安全，“宅家”已成为 2020 年大多数人的度假方式，人们躺在床上开始了从微信、微博到抖音、直播的网上冲浪，促使了线上流量井喷式的增长。这时候是旅游目的地精心策划网络营销的最佳时期。北京市作为旅游目的，盘点好自己的资源，寻找核心竞争优势与发展之路，用好自身丰富的文化特色资源，在疫情期进行了北京旅游及景区品牌的重塑。经过市场漫长的冰封期，游客对于各旅游品牌的认知渐渐趋向模糊，对于一些景区存在的文旅品牌定位不清晰、目标游客不准确的情况，应该紧紧抓住这次非常时期的机会重新塑造更具卖点的文旅品牌形象及旅游产品，积极打造旅游 IP，狠抓网络营销。

IP 是什么？简单来看，IP 其实就是知识版权。站在文旅角度来说，IP 可以理解为旅游的吸引物，是旅游产品的核心内容。作为旅游地的一种无形资产，IP 能够通过网络有效传播目的地文化，提高旅游地的知名度，更重要的是通过 IP 落地能够获得可观的经济收益。如果品牌能带来用户，那么 IP 就能带来粉丝，从而可以转化为持续的旅游人潮。

打造 IP，从故宫开始。作为一个拥有近六百年历史的文化符号，北京故宫是一个巨大的 IP 宝藏、IP 综合体，在每个历史人物以及文物背后，都能延展出无数动人的故事与巨大的商业价值。故宫文创平台——故宫淘宝在《雍正：感觉自己萌萌哒》文章发布后引起广泛关注，通过反差感卖萌，雍正成为故宫品牌下的旅游 IP 代言人，开启了故宫文创挖掘 IP 的序幕。此后，故宫推出了一系列有创意、娱乐化的文创产品，通过用户驱动、激发全民参与，与品牌跨界合作、进行 IP 授权等方式，实现了 IP 落地，通过文创产品的营销带来相当可观的销售收入。

让文创走出去，让景区活起来。除了故宫代表北京，还有天坛、天安门、人民大会堂以及长城等代表北京的文化元素，更有内有“天蓬鱼缸石榴树，先生肥狗胖丫头”的北京四合院，也是很能代表北京的文化元素。北京市围绕这些文化元素挖掘地方特色资源以及在地文化内涵，并围绕品牌定位，以精准文化定位、IP 形象构建，通过网络营销推广等运营模式，将北京旅游独有的文化要素渗透于生活方式与日常细节，形成系列化的北京旅游 IP 资源。北京旅游 IP 受到了广大游客的喜爱，激起了游客的出游消费动机，给旅游目的地北京带来了勃勃生机。由于早早做好了 IP 挖掘的准备，2020 年的国庆中秋双节北京旅游业获得了非常好的经济收入。

（资料来源于网络并由作者加工整理）

根据这几年旅游的统计分析，基于电子商务的网络预订量逐年增加，目的地旅游电子商务已成为发展区域经济的重要引擎。因此，旅游电子商务的发展为目的地的市场和营销带来了新的机会，目的地机构的异地促销、异地销售将被电子商务完全代替。类似于奥地利旅游门户网站系统的目的地电子商务窗口层出不穷，如杭州、海南三亚、张家界武陵源等旅游目的地，都建设了拥有电子商务功能的旅游门户网站系统。以互联网为平台的目的地旅游电子商务已成为目的地旅游发展的主要创新手段，成为区域旅游经济发展的主要推动力。

第一节　旅游目的地电子商务概况

旅游目的地电子商务的主要形式是开展网络营销，改进旅游服务，以促进区域经济的发展。旅游电子商务都基于互联网环境，其最大特点是可改善旅游目的地与客源地的连通性，扩大沟通渠道，这对于旅游目的地而言，有着非常重要的意义，因为可以非常方便地开展促销和推广，扩大目的地在客源地的影响。由于旅游目的地是一个区域性概念，并非企业，在目的地有专门的旅游机构，因此进行交易不属于目的地机构的主业务。有些旅游目的地机构是专职的行政机构，也有些旅游目的地机构既有行政职能又有经营的管理职能。因此，不同的旅游目的地开展电子商务的方式和内容不完全相同。目前，旅游目的地对电子商务的应用主要集中在旅游目的地营销系统的建设，为目的地中的旅游企业构建营销平台，并兼做相关的服务和商务。

一、旅游目的地的类型及其机构类型

世界各地的旅游资源十分丰富，有山地型、湖泊型、城市型和乡村型等，构成了旅游目的地的不同类型。旅游目的地范围有大有小，大到一个国家目的地，小到一个村庄目的地，组织形态各异，形成了目的地不同的机构形式。下面将介绍旅游目的地的类型及机构，有助于理解旅游目的地开展电子商务的特点。

（一）旅游目的地的主要类型

旅游目的地是旅游消费者观光、消费、获取服务的行程终点。到一个国家去旅游，旅游目的地就是一个国家；到一个城市去旅游，旅游目的地就是一个城市；到海滨或到自然山区去旅游，旅游目的地就是海滨或山脉，甚至乡村也可以是一个旅游目的地，可以体验农家乐田地风光。以下为旅游目的地的不同类型。

1. 国家旅游目的地

到异国他乡去旅游已成为现代人生活的一种时尚。现在有许多国家大力开发旅游，接受异国游客来观光旅游。例如，澳大利亚、泰国、法国、西班牙、加拿大等都是著名的旅游目的地国家。我国旅游资源丰富，近年来随着旅游的开发以及旅游管理水平的提升，正成为世界上主要的旅游目的地国家。良好的旅游环境以及优质的管理与服务将为一个国家带来大量的异国游客，增加目的地国家的收入，具有可观的经济效益。

2. 城市旅游目的地

城市是当前游客量最大的旅游目的地。作为一个城市在制定发展规划时，应充分挖掘城市中的旅游资源，吸引异地游客，为城市增加经济收入。我国最有影响的城市旅游目的地有北京、杭州、西安、桂林、成都、青岛、大连、无锡、苏州、上海等。城市旅游目的地除了必须具备一定的旅游资源，其旅游环境、旅游交通、旅游服务等是影响城市旅游目的地的主要因素，创造环境努力让自己成为城市旅游目的地，是每个城市发展的重要战略内容。

3. 海滨旅游目的地

海滨旅游目的地是旅游目的地市场中占有较大份额的旅游资源，在国外海滨旅游非常盛行。近年来，我国海滨旅游发展也较为迅速，如海南三亚、山东青岛、辽宁大连、山东威海以及浙江舟山都有丰富的海滨旅游资源，尤其是夏季，各国的海滨旅游都能招徕大量的游客，成为旅游目的地中最有吸引力的旅游资源。

4. 山脉旅游目的地

山脉旅游目的地主要是一种观光旅游，依托奇特的高山风景、自然风光、生态环境吸引了大量的观光游客。我国张家界森林公园、武夷山风景区、黄山旅游风景区、庐山旅游风景区、九寨沟风景区、泰山风景区、天目山自然保护区、雁荡山旅游风景区等，都属于山脉旅游目的地。这些山脉旅游目的地一般远离城镇，但具有非常好的自然生态条件，是人们度假、休闲、接触大自然的最好去处。近年来，我国山脉旅游目的地发展迅猛，数量不断增加，由于此类目的地都是自然型景区，旅游开发与生态保护已成为其发展中的争论焦点。

5. 湖泊旅游目的地

湖泊旅游目的地主要依赖湖泊水资源开发旅游，依托湖泊水景吸引旅游者观光。我国无锡太湖旅游风景区、千岛湖旅游风景区、溧阳天目湖风景旅游区、阳澄湖旅游区、洞庭湖旅游区等，都是著名的湖泊旅游目的地。近年来，湖泊旅游目的地开发了各种水上项目，如游艇观光、潜水观光以及水上游乐园等，以迎合年轻旅游者的个性化爱好，成为湖泊旅游目的地吸引游客的新亮点。

6. 乡村旅游目的地

近年来，乡村旅游目的地发展迅速，尤其是靠近城镇的郊区农村以及依托旅游景区的周边乡村。我国成都郊区的农家乐、杭州郊区的梅家坞茶文化村、天目山自然保护区周边的农家乐、武夷山风景区周边的农家旅馆、河南白云山风景区周边的农家乐等，都是我国著名的乡村旅游目的地。乡村旅游向多元化发展，开发了观光农业、茶文化、果园科技等游客参与型的旅游项目，吸引了大量对农业发展感兴趣的城市旅游者，成为未来最有发展前景的旅游目的地，尤其是生态农业旅游和休闲农业旅游的开发已成为全球旅游研究的热点。

（二）旅游目的地的主要机构类型

根据旅游目的地的范围、类型不同，往往会在旅游目的地设置不同的管理机构。在我国，国家、省、市的层面一般设置旅游局作为管理机构，其他的目的地类型需根据其覆盖范围的大小设置相应的管理机构，如管理局或管委会等。由于旅游目的地大多数属于自然资源或者具有历史文化价值的遗址，其管理者绝大多数都是政府部门，只有较少数的旅游目的地的管理机构属于企业性质，也有些目的地机构集政府职能和景区经营职能于一体，或委托公司开展旅游的规划与经营。目前，国内主要的旅游目的地类型及其管理机构如表 7-1 所示。

表 7-1　国内主要的旅游目的地类型及其管理机构

目的地类型	旅 游 活 动	目的地机构
城市	会议—休闲—宗教—观光—度假	旅游局
海滨	度假—休闲—运动—商务	管理局
山脉	会议—运动—度假—观光—宗教	管委会
湖泊	会议—度假—休闲—观光	管委会
乡村	休闲—学习—运动—会议	村管会
湿地	学习—研究—观光—休闲	管委会

二、旅游目的地的 ICT 应用概况

旅游目的地应用 ICT 主要是为了安全、经营和环境资源保护，以及收集、整理、储存、发布旅游信息和景区的环境资源管理，同时还用于预订业务处理和营销，以及处理旅游相关的商业活动信息。虽然 ICT 的应用受到了旅游目的地管理层的重视，但是旅游目的地的实际状况各不相同，不同的旅游目的地 ICT 应用存在很大的差别。例如，城市类型的旅游目的地 ICT 的应用条件较好，各种技术系统的应用比较普遍，而乡村目的地或远离城镇的山脉目的地的 ICT 应用就比较落后，基本上仅是安全监控以及基于互联网的网站应用，其他技术系统应用很少。

（一）网络基础设施建设

旅游目的地的网络建设，是电子商务开展的前提和基础，也是 ICT 的主要应用内容。旅游目的地如果想要借力电子商务实现快速发展，就必须提高旅游信息处理的电子化程度，因此，加快旅游目的地的网络基础设施建设是 ICT 应用的基础。尽管我国在旅游目的地电子信息的传播和处理上获得了一定的发展，但是总体上旅游目的地网络的基础设施尚不完善，数据的传输能力距离预期的水平还有很大的差距，网络的数据处理能力也还十分有限。依托于以城市为核心的旅游目的地，其网络设施随着城市的发展，得到了较好的建设和普及，但是，其他类型的旅游目的地，如海滨、乡村、山地、湖泊等，因其地处偏远，远离城市，这些目的地网络设施建设水平较低，并且面临着经济方面的很多困难。随着旅游业的不断壮大和经营规模的不断扩大，旅游信息日益丰富，对处理速度的要求也越来越高。为满足旅游信息广泛传播和迅速获取的需要，信息处理必须电子化和网络化。旅游目的地必须建立各种横向的、纵向的网络联系，形成网络化的旅游信息传播，既为旅游企业提供平台，又为旅游者提供便捷的信息服务。

目前，旅游目的地主要包括有线网络的设施建设和无线网络的设施建设，由专门的通信部门或电信部门负责实施，其建设内容主要包括以下几个方面。

- 网络基础线缆的建设。
- 网络带宽容量的建设。
- 无线网络机站的建设。
- 旅游接待设施上网环境的建设。
- 4G/5G 通信网络的建设。
- 旅游目的地旅游服务企业内部网的建设。
- 旅游企业之间外部网的建设。
- 旅游目的地门户网站的建设。

（二）ICT 应用的主要技术系统形式

旅游目的地 ICT 的应用形式主要是各种信息技术系统，目前有多种形式的应用系统。

1. 旅游目的地经营信息系统

这类系统主要应用在小范围的目的地，由专门的管委会负责整个目的地的旅游管理，系统功能主要是经营管理。旅游目的地经营信息系统通过处理旅游活动的经营信息、销售数据等，对其进行汇总、分析和管理，从而向目的地机构提供实时的信息，为经营管理和决策服务。例如，杭州天目山自然保护区、雁荡山旅游风景区等，它们都是远离城镇的小范围目的地，主要采用经营信息系统对目的地的旅游活动进行管理。

旅游目的地经营信息系统根据其业务管理内容可以分为以下三个层次。

- 依据客观环境、相关政策和长期发展趋势对目的地制定长期规划的战略层。
- 依据长期规划分解为近期目标和部门目标进行日常管理的管理层。
- 依据近期目标和部门目标采取具体措施，执行实施方案的操作层。

2. 旅游目的地办公自动化系统

这类系统应用在范围较大的旅游目的地，由专门的旅游局或管理局负责目的地的旅游管理，系统主要为目的地机构的办公政令提供服务。例如，张家界武陵源、福建武夷山等旅游目的地，它们都采用办公自动化系统对旅游政务及相关活动进行管理。旅游目的地办公自动化系统主要具备以下几个功能。

- 文件管理，包括文件的登记、存档、分类、检索、保密、制表等。
- 行政管理，包括档案管理、日程安排、工作计划、人事管理、财务管理和物资管理等。它主要依靠计算机的多媒体技术、数据库和各种应用软件来实现。
- 信息交流，主要是通过电子邮件和电子会议等方式交流信息。
- 图像处理，用光电扫描仪或数字化仪将图形文字输入计算机。有的办公自动化系统配置图像处理系统，它具有图像识别、增强、压缩和复原等功能。
- 通信管理，包括企业通信和个人通信等管理。

3. 旅游目的地安全和监控管理系统

该技术系统主要是为了目的地景区的旅游安全和环境资源安全，通过摄像头监控相关的景点和旅游接待设施。由于目的地地理区域范围大，通过技术系统设置的监控终端，可以实现统一的电子化安全管理，既有利于游客旅游过程中的安全管理，又有利于环境资源的安全保护，如九寨沟风景区、黄山风景区、张家界森林公园等目的地，都采用安全和监控管理系统进行旅游活动的安全管理。旅游目的地安全监控系统主要具备以下几个功能。

- 目的地吸引物位置的安全监控，如各出入口、人流量较大的区域。
- 目的地交通要道监控，确保道路安全、交通畅通。
- 目的地重要设施设备监控，包括游乐设施、通信基础设施等。
- 目的地文化古迹、文物的监控。
- 目的地火灾、地震等自然灾害的监控。

4. 旅游目的地营销系统

旅游目的地营销系统（DMS）是旅游目的地应用最多的技术系统，也是目的地电子商务系统的重要组成部分。这类系统应用在各类目的地环境中，系统应用的目标主要为市场营销。旅游目的地营销系统并非一个单纯的网站，而是基于互联网技术的旅游目的地信息化营销的全面解决方案。目前，我国建设较成功的旅游目的地营销系统主要分布在东部、南部城市，如海南三亚、浙江杭州、江苏无锡等旅游目的地，较早就开始应用目的地营销系统，而西部地区的旅游景区相对偏远，游人进入的成本尤其是时间成本过大，西部地区在目的地营销系统建设的投入还存在不足。旅游目的地营销系统的主要作用包括以下几方面。

- 向旅游者提供有价值的信息，实现在线互动。
- 降低目的地机构的营销成本，扩大营销受众面，增强营销效果。
- 为旅游者提供在线电子商务，降低出行盲目性。
- 为旅游企业提供公平、公正、公开的竞争平台。
- 为旅游目的地机构提供便捷的在线电子政务平台。

5. 旅游目的地信息网站

信息网站是旅游目的地机构对外的窗口，主要为游客提供信息服务和互动服务，也是目的地电子商务的重要组成部分。旅游目的地网站既是旅游者接触目的地的第一印象，又是目的地旅游企业协作服务的平台。通过良好的网站规划和设计，可以有效地加深旅游者的印象，激发旅游者对目的地的兴趣，并能激励旅游者做出旅游决策，提升目的地旅游品牌。目前，国内所有旅游目的地几乎都有自己的信息网站或门户网站。旅游目的地信息网站的主要功能包括以下几项。

（1）品牌形象。网站的形象代表着旅游目的地的网上品牌形象，网站建设的专业化与否直接影响旅游目的地的网络品牌形象，同时也对网站的其他功能产生直接影响。

（2）产品/服务展示。旅游目的地网站的主要价值在于灵活地向用户展示目的地情况、景区和景点信息、住宿信息、交通信息等。

（3）游客服务。通过网站可以为游客提供各种在线服务和帮助信息，如常见问题解答（FAQ）、在线填写寻求帮助的表单、通过聊天实时回答游客的咨询等。

（4）关系维系。通过网络社区等方式吸引游客参与，不仅可以开展游客服务，同时也有助于增进旅游目的地与游客的关系，形成目的地的固定群体。

（5）网上销售。建立网站及开展网络营销活动的目的之一是增加销售，一个功能完善的信息网站本身就可以实现订单确认、网上支付等电子商务功能，即网站本身就是一个销售平台或渠道。

6. 旅游目的地电子商务系统

旅游目的地的电子商务系统是一个平台，主要帮助目的地的旅游企业开展电子商务，包括网络营销和交易。它可以与旅游企业的电子商务系统做无缝链接，完成订单等业务的具体处理。对于专门的景区经营目的地（如黄山风景区），它可以直接进行订单业务的具体处理，类似于景区的电子商务系统。作为范围较大的目的地，其电子商务系统仅接受预订而不直接处理订单，其核心业务还是目的地营销以及相关的网络促销。

（三）旅游目的地 ICT 应用的主要作用

旅游目的地 ICT 应用的目标是保障区域内旅游的有序、健康发展，为社会创造效益。根据 ICT 使用对象的分类，目的地 ICT 应用可以分为两个方面：一是 ICT 旅游目的地的管理；二是 ICT 对旅游者服务。下面围绕这两方面分析它们 ICT 应用的主要作用。

1. ICT 对旅游目的地管理的作用

旅游目的地有不同的类型，前面已有介绍，这里所讲的管理作用主要是针对小范围内的旅游目的地（或以景区为主的旅游目的地），不包括省、市旅游目的地类型。ICT 在旅游目的地的应用主要是为了在管理中提高效率，提高管理的准确度，及时发现管理中的问题，然后改善管理。例如，旅游目的地的市场管理、交通管理、服务管理、营销管理等，都可以利用 ICT 构建的技术系统来提升。ICT 对目的地管理的作用主要包括以下几方面。

- 提高对市场的响应能力：快速的网络调查和分析。
- 敏捷的对客服务能力：有效的电子化销售和营销。
- 准确的客源趋势分析和预测：对销售数据库和网站访问客户的即时分析。
- 人力资源培育和储存：网络化的常年招聘以及电子化的绩效考评。
- 企业之间的电子化协作：门户网站和协作型信息系统的实施。
- 提升旅游目的地的竞争力：完善的信息化管理和信息系统应用。

2. ICT 对旅游者服务的作用

ICT 对旅游者服务的作用主要是信息服务和商务的远程处理和自动化。

（1）便于游客获取目的地旅游信息。旅游者在出游前和抵达后都需要了解旅游目的地的情况，如旅游交通、景点和购物环境等各方面的信息。ICT 的应用以及互联网的普及，给旅游者获取信息带来了方便。旅游目的地之间的竞争，除景区吸引物外，信息服务的质量非常关键，能提供及时、恰当和准确信息的目的地更有可能被旅游者选中。完善和敏捷的信息服务能让旅游者准确了解目的地详情，缩小期望得到的服务和实际得到的服务之间的差异，从而提高游客的满意度。

（2）便于游客自行安排旅游行程。ICT 的应用可便于游客实现自助游。随着自助游的流行，游客自行安排线路旅游的市场需求日益增加。但是，由于旅游者对目的地的情况往往缺乏了解，这就需要数据库技术对目的地的景点资源进行搜索、筛选，根据旅游者的需求，灵活设计旅游线路。例如，旅游者如果年纪比较大，则可以设计体力要求比较低的旅游线路，还可以按照经济预算、时间预算进行线路设计。在旅游者需求的基础上提供的线路，还可以进行个性化修改，让游客非常方便地获取服务。旅游目的地机构通过 ICT 应用在线为游客提供恰当、准确信息的能力将直接影响到目的地的吸引力。

（3）为游客提供远程预订服务。目前，虽然也有一些第三方网站，如携程、驴妈妈等，可以提供整合过的旅游服务，但是携程侧重于航空票务和住宿，驴妈妈的业务主要是景点的门票。旅游目的地机构可以充分发挥 ICT 的作用，把自己区域范围内涉及旅游的吃、住、行、游、购、娱等方方面面的业务都整合到电子商务系统中，游客可以在该系统享受一站式的预订服务，非常方便地在异地就可以完成远程预订操作。

（4）机构管理者、企业服务者、游客之间的在线互动。ICT 的应用打破了时间和空间的限制，通过门户网站，旅游目的地机构的管理者和企业服务者可以与游客在线互动，通过互动可以改善管理与服务，同时获取游客的需求变化信息，如当游客遇到问题时，可以通过目的地门户网站的在线留言、网络电话、B2B 平台等形式进行在线沟通交流。在第一时间解决游客的困惑和问题，有利于游客对目的地留下正面印象，同时提高游客对服务的满意度。

三、旅游目的地电子商务概况

我国旅游目的地电子商务开展迟于美国、芬兰、日本等国家，在国内也迟于旅行航空、金融等服务行业。近几年，随着互联网的普及以及移动电子商务技术的成熟与应用，旅游目的地电子商务开展迅速，尤其是在网络营销、移动网络订房、在线订票方面，如杭州、苏州、无锡等旅游目的地，旅游电子商务都进入了快速发展的阶段。

（一）发展概况

从总体上看，我国东部、西部地区在旅游目的地电子商务上的发展差异较大。沿海东部地区的电子商务开展较早，内地或西部地区发展相对较为落后。例如，浙江杭州、江苏无锡、福建厦门等旅游目的地，都是旅游电子商务开展较早的地区；再如南部海南三亚、广东深圳等旅游目的地也是旅游电子商务开展较早的地区。我国旅游目的地电子商务起步于 1998 年，最早是互联网出现以后的目的地营销系统应用，这些应用系统发展至今可以分为以下三个阶段。

1. 第一阶段，网站宣传阶段

该阶段主要在 1998—2001 年，主要为目的地进行宣传和促销。该时期正赶上互联网经济浪潮的爆发，基于互联网的营销系统平台获得了迅猛的发展，它在旅游目的地的应用大大改善了旅游目的地网络营销的水平。在这一阶段，营销系统的应用主要出现在城市目的地类型中，因为城市目的地较其他类型目的地的经济更为发达，网络等先进技术更容易得到应用。但这些营销系统的商务功能还很不完善，主要以目的地门户网站的形式开展目的地旅游宣传和市场营销，在网站的背后还缺乏有效的信息系统支持。网站的内容主要以介绍目的地旅游产品为主，包括简单的线路介绍、景点介绍和交通情况介绍等。网站涉及的服务内容比较少，尤其是商务服务方面，还无法实现网上订票和订房。

2. 第二阶段，商务网站阶段

该阶段主要在 2002—2006 年，该时期经历了互联网经济泡沫的低潮，尤其在后期，门户网站逐渐商务化，开始了实质性的电子商务应用，并逐渐在山地、湖泊目的地展开了应用，如利用网站开始了订票、订房、预约导游等电子商务业务，由此开始旅游目的地信息网站向商务网站的转型。截至 2006 年，大多数旅游目的地都拥有商务型网站，为游客提供门票和观光车票等的预订，这时游客可以在家里通过商务网站进行旅游产品的预订。但是，该阶段商务网站的预订功能虽然很完善，但并没有和其他信息系统进行直连，因此这阶段大多数旅游目的地还没有真正意义上的旅游电子商务系统。许多网络上的业务还需要人工进行信息的重新输入，如订单的确认、订单信息的输入，还存在人工处理，并没有实现系统的自动处理。同时，该阶段的商务网站还缺乏与游客足够的交互能力，但移动通信应用已开始出现。

3. 第三阶段，电子商务系统阶段

该阶段主要在2007年到现在，被认为是互联网经济的第二次浪潮，真正的电子商务时代，移动互联网的出现与应用全面铺开。在经历了网站宣传和商务网站两个阶段的发展以后，旅游目的地营销的电子化正逐渐形成完整的系统，进入了电子商务系统阶段。例如，旅游目的地营销系统开始走向以协作营销为核心的信息系统形式，而不是单一的商务网站，网站仅作为该系统的一个窗口，其协作营销包括旅游目的地机构与旅游企业的协作、营销内容的协作、促销活动的协作等。另外，旅游目的地机构在整合资源的基础上，还应在营销上进行差异化产品的设计和推广，以提高旅游目的地的市场竞争能力。该阶段的竞争优势主要表现在旅游者可以获得足够的交互信息，实现在线互动，并且进行完整服务的旅游产品预订；合作伙伴可以直接通过系统平台进行业务合作和结算，提高商务处理的效率；旅游目的地机构也可以通过该平台进行政务管理，简化办事程序，提高效率。

（二）发展特点

电子商务是企业行为，而旅游目的地既有机构管理部门又有企业，这就是旅游目的地电子商务不同的地方。其电子商务发展都伴随着目的地机构的参与，尤其是城市旅游目的地。因此在电子商务的内容中，有些内容是目的地机构去做，有些内容是目的地的旅游企业去做，存在一定的分工。例如，网络调查、市场管理、促销活动等可以由目的地机构去做，或者和旅游企业共同协作去做，而商务的交易、产品的设计、客户的管理等则由旅游企业去做，通过信息系统电子化处理这些内容。因此，旅游目的地电子商务的发展特点是在目的地机构和旅游企业的共同协作下，以市场营销为基础逐步形成管理、服务、商务统一的电子化平台，是以信息服务带动电子商务的系统总体架构，是一种预约型的、协作型的旅游电子商务系统。具体而言，旅游目的地电子商务发展有以下几个特点。

1. 目的地机构的主导性

大多数旅游目的地电子商务系统的建设是以目的地机构（政府部门）为主导，如目的地的网络营销和促销都是以政府机构为主导，目的地政府机构负责系统平台搭建，然后鼓励目的地企业参与。而对于小范围的旅游目的地，由于目的地机构具有目的地旅游管理和经营管理两个职能，其既是电子商务系统的建设者，又是电子商务的具体参与者。

2. 网络平台的多样性

旅游目的地电子商务系统价值链管理需要考虑旅游批发商和代理商等中介，因此其平台构建既要考虑旅游供给型企业，又要考虑旅游中介型服务企业，还要考虑旅游者的具体需求，因此其系统构建的网络平台需要同时考虑互联网、内部网和外部网，互联网考虑的是旅游者需求，内部网考虑的是企业本身的需求，而互联网考虑的是企业之间的商务需求。这种网络平台的多样性也反映了旅游目的地电子商务系统建设的复杂性。

3. 软件系统整合的多样性

电子商务系统是一个整合性的集成系统，由于旅游目的地类型的多样性，其软件的整合也存在多种情况。有些旅游目的地机构的电子商务系统是在 OA 系统的基础上整合形成的，也有些是在营销系统的基础上整合形成的，还有些是在地理信息系统的基础上形成的，更多的是在目的地门户网站基础上形成的电子商务系统。除此以外，旅游目的地电子商务系统还要与旅游企业自身的电子商务整合，与目的地商务网站整合，还需要与各种网络电子分销商渠道整合和集成，形成全方位的、多渠道整合的电子商务系统。

4. 系统层级的关联性

旅游目的地机构具有不同的层次，如省级旅游目的地、市级旅游目的地以及县级旅游目的地。各个层级的目的地机构在开展电子商务过程中，其内容以及系统架构具有一定的关联性，尤其是电子商务中的网络营销，各级目的地机构的网络营销必须具有一定的关联策略，如电子分销渠道整合策略、目的地机构与旅游企业营销内容关联策略等。

目前，厦门旅游门户网站、九寨沟风景区电子商务系统、张家界武陵源景区信息系统、黄山风景区电子商务系统等都是较有特色的旅游目的地电子商务系统形式。

（三）主要网络业务形式

旅游目的地的网络业务有多种形式，除了网络预订、网络营销与促销等主业务以外，还包括对旅游消费者的各种服务、目的地旅游市场的网络调查以及目的地的旅游教育与培训。这些业务有些是目的地机构管理，有些是目的地旅游企业管理，也有些是目的地机构与旅游企业协同管理，尤其是目的地开展的自由行产品预订，其管理是由旅游企业之间的协同完成的，其订单的传递方式较为复杂，但由于其满足了大多数旅游者的个性化需求，将是未来目的地主流的网络业务形式。目的地电子商务主要业务形式及管理者如表 7-2 所示。

表 7-2 目的地电子商务主要业务形式及管理

目的地电子商务主要业务形式	业务管理者
目的地整合营销	目的地机构与旅游企业协同
目的地网络促销	目的地机构
休闲度假产品销售	目的地旅游企业
网络预订（订房、订票、订车等）	目的地旅游企业
市场调查	目的地机构
客户管理与服务	目的地旅游企业
教育与培训	目的地机构

第二节 旅游目的地电子商务类型

旅游目的地包括吃、住、行、游、购、娱等各种业态，其信息的提供对旅游活动的开展非常重要，有些旅游目的地缺乏权威的信息提供，使得旅游者难以获取有效信息。旅游目的地电子商务系统的建设就是为了准确地把握游客的各种需求，为旅游者提供及时、可靠和丰富的旅游信息和旅游服务。由于电子商务是传统商务活动的电子化过程，因此，旅游目的地电子商务的类型也涵盖了传统商务活动的内容，如信息服务、吸引物商务、接待型商务、行程交通型商务、旅游包价商务、运动型商务以及其他的一些增值服务商务等。

一、旅游目的地信息服务

旅游目的地层面的旅游信息服务如今越来越受到人们的关注。20 世纪 80 年代以来，世界各国的旅游目的地管理机构陆续开始尝试利用信息技术手段，统筹和规范旅游目的地旅游信息的收集、汇总处理和有序发布。把建立、完善旅游信息服务体系看作旅游目的地基础设施建设的重要内容，已成为一种世界性的潮流与趋势。那么，在电子商务系统中，我们需要哪些旅游信息呢？从旅游目的地现有的技术系统分析，主要可以分为两类信息：一类是旅游地基本信息和旅游产品信息；另一类是旅游地附属信息。

（一）旅游地基本信息和旅游产品信息

旅游者在旅游之前需要获取大量旅游目的地信息，到目的地以后还需要继续了解它的有关信息。旅游者易于获得这方面信息可以降低他们组织旅游线路时的费用以及出游风险，也使得旅游交易容易达成。向旅游者提供目的地旅游信息不仅影响旅游者对旅游目的地的选择，也影响他们在目的地旅游的满意程度。因此，旅游地基本信息的介绍不是简单的景区信息和地理信息，而需要挖掘目的地的核心竞争优势信息，向旅游者提供目的地的亮点信息和特色信息，这是吸引异地客源的根本所在。详尽组织这类信息非常重要，这类信息主要包括以下几方面。

（1）旅游地吸引物概况信息，包括旅游地主要涵盖的景区、纪念性建筑物、博物馆等，以及可能会对旅游者产生吸引的地方民俗文化等介绍。

（2）旅游地接待设施总体信息，包括旅游地不同星级饭店的介绍、特色餐馆介绍、会议设施介绍等，还包括游览车接待能力等介绍。

（3）旅游地包价产品信息，主要提供旅行社、旅游代理商等机构的常规包价线路以及特色线路推荐，也包括自由行产品等包价服务产品信息。

（4）旅游地运动或活动类信息，主要提供旅游地富有特色的运动或活动信息，如考古、爬山、球类、运动场馆、露营、自行车道等设施信息。

（5）旅游地节庆、节事活动信息，主要提供旅游地常规或者近期要举行的节庆及节事活动安排等信息，也包括当地民俗特色活动等信息。

（二）旅游地附属信息

除了旅游目的地的基本信息和产品信息，旅游者到旅游地旅游时，还非常关心旅游地的其他附属信息，即其他直接影响游客在旅游地生活舒适性和便利性的相关信息。当遇到突发事件时，旅游者需要利用这些附属信息解决所遇到的问题。旅游地附属信息主要包括以下几方面内容。

- 旅游地的法规信息。
- 旅游地的商业信息。
- 旅游地的网络应用和服务环境信息。

- 旅游地的银行服务信息、货币兑换信息。
- 旅游地的医疗服务信息。
- 旅游地的天气和环境信息。
- 旅游地的在线咨询信息。
- 旅游地的服务投诉信息，如电话、网络投诉等。
- 旅游地的电子地图和交通信息。
- 旅游地的新闻等。

二、旅游目的地吸引物商务

旅游目的地吸引物是招揽旅游者最主要的商务内容，既是旅游者所向往的主要观光或休闲内容，也是旅游目的地电子商务系统中的主要业务内容。旅游目的地不但要推销吸引物信息，还需要让异地游客方便地了解并获取这些服务。旅游目的地吸引物商务包括以下两方面内容。

（一）旅游地景区

旅游地景区是旅游目的地最为核心的吸引物，也是旅游者出行旅游的主要目的地之一。旅游景区的门票销售，以及由此引发的各种“吃”“住”“行”需求，都是旅游目的地电子商务的核心内容，也是旅游地创收的主要来源。不论是自然风光景区、人文景观景区，还是休闲度假景区，其涉及的商务一般包括以下几种。

（1）景区电子门票销售。通过目的地系统，可以对目的地的各个景区、景点进行门票的直接预订，可以通过目的地网站或者通过目的地的电子分销系统进行订票。

（2）景区内饭店客房预订。通过目的地系统，旅游者可以根据自身需求选择旅游目的地内的各类饭店，也可以通过饭店网站或通过中介网络进行订房。

（3）景区内餐饮订座。虽然此项业务对散客旅游者而言不是非常需要，但是对于团队等有着严格的行程规划的旅游者来说，非常有意义。旅行社可以通过网络直接订餐，说明用餐时间、人数和用餐标准等内容。

（4）导游服务预订。通过提前预订，可以有效地安排导游的工作时间，避免高峰时期因景区导游不够而让游客等待的现象。游客在预订时可以说明对导游服务的具体要求，如语种要求等，便于目的地旅游机构提前进行准备。

（5）接车服务。通过目的地系统直接预订车辆接送并明确具体要求。

（6）其他休闲服务产品预订。

（7）陪同服务预约。

（二）旅游地节事活动

旅游地的各种节庆和民俗文化活动是另外一种形式的旅游吸引物，也是目的地招揽游客的重要活动手段，如台湾的九族文化村，主要就是利用民俗文化活动来吸引旅游者。节庆活动和文化活动，除了吸引游客前来游览，还涉及广告商务、招商、生活服务供应等商务活动。这些活动的开展能够为旅游地带来一定的收益，利用电子商务开展这些商务的洽谈和交易，能提高节事活动的管理效率，产生较好的商务效益。节事活动具体包括以下几个类型。

- 节庆和各类庆典活动。
- 各种音乐会。
- 各种民俗文化或文娱活动。
- 各类商务性会议。
- 宗教活动或相关仪式。
- 体育运动赛事。
- 各种形式的博览会。

国外已经有许多城市在旅游和会展/节事目的地整合营销方面做出了成功的尝试。例如，新加坡旅游局早就成立了展览会议署，该机构不是管理部门，其主要职责是协调配合会展公司开展工作，而且不收取任何费用。展览会议署每年都会制订专门的推广计划，到全世界各地介绍本国的旅游业和会展业设施及其发展情况，向与会者，尤其是国际会议或展览会的组织者推介新加坡举办会展和节事活动的优越条件，吸引了许多会议旅游者前往。

三、旅游目的地接待型商务

旅游者在出行前有一个很重要的困惑，就是到达旅游目的地后，如何解决“吃”“住”“行”等方面的问题。旅游目的地接待型商务就是解决这些问题的，它可以帮助旅游者到达目的地之后，即使没有导游接待也可以很方便地解决住宿、餐饮、交通等方面的问题。旅游目的地接待型商务反映了旅游目的地的接待能力，是旅游目的地电子商务中的重要内容，在旅游目的地经济收益中所占份额较大。旅游目的地接待型商务主要有住宿接待型商务、餐饮接待型商务、会议和健身接待等接待型商务，这些都可以通过网络在异地预订。

（一）住宿接待型商务

在旅游电子商务的发展中，进行住宿预订是电子商务最为普遍的应用。旅游目的地住宿接待型商务也是所有接待型商务中所占比例最大的，因此造就了一大批新型的旅游中介电子服务商。住宿接待型商务主要包括以下几方面内容。

- 客房的网络预订。
- 娱乐业务的网络预约。
- 夜总会门票的预约。
- 会议场地预订。
- 接送车辆的预约。
- 其他业务的网络预约。

其中客房的网络预订是住宿接待型商务中的主业务，其他几种业务的网络预约还不是很普遍。作为旅游目的地机构，在发展饭店客房业务的同时，应利用网络大力发展其他饭店休闲产品的网络预订，挖掘个性化的且具特色的住宿接待业务。

（二）餐饮接待型商务

除了住宿接待型商务，旅游目的地的餐饮接待业务也是不可缺少的一种旅游业务。我国是非常注重“吃”的国度，具有非常丰富的餐饮文化。在外旅游时，人们对当地的特色餐饮更是有强烈的好奇心和品尝需求。因此，除大众餐饮外，目的地旅游机构更应该挖掘当地的特色餐饮，构建餐饮的文化创意，以迎合高端旅游者的需要。餐饮接待型商务主要包括以下几方面内容。

- 餐饮的网络预订。
- 包厢和菜肴的网络展示。
- 接送车辆的预约。
- 网上的点菜功能。
- 娱乐和KTV包厢在线预订。
- 其他饮料和酒水的网络预订。
- 送餐预约。

（三）会议和健身接待型商务

会议和健身接待型商务是近年来旅游目的地正在发展的一种商务类型，尤其是自然生态非常优越的目的地，吸引了大量的会议和健身组织者。对于以会议商务为目的的旅行和以运动健身为目的的旅行，同样可以通过网络实现在线的预订，并快速处理相关的接待业务。目前，会议和健身接待型商务包括以下几方面内容。

- 科研会议的预订。
- 商务会议的预订。
- 年底总结会议的预订。
- 健身房的预订。
- 活动球场的预订。
- 其他健身商务的预订。

四、旅游目的地行程交通型商务

行程交通型商务是旅游产业中不可缺少的商务，任何形式的旅游都离不开行程的交通安排，不管是到达目的地的交通安排，还是到了目的地以后的行程交通安排，都需要处理行程交通型的商务业务。旅游者可以通过网络个性化安排自己的行程，或者在线预订交通工具。旅游目的地的行程交通型商务保证了目的地的可进入性和游览性，需要灵活、实时地处理这类商务。行程交通型商务包括以下几方面内容。

- 航空电子机票预订和在线销售。
- 高铁、火车票的电子销售。
- 高速公路客票的电子销售。
- 目的地交通行程的车辆预订。
- 目的地计程车（出租车）的预约。
- 旅游巴士、游艇或游船的预约和预订。
- 目的地自行车出租的预订。

以上都是旅游目的地行程交通相关的业务，利用电子商务和在线预订可以提高交通行程安排的灵活性。目前，除了航空机票的电子预订比较发达之外，其他的预订发展还比较落后。在小部分发达城市，高速公路客票也可以进行网络预订，然后凭预订号码在车站取票。旅游目的地的交通车辆往往还需要目的地的旅游服务机构代为预订，还不能实现游客的直接预订。行程交通的电子化已是一种趋势，未来的全程“无票旅行”指日可待。

五、旅游目的地旅游包价商务

旅游目的地存在各种各样的旅游包价业务，如杭州旅游目的地的一日游、二日游、三日游等包价业务，景区的娱乐、住宿、游览包价业务，还有行程的包车业务、导游行程中的陪同导游包价以及休闲服务中的用餐包价业务等。丰富、灵活的包价业务能挖掘旅游市场潜力，吸引旅游者的眼球，并扩大旅游消费需求。目前，旅游目的地旅游包价商务包括以下几种类型。

（一）按时间计算的包价业务

按时间计算的包价业务类型比较多，包括游览观光景点、导游以及用车等业务包价，适合旅游服务公司等电子商务业务的开展，具体包括以下几种类型。

- 导游包价业务（按天或按小时包价）。
- 用车包价业务（按天或按小时包价）。
- 游览景点包价业务。
- 陪同服务包价。

（二）按游览景点数计算的包价业务

这类包价业务主要按游览景点以及游览中的用餐情况来设计包价产品，如旅游线路的包价产品，具体包括以下几种类型。

- 旅游线路的包价业务（包括导游、交通、餐饮等服务）。
- 旅游景点数的包价业务（包括景点数、导游服务）。
- 餐饮的包价业务（适合自由行）。

（三）按交通方式划分的包价业务

按交通方式划分的包价业务适合短途旅游的行程包价，是旅游者到达目的地后所选择的一种包价产品形式，如选择大巴车、中巴车或者小巴车的包价，甚至选择自行车方式的包价，具体包括以下几种类型。

- 旅游巴士方式的包价业务（大巴、中巴、小巴）。
- 自行车方式的包价业务（如观光三轮车）。
- 游船（或游艇）方式的包价业务。
- 拥有陪同的步行方式包价业务（如生态游步道游览）。

包价商务在目的地将越来越多，除了以上介绍的商务产品以外，还涉及体验性、参与性以及DIY观光产品的包价业务，这些业务都可以通过电子商务手段来操作与处理，通过网络来招揽旅游者将是一种必然趋势，如乡村旅游、观光农业、工业旅游等都需要这样的产品。

六、旅游目的地运动型商务

运动型商务主要是指因体育赛事等运动而产生的商务需求。所谓的体育旅游就是利用体育赛事开展的旅游活动，涉及的商务就是运动型商务，内容非常丰富。以2010年的南非世界杯为例，该届世界杯涉及门票、电视转播、广告、相关纪念品等商务。旅游目的地运动型商务主要包括以下几种类型。

（一）运动赛事门票型商务

运动赛事门票型商务主要通过网站销售各种形式的赛事门票，包括分销、零售、代理销售等业务，属于运动型商务中的基本业务。运动赛事门票型商务包括以下几种类型。

- 门票的分销型商务。
- 门票的零售型商务。
- 门票的代理销售商务。

（二）运动赛事广告型商务

运动赛事广告型商务属于运动赛事的扩展商务，具有一定的挑战性，潜力巨大，可以通过电子商务手段招徕此类业务。运动赛事广告型商务包括以下几种类型。

- 运动现场的广告商务招租。
- 运动赛事转播的电视广告商务。
- 广告设计商务（包括创意设计、媒体设计、内容设计等）。
- 广告发布商务。

（三）与运动相关的其他商务

与运动相关的商务很多，主要包括车辆接送商务、餐饮商务、住宿商务、纪念品商务以及购物商务等。这些商务可以通过网络让旅游者选择，方便其在观赏运动赛事的过程中轻松地获取这些服务。与运动相关的其他商务包括以下几种类型。

- 车辆接送商务。
- 餐饮、住宿商务。
- 网上购物商务。
- 运动型商品、纪念品商务。
- 邮政商务。

第三节　旅游目的地电子商务的生态及应用平台

旅游目的地的电子商务生态首先要有吸引物，能吸引异地的消费者来消费，即有买家；其次要有平台，为买家提供服务，即给消费者提供服务的应用平台；最后还有为消费者提供实体服务的卖家，等消费者来目的地后能提供观光、餐饮、住宿、休闲、购物等服务。

这样就可以利用应用平台为买家和卖家提供旅游过程中的服务，形成了参与者各方都能获得收益的电子商务生态圈。我们把电子商务生态圈中的买家和卖家统一称为参与对象，本节主要介绍旅游目的地电子商务生态中的参与对象以及应用平台。

一、旅游目的地电子商务的参与对象

旅游目的地电子商务的参与对象除了买家和卖家以外，还包括政府、协会等相关部门，有时也称为目的地管理机构，它们主要行使政府的职能。除消费者以外（因为消费者通常不参与目的地电子商务的建设），目的地电子商务参与对象主要包括政府、企业、协会/高校/商会、电子商务服务提供商和社区民众。

（一）政府

政府是旅游目的地的运营管理的主体。目的地旅游是一个公共服务产品，具有公益性特质，涉及的方面也很广，单靠企业和民间个人的力量难以做到。政府能够有效调动各方面的资源，塑造好目的地的整体形象并进行联合推广。因此，通过政府牵头来进行旅游目的地的营销和运营是必经之路。总体来说，旅游目的地电子商务主要包括三个方面的内容：① 定位目的地的整体形象并进行传播；② 对目的地旅游产品进行网络营销；③ 组织并管理重大节事活动。在政府的主导下，逐渐打造全域旅游电子商务平台环境，并对旅游宣传片、产品宣传手册、旅游指南等营销内容进行监管。因此，旅游目的地的电子商务建设应由政府来主导。

（二）企业

企业是旅游目的地的经营主体。旅游目的地的企业主要有旅游开发商、旅游经营商、旅游运营商三大类。旅游开发商负责目的地的旅游项目/产品开发。例如，四川成渝高速公路股份有限公司中标四川省芦山县大川河康养旅游开发项目，项目估算投资规模人民币60亿元以上，它们只管开发和建设。旅游经营商涉及旅游产业链各个环节，如景区运营、旅行社分销、餐饮、住宿、交通、娱乐等。这些经营商提供不同的旅游要素产品，增添旅游产品的附加值，它们是旅游目的地电子商务的经营主体。旅游运营商主要通过专业化的能力，运用市场化的手段来运营旅游目的地。再如，以华侨城、港中旅为代表的旅游重资产投资运营企业，充分利用自身的专业化管理、产品策划等优势，成立景区投资或管理公司开展景区托管业务，为景区运营带来新的生机。

（三）协会/高校/商会

旅游目的地电子商务的成功除了主导的政府、运营的企业外，还需要专业领域的组织，如学者、专家支持。世界上及国内有一些非政府组织，致力于研究和推广先进的旅游发展经验，给旅游目的地电子商务的建设提供了许多成功案例以供参考，这些组织有世界旅游组织（United Nations World Tourism Organization, UNWTO）、国际目的地营销协会（Destination Marketing Association International, DMAI）、亚太旅游协会（Pacific Asia Travel Association, PATA）等。国际目的地营销协会（DMAI）的使命就是促进全球的目的地营销组织（Destination Management Organization, DMO）的专业性和有效性。DMAI还提供两个专业认证：① 目的地管理执行官认证（Certified Destination Management Executive, CDME），该认证通过为目的地营销行业的从业人员提供整合的高级管理项目来开发他们的商业头脑；② 专业目的地管理认证（Professional in Destination Management, PDM），该认证为DMO的从业人员提供基本知识和技能的认证。

（四）电子商务服务提供商

旅游目的地电子商务的成功同样离不开技术服务提供商，他们为目的地电子商务发展提供技术支持。例如，杭州绿云科技为所有旅游饭店、旅游小镇提供软件技术服务，目前已为全国近两万家旅游饭店提供云服务；杭州深大科技为所有旅游景区提供软件技术服务，已为全国几千家A级旅游景区提供软件支持。

（五）社区民众

社区民众也包括外来旅游者，是电子商务活动的监督主体，他们共同监督旅游目的地电子商务的相关活动并参与其中。国内很多有特色的目的地管理机构都会开展各种大型的节庆、展览、赛事等活动，国外的旅游管理机构也会系统地规划和管理相关专业活动，如举办很多社区活动，邀请社区居民和旅游消费者一同探讨旅游产品的打造和旅游目的地的规划。旅游目的地居民的生活方式对游客来说本身就是一种吸引力，如西双版纳傣族的泼水节，每年都会吸引大量世界各地的游客前往共同参与，当地居民的主人翁意识给了游客非常难忘的体验，本身就是一个很好的营销宣传。

游客作为旅游目的地电子商务的参与者，既是整个生态价值链的实现者，又是产品与服务的消费者，游客的需求一直受到旅游目的地电子商务其他参与者的关注，引领着整个电子商务产业链的发展。据腾讯《2017年中国旅游目的地白皮书》指出："90后""00后"将成为新的消费主体。现在的游客喜欢拍照在微信群里分享，沉迷于美食、体验和娱乐，因此体验和分享已成为旅游目的地电子商务的重要内容。

二、旅游目的地电子商务的应用平台

所谓电子商务平台，是指能为企业或个人提供业务交流、交易的数字平台。这个数字平台是建立在虚拟网络平台（如移动互联网）上的拥有保证电子商务业务能顺利运转的管理环境、服务环境，协调并整合信息流、货物流及资金流构成，提高双方交易的效率和效益。旅游目的地电子商务应用平台是专门为旅游供应商或服务商以及旅游消费者提供交易服务的数字平台，有旅游目的地机构的数字平台，服务企业的数字平台以及第三方代理服务的数字平台。下面简单介绍旅游目的地电子商务的应用平台。

（一）旅游目的地的官方网站

旅游目的地的官方网站是旅游目的地电子商务的主要应用平台，用于营销和开展信息服务。官方网站通常有三种，即政务网站、旅游信息网站和微网站，它们都是旅游管理部门的官方网站，属于旅游目的地机构的数字平台。政务网站主要是.gov.cn类型的网站，面向企业或行业管理；旅游信息网站主要是.com类型的网站，面向游客；微网站主要是手机网站，同样面对广大游客和服务企业。近年来，官方网站作为当地的旅游信息网站，在网络营销中起着非常重要的作用，也是旅游电子商务整合全域旅游资源的平台型网站。政务网站从 21 世纪初到现在经历了从“旅游厅（局）”到“旅游发展委员会”再到“文化和旅游厅（局）”的变化，如浙江省文化和旅游厅的官方网站（http://www.tourzj.gov.cn），主要设置政务公开、信息发布、网上办事等功能，并对区域内的旅游要素及资源进行在线展示。旅游信息网站是对省/市一级的目的地区域内旅游资源进行整合，以面向游客的信息服务为主、商务服务为辅，少量提供在线预订、旅游攻略、景点介绍、点评、推荐、直播等服务，为旅游企业和旅游者建立沟通桥梁，全面实现旅游产业链供给侧及消费端的融合。山东省旅游信息服务网站主界面，如图 7-1 所示。通常，微网站是对目的地区域的景区、酒店、餐饮、文化、娱乐、交通、文创、特产等资源进行整合的应用平台，为旅游者提供即时的移动服务，旨在促进旅游服务的移动化，带动除景区门票、酒店外的其他要素增速发展，同时作为旅游目的地的移动服务平台，带动景区、乡村、城镇旅游资源一体化发展，以满足旅游者的一站式旅游服务需求。

图 7-1 山东省旅游信息服务网站主界面

（二）旅游目的地营销系统

旅游目的地营销系统（destination marketing system, DMS）是由政府主导、企业参与建设的一种目的地机构数字平台，为整合目的地的所有资源和满足旅游者个性化需求提供的应用平台解决方案，也存在服务企业自己组建的数字平台形式，专门针对游客的网络营销。我国旅游业最早的“金旅工程”就是典型的目的地营销系统构建的典型代表，目标在于最大限度地整合国内外旅游信息资源，实现政府旅游管理的电子化，利用现代信息通信技术手段开展市场化营销，并且利用构建的 DMS 发展旅游电子商务。在实际应用中，旅游目的地营销系统并不是一个完整而独立的组织，其建设也是有阶段性的，在不同的阶段呈现出不同的特色，而且系统的构成也不是单一的，通常是几个小系统共同构成整个营销系统，如现在的小程序、App 等。旅游业内各级营销组织的共同运作促成了旅游目的地营销系统的形成和正常运行。政府、行业协会和企业都承担着促销并分销旅游目的地旅游产品的任务，只不过在分工上政府和行业协会更重视目的地形象的宣传和基于信息技术的、涉及旅游业整体的分销渠道的建立，而旅游企业更重视微观的营销活动，其目的在于实现企业的战略目标。

旅游目的地营销系统的概念在世界范围内已得到了广泛的应用，在奥地利、爱尔兰、芬兰、英国、西班牙、澳大利亚、新加坡等发达国家，它已演变为一种新的旅游营销模式，通过将网络营销和传统营销业务有效地结合，支持了目的地旅游的发展，能显著提高旅游营销的效果，成为目的地旅游业信息化的一个最核心的系统和应用平台。我国根据目的地范围的大小分为省级 DMS、地市级 DMS 以及区县级 DMS，每一级的 DMS 都承担着本地区旅游产品的市场营销和管理任务。根据已有的应用经验，通常应用平台搭建得好，企业参与热情就高，DMS 产生的效果就好，旅游市场就能健康发展，从而吸引更多的异地游客。

新一代的 DMS 需要不断创新，DMS 的创新功能主要表现为三个方面：形象展示功能、基础功能和延伸功能。形象展示功能通过网络手段定位区域旅游形象，可以在若干页面反复展示，视觉印象深刻，与传播媒体相比，能强化游客对区域旅游整体形象的认识，迫使游客产生出游动机；基础功能提供海量和高质量的旅游目的地资源信息、综合信息和商务信息，提供功能强大的信息查询工具为游客提供各种类型的信息服务，如多媒体技术、搜索技术、电子地图技术等；延伸功能是把 DMS 通过移动小程序延伸到政府、游客、企业和媒体，让各参与主体之间相互依赖、相互协调、相互促进、相互制约，促成了信息在不同旅游者、旅游企业、媒体、旅游政府机构之间的转移、共享、集成和反馈，形成了一个有序的组织系统，以整体的合力推动目的地旅游业的发展。

（三）移动微平台：微信公众号、官方微博和 App

移动微平台包括微信公众号、手机网站、官方微博以及各类移动 App 等应用平台，它们的共同点都是基于智能的移动终端，如手机。移动微平台可以是旅游目的地机构的数字平台，也可以是提供服务企业的数字平台，以及第三方代理服务的数字平台。目前，在目的地旅游中，游客喜欢和使用最多的是服务企业数字微平台以及第三方代理服务企业的数字微平台，它们在旅游营销和商务处理中更受到游客的喜爱。在现阶段，我国目的地的移动微平台通常利用微信来构建，微信的月活跃用户量已经破十亿人，这说明未来的流量入口在移动端，构建基于微信的微平台将有很大的商机和营销效果，旅游目的地应依托微信搭建自己的电商应用平台。微信公众号相对于 App 的优势在于开发成本低、周期短、维护方便，利于与客户之间的沟通，同时便于社交传播。例如，大理白族自治州在微信端打造的“大理旅游服务”公众号是线上线下一站式服务平台，提供景区门票、景区直通车、机场快线、火车站快线、跟团纯玩、自助游、酒店、拼车、租车等服务预订，以及提供大理当地餐饮、酒吧甚至保险的在线购买服务，获得了很好的营销和商务效果。

各旅游目的地也会开设自己的官方微博，如好客山东的官方微博“好客山东之声”的粉丝量已经接近八百万，作为美丽山东的窗口，把丰富多彩的旅游资源介绍给粉丝。

App 也是目前很主流的应用微平台，它的构建规模能大能小，如第三方代理服务机构构建的 App，通常规模和信息量非常大，能提供完整的信息服务和商务服务，如携程旅行网、同程网、驴妈妈旅游网等，它们都提供全国旅游目的地的营销服务和商务服务，引领了旅游目的地电子商务的发展。浙江、河南、山东、安徽黄山等也纷纷开发自己的 App 旅游微平台，如“老家河南 App”“好客山东 App”“黄山旅游 App”，但这三款的 App 的下载量均不到一万次，还远不及微信公众号的关注量。旅游目的地服务企业的微平台这几年发展也很快，由于疫情的影响，目的地旅游受到了冲击，服务企业为了自救和发展自己的在线直销，纷纷利用微平台构建自己的电子商务，希望能为自己的客户和会员提供更直接的服务，也为了和第三方代理服务的微平台争夺客源。

案例分析：山东省旅游局与携程旅行网的合作营销

第四节 旅游目的地网络营销策略及互联网营销

自从世界旅游组织提出了“目的地营销系统”的概念以后，随着互联网应用的普及，旅游目的地营销系统已逐渐形成了开放式的体系架构，它以互联网为基础平台，结合新一代的数据库技术、多媒体技术和网络营销技术等技术手段，成为旅游目的地宣传、促销和旅游服务的一个综合应用系统。近年来，旅游目的地营销系统已在全国各地获得了快速发展。本节将围绕互联网的应用，介绍旅游目的地营销的一些基本策略，以及开展互联网营销的一些基本知识，最后介绍旅游目的地营销系统的建设发展与应用。

一、旅游目的地网络营销的商务策略

近年来，网络营销已成为目的地营销的核心，并逐步成为旅游目的地的主要营销方式，它具有传播面广、营销效果快、营销性价比高等特点。在旅游目的地营销系统建设中，确定有效的网络营销策略能为旅游目的地创造市场竞争优势，提升知名度，有利于旅游产品的销售。

（一）门户网站推广策略

旅游目的地机构的门户网站是旅游目的地对外的窗口，其展示的旅游信息是最权威的。因此，必须把门户网站的旅游信息精心整理、展示和推广给异地游客。作为一个旅游地的门户网站，选择有效的推广策略非常关键，具体表现在以下几个方面。

1. 各类宣传品都应有目的地网站的统一资源定位系统

旅游目的地会有很多宣传产品，目的地需要抓住一切机会，将网站的统一资源定位系统（URL）推广出去。例如，旅游目的地的纸质宣传品、公路边上的广告牌、旅游目的地一些艺术宣传品等都可以印上目的地网站的URL，以吸引游客登录门户网站，了解旅游目

的地详情。

2. 与著名旅游网站建立超链接关系

旅游目的地可以选择一些知名旅游门户网站、旅游综合性网站进行超链接交换推广，也可以和购物型门户网站做超链接。交换链接是具有一定相关性或互补优势的网站之间的简单合作形式，即分别在自己的网站上放置对方网站的 Logo 或者网站名称，并设置对方网站的超链接，使用户可以在合作网站上看到自己的网站，以达到互相推广的目的。

3. 与电子政务系统网站建立超链接关系

通过旅游目的地政务系统进行超链接推广，传达的信息会给旅游者更加可靠的感觉。其具体的营销对象主要是政府部门人员、外地公务出差人员、外地商务出差人员等。

4. 与著名搜索引擎服务商建立链接关系

根据中国互联网络信息中心（CNNIC）的调查，有 82.2%的网民是通过使用搜索引擎得知新网站的。因此，面向搜索引擎开展网络营销也是非常重要的推广策略。搜索引擎的“竞价排名”是一种非常有效的营销方式。竞价排名一般按效果付费，具有营销成本低、针对性强等特点，可较有效地保证网站推广的效果。

（二）选择能与旅游者互动的网络营销技术

网络营销最直接的效果是可以通过网络与游客直接交流，互动型的网络营销有利于电子商务的推广和效果评价。目前，旅游目的地网络营销常采用以下几种互动式的营销技术。

1. 通过许可的电子邮件（E-mail）实现营销

E-mail 营销是在用户事先许可的前提下，通过 E-mail 的方式向目标用户传递有价值的信息的一种网络营销手段。基于用户许可的 E-mail 营销与滥发邮件不同，许可的 E-mail 营销与传统的推广方式或未经许可的 E-mail 营销相比具有明显的优势，如可以减少广告对用户的滋扰，增强与客户的关系并提高品牌忠诚度等。

2. 通过网站的会员俱乐部形式实现营销

网站可以以吸收会员的形式来有目标地展开网络营销。旅游者只需要在网站注册成为会员并经过审核后，即可享受目的地旅游网站的会员优惠、活动参与等会员权利。旅游目的地网站的俱乐部会员可以获得关于目的地产品的优惠券、节日（生日）特殊礼品等，对于俱乐部中有着特别贡献的会员，可以设置积分奖励或其他奖励措施等。

3. 通过网站的论坛或聊天室实现营销

旅游目的地网站可以设置拥有论坛管理员、论坛版主的互动论坛，对旅游者发表的帖子进行跟踪回复，及时发表目的地相关新闻，发起目的地产品和服务质量讨论议题等。网站还可以邀请知名人物，通过聊天室进行主题讨论，吸引网友参与，通过对相关主题的讨论达到营销的目的。

4. 通过网络的文本方式交谈实现营销

网站留言是目前网站比较普及的功能。这种方式是旅游者在网站页面留言，等待网站管理人员回答。这种留言的好处是，旅游者的问题总是相似的，后来者可以在前面的留言中找到相关的答案。当问题积累到一定程度，旅游目的地网站可以整理出常见问题，供旅游者查询和参考。

5. 通过网站的呼叫按钮（咨询用）实现营销

通过呼叫按钮进行的沟通比论坛、网络聊天室更为直接。它类似于网络电话，旅游者与网站管理人员可以直接通过语音进行沟通来解决旅游者所关心的问题，实时沟通能收到更好的营销效果。

6. 通过网站的网络调查方式实现营销

景区通过自己的网站对营销的相关问题，如产品定位、满意度、特色服务等进行网络调查，旅游者也会对某些感兴趣问题进行网络搜索，从而实现网络调查与旅游者兴趣点的碰撞，达到景区所需的营销效果。在网络调研过程中，好的问题选择不仅可取得理想的调研数据，同时实现了有效的目的地营销。

以上这几种营销方式中，前面两种适合于目的地的关系客户或重要的企业客户，后面几种适合一般客户或潜在客户。通常，组合采用几种最有效的营销技术是旅游目的地营销的重点工作，如网站也可以通过特定用户的个性化页面用营销组合实现互动沟通。

（三）选择与旅游网络中间商合作的网络营销

旅游销售渠道的起点是旅游目的地，终点是旅游消费者，中间环节是各种代理商、批发商、零售商、其他中介组织和个人。在信息时代，旅游网络中间商是旅游业中非常重要的服务机构，它们往往有专业的网络营销方法和技术，如携程旅行网、驴妈妈景区电子商务网等。目的地机构与这些旅游网络中间商合作，可以收到很好的电子商务效果。需要注意的是，旅游目的地应在认真调研、综合分析的基础上，再确定旅游网络中间商的选择以及销售渠道系统的构建。一般而言，旅游目的地机构可以选择以下网络中间商开展网络营销。

- 与重要客源地的网络中间商开展网络营销合作。
- 与相关旅游产品的网络中间商开展网络营销合作。
- 与国内最著名的旅游网络服务商开展网络营销合作。
- 与国际著名的电子网络分销商开展网络营销合作。
- 与专门的网络预订系统服务商开展网络营销合作。
- 与主要客源地政府门户网站的旅游频道开展网络营销合作。

在选择好具体的旅游网络中间商后，还需要对合作模式进行选择，主要涉及营销和销售两项内容，可以通过旅游网络中间商投放广告进行营销，也可以通过网络中间商同时进行营销和销售。具体而言，与旅游网络中间商一般可以采用以下几种合作策略。

- 产品代理与营销相结合。
- 产品分销与营销相结合。
- 产品销售与营销相结合。
- 直接投放广告的营销策略。

不管采取何种策略，都需要先对旅游目的地自身的实力和旅游网络中间商的优势进行评估，然后再选择适合彼此的合作策略，这样才能发挥网络营销的最大效果。

（四）选择客户关系管理系统为基础的网络营销技术

一些大型的旅游集团公司已开始建立客户关系管理（CRM）系统，并利用该系统开展差异化的网络营销，该方式对企业的常客有非常好的营销效果。旅游客户关系是指旅游企业与旅游者、企业客户之间的关系。客户关系不仅仅是买卖关系，还包括广泛的信息交流关系、感情沟通关系和忠诚关系，这些关系需要专门的人和专门的技术系统去维系。由于客户关系管理系统是一个技术性的软件系统，利用客户关系营销的实质就是通过互动和交流，促使客户（旅游者）形成对旅游企业及产品的良好印象和评价，从而与客户建立一种超越买卖关系的非交易关系。旅游目的地机构选择客户关系管理的营销理念进行营销，通过建立旅游目的地客户关系管理系统，并利用该系统开展差异化的网络营销，是旅游目的地网络营销技术的最高策略。

通常，客户关系管理系统在营销方面具有以下几个功能。

- 可以为不同旅游客户定制不同的营销信息。
- 可以为 VIP 客户提供个性化的营销服务。
- 提供多种与客户联系的互动功能。
- 挖掘客户的偏好，根据不同偏好实施差异化的营销。
- 营销和销售的协同处理。
- 营销信息的自动更新。

那么，如何进行客户关系营销呢？作为旅游目的地机构需要注意以下几个方面营销策略。

1. 建立完善的游客消费数据库

游客消费数据库是客户关系管理营销的基础，只有深入了解和掌握游客的基本信息及其消费信息，才能够根据其特征、消费能力进行关系营销。游客消费数据库资料包括客户基本信息、客户消费历史详情、客户喜好等内容。在此基础上，客户关系管理系统可以实现对客户消费特征分析、客户消费趋势分析、客户类型差异分析等。

2. 通过特价旅游产品的营销吸引游客重游

旅游目的地的有些景区是可以重复旅游的，特别是休闲、娱乐型的服务产品。景区可以通过特价产品营销招徕游客，针对淡季、工作日等时间，设定促销的特价产品，以吸引旅游者旅游。对于重复消费的旅游者，还可以进行积分奖励，通过积分享受一定的折扣优惠措施等。例如，一些休闲、娱乐型景区，可以采用饭店常规的变价促销策略，工作日的房价比周末的房价便宜一些。

3. 与旅游消费者建立一对一的关系

传统的营销是从产品的角度经营，一次关注一种产品或服务，满足一些客户的基本需求。但旅游者中间有一些拥有特殊要求的客户，这时可采用一对一的营销方式，企业每次只关注一种需求，针对一位客户，客户关系管理完全可以满足这位客户的个性需求。因此，有了游客消费数据库的支持，就可以利用 CRM 深入了解每一位客户的详情，提供一对一服务。通过对客户资源的挖掘，客户关系管理对客户的消费特征和消费趋势分析，进而对客户进行分类（如根据需要、基于以往行为等），从而建立互动式、个性化沟通的业务处理流程。

4. 个性化地开展营销服务

在信息时代到来的新世纪，人类在充分体验信息、网络等高新技术带来的物质成果的同时，比以往更注重人文关怀，强调人性回归，关注人的精神需要和个性的充分满足。旅游需求作为满足人类高层次精神需求的特殊形式，其人性化、个性化发展趋势体现得更加明显。新时期的旅游者需要的是“参与体验满足个性需要的旅游经历”。旅游者在消费旅游公司的产品时，不仅要求享受到高质量的产品和服务，而且要参与到旅游产品的设计制作和信息服务中，获得“我喜欢的”或“单独为我所定制的”产品和服务，从而使自身的个性化得到最大程度的满足。在电子商务环境下，实现个性化营销可以利用在线互动式网站和数据库为支撑工具，和客户建立亲密友好的联系，同时创建个性化的营销信息，包括每个客户的喜好、购买模式、针对他的最有效的沟通技巧等，以为他提供个性化的产品和客户服务。

5. *每次营销必须进行评估，再进入下一阶段的营销*

只有不断地总结过去，才能够获得新的发展。当旅游目的地营销开展到一定阶段，必须进行阶段性评估和总结，以便及时发现存在的问题，如评估营销广告、营销内容、营销方法以及所选关键字中存在的问题等。通过评估可在下一阶段的营销中修正存在的问题，以获得更好的营销效果，如选择更合适的关键字、采用更好的网络营销方法等。

（五）旅游 IP 概念及营销

IP，是英文 intellectual property（知识产权）的缩写，是“研发”和“营销”的组合。目的地旅游文化沉淀积累到一定量级之后，所输出的精华具备完整的世界观、价值观，有属于自己的生命力。比如，迪士尼旗下子公司漫威影业的超级英雄 IP，该 IP 已经运营超过十年，形成了独特的漫威世界观，一个个超级英雄赋予了漫威特有的生命力。因此，打造目的地旅游 IP，并通过互联网进行营销，一定会产生持续的旅游生命力。浙江省旅游集团公司党委书记、董事长方敬华曾在 2017 第二届中国旅游 IP 高峰论坛上表示：旅游投资能不能成功的关键在于两句话：第一你手上有没有 IP；第二你有没有形成成熟的商业模式。其实，无论是产品还是模式构成，都是旅游投资企业的 IP。国内的旅游目的地不缺资源、不缺技术、不缺主题公园，但是缺乏像迪士尼那样的超级 IP。2016 年 11 月，景域集团董事长洪清华收获了“2016 中国旅业 IP 第一人”的美誉。洪清华先后发表了关于《得 IP 者得天下》《IP，是旅游世界的“魔杖”》等主题演讲，景域集团也是旅游行业率先把“IP”作为旅游战略来执行的公司。

二、旅游目的地互联网营销

互联网营销是近年来发展最快的一种营销方式，也是未来旅游目的地主要的营销方式，是网络营销的核心内容，作为旅游目的地机构要充分意识到互联网营销的优势，充分认识到“互联网+”应用的重要性，尤其是基于移动互联网的即时营销应用。

（一）旅游目的地做互联网营销的原因

旅游目的地为什么要做互联网营销？根本原因在于整个市场环境、渠道、客户、技术、营销手段甚至角色都已经发生了翻天覆地的转变，互联网已无处不在。

在互联网应用的影响下，旅游供给侧的景区产品发生了变化，渠道端更是被 OTA 颠覆，传统分销商/批发商旅行社举步维艰，航空公司机票业务彻底互联网化，配套酒店也在不断跨界、转型。消费端的客户变化更加多样，客户旅游需求不再满足于观光，逐渐青睐休闲、度假、体验等多样的个性化旅游方式，参与方式也从旅行社参团转向自驾游等自由行方式、定制游方式，形成说走就走的旅游背包客文化。

在跟团旅游时代，旅游目的地或者景区的营销更多地侧重在“销”上，即通过旅行社分销商进行分销，旅行社的角色不仅仅是分销商/批发商，还承担旅游目的地的品牌推广工作。旅游消费者在多种产品间进行选择时，旅行社咨询服务人员成为旅游目的地产品和旅游消费者之间的广告媒介。现今，旅行社不再愿意承担品牌推广的责任。OTA 虽然对旅行社有冲击，旅游目的地也积极通过 OTA 实现了票务方面的网络销售，但是 OTA 不会帮旅游目的地做精准营销。在现今自由行盛行的旅游时代，旅游目的地的营销路径与角色已发生了变化，营销工作需要其自我承担，自己对自己负责。不同时期旅游目的地/景区营销路径的变化如图 7-2 所示。

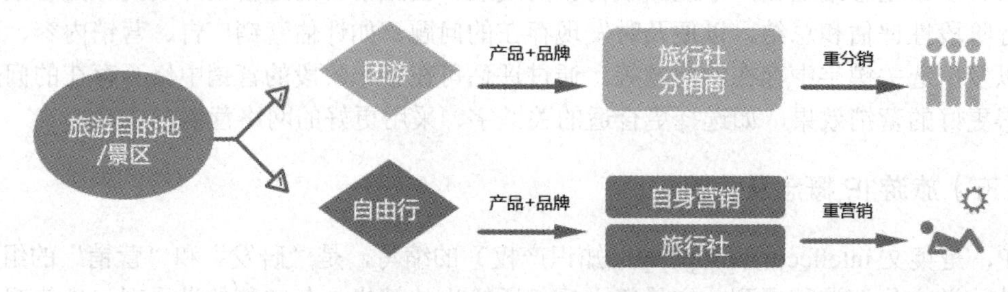

图 7-2 不同时期旅游目的地/景区营销路径

消费者除了需求发生变化之外，另一个重大的变化在于其行为模式发生了变化。传统营销环境下的消费者行为模式基于“AIDMA 模式”（attention，注意；interest，兴趣；desire，欲望；memory，记忆；action，行动），消费者由注意商品、产生兴趣、产生购买愿望，到留下记忆、做出购买行动，整个过程都可以被传统营销手段左右。到了网络时代，消费者的行为模式发生了重构，由“AIDMA 模式”向“AISAS 模式”转变（attention，注意；interest，兴趣；search，搜索；action，行动；share，分享），将消费者在注意商品并产生兴趣之后的信息搜集（search），以及产生购买行动之后的信息分享（share），作为两个重要环节来考量。这两个重要环节对应的是网络搜索引擎和社交网络分享场景的应用，这是互联网应用消费者行为模式所带来的改变。

值得注意的是，在互联网时代 AISAS 行为模型不是直线漏斗式的，各个节点之间是跳跃式的。得益于互联网、电商及社交网络的发展，从 A（attention）→A（action），I（interest）→S（share），S（search）↔S（share），S（share）→I（interest）都可以实现节点跳跃，这也是互联网营销需要关注的不同点。AISAS 行为模型如图 7-3 所示。

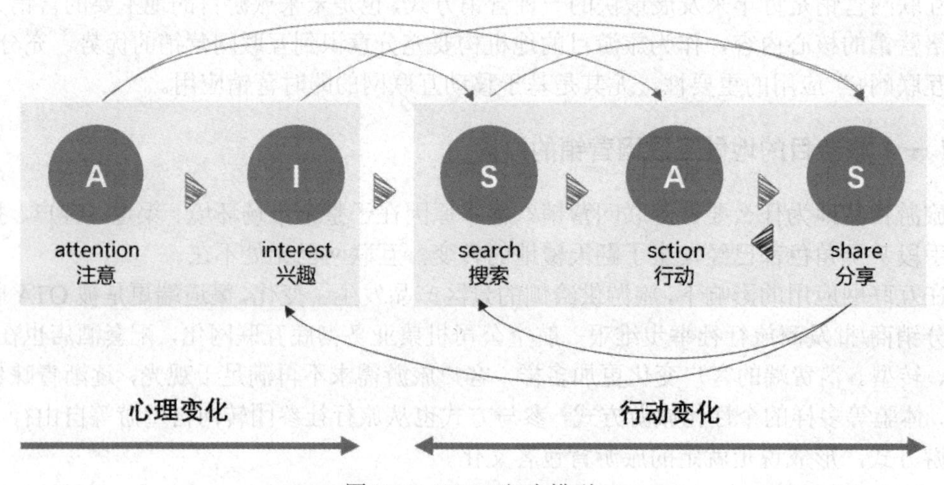

图 7-3 AISAS 行为模型

旅游消费者的网络购买行为可能因为朋友的分享而直接行动，也可能因为在线的注意点直接发生购买行动（电商支持线上退货服务）。有研究机构提出，基于 1.0 阶段网络数字环境认知的 AISAS 用户行为消费模型，已经跟不上 2.0 时代的变化，社会化网络、移动互联网以及全数字化大潮下的消费者步伐迎面扑来，因为在该阶段，不仅媒介、信息更加碎片化，媒介本身也在泛化甚至湮灭，消费者的注意力发生了新的大范围转移、扩散，感知—接触—交互—决策—购买—体验分享的行为与路径更为开放、复杂。因此，最新的“SICAS 模型”应运而生。如图 7-4 所示，SICAS 模型商务营销活动的核心驱动是基于连接的对话和互动，并非广播式的广告营销。

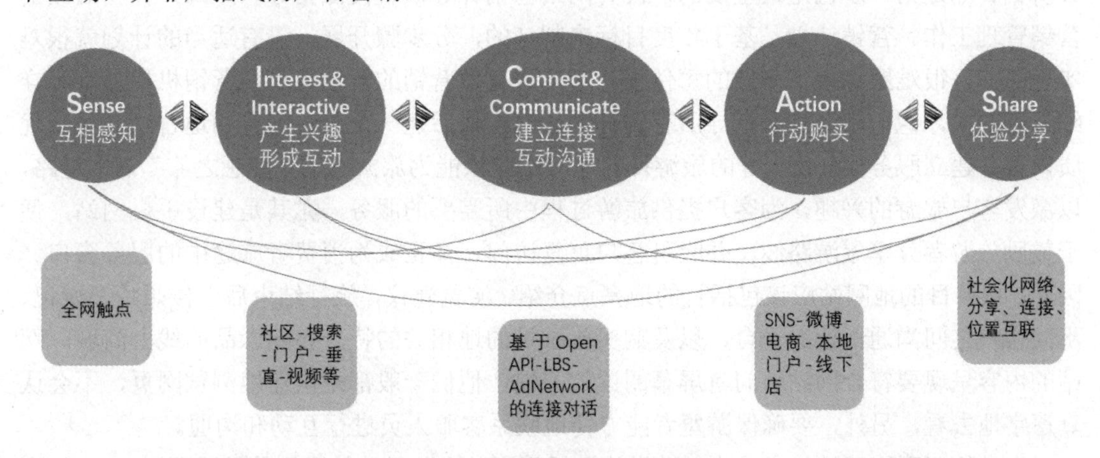

图 7-4　消费者行为 SICAS 模型

注：来自 DCCI 互联网数据中心《中国互联网蓝皮书系列》。

旅游目的地营销长期面临以下几个难题：① 国内的目的地城市缺乏符合自身地格和人文的名片；② 目的地景区过度依赖门票经济，其他相关产业经济不够活跃；③ 品牌推广与分销渠道难管理，缺乏有效统一的整合营销；④ 移动互联网营销思维欠缺。为了解决这些难题，需要顺应市场的变化趋势、客户的行为方式变化、客户的需求多样性，进行有针对性的互联网营销活动。现在的移动互联网应用，能基本解决旅游目的地营销长期面临的几大难题。

（二）旅游目的地做互联网营销的目的

管理学大师德鲁克曾经说道：“营销的目的就是让销售变得没有必要。”他认为，理解客户比量化分析重要。“现代营销学之父”菲利普·科特勒对营销的定义是：营销是一个社会过程，在这个过程中，个人和团队可以通过创造、提供和与他人自由交换有价值的产品、服务来获得他们的所需所求。新时代的营销本质是“价值驱动”，鉴于此，菲利普·科特勒在《市场营销原理（第 14 版）》一书中，将营销定义为“企业为了从顾客身上获得利益回报，创造顾客价值和建立牢固顾客关系的过程”。应用到旅游目的地营销方面，互联网营销的目的就是：创造和传递价值、认识客户、找到客户、青睐客户、树立品牌。创造和传递价值的目标是以客户为中心，基于客户的需求提供价值服务，价值是新时代营销的驱动力，通过创造价值、宣传价值、传递价值来赢得客户、留住客户并拓展客户是营销的首要任务。

这期间要运用互联网技术手段与科学方法充分认识目标客户的属性和诉求，找到目标客户的兴趣点，再将客户吸引到旅游目的地。树立品牌的目标是在同质化竞争中取得胜利，做最有价值的旅游，是优质产品、服务、价值观的反映。

（三）旅游目的地如何做互联网营销

旅游目的地开展互联网营销，首先要灵活运用“互联网+”，实现目的地旅游各领域与互联网的全面融合，并制订旅游目的地的营销计划和目标。在开始所有营销动作之前，制订营销计划是第一步也是最重要的，没有网络营销计划，就没法指导、跟踪、评估后续的营销管理工作。营销计划是基于年度目标来制订的，分步骤开展，没有适当的计划就很难实现目标，很难跟踪接下来做的每件事。实现最有效营销的营销人员和营销机构是制订详细计划的人，他们用计划来指导所有的营销活动，然后建一个出色的目的地官网，呈现优质内容并建立服务信任度。好的旅游目的地网站应该能为旅游者的“梦想之旅”铺平道路，以激发客户旅游的兴趣，为客户提供旅游过程中所需要的服务，尤其是建设手机网站，便于鼓励旅游者分享旅游路线，并吸引客户重复访问，真正成为消费者旅途中的服务窗口。因此，旅游目的地网站应该包括目的地亮点介绍、游览建议，旅行结束后上传照片及游记、不同客户之间沟通评论的平台，以及购买旅游目的地相关的特产和纪念品的线上商城。网站的内容呈现要符合网站访问者屏幕阅读的习惯，他们一般都是快速地浏览网页，不会认真逐字地去看，另外，要确保游览者能方便地联系客服人员进行互动和沟通。

在具体互联网营销的实践中，世界旅游组织在《旅游目的地网络营销手册》（*handbook on e-marketing for tourism destinations*）中提及的成功旅游目的地网络营销需要关注的十个重要方面以及相对应的关键技术，对旅游目的地互联网营销非常有借鉴作用，如表 7-3 所示。

表 7-3 旅游目的地网络营销需关注的十大关键领域及关键技术

十大关键领域	主要内容	关键技术
① 尽可能地接触更多潜在客户	● 使用传统媒体引导顾客到旅游目的地网站浏览 ● 搜索引擎优化 ● 相关组织网站的交互链接 ● 分销合作伙伴：通过网上中介使产品被更多消费者所熟悉，而不仅是通过自己的站点 ● 用指南进行说明，方便有障碍（视觉、听觉和物理）的消费者实现无障碍使用网络	● 搜索引擎优化 ● 付费搜索引擎营销 ● 分销合作伙伴：通过网络传输和报告制度来传递产品数据库的内容和内容管理系统的信息
② 通过客户关系管理，最大限度地提高客户的终身价值	客户关系管理（CRM）是一个必不可少的过程，通过同样重要的信息和通信技术系统（ICT）支持，以使旅游目的地营销组织能理解目标市场的需求和决策过程，吸引他们回访。目标包括： ● 通过个性化信息维持询问者的兴趣 ● 吸引游客回流 ● 鼓励和促进游客向他人的推荐 ● 竞合：同竞争者合作	● 客户关系系统 ● 电子营销系统

续表

十大关键领域	主 要 内 容	关 键 技 术
③ 拥抱社交网络变革，促进用户生产内容	社交网络包括人们在网络上发布的旅游信息、图像、观点和评论。用户评论网站猫途鹰（Trip advisor）和 IgoUgo 已经存在好几年了，同时也出现了很多新玩家，如 MySpace、YouTube、Flickr、Tagzania、Gusto、Wikia、Boardingate、RealTravel、blogs、podcasts 等 旅游目的地内容的应用前景广泛，是机遇也是挑战： ● 旅游目的地营销组织自身如何变革 ● 如何与社交网络巨头竞争/合作 ● 如何使用社交网络来推广和保护自己的品牌 ● 如何使这种客户满意度研究的形式价值最大化 ● 如何在最正确的时机提供最合适的内容给潜在客户	● 社交网络软件，如微信 ● 促进用户生成内容（UGC） ● 方便 C2C 交互
④ 持续输出高质量内容	● 高质量内容是每一个旅游目的地的核心资产，关键点在于在合适的时间为游客提供正确的信息以实现增值 ● 大多数旅游目的地营销组织都有应对不同细分市场的特定网站，数据和内容需要每天持续更新，在旅游目的地营销组织内部协调，在整个旅游行业中共享 ● 旅游目的地营销组织需要基于内容管理系统支持的计划和架构来获得包括 UGC 在内的优质内容 ● DMO 可以通过信息通信技术方便地获得内容生产商提供的各种内容，而不是自己重新生产	● 结构化产品数据库系统 ● 内容管理系统
⑤ 创建一个引人注目的网站	对于旅游目的地网站，主要思考以下几个方面： ● 引导性和实用性信息的平衡 ● 网站功能的关键因素： ➢ 技术性能 ➢ 导航 ➢ 互动搜索—动态地回复咨询 ➢ 旅行计划（包括行程和路线的规划、日程规划和推荐系统） ➢ 访问第三方的服务，如天气预报、滑冰或滑雪条件、交通条件 ● 外观和感觉 ● 可用性 ● 网站的可信度和辨识度	● 内容管理系统（CMS） ● 地理信息系统（GIS） ● 简易信息聚合（RSS） ● 托管、带宽、维护以符合最佳运行

续表

十大关键领域	主 要 内 容	关 键 技 术
⑥ 提供销售（直接或间接）	直接或者间接地为旅游者提供销售服务是 DMO 的职责，一般国家级的旅游组织倾向于间接提供第三方销售服务主要因为： ● 受限于政府资金支持 ● 缺乏销售经验 DMO 在线预订系统一般存在于省、市一级，这是因为其具备线下的销售经验及收入增长的需求 高效的商业预订系统应用越来越多，政府支持开发的预订系统在减少，许多组织也在提供开发的平台（如比价引擎），从而促进更好的商业发展	● 预订引擎 ● 顾客导向的预订流程 ● 带有投票功能的比较搜索引擎
⑦ 提供个性化的定制组合	“定制组合”是旅游交易的法宝，游客根据自己的偏好自由选择，在一次交易中完成多种产品的选购，这是推动旅游运营商和在线交易商战略规划的关键 这个概念很好，但对于 DMO 很难，因为需要实时访问不同供应商的库存数据，因此可以选择和交易商合作，或者选择提供不同的旅游计划	● 个性化定制组合
⑧ 在线获得企业旅游业务的库存	许多中小企业因为各种原因不愿意或不能提供网上销售，将影响到通过第三方渠道进行分销和定制组合，因此能有效访问实时库存是关键，它需要 DMO 组织提高中小企业意识： ● 重点在于认识到互联网对未来旅游目的地营销的重要性，特别是国际业务 ● 在电子营销中涉及的技术需要有培训和持续的业务支持	● DMO 从运营商的合作伙伴系统自动获取数据（包括中小企业的物业管理系统） ● 行业外联网数据手动更新至 DMO 的数据库条目
⑨ 评估基准性能，证明投资回报率	衡量和评价网站的有效性。方法包括： ● 通过数据分析网站的指标 ● 在线用户调查——使用网站的原因和反馈 ● 专家审计和评价 ● 实验测试 ● 上线检测 如何最大化地发挥评估的作用： ● 确定 KPI，从一开始就获取正确的数据 ● 利用模型将指标转化为宏观层面的经济影响 ● 确保建立有效的机制，向市场决策者解释和反馈结果	● 使用网络分析工具衡量网站性能 ● 在线用户调查 ● 实验测试
⑩ 以电子方式将有效信息贯穿于游客的全程	旅游目的地营销组织有更多的电子渠道将信息和预订传播给游客，主要通过旅客的手机、掌上电脑、MP3 播放器和车内设备；地面上的站点，如网吧、酒店接待区和卧室、商场、加油站的设施设备；基于位置的服务，使用卫星导航实现信息推送服务等	● 提供无线广域网 ● 手机短信和预订服务 ● 移动网站 ● 卫星导航服务 ● 播客 ● 游客电视频道

互联网营销是一种思维，既涉及品牌的打造，也涉及商业模式，更需要卖点引爆、完美体验和平台搭建，尤其是平台搭建，用什么方式搭建平台是互联网营销的关键。因为有了平台既可以与旅游消费者实现互动服务、快捷服务和个性化服务，还可以构建大数据实现精准服务，形成旅游目的地互联网营销的互利生态圈，以及形成目的地、渠道、服务企业、旅游消费者合作共赢的局面。

三、旅游目的地营销系统的发展与应用

近年来，由于网络技术、云服务技术的应用和发展，以及电子商务应用的推动，旅游目的地信息系统建设的发展迅猛，许多偏远的山脉目的地、乡村旅游目的地都已开始建立信息系统，用于市场营销和电子商务。信息系统的架构方式和应用类型随着新技术的进步也不断发展，如自媒体营销系统、社交网络营销系统等都是新型系统。围绕旅游，一些新型的电子服务商参与了目的地营销系统的建设，如驴妈妈网络平台、同程网等，并出现了许多新型的便于电子商务开展的营销信息系统。

（一）旅游目的地营销系统的发展

在现阶段，旅游目的地营销系统主要是建立在几种管理模式的基础上，如基于市场预订的模式、基于分销的模式或基于目的地官网的模式等，由此形成了目前固定的几种常见的营销系统。因此，目的地营销系统的发展也是基于营销管理模式的发展过程，下面介绍这几种营销系统的应用和发展。

1. *旅游目的地营销系统应用类型*

目前，旅游目的地营销系统主要有三种类型，一是基于预订的营销系统；二是基于分销的营销系统；三是基于目的地官网的营销系统。这三种系统在目的地机构都有广泛的应用。下面简要介绍这三种常见的营销系统。

（1）基于预订的营销系统。

① 电脑预订系统（computerized reservation system, CRS）的营销。电脑预订系统的产品包括机票、饭店住宿等在内的旅行产品，它是一种开放的、面向多个供应商及客户的专业预订网络系统。该系统在实现预订功能的同时，可展示旅游目的地以及相关旅游企业的营销信息，由于其系统覆盖范围比较广，信息展示的营销效果非常明显。目的地旅游企业可以通过电脑预订系统向旅游者提供旅游产品和服务的相关营销信息，并提供实时的预订服务。

② 基于小程序（App）的营销。借助于互联网的社交平台，旅游目的地用小程序开展景区门票预订已是常见的方法，在预订的同时开展营销服务将有很有效的即时效果，如信息服务、咨询服务、定位服务、移动服务以及支付服务等，有效地实现了预订与营销服务的捆绑。基于小程序的营销将是旅游目的地未来的常态营销系统，它结合人工智能和大数据技术，将实现最有效的精准营销。

（2）基于分销系统的营销系统。

① 电子分销系统（EDS）的营销。电子分销系统是随着互联网的应用而发展起来的。通过电子分销系统，任意一个经过授权的代理商均可通过系统进行实时预订，销售国内外

的各类旅游产品，包括航空公司的机票、航空意外保险、饭店住宿产品、景区景点产品等。近年来，电子分销系统在国内的发展非常迅速，各种类型的分销系统也不断涌现，大致包括两种类型：旅游行业某一领域的专业电子分销，如火车票代售点通过安装火车票销售终端就可以直接代理火车票；旅游网络公司通过整合旅游资源，利用网络进行一站式网络营销；OTA 服务商，如驴妈妈等，都可以成为目的地营销系统的组成部分。

② 全球分销系统（GDS）的营销。目前，以 GDS 为核心的电子分销渠道逐渐成为旅游行业市场营销链条中至关重要的环节。全球主要饭店、旅行社等都已经通过不同的途径建立了与 GDS 系统的连接，并通过 GDS 渠道实现产品的全球分销。GDS 系统销售的三个主要特点：一是间接销售。通过吸纳成规模的饭店集团的产品，把产品储存在数据库中，通过网络与安装有终端的代理商实现面向客户的销售。GDS 拉近了饭店与消费者之间的距离，并且为消费者提供了多种选择的可能。二是细分市场多样性。GDS 的市场范围从豪华、高端、中端直至经济型等，这种对市场的细分是第一代预订系统所无法达到的，有力地支持了饭店营销手段的多样化。三是全球覆盖性。四大 GDS 公司（Amadeus，Galileo，Sabre，Worldspan）分别将各自的旅行产品数据库通过专门网络与各地代理商的计算机预订终端相连，实现了旅行产品全球分销的目的。

（3）基于目的地官网的营销系统。基于官网的旅游目的地营销系统有两种：一是旅游目的地自建的 PC 官网营销系统；二是基于手机的微网站营销系统。它们拥有不同的营销覆盖面，用于不同的受众对象，发布的营销信息也不尽相同。随着移动互联网的普及，基于手机的微信营销系统将成为目的地营销系统的主流，它不但为旅游消费者提供移动式的营销服务，还可以为旅游消费者提供导航、导览、导游等微服务。

PC 型网站的营销系统主要是面向 B2B 对象，主要包括以下几方面内容。

- 介绍旅游目的地旅游资源及旅游环境的详细信息。
- 动态地跟踪潜在旅游者的访问行为。
- 介绍旅游目的地旅游企业的服务产品。
- 介绍旅游目的地的特色产品与交通可进入情况。
- 预订旅游目的地产品。

微网站的营销系统主要包括以下几方面内容。

- 旅游目的地主要旅游线路介绍和酒店预订。
- 根据销售排名推荐旅游目的地产品。
- 旅游目的地促销活动信息发布。
- 即时互动服务。

2. 旅游目的地营销系统的发展趋势

旅游目的地营销系统的发展从传统的信息网络，经过互联网应用的过渡，向移动通信网络发展。未来，旅游者通过自己的手机就可以查询目的地信息，使目的地旅游信息的发布和获取更加方便，形成一个旅游目的地营销系统网络无处不在的应用环境。

（1）传统网络的营销系统。该系统与互联网融合，基于 CRS、GDS 的信息系统开展互联网营销，同时通过移动小程序，把服务延伸到传统企业、传统渠道以及消费者的智能手机，从而提升传统网络营销系统的价值。

（2）基于互联网的营销系统。该系统与云服务技术融合，便于企业对系统的使用和管理。这种营销方式，是利用无处不在的移动互联网环境和云技术构建的，实现了利用官网和传统网络相结合的方式开展营销。因此，基于互联网的营销系统，不但扩大了信息传播面，而且提高了营销的效率，营销效果评估更加直接，而且使用成本大幅度降低。

（3）基于移动通信网络的营销系统。该系统是基于移动通信网络的营销方式，是近几年才发展起来的，尤其是随着4G/5G网络的普及应用，它将成为未来旅游目的地主要的营销系统形式。移动通信网络运营商把移动通信网络和互联网结合起来，如4G/5G通信与互联网的结合，可以传递目的地任何形式的旅游信息，包括视频信息。这种应用基本上消除了旅游目的地与游客之间的信息传递障碍，使游客利用自己的手机获取信息更加方便，不需要安装任何应用软件，可以为游客提供更为敏捷的信息服务。

（二）旅游目的地营销系统的创新应用

旅游目的地营销系统是目前旅游地信息系统应用的主要形式，其丰富的营销功能、敏捷的互动服务为旅游目的地招徕了世界各地的旅游客源，增强了目的地的旅游竞争力，是目的地旅游品牌传播不可缺少的信息技术系统。近年来，基本上不同的旅游目的地类型都会选择不同形式的营销系统来创造自己的旅游形象，尤其是在新技术应用的创新方面，如大数据和人工智能技术。旅游目的地营销系统利用大数据可以分析游客的变化情况，实现有目标的精准营销；人工智能技术帮助旅游目的地营销系统实现客服互动服务、24小时值班服务，以及旅途中商务助理服务，让游客到达目的地后处处受到人文关怀，尤其是个性化的小程序服务，把客户关怀、客户请求做到随时随地可以实现，让旅游目的地营销系统成为每个游客的贴心助手，真正做到对游客的一对一营销。

第五节　旅游目的地电子商务的战略作用

信息时代为旅游目的地营销带来新的商机，通过旅游目的地电子商务系统，旅游目的地无须投入巨额的资金去制作和散发宣传印刷品，以及开办分支机构以吸引客源地旅游者到自己的目的地旅游，即可向世界各地的旅游者推销其旅游目的地。虽然电子商务是一把“利器”，但是如何运用好这把“利器”还需要旅游目的地结合自身情况开展。

在国家大力推进旅游目的地电子商务发展的同时，我国各地的旅游目的地管理机构需要树立电子商务的战略意识，把电子商务的发展从技术层面提升到战略层面，才能够更好地发挥信息技术的战略作用。但是目前，我国大多数旅游目的地管理机构还缺乏电子商务战略意识。

一、旅游目的地机构开展电子商务存在的问题

国外旅游发达国家旅游目的地开展电子商务的网络营销起步于20世纪80年代初，比我国早整整十年，如芬兰、日本、美国等国家的旅游目的地，都较早地开展了旅游目的地营销系统的建设。我国旅游目的地营销系统建设起步较晚，且在开展电子商务方面还存在以下几方面的问题。

（一）旅游界人士缺乏电子商务理念和 IT 专业知识

不少旅游界人士对电子商务的认识还比较肤浅，流于表面。很多高层管理者认为："建了网站就是电子商务了"，将网站的网络媒体等同于电子商务。这些形形色色的理念误区，忽略了旅游目的地电子商务的实质是实现旅游消费与服务商务的电子化，是一项系统化的组织运营。旅游界高层管理者应当充分认识到旅游目的地电子商务的应用是经营管理、管理模式的变革，是对管理不断创新与发展所需要的技术系统。

旅游界的人士还缺乏相应的IT专业知识，这也客观上妨碍了业内人士对旅游目的地电子商务实质内容形成深刻的见解，成为阻碍旅游目的地电子商务发展的又一个主观因素。旅游目的地电子商务的发展，需要一批知识面广且经验丰富的高级 IT 人才。目前，旅游界的人士往往对 IT 知识比较欠缺，而专业的 IT 人才对于旅游业的知识又不够丰富，这就造成开展旅游目的地电子商务时，较难沟通信息系统的需求，影响了信息系统的定位。

（二）旅游目的地更多地把营销力量集中于本地市场

旅游目的地的电子商务战略，就是要利用网络世界无边界的特点，对全世界的旅游者进行旅游目的地的营销，引导旅游消费，提供旅游服务。目前，许多旅游目的地电子商务的运作重点都集中在了本地市场，没有对自身的特色进行大范围的宣传和推广，不容易引起更广泛地域的消费者的兴趣和共鸣。这显然没有把握好电子商务本身自然的运营和技术优势，没有创造出应有的系统效益。

（三）旅游行业的各个方面存在利益冲突

在旅游目的地电子商务的发展过程中，最突出的莫过于资源整合问题，旅游业涉及的范围较广，包括旅行社、风景区、餐饮业、交通部门、旅游服务中介以及其他休闲服务业。目前，旅游业价值链的相关各方面存在着一定的利益冲突，景区和饭店希望获得直销，而旅游中介则希望自己能够壮大，这无形中成了旅游目的地电子商务发展的障碍，尤其是旅游中介的资源与目的地机构资源整合存在较大利益矛盾，使旅游目的地电子商务的发展很难实现实质性的突破和飞跃。

（四）旅游目的地机构缺乏电子商务战略规划意识

现代意义的旅游目的地电子商务，除了通过网络进行宣传推广之外，更重要的是实现旅游交易的电子化操作，实现实时的互动服务，以及利用 IT 技术进行旅游电子商务利益分配的自动化处理。这就要求旅游目的地机构在运作电子商务时，必须具备高瞻远瞩的战略理念，对旅游目的地电子商务进行系统的战略规划。现实的情况是：旅游目的地机构在电子商务项目上并没有深入调研和规划，缺乏指导性的战略规划。

（五）旅游目的地管理机构的主要管理者缺乏创新精神

面对旅游行业各方的利益博弈，旅游目的地管理机构的主要管理者大多因循守旧，没有能够突破常规，力求建立使各方共荣共赢的机制。这也是导致许多旅游目的地电子商务项目缺乏高瞻远瞩的战略规划，缺乏管理创新、服务创新、竞争创新、发展创新的理念，最后无可奈何地流于形式，甚至不了了之的一个重要原因。

（六）缺乏游客需求导向意识

现阶段，我国旅游目的地电子商务网站的结构安排大多是基于企业而非旅游者需求角度建设的，仅仅给人以广告网络化的感觉，并不能快速地找到旅游者需求的切入点，出现系统应用效率不高，收效甚微的问题。任何不考虑旅游者需求的网站或电子商务系统都会缺乏访问吸引力，更不用说商务处理效率，也无法挖掘市场的潜在客户及需求。

现代化的市场营销，一定是以客户需求为导向的营销。旅游目的地电子商务的战略规划必须站在客户需求的角度，减少他们交易中的麻烦，让旅游者不再漫无目的地左挑右选，而只需要把注意力集中在符合他们口味的旅游产品上。

二、旅游目的地的电子商务战略

现在旅游者可选择的旅游目的地非常多，而且景点类同的目的地也很多，旅游目的地机构如何利用电子商务战略构建旅游目的地的品牌成为市场争夺的焦点。围绕目的地市场营销、系统建设、服务管理等电子商务战略内容，旅游目的地管理机构的电子商务战略首先必须面向市场和消费者，重点做好网络营销。因此，目的地机构的网络营销是电子商务战略的核心。原则上，面向市场的电子商务战略可以考虑以下几方面内容。

（一）网站建设

在电子商务的整体战略中，旅游目的地的网站建设非常重要，它是目的地对外服务的窗口，而且网站的影响力、商务功能都是逐步完善的，它需要一定的培育过程，这就需要一定的策略来管理和培育这个过程。作为目的地网络营销的主要窗口平台，建设旅游目的地网站时应遵循以下几个要点。

1. 旅游目的地信息发布

发布信息是旅游目的地网站的核心价值所在。进行信息发布时，需要注意所发布的信息内容必须以旅游者的需求为导向，围绕旅游者对旅游目的地相关的兴趣点进行发布，才能使旅游目的地电子商务真正获得深入人心的营销效果，同时网站信息也需要及时更新。信息更新是人们衡量网站质量好坏的重要标准。一方面，网站内容是原创的且经常更新，搜索引擎会给网站好评，网站的页面内容也更容易被搜索引擎收录，从而影响网站在搜索引擎的排名；另一方面，如果旅游者浏览网站时，发现内容总是没有变化，他们很可能会认为这个旅游目的地的网站是无人管理的，只是一个摆设，也就不会再来访问。

2. 网络市场促销活动

旅游目的地需要寻找恰当的时机，在网络上进行定期或不定期的市场促销，以创造旅游热点，这不仅可以吸引旅游者的访问兴趣，还可以提高旅游目的地的知名度。目前，比较大的旅游目的地会通过抓住当前新闻热点或者自己制造热点来进行网络促销。例如，在炎热的夏季，驴妈妈网站就推出了每天“限时秒杀”活动，推出一些避暑景区的折扣门票。

3. 潜在客户挖掘

旅游目的地的电子商务系统必须具备对网站访客跟踪、分析、互动的功能。对旅游者浏览网站的路径进行跟踪和统计分析，可以帮助旅游目的地管理者了解旅游消费者的需求偏好，同时也可以对网站内不同网页的品质和价值得出比较客观合理的判断，有助于提高旅游目的地的管理水平和营销品质。互动性是旅游目的地网站非常吸引人的功能，从技术上讲也不难实现，互动性在旅游目的地网站上可以体现在以下几个方面：① 在旅游目的地网站上设置游客论坛，实现游客与游客、游客与旅游目的地管理者的互动交流。② 设置电子邮件列表，使得游客可以通过 E-mail 的方式即时得到旅游目的地的最新信息。③ 在线沟通系统，浏览者只需点击聊天工具便可与旅游目的地的人员进行直接联系，获得其所需要的任何旅游资讯。目前，这种方式是最有效、最直接的，对旅游者来说也是最实用、最方便的互动服务方式。

4. 与同类网站协作

网络给旅游目的地的信息传播提供了巨大空间和低成本的途径，但是，很多旅游目的地网站没有进行有计划的网络推广。实际上，网站建成并发布后，网络营销最主要的任务就是对旅游目的地网站的推广，让更多的潜在旅游者了解并访问旅游目的地网站。一般的网站推广方法有搜索引擎注册、网络广告、交换链接、信息发布、电子邮件列表、许可 E-mail 营销、个性化营销等，同时，旅游目的地还可以进行联合促销，尤其是在一些具有互补优势、地域上比较接近的旅游目的地之间。通过在旅游目的地网站之间的互相推广，可以帮助旅游者以点成线，起到互送客源、共同提高营销收益的作用。

5. 网站内容管理

网站内容也是决定电子商务战略成功与否非常重要的指标。有很多旅游目的地的网站只是停留在对旅游目的地的信息介绍上，而对交通、当地住宿、风味小吃、娱乐设施、旅游购物等业务流程内容很少提及，内容单调，无法提供有效的商务服务。一般而言，在游、购、娱、食、住、行的旅游六要素中，旅游目的地是旅游者出游的最终目的，其信息的完整性和关联性对旅游者非常重要。作为一名旅游者，除了希望通过互联网了解旅游目的地的吸引物信息外，还希望了解当地的购物、住宿、交通等相关服务信息。除了短线旅游，大部分旅游者不可能只是到一个旅游目的地，人们还希望去另一个旅游目的地旅游。因此，旅游目的地的网站内容，除了对旅游目的地自身的信息进行介绍以外，对周边旅游目的地的交通、住宿、购物、餐饮等旅游服务信息也应有一定的覆盖。

6. 电子商务分步实施

一个比较优秀的旅游目的地电子商务系统由多个子系统组合而成，包括目的地网站、目的地信息系统、目的地营销系统、办公自动化系统等。但是，旅游目的地机构在一定的时间内，其资源是有限的，即在财力、人力、物力上会受到一定的限制。这么多的电子商务子系统不可能一步到位地全部实现，而是需要旅游目的地的管理者以长远的眼光在深思熟虑的基础上做好整体实施规划，制定出分步实施的战略。

7. 会员客户的关系营销

通过旅游目的地网站的会员功能，可以对旅游消费者进行细分管理，会员客户制度是比较不错的选择。设定会员条件，通过注册、服务内容、提交信息、表达意见，以及提供各种个性化的服务，培养起一群对旅游目的地忠诚度极高的会员客户群，对这些会员客户群的关系进行差异化的维护，可以产生事半功倍的营销效果。

（二）协作伙伴的协同发展

旅游目的地有各种各样的协作伙伴，如保证可进入性的交通服务商协作伙伴，能招徕稳定客源的异地旅行社协作伙伴，供应生活用品的协作伙伴，网络分销商协作伙伴以及各级旅游产品代理商等协作伙伴。这些协作伙伴都是旅游目的地不可或缺的，旅游目的地电子商务的发展，需要考虑到与这些协作伙伴的协同发展，并把协作伙伴的电子商务纳入旅游目的地电子商务大战略中来。由于人力、物力、财力资源的有限性，旅游目的地的电子商务不可能一步到位地覆盖所有的协作伙伴，因此就有了一个谁先发展、谁后发展的问题，需要进行合理的战略规划。总的来说，协作伙伴的电子商务战略有以下几个原则。

- 对旅游目的地贡献较大者优先发展。
- 具有电子商务潜力的网络中介优先发展。
- 重要客源地的旅行社优先接入电子商务。

确定好协作伙伴电子商务发展的次序之后，还需要对具体实施内容进行规划，分清轻重缓急，逐步落到实处，具体来说，以下几点实施内容是重中之重。

- 常规业务通过无缝链接实现自动处理。
- 协作业务的结算按约定优先处理。
- 相关协同服务的业务应优先发展。

对于城市旅游目的地，协作伙伴的电子商务战略内容还要更广泛，还应包括电子商务支持运营商、环境服务商之间的战略协作，如与银行和航空交通等部门的战略协作。

（三）市场全球化

电子商务不分国界，面向的是全球化大市场，旅游目的地的大市场战略应面向国外，如张家界目的地、黄山旅游目的地等，其市场目标都是全球化的。电子商务的最大优势是可以面向全球，没有时空范围的限制。旅游目的地应根据自己的产品特征确定相应的大市场战略。

1. 积极开拓全球分销市场

全球分销系统是随着世界经济全球化和旅客需求多样化，由航空公司、旅游产品供应商结成的联盟，集运输、旅游相关服务于一体，从航空公司航班控制系统（inventory control system, ICS）、计算机订座系统（computer reservation system, CRS）演变而来的全球范围内的电子分销系统。它通过庞大的计算机系统将航空、旅游产品与代理商连接起来，使代理商可以实时销售各类组合旅行产品，从而使最终消费者（旅游者）拥有最透明的信息、最广泛的选择范围、最强的议价能力和最低的购买成本。通过全球分销系统，旅游目的地可以实现全球范围内广覆盖的营销效果，招徕更多的旅游者，创造更大的经济效益。

2. 与重要境外客源市场的网络服务商开展广泛的协作

境外客源市场的网络服务商最了解当地旅游消费者的需求和偏好，经过多年的本土经营，它们清楚地知道如何实现最佳的营销效果。因此，旅游目的地可以考虑与重要境外客源市场的网络服务商开展协作，包括建立信息系统接口、交换网站链接、共同举办网络营销活动等，可以收到不错的营销效果。

3. 网站信息注意客源地国家的使用习惯和风俗

只有旅游消费者说你好，你才是真正的好。由于不同国家有着不同的风俗，因此网站的设计也需要差异化，必须密切注意网站信息是否符合客源地国家的使用习惯，是不是符合当地的风俗，否则很容易失去客源地国家的旅游者对旅游目的地的认同感，流失潜在的消费者。网站可以根据不同的区域设计不同的语言版本，并提供不同的信息内容，以实现针对不同客户群提供不同的旅游信息。

4. 电子商务的咨询服务必须全天候

因为时差问题客观存在，面向全球的旅游目的地电子商务必须推出全天候的网上咨询服务，保证随时解答来自世界各地消费者的疑问，以实现高度覆盖的营销效果。

5. 网络广告、分销宣传、促销活动、服务操作等内容上必须一致

一个旅游目的地，可以也应该采取多种营销的渠道和方式，不过必须保证不同的营销方式在内容上的一致性，否则很容易制造理解上的混乱，导致旅游市场定位的不清晰，带来负面的影响。例如，进行分销和直销时，就需要事先考虑好相对应的产品的价格，否则容易造成产品的服务和价格不一致，从而影响旅游者对目的地的印象和感知。

6. 电子商务系统的接口标准要符合国际规范

旅游目的地电子商务系统的接口标准必须符合国际规范，这是国际业务交换数据的基本要求。目前，电子商务系统往往根据建设者的需要而逐步建立，因此，国内电子商务系统的标准各异。为了能够把相关的信息准确、及时地呈现在全球的旅游消费者面前，电子商务系统的接口必须实现标准化、国际化的要求。

7. 引入国际营销专业人员

随着国际旅游业的不断发展，出境游和入境游业务都蒸蒸日上。因此，旅游目的地的营销必须具有国际化视野，从全球化的角度招徕天下游客。旅游目的地可以引进国际性的营销专业人员，他们了解世界各地的文化，拥有最前沿的全球化营销理念，从而可以因地制宜地制定面向不同地域的营销战略，实现真正的全球化市场营销。

三、面向旅游消费者的电子商务战略

信息时代旅游消费者的消费方式在变化，他们之中有许多人已离不开网络，习惯通过网络了解目的地的旅游信息、预订产品，也习惯通过网络实现基于个性化旅游的自由行。电子商务已成为这些人出门旅游的首选方式，当消费者利用电子商务的人数达到一定比例时，制定相应的电子商务战略就成为旅游企业经营的关键。制定面向消费者的电子商务战略，可以从以下几方面实施。

（一）价格的制定

目前，很多旅游产品的网络价格并不比传统价格低多少，甚至会比分销商的价格还高，

这就给网络销售带来一定的影响。由于网络营销可以跨越中间商，从而降低旅游企业的销售成本，因此，旅游目的地应该鼓励旅游消费者利用网络获取服务，所有旅游目的地产品的网络价格应该低于传统销售价格（网络销售成本低于传统销售成本）。直接的降价会对传统的销售渠道带来冲击，因此，可以采取一些差异化的策略，对不同的客户采用不同的优惠政策，制定一个有效的价格体系，可以有效地平衡网络直销和传统渠道市场的矛盾。具体而言，销售价格可以在以下几个方面进行调整。

- 不同客户不同价格。
- 不同消费贡献不同价格。
- 不同区域不同价格。
- 多次消费实行价格倾斜。
- 积分奖励多元化。

（二）客户关怀措施

在产品同质化和竞争日趋激烈的旅游市场，旅游企业和客户之间的关系是经常变动的。当旅游者一旦成为旅游企业的客户，旅游企业就要尽力保持这种客户关系。旅游目的地机构可以在建立客户数据库的基础上，为客户建立一系列的网络关怀措施，提供温馨的关怀服务，如通过网络贴近客户、关心客户，与客户建立互动的联系，由此培养稳定的消费群体。下面是一些可供选择的关怀措施。

- 利用许可的电子邮件方式提供客户关心的产品信息。
- 节假日或生日为客户发送电子贺卡。
- 为重要客户提供个性化访问页面。
- 开辟网上俱乐部，为客户提供交流的环境。
- 在网上为客户提供发表旅游评论的空间。
- 通过电子聊天室答复客户咨询。
- 通过问题竞答和拍卖的形式了解客户消费需求。
- 设计呼叫按钮，帮助客户解决实际问题或应对紧急情况。
- 消费回访或投诉后征询意见。

对于企业客户或大客户，旅游目的地机构需要安排专职人员提供更个性化的关怀工作，倾听客户意见和需求，实行差异化关怀服务。

课后案例分析：山东目的地营销系统的创新

本章小结

本章共分为五个部分。第一部分介绍了旅游目的地电子商务的概况，包括旅游目的地的类型、ICT 应用对旅游目的地的作用及应用概况以及目的地电子商务的发展特点及发展概况。第二部分介绍了旅游目的地电子商务类型，全面分析了信息服务、吸引物商务、接待型商务、行程交通商务、旅游包价商务、运动型商务以及其他的一些增值服务商务等目的地商务类型，这些内容涵盖了旅游者旅行的各个环节，也是电子商务建设的重要内容。第三部分介绍了目的地电子商务的生态和应用平台，重点介绍了基于官网、DMS、微平台等应用平台。第四部分介绍了旅游目的地网络营销策略和互联网营销，分析了互联网营销的重要性。第五部分在介绍目的地开展电子商务存在的问题的基础上，指出了目的地如何面向市场、面向旅游消费者开展电子商务的战略，重点介绍了电子商务战略的重要作用。

拓展知识

目的地营销导流	目的地吸引物	目的地大脑
电子商务生态	目的地官网	网络门户
网红打卡地	网络监管平台	生态预警系统
旅游 IP	整合营销	分销渠道营销
TIS 系统	DIS 系统	办公自动化系统
信息系统规划	信息系统设计	IP 地址
导入期	成长期	刷脸支付
创意广告	推式策略	拉式策略

思考题

1．试述我国旅游目的地的主要类型，并为每种类型举出一到两个知名目的地。
2．国内有哪些比较成功的旅游目的地电子商务系统？其效果如何？请举例说明。
3．试叙述 ICT 对旅游目的地管理的作用。
4．旅游者在旅行过程中，ICT 对其有何作用？
5．试叙述 ICT 应用的主要技术系统，以及它们分别处理的业务。
6．试叙述我国旅游目的地电子商务的发展阶段。

7．旅游目的地电子商务的主要内容包括哪些方面？
8．旅游目的地电子商务中涉及哪些信息？
9．试叙述当前有哪些旅游地节事活动是举办得比较成功的。
10．什么是电子商务生态？旅游目的地电子商务生态包括哪些对象？
11．什么是互联网营销？旅游目的地开展互联网营销的重点在哪里？
12．试叙述移动网络在旅游行业的应用情况。
13．旅游目的地电子商务和旅行社可以实现哪些经营合作模式？
14．什么是 DMS？它有何作用？
15．旅游信息网站的推广策略有哪些？
16．目前有哪些网络营销技术可以实现与旅游者互动？
17．旅游目的地一般优先考虑选择哪些旅游中介开展网络营销？
18．旅游目的地应如何进行顾客关系营销？
19．什么是移动通信营销？它具有哪些特征？
20．旅游目的地营销系统面临怎样的创新环境？如何实现营销创新？
21．如何进行旅游目的地营销的战略规划？
22．作为一个中小型的旅游目的地旅游企业，你应该怎样去定位互联网营销？
23．试叙述旅游目的地营销系统的发展趋势。
24．我国旅游目的地电子商务存在哪些问题？
25．作为一个旅游企业，如何规划面向旅游消费者的电子商务战略？

参考文献

[1] 林艳，杨效忠，张致云，等．国内外旅游目的地营销研究比较及展望[J]．旅游论坛，2010，3（1）：93-99．

[2] 肖江南．国外旅游目的地营销研究现状及启示[J]．地理与地理信息科学，2006，22（5）：86-90．

[3] 武红，苗泽华，张葳．旅游目的地营销系统创新功能研究[J]．商业时代，2009（1）：30-31．

[4] 刘华芝．旅游目的地营销系统的优劣势分析及其完善对策[J]．消费经济，2005，21（3）：31-33．

[5] 王有成．论旅游目的地联合营销的理论基础及其对中国的启示[J]．旅游学刊，2009，24（6）：53-59．

[6] 深圳市鼎游信息技术有限公司．风景名胜区资源营销平台模式初探[J]．中国建设信息，2008：22-23．

[7] 赵晓燕．中国旅游目的地整体营销的几点思考[J]．旅游学刊，2009，24（6）：9-11．

[8] 去哪儿网：无线预订成在线旅游下一大增长点[EB/OL]．（2010-06-17）．http://www.techweb.com.cn/commerce/2010-06-17/623759.shtml．

[9] 巫宁，杨路明．旅游电子商务理论与实务[M]．北京：中国旅游出版社，2003．

[10] 杜文才，常颖，杜锋．实用旅游电子商务[M]．北京：对外经济贸易大学出版社，2009．

[11] 周勇，胡静．旅游管理信息系统[M]．武汉：华中师范大学出版社，2008．

[12] 董林峰．旅游电子商务[M]．天津：南开大学出版社，2009．

[13] 布哈里斯．旅游电子商务：旅游业信息技术战略管理[M]．马晓秋，张凌云，译．北京：旅游教育出版社，2004．

第八章　旅游交通电子商务

开篇案例

南航用电子商务助推航空事业发展

中国南方航空股份有限公司（以下简称南航），是中国最大的航空公司。2019 年，南航运载旅客达 151.63 百万人次，全球排名第 14 位，在全球十大竞争力航空公司排行榜中排名第 5 位。同时，南航也是中国民航电子商务领域的领先者。1999 年 2 月 1 日，南航在国内第一个推出订票网站；2000 年 3 月 28 日，中国第一张电子客票诞生于南航；2006 年 7 月 6 日，南航在国内首家推出网上办理登机牌业务。自南航于 2000 年 3 月 28 日成功推出中国第一张电子客票后，有效地支撑了我国高速发展的电子客票业务，南航成立的电子商务公司是目前中国最大的电子商务运营服务商，其电子商务一直领跑我国的航空交通事业。

进入 21 世纪，随着电子商务业的发展，为旅客提供更人性化、更多的主动营销服务及客户服务已迫在眉睫。为了使企业从被动营销转向主动营销，同时也为电子商务企业的发展带来更大支持，通过手工接听电话已经不能满足南航电子商务高速发展的现状，建设统一的电话营销、客户服务中心势在必行。南航的电子商务业务面向各行各业，包括 B2B 的物流、B2C 旅客以及面向代理商和分销商的各类电子商务，迫切需要呼叫中心和人工智能助力其电子商务发展。

鉴于南航电子客票销售比例已超过 99%，电子客票的销售额一直处于全国领先的位置，呼叫话务量也随之迅速增加，原有的呼叫中心已先后进行多次升级扩容，并与南航客服电脑 95539 热线系统进行合并后开始进行智能化建设。目前，南航电子商务呼叫中心的规模已达 510 个座席，并与南航内部业务运营系统紧密集成，设置有帮付通在线支付、航班信息变动、行程单管理、订单管理、机票在线预订、机票管理、投诉管理、信息发送、运营排班等业务功能模块。此外，系统还引入了业内最新的大屏幕监控技术，它可以实时监控整个呼叫中心的当前数据，查看座席服务状态及接通率等各种指标，通过各项实时记录向用户提供多种综合分析和统计，可以协助企业有效管理资源，检查资源利用率，预测潜在需求，并提供自定义图表显示以及自定义警告功能，对超出系统设定指标的情况发出警告提示。

现在，有了基于互联网的电子商务系统和移动服务 App，使旅客无论身处国内任何一地，皆可享受南航提供的全方位的航班动态信息沟通、机票预订及投诉互动等服务，为南航的电子商务开拓了无限宽广的“e”片蓝天。

（本资料来源于网络并经作者加工整理）

本章将围绕旅游交通服务企业的电子商务展开讨论，旅游交通服务企业主要包括航空服务企业、铁路服务企业、高速大巴服务企业、轮船服务企业等。本章首先介绍旅游交通电子商务的基础概念及应用趋势，然后介绍航空、铁路和公路等交通电子商务，重点让读者了解交通服务业电子商务的业态情况，最后介绍与旅游电子票务相关的无票旅行与移动支付的概念及内容。

第一节　旅游交通电子商务概述

旅游交通是旅游产业中的重要服务环节，旅游离不开交通，需要利用交通设施来帮助游客顺利到达目的地。国外许多国家把旅游管理部门设置在交通部下面，由此可见交通对旅游的重要性。所谓旅游交通电子商务就是利用信息通信技术实现旅游交通事务的电子化管理，包括交通信息查询、票务销售、市场营销等内容。旅游交通电子商务是旅游电子商务中发展最早的行业，尤其是航空交通。本节先介绍有关旅游交通电子商务的概念和内容，由此展开对旅游交通电子商务的讨论，包括旅游交通电子商务涉及的内容以及旅游交通电子商务的战略作用。

一、旅游交通电子商务的内涵、内容及网络体系

在电子商务发展的影响下，旅游交通借助于互联网和移动支付技术，已基本实现了完全电子商务。那么，旅游交通电子商务是什么？它由哪些内容组成？存在怎样的网络体系？

（一）旅游交通电子商务的内涵

旅游交通电子商务是电子商务在旅游交通领域的应用，该应用通过电子商务实现交通企业各经营环节的电子化管理，以提高交通运行管理的效率和效益。利用电子商务，旅游交通的服务商（旅游交通服务企业）与旅游者之间的沟通更加便利，给旅游交通领域的电子直销业务带来了便利，同时，旅游交通企业通过运用信息化手段提高了工作效率、信息处理能力和服务水平。网络时代的旅游交通市场还出现了以电子旅游中介服务商为代表的新型旅游中介，即第三方旅游电子商务平台、旅游中介网等。国内的中航信系统、携程网，国外的 Expedia、Sabre 等都是其中的代表。这些旅游中介服务商利用电子化手段提供与旅游交通服务企业相同的旅游交通服务，如交通信息的发布、票务的销售与分销、交通业务的市场营销等，只不过它们通过网络实现了业务的电子化处理，来代替了原来的手工作业，这就是旅游交通电子商务的内涵。

近几年，信息技术在交通业中的应用产生了智能交通的概念。智能交通也受到政府和业界的重视，政府有关部门提出了一系列加快城市智能交通系统建设的政策与措施，并预测了未来十年城市智能交通系统建设将取得突破性进展，城市公共交通将实现跨越式发展。智能交通将先进的信息技术、计算机技术、数据通信技术、传感器技术、电子控制技术、自动控制理论、运筹学理论、人工智能理论等综合运用于交通运输、服务控制和车辆制造，

加强了车辆、道路、使用者三者之间的联系。智能交通是一种信息化、智能化、社会化的新型交通运输系统，是未来交通发展的趋势。

（二）旅游交通电子商务的内容

在信息化和网络化畅通无阻的今天，消费者通过网络来获取信息、交换信息和处理事务的比例越来越大，旅游企业不通过现代信息手段来传播信息就等于主动放弃了一部分客户。因此，旅游交通相关企业也需要用电子化方式与消费者、供应商等利益相关者进行沟通，许多大型的旅游交通部门已经着手使用网络化平台，更直接、快捷地满足消费者的个性化需求，从而实现各利益相关者"共赢"的局面。随着消费者个性化需求和 DIY 线路的兴起，网络信息必将成为他们出行的前提和保障，旅游交通企业应该适时地抓住机会，通过电子商务等手段为游客提供更加实惠、更加个性化的服务，以便在市场竞争中取得竞争优势。

一般来说，旅游交通电子商务的主要内容包括信息发布与咨询服务、提供个性化的产品及服务、在线预订服务、售后服务及论坛交流等。

1. 信息发布与咨询服务

交通信息发布包括旅游交通企业自己发布航空公司机票的航班、行程、时间、价格，发布铁路客票的车次、行程、时间及价格，发布长途汽车车票的班次、行程、时间、价格等各种实时信息；与同行业合作伙伴联合发布相关信息，包括航班和行程、旅游常识、旅游线路、天气预报、民俗趣事等实惠有用的信息。当然，任何人也可以通过网络的信息化手段向旅游交通企业进行实时咨询，如航班咨询、车票咨询等。

2. 提供个性化的产品及服务

个性化服务是高质量服务的重要内容之一，也是 21 世纪服务的新需求和新变化。航空、铁路、公路客运等企业都会想办法满足旅客的各种个性化需求。消费者通过网络订票可以选择自己喜欢出行的时段，选择自己喜欢的交通工具及自己喜欢的交通公司。交通公司也可以通过网络信息平台及时获取消费者的新需求及兴趣爱好，针对新需求提供相应的产品与服务，让消费者的心理得到最大的满足，提高消费者的满意度与公司的竞争力。

3. 在线预订服务

通过电子商务系统的窗口平台——网站或 App，客人可以随时查询并在线预订自己想要的车票、机票或相关服务，并通过网络直接进行支付。随着电子票务的流行，客人只需要到机场或火车站的自动取票机上刷身份证等证件就能顺利地拿到预订的车票，也可以凭身份证直接进站乘车，大大简化原有的购票程序，也节约了客人的时间成本。交通企业通过电子商务平台，对在线预订业务进行管理和分析，便于改进所提供的产品及服务。当下 4G/5G 网络的发展为移动商务业务提供了技术支持，未来旅游者通过刷脸就可以在线预订车票和进行检票。

4. 售后服务及论坛交流

如何让客人清楚地知道，遇到问题时可以通过什么方式解决，如服务不好通过什么方式投诉，客票的退订与改签怎么操作方便等。旅游交通企业或部门可以通过网络论坛或社区，建立一个企业与客人相互交流与沟通的平台，通过论坛中的帖子和意见反馈能及时收集客人对企业的意见，并给出合理的答复和解决方案。

（三）旅游交通电子商务的网络体系

目前，关于旅游交通电子商务的体系研究主要集中在航空交通和高铁系统，而对于普通铁路、公路等交通方式的电子商务体系研究相对较少。旅游交通是旅游六要素“食、住、行、游、购、娱”中较复杂的一个环节，因为它是一个动态的商务环节，涵盖不同规模的企业类型。旅游交通电子商务平台是旅游交通和信息网络服务商共同研发设计的，供企业与消费者以及企业与同行进行及时沟通的平台和纽带。网络信息系统是旅游交通电子商务体系结构的基础，网络系统为企业在网上发布信息提供了通畅安全的平台，并可以通过网络系统向旅游者提供产品及服务，旅游者可以查看、预订并根据自身的需求设计相应的交通产品，双方可以通过网络系统及时、便捷地沟通并能实现网上支付。具体来说，旅游交通电子商务包括旅游交通企业内部网、旅游交通同行业外部网和旅游交通全球互联网，而主要的旅游交通类型包括旅游航空交通、旅游铁路交通、旅游公路交通和其他交通，这些交通类型都有自己的网络环境。旅游交通电子商务的网络体系如图 8-1 所示。

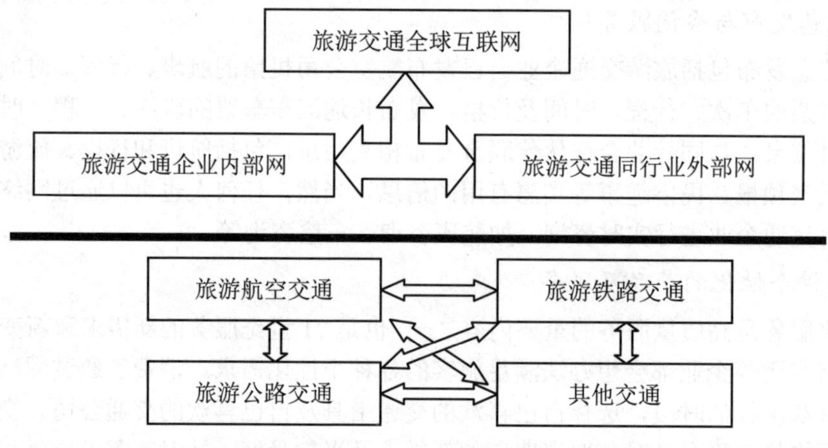

图 8-1　旅游交通电子商务的网络体系

1. *旅游交通企业内部网*

旅游交通企业内部网一般以企业管理信息系统（MIS）和客户关系管理（CRM）系统为基础。管理信息系统主要处理内部的各种业务（市场、客户、人力资源、财务、服务、营销等），使企业内部的业务和服务过程管理实现数据共享，是所有事务处理电子化的基础，并对客户、财务、服务、市场等进行数据跟踪，便于分析统计后做出合理的管理决策。企业管理信息系统提高了内部业务的管理效率，使每一个环节都有机地进行电子化处理，便于管理者利用电子数据做出科学合理的决策。

客户关系管理系统是企业内部另一个很重要的信息系统，它将客户的各种背景数据和行为数据收集整合起来装进数据库，并运用 OLAP 等数据挖掘技术从数据中分析和提取客户的行为规律、喜好等有用信息，从而通过管理信息系统使客户的相关信息在整个企业内部得到共享，促使企业能够更有针对性地与客户进行有效沟通，把合适的产品与服务，通过适当的渠道，在适当的时候传递给合适的消费者。例如，当客人进行再次预订时，客户关系管理系统就会调出客人以前的消费和喜好情况，根据这些提供合理的服务和适当的优惠，既可以满足消费者的自尊心，又可以通过差异化服务手段留住老客户。

除了以上两个主要的系统之外，还有一些融合在里面的管理模块系统，大多数是用于营销和即时服务的移动模块，这些系统形成一个完整的内部信息系统网，它是集计算机、硬件技术和企业管理为一体的网络环境，为企业内部的管理和业务运营提供网络化的数据通路，从而让交通企业的前台和后台管理都实现电子化，业务的沟通和衔接更加紧密顺畅。目前，旅游交通企业内部网的发展也已趋向云端化。

2. 旅游交通同行业外部网

旅游交通同行业外部网是以供应链管理系统（SCM）和电子订货系统（EOS）为基础，使旅游交通企业与上下游的供应商、分销商（旅行社、饭店、第三方服务商等）以及其他合作伙伴之间通过网络手段实现及时的沟通和交易。外部网主要满足外部供应链环节的业务协作和综合管理，以市场需求为前提，通过网络手段对外部的信息流、资金流、物质流等进行管理，从而实现企业运行的电子化协作，提升企业整体的竞争力。

旅游交通同行业外部网大都采用 B2B 的电子商务模式，与利益共同体之间进行信息数据的共享、信息交换、单证传输以及网上交易等，主要表现在三个方面：一是上游的供应商管理。旅游交通服务企业根据市场需求，利用电子订货系统将需要的服务产品通过网络方式传递给交通公司，交通公司在几秒钟内将接到订单的服务产品回复给预订的需求方，整个交易过程都可以通过 EOS 实现。二是帮助分销交通企业的产品。旅游交通公司通过分销系统向旅行社、第三方网络平台、饭店、会展公司等分销商分销交通产品，通过在线链接，实时地将交通产品的优惠信息反馈到分销商的数据库中，从而能够进行实时的在线交易。三是联合销售产品。交通企业可以通过外联网系统与其他同类型企业进行合作，共同销售交通产品，从而达到互利互惠、合作共赢的目的。旅游交通同行业外部网 B2B 电子商务的实现大大提高了同行之间的信息共享与对接效率，它目前也都趋向了云端化。

3. 旅游交通全球互联网

旅游交通企业开展电子商务的主要渠道就是建立企业的网站或主页，搭建网络电子商务平台，实现企业 B2C 电子商务模式。旅游交通企业在互联网上可以随时发布交通信息，并可以全天 24 小时地进行企业产品的宣传和预订。从营销学“4C”的角度来看，互联网刚好以客户为中心，满足了客户的各种需求。此外，旅游交通企业还可以通过网站实现很多特殊功能，如采用多媒体手段展示企业的信誉及产品，为客人提供旅游中其他相关产品的优惠及折扣信息，通过 QQ、微信、微博等互动工具为客人提供相关的咨询与服务，从而提高客人对企业的信赖度与忠诚度，有利于交通票务的销售。

旅游交通企业内部网、同行业外部网和全球互联网三个层面，既相互独立，又相互联系，构成了旅游交通企业电子商务的完整体系。目前，旅游交通电子商务还处于摸索时期，尽管第三方平台做得比较成功，但企业本身的电子商务实施还没有一个固定的成功模式，企业的规模、信息技术应用能力、目标市场定位等也各有差异，尤其是铁路、公路等交通服务企业对如何建设电子商务系统还没有达成共识。

二、旅游交通电子商务的发展及其动因

近年来，在航空交通系统全面实施电子票务的影响下，我国铁路部门、公路部门的电

子商务建设发展迅速，除了自身内部网络的销售体系建设外，还纷纷建设商务网站、微信公众号、App 以及与电子分销渠道的紧密合作，开展电子商务的在线销售或者建立电子代理渠道，从而形成完整的旅游交通票务电子商务销售体系。

（一）旅游交通电子商务的发展

20 世纪 80 年代以后，信息化浪潮在国际交通运输领域蓬勃兴起，航空是该领域信息化开展最早的，20 世纪 80 年代中后期已形成强大的全球性分销网络。进入 21 世纪，铁路、公路、水运交通都不同程度地采用计算机技术、现代通信技术、全球定位系统、地理信息系统等技术，大大改善了传统交通业的内部管理和对外服务，逐步向以信息资源为基础的智能化新型交通运输业发展。例如，全球分销系统强调的是系统性、交互性以及广泛性，其核心技术就是电子技术、信息通信技术。我国的铁路票务销售系统是在较完善的铁路设施基础上，将先进的铁路车次管理技术与电子技术、信息通信技术和系统工程技术相结合，实现了各销售点的联网和电子售票，建立起全方位、实时、准确、高效的铁路票务销售系统。

近年来，我国公路的票务销售系统结合信息网站大力发展电子票务，公路运输企业充分利用信息技术优化车次和人流，降低运输成本，提升对客服务质量。在电子票务普及之前，公路售票均为人工售票，需要大量的人力，要建立许多售票点，联网售票也需要大量的分散设备，而建立自己的网站、App 移动销售车票，只要开通网上订票业务，旅客可直接访问企业官网，大大降低了车票的销售成本。电子化、网络化已成为电子商务时代交通企业的必然选择，信息系统不仅仅是企业自动化的手段，而且是企业的核心竞争资源。例如，利用网络型的信息系统，交通企业可以有效地组织跨地区业务，通过互联网实现信息共享，充分利用资源优化调配，提高交通服务水平，而利用互联网构建信息系统平台可以大大节省通信费用和销售成本。

我国旅游交通行业，由于航空企业、铁路企业等都属于国有企业，在电子商务方面没有竞争性，主要是票务代理机构存在电子商务的竞争，而公路等其他交通领域是未来电子商务竞争最激烈的领域。例如，我国台湾地区的公路交通，其电子商务的竞争已呈白热化程度，在网上订票不但有优惠，还推出不同时段的优惠，而且优惠幅度相当大。交通作为旅行的服务性行业，其业务主要受两方面的影响：一是交易主体，即客户的交易方式的影响。在电子商务时代，客户订票或购票方便与否将直接影响业务的开展，因此，交通企业应考虑为消费者提供易操作的电子业务接口。二是行业内部的竞争。为了保持竞争优势，交通企业除了提高运输速度和质量、降低运输成本以外，应在服务上做文章，为客户提供便利的电子化服务，以服务优势提升竞争优势。在电子商务时代，与旅游交通相关的企业必须提高其自身电子化管理水平，通过业务运作的自动化、信息化、网络化和集成化，提高完全电子商务的程度，争取客户信任，从而保持自己在行业内的竞争优势。

目前，旅游交通在电子商务的影响下，正在向无票旅行的方向发展。

（二）旅游交通电子商务发展的动因

1. 外部信息化与电子商务环境的驱动

随着移动互联网和智能手机的普及，我国已有 99%的手机用户通过手机上网，尤其是 4G/5G 应用促进了“智慧城市”与“无线城市”建设，公共区域无线网络迅速普及。手机、平板电脑、智能电视等移动设备已成为电子商务交易的主要设备。目前，Wi-Fi 无线网络已成为网民在固定场所接入互联网的首选方式，同时移动互联网塑造了全新的社会生活形态，“互联网+”行动计划不断地助力企业发展。旅游发展的ICT应用实践表明，移动互联网的出现正在改变消费者的消费习惯和交易习惯。电子商务成为未来发展的主趋势，企业的经营模式和管理理念也相应地发生了改变，出现了很多商务模式，特别是目标市场很广泛的企业，纷纷尝试使用新的商务模式和工具推广自身的产品和服务，由此驱动了旅游交通电子商务的发展，也促进了旅游交通企业用电子商务手段运作业务和发展市场。

2. 旅游者需求的驱动

随着网络应用的日益普及，旅游者网络订票的需求越来越明显，一般传统的购票行为和交通产品已经不能满足现代人的需求。旅游者出门前的订票需求、旅游中的交通需求、旅游结束回程的订票需求，都有可能出现改签、退订等情况，而网络化的手段可以实现随时随地操作这些票务业务，电子商务的灵活性推动了电子交通的发展。另外，客人对获取信息的渠道、预订方式等也有个性化的需求，网上进行操作更符合网络时代的消费习惯，让客户足不出户就能够完成很多旅行事务的在线处理。旅游者随意性的消费需求和习惯，以及旅行中交通变更的动态性促进了旅游交通电子商务的发展。

3. 旅游交通企业自身发展的需要

随着旅游业的快速发展，旅游交通企业的竞争日趋激烈，客源竞争进入了白热化程度。电子商务的出现让许多交通企业把电子商务看作新的机遇，企图利用电子商务扩大自己的市场份额，构建电子商务系统成为交通企业参与竞争的必要条件。因此，电子商务将成为旅游交通企业寻求扩大市场份额、改善内部管理效率、提高服务质量、降低总体运营成本的最佳选择。可以预言，未来旅游交通企业90%以上的票务将通过电子商务形式发售，大多数旅游者将通过网络来获取票务并安排旅行。

4. 同行业竞争的压力

随着越来越多的旅游交通企业实施电子商务并取得了一定的效果，一些后发者也试图使用该手段，因为它们意识到，如果不立刻采取措施会让自己与竞争对手的差距越来越大，迫于竞争和市场的压力，它们不得不尝试改变目前的经营模式。第三方平台的建立，给许多供应商带来了压力，并给它们增添了许多成本，供应商们也尝试着通过直销的方式销售产品和服务，这样既可以减少中间渠道带来的成本增加与利润减少，又可以实时地与客户进行沟通。例如，上海东方航空公司，一直企图建立自己的电子商务系统，就是想改变依赖携程这种中间商造成利润减少的局面，想通过建设自己的电子商务系统提高在行业内的竞争力。

三、我国旅游交通发展现状及电子商务应用趋势

近年来，我国旅游交通发展迅速，航空、铁路、公路发展迅速，满足了旅行出门的各种交通需求。同时，旅游交通电子商务也获得了发展，消费者足不出户就可以订购所需的机票、火车票和汽车票，旅游电子化的时代已经到来。

（一）我国旅游交通发展现状

旅游交通作为旅游经济发展中的关键行业，在未来将保持快速、稳定的增长。电子商

务的出现，将更加促进旅游交通的持续发展及分布格局，如电子商务可帮助传统的公路交通整合各交通生产环节，通过供应链建立起对公路交通业供、产、销全过程的计划和控制，实现公路交通业运输流程管理的高科技化与信息化，最终实现旅游交通业的信息化、网络化和自动化。从整个旅游交通的发展情况看，世界交通业呈现出公路运输发展不平衡、铁路运输市场日趋繁荣（如高铁的发展）、航空的智能交通系统管理日趋成熟，以及公路与铁路竞争、铁路与航空竞争的局面。

目前，我国交通行业发展的投资环境较好，政策环境和投资环境都有较大的改善，外资和民间资本在交通运输业中所占的比例将大大提高。在经济高速发展的推动下，各种交通运输方式发展良好，并呈现出各自的发展特点与优势。公路运输量大幅度增长，高速公路发展突飞猛进；铁路运输供求矛盾突出，运能趋紧，高铁发展加速；航空运输业发展速度较快，位于各行业之首，随着民营经济的投入更显活力；水路运输增长势头强劲，市场需求旺盛。截至2020年年底，我国高铁、高速公路已基本成网，里程数已覆盖至县城和大多数乡镇，由此可见，我国交通建设的投资规模巨大，这对旅游交通和旅游发展将是一个很好的发展机遇。

（二）旅游交通电子商务的应用趋势

从近几年旅游交通电子化的发展趋势看，除了交通企业内部信息化管理基本普及以外，旅游交通电子商务将呈现快速发展的趋势，主要表现在以下几方面。

1. 以科技为基础逐步实现智能化交通管理系统

要想加快旅游交通电子商务的建设，最根本的就是要提高交通管理效率和管理水平，使交通管理向优质、高效的电子化方向发展。近年来，不管是航空交通、铁路交通还是公路交通，利用信息技术实现智能化的交通管理已是发展的一个主要趋势，信息化的智能管理是实现电子商务的基础，信息系统间的电子数据交换以及Web技术的应用为电子商务建立了基础。航空交通的智能化管理是发展最早的，目前高铁运行的智能化管理以及高速公路的智能化管理发展迅猛，尤其是对公路建设与运输经营管理的传统管理进行电子信息化改造，并逐步实现交通管理的智能化，这是开展旅游交通电子商务的必由之路。

2. B2C模式和第三方交易平台将得到快速发展

第三方交易平台是旅游交通电子商务发展的另一种形式，近几年来发展迅猛。例如，携程、同程、去那儿网、艺龙旅行网等都是第三方交易平台，主要分销旅行交通票务。这些第三方交易平台都受到了国外风险投资机构的关注，说明这种电子商务模式有较大的发展空间。在第三方交易平台的刺激下，旅游交通企业倍感压力，意识到竞争的激烈程度，它们要么屈服于第三方平台，让第三方平台帮自己分销产品，要么另辟蹊径，自己建立商务系统网站直销自己的产品和服务，并直接提供更有针对性的客户服务，从而提升企业自身的形象和核心竞争力。

3. 用电子商务系统构建立体化交通网络

在航空、铁路、公路等各种交通工具之中，消费者会选择其中的一种方式来出行，但某一种交通工具缺票或无法出行时，其他交通工具要迅速地填补上，这就需要旅游交通电子商务系统能互访各种票务数据库，这就形成了立体交通网络的模型。这种立体交通模型可为游客出行提供更多的选择，也是旅游交通未来发展的主要方向。航空和铁路交通的联动、铁路交通和公路交通的联动、公路交通和水路交通的联动，不但方便旅游消费者进行选择，也提高了不同交通企业的效益。

"十三五"期间，对交通运输部门运用现代科技手段提出了更高的要求，要求对现有交通管理进行更新改造和优化升级，提高现有公路、航空、铁路、港口等基础设施和交通运输工具的运营效能和管理水平，加大新建基础设施科技创新力度，加紧对公路、铁路、水路、民航运输等信息技术的投资，不断提高交通管理的科技含量和信息化管理水平。在信息化建设方面，注重消化吸收信息前沿技术，加大创新，重点开展旅游交通电子商务系统的应用建设，推进旅游交通的政府管理、公众服务、电子商务三大信息系统建设，加强交通资源整合和信息共享，逐步建立统一的政策标准体系和协调机制，形成开放、兼容的现代交通运输信息网络，充分发挥交通信息化的整体效益和规模效益，更好地支撑旅游交通电子商务的发展。

第二节　航空交通电子商务

早在 2006 年，电子商务这个话题对于中国航空公司而言，既有点"陈旧"，又有点"新鲜"。"陈旧"是因为欧美的航空公司在这个领域已经有了许多创新和实践，并且走在行业的前端，许多商务问题已有定论而不值得热炒和讨论；"新鲜"是因为中国的航空公司在该领域还处于起步阶段，许多问题还在摸索和探讨中。外界普遍认为中国的电子商务将是一个"市场机会与风险并存"的市场，美国在线杂志《电子商务时代》的评述，代表了这一看法："无论你是否想与中国打交道，如果你的网站没有出口到中国，你将失去一个世界性的机会。"那么，处于其中的中国航空公司，尤其是国航、东航和南航等应如何把握这一难觅的良机，发展自己的电子商务呢？

一、从计算机预订系统到全球分销系统

全球分销系统（global distribution system, GDS）是随着世界经济全球化和旅客需求多样化，由航空公司、旅游产品供应商形成联盟，集运输、旅游相关服务于一体，从航空公司航班控制系统（inventory control system, ICS）、计算机订座系统（computer reservation system, CRS）演变而来的全球范围内的分销系统。它通过庞大的计算机系统将航空、旅游产品与代理商连接起来，使代理商可以实时销售各类组合产品，从而使最终消费者（旅客）拥有最透明的信息、最广泛的选择范围、最强的议价能力和最低的购买成本。

（一）全球分销系统发展概况

在全球分销系统诞生之前，航空公司的售票系统经历了很长时间琐碎繁复的"手工作业"阶段，以及此后的较为先进的"航班控制系统"和"计算机订座系统"阶段。行业发展总是这样，是一个"出现问题—解决问题—新问题出现"的永不停止的循环。对于民航交通业来说，航班控制系统的出现解决了早期手工处理订票效率低下的问题，计算机订座

系统又解决了航班控制系统带来的系统重复建设所造成的浪费等问题，如今风靡整个民航交通业的全球分销系统的出现，有望助推整个民航交通业更快、更好地稳步发展。因此，GDS 已成为航空交通业最大的电子商务系统，其发展大致经历以下三个阶段。

第一阶段：在航空公司发展初期，销售部门需要花费大量的时间手工处理和保存预订信息。20 世纪 50 年代后期，随着旅客预订量的增大，较低的预订效率成为制约航空交通发展的瓶颈，由此美利坚航空公司（AA）和 IBM 共同创建了实时编目控制的计算机系统，供 AA 内部使用，这就是世界上第一家航空公司的航班控制与预订管理系统 Sabre。Sabre 于 1964 年正式启用，实现了预订流程的自动化，起到了增收节支的作用。随后，美国大陆航、美联航、达美航和环球航也相继建立了各自的 ICS——Systemone、Apollo、DatasII 和 Pars。在这一阶段，每个代理人为了能够代理各个航空公司的机票，必须装上各个航空公司不同的终端，航空公司也要在各地建立自己的销售代理，产生大量重复建设和系统冗余。对于代理人来说，订座系统的范围越广，收益越大，因而对计算机订座系统产生了极大的需求。

第二阶段：20 世纪 70 年代早期，意识到代理人能够通过自动化预订系统提高生产率，进而拓展航空公司的销售范围，增强航空公司的营销能力，Sabre 和 Apollo 首先将其内部订座系统外部化供代理人使用。GDS 公司实质上已成为世界第一批经营 B2B 电子商务的公司，但所有权仍归航空公司。自此，ICS 转变为 CRS，GDS 的发展进入了第二个重要阶段。在此阶段，各航空公司内部订座系统互相结盟，将资源集聚于 CRS 共同使用，建立多用户系统，与拥有订座系统的航空公司连接，并为没有订座系统的航空公司提供计算机系统服务，从而避免了 ICS 给代理人销售多家航空公司机票所带来的不便和浪费，航空订座系统的预订效率和销售能力再度提高，旅客也因此得到更加便捷的服务。

第三阶段：为了进一步提高 GDS 的效率和效益，GDS 运营商开始进行整合，由此进入了第三阶段，形成 GDS 的四大巨头，即 Sabre、Worldspan、Amadeus 和 Cendant-Galileo，这些 GDS 都集中于北美和欧洲，它们连接着约 16 万家旅行代理商和旅行服务供应商，占据了 90%以上的预订市场份额。而占有全球运输量四分之一份额的亚洲航空公司，预见到美国、欧洲等 GDS 系统对它们的威胁，并试图建立以亚洲为基地的 GDS，但是由于地域分散、文化差异、发展水平悬殊及政治不睦等原因没有形成合力，仅仅建立了国家或地区性的代理人分销系统，如东南亚的 Abacus，日本的 Axess、Infini，韩国的 Topas。由于亚洲的运输市场所占市场份额有限，所建立的 GDS 系统在规模上、市场上，尤其是技术上始终无法与 GDS 四巨头相匹敌。另外，印度两家骨干航空公司较早便拥有功能先进的订座系统，但未适时建立国家级的 GDS，在政府于 1995 年开放订座市场后的一年时间内，国内代理人被 Sabre、Amadeus 瓜分殆尽，从而严重弱化了印度国内航空公司的竞争力，加大了分销成本，制约了其民航业的发展。大洋洲、拉丁美洲、非洲的航空订座系统也经历了与印度类似的过程。

（二）我国分销系统发展概况

我国民航订座系统始建于 1986 年，采用 UNISYS 的整体解决方案，其中包含主机、系统软件、通信网络系统、USAS 应用系统（含订座、离港、货运）。1999 年，国家批准建设全球分销系统，总投资 16.9 亿元，主要完成了 ICS 和 CRS 的系统功能完善，以及里程银行、网络开放化改造、电子票务等的建设。2001 年，以原中国民航计算机信息中心为基础，国内全部20家航空公司共同发起成立了中国民航信息网络股份有限公司(以下简称中航信),并在香港创业板挂牌上市，筹集资金11.08亿港元，顺利完成了国有企业的股份制改造。

目前，中航信是唯一为国内全部航空公司、机场和国内外多家代理人提供服务的分销系统，其最大特点是既提供CRS服务又提供ICS服务，在国内有完善的技术支持体系和分销网络，完全有能力满足国内航段的分销需求，而其薄弱环节在于ICS功能不完善。中航信的分销系统具有高增长率、系统整合、开放及跨行业行为等特点，其主要功能包括：第一，使任意一个经过授权的代理商均可通过系统实时预订、销售国内外超过四百家航空公司的机票、航空意外保险、部分酒店产品等。第二，其自动清票功能增加了防火墙，使代理人不能随时更改时限，有效地减小了代理人虚订座位对航空公司造成的不利影响。第三，提供电子票务的结算等功能。

2015年上半年，中航信受益于旺盛的中国航空运输市场需求，电子旅游分销（ETD）系统处理的国内外商营航空公司的航班订座量约226.4百万人次，较2014年同期增长约12.3%。其中，处理中国商营航空公司的航班订座量增长了约12.2%，处理外国及地区商营航空公司的航班订座量增长了约15.1%；加盟使用本公司机场旅客处理系统（App）服务、多主机接入服务和自主开发的Angel CUE平台接入服务的外国及地区商营航空公司亦增至106家，在72个机场处理的离港旅客量约5.4百万人次；与本公司计算机分销系统（CRS）实现直接连接的外国及地区商营航空公司增至124家，通过直接连接方式销售的比例达到了约99.8%。

2015年上半年，中航信加大分销信息技术服务产品线研发、服务、推广力度，着力优化代理人在线接口、中小企业差旅平台、国际运价搜索等重点产品功能；与财政部、民航局清算中心合作完成的“政企机票采购平台”，已有近三十家商营航空公司成为项目承运商，七百余个航空公司营业部和一千六百余家代理人用户加入。[①]

目前，国内航空票务的分销市场基本被以中航信以及携程为代表的第三方所瓜分。

二、航空公司电子商务的发展

航空交通是旅游交通中所占份额最大的交通行业，目前第三方交易平台给航空公司带来了巨大的经营压力，对航空公司的发展产生了重要影响。如何提升航空公司自身的电子商务能力，成为航空公司近年来发展中的热点问题。下面将介绍有关航空公司面临的挑战及其开展电子商务的应对策略。

（一）电子商务给航空公司带来的挑战

不管是传统的航空公司还是新兴的航空公司，它们对于电子商务的重视度已经非常高。随着电子商务应用的逐步深入，航空公司之间的竞争有很大一部分已经表现为基于电子商务的竞争，或者说是基于信息技术营销能力的竞争。一些航空公司在网络营销过程中，借助于信息技术取得不俗的业绩和效果，增强了自身的市场竞争力，并在电子商务应用创新中始终领先于其他航空公司。航空公司电子商务给航空公司带来的挑战主要表现在以下几个方面。

① 中航信上半年处理了1.36亿张BSP客票[EB/OL].（2015-09-01）. http://www.traveldaily.cn/article/95256.

1. 营销手段面临的挑战

开展电子商务的关键是营销。航空公司电子商务系统的建立虽然有了良好的技术基础，但如何营销、如何让消费者知道你的系统的存在，以及如何访问系统是营销必须解决的问题。然而，航空公司实施电子商务的根本目的在于扩大渠道、节省成本、获取更多利润。首先，信息技术如何协助航空公司实现从狭义电子商务到广义电子商务的变迁，如何开展有效的网络营销就是电子商务的核心内容。目前，我们所能看到航空公司的电子商务表现形式主要为网上售票、网上值机、自助值机等，如何让电子商务系统呈现在消费者面前，以及如何在相关网络上被访问是网络营销要做的事情。因此，航空公司如何开展网络营销是当前面临的一个新挑战。在各种网络营销方法中，技术性手段所占的成分仍然比较大（如网站的 SEO 技术、网站访问量统计分析、旅客网上消费行为分析等）。其次，策略性的技巧。航空公司需要定位自己在网络营销方面的核心竞争力，走适合自己开展电子商务的营销之路，选择恰当的网络营销方法，并且学会电子商务时代最重要的一点——网络创新。

2. 销售渠道管理面临的挑战

互联网时代的销售渠道种类繁多，尤其是各种形式的电子分销渠道，为航空公司产品销售渠道的管理带来新挑战。这些新兴的电子分销渠道包括以航空公司自身的 B2C 网站、携程旅行网为代表的第三方中介网站，以去哪儿网为代表的新兴旅游媒体等。不难看出，这些新兴的销售渠道都是建立在互联网的基础上，有着较深的技术基础。第三方中介网站正在不断蚕食航空公司的利润，去哪儿网等旅游媒体因为提供低价搜索功能可能导致航空公司价格战的进一步升级，因此对各销售渠道的管理成为当前航空公司开展电子商务中的头等大事，尤其是价格体系的管理。航空公司如何利用电子商务的机遇对电子渠道进行有效管理，将是一个很具有挑战性的全新课题。

3. 怎样构建“以旅客为中心”的运营模式

旅游交通电子商务必须构建“以旅客为中心”的运营模式，但在电子商务环境下怎样构建这种运营模式，是航空公司面临的新课题。在实际操作中，航空公司发现在旅客接触点（MOT）的管理方面存在很大的困难，最基本的困难是旅客的识别，如在信息网站上如何识别旅客的行为，这既是技术问题，又是网络业务的经验问题。信息技术善于数据分析和信息挖掘，电子商务恰好具备分析和挖掘的长处，这是一种信息技术应用能力的体现，航空公司必须具备一定的信息技术应用能力才能真正构建出“以旅客为中心”的运营模式。因此，航空公司必须在电子商务系统中建立客户关系管理系统，利用客户关系管理系统帮助航空公司进行常旅客和大客户的营销和销售活动，由此形成“以旅客为中心”的运营模式，以增加来自优质旅客的收益。

4. 数据分析面临的挑战

电子商务系统面临海量的数据，如果没有恰当的工具及时分析系统中的数据，电子商务系统将无法体现竞争优势。对于国内大的航空公司来讲，每个航空公司每天的航班量近一千个，旅客人数近十万，这些航班和旅客在系统中产生的数据非常巨大。随着航空公司的不断发展壮大，机队增多，航线增多，这些数据量还在不断增大。然而，数据不等于信息。如果没有信息技术的帮助，航空公司将无法处理这些数据，也无法从这些数据中获得有效的信息，如重要客户、客户需求等信息。因此，如何帮助航空公司处理海量的数据是电子商务开展中面临的机遇和挑战。通常的挑战是航空公司决策层需要知道“我们的公司发生了什么？是盈利还是亏损？经营趋势怎样？”，大多数的电子商务系统都有能力利用数据来回答这个问题。然而，当被问到“我们的公司将会亏损吗？我们未来的客户在哪里？我们如何做才能盈利？”这样的问题时，大多数的电子商务系统将会发现很难回答，而越难于回答的问题恰恰是越有价值的问题，这就是电子商务系统面临的又一挑战。

（二）航空公司旅游电子商务措施

近年来，由于 GDS 和第三方中介分销渠道的快速发展，出现了航空公司自身发展电子商务的建设热潮，以此来平衡各分销渠道的利益。GDS 每年都向航空公司提价，底气就在于自己拥有渠道。现在，互联网技术将彻底改变原有的游戏规则，成为航空公司的“救命稻草”。在新的规则下，航空公司将利用网上订座的强大优势，重建自己的渠道，达到直销的目的。但航空公司不能完全抛弃中介分销渠道，需要采取一定的电子商务措施，将自己的分销渠道多元化。

1. 平衡和控制代理渠道业务

当前，中国的航空公司无法回避的局面是过于依赖分销渠道，近 90%的收入都是通过代理人分销的，直销比例太少。代理人的市场也十分混乱，全国有代理资质的机票代理商有 5300 多家。据估计，黑代理商的规模要高于正规代理商。例如，在北京，正规代理商估计有 600 余家，而黑代理商超过 1000 家，导致机票市场价格十分混乱。同时，一个明显的趋势是业务逐渐集中到少数代理商和旅行社手中，使得它们的规模越来越大，议价能力越来越强，甚至可以局部影响和控制价格。航空公司需要通过自己的电子商务系统重新梳理分销渠道，建设专门针对代理人的网上订座销售系统，实现对代理渠道的全面控制，加强对代理人的监控和管理。在业务平衡上，航空公司可以采用更加灵活甚至全新的代理费的形式和奖励制度。例如，对上海—北京这样的商务航线，可以采取较低的代理费甚至零代理费，因为航空公司在这一航线业务上几乎不需要代理人的贡献，而对淡季航班的代理费可以增加，以刺激代理人进行促销，甚至可以根据客座率的高低区间设定不同的代理费。另外，航空公司将逐渐培养一批以销售本公司机票为核心业务的代理人，而逐步减少航空公司之间的价格战，以便于对代理渠道进行直接控制。

2. 重点发展公司直销业务

直销业务，尤其是公司客户直销，是近年来航空公司比较注重的市场。早期受技术的限制，航空公司在发展公司客户时，不得不指定一家代理商来保证对其的服务。现在，互联网技术的飞速发展已经为发展公司直销业务提供了极大的保障，不少航空公司都通过自身的电子商务系统尝试建立这一新的渠道，公司客户设定专门的网站或网上订座销售系统，以为客户提供便利的订票服务。以 AA 为例，在几年前就推出 Business Extraa 项目，在此基础上，它们采用 Orbits 的技术，又推出了 Corporateaccess.com 为公司直销业务提供更多的服务，影响开拓散客直销市场的主要障碍将不再存在，如支付习惯问题以及支付安全问题。同时，由于用户数量可以统计，航空公司可以比较准确地预估系统的使用量，从而能够保证系统使用的稳定性。由此可见，公司直销业务将是电子商务中比较容易突破的 B2C 市场，风险也比散客市场更小，是航空公司旅游电子商务开展中的主要盈利点。

三、快速发展中的第三方服务平台

第三方服务平台代理机票是我国旅游交通电子商务中发展最快的一种类型，第三方代理机构凭借信息技术的优势和应用能力，获得了较大范围的客户群体，既成为航空公司的重要合作伙伴，又成为航空公司的主要竞争对手。下面简要介绍第三方服务平台的发展情况。

（一）第三方服务平台的发展概况

携程、去哪儿和艺龙网是国内最著名的代理机票的第三方服务平台。近几年，由于旅游业的快速发展，第三方服务平台抓住了发展机遇，获得了较快的发展。这些第三方服务平台通过资本的运作和一次次的并购、整合，使业务迅速发展起来，依靠资本的魅力得以快速聚集各行业的精英，拥有一支令人羡慕的豪华管理团队，实现了信息技术与旅行交通的最佳结合。携程和艺龙的运营模式完全颠覆了国内代理商原先对外资企业的看法，原先外资旅游公司的“水土不服”在它们身上没有得到体现，反而将资金、技术、人才、渠道、产品设计、品牌推广等方面的优势体现得淋漓尽致，由此产生了市场“自加速”效应，导致携程和艺龙的相对市场占有率和绝对市场占有率不断扩大。中国在线旅游市场与国外有一定的差异，携程和艺龙的运营模式成为模仿对象，甚至成为行业标准，互联网使广大消费者由信息的弱势群体转变为平等者，信息由单向透明变为双向透明，影响消费者购买的因素增加，品牌效应起到重要的引导作用，消费者从“一对一”购买状态变为“一对多”状态，整个散客市场几乎被第三方服务平台垄断。

第三方服务平台的发展主要立足于旅游大市场环境，就在部分有实力的代理商以携程网为追赶目标的时候，携程早已胸怀祖国、放眼天下了，面对红火的出境游市场，携程在韩国及其他亚洲市场展开收购，它们总是对互补性的公司充满兴趣。在加强国外市场发展的同时，携程并没有忽略国内市场的建设，继续加大在国内二线城市铺设销售渠道的力度，并把它作为一个利润增长点，在巩固北京、上海的市场份额后将在广州、深圳、杭州、武汉、青岛、成都、重庆展开营销攻势，广告投放也向这些城市倾斜，取得了全方位发展的良好势头。

（二）第三方服务平台的经营理念

在立足于在线服务的基础上，第三方服务平台采用与航空公司密切合作的理念来发展自己。在国外，很多第三方服务平台与航空公司通过交换股权进行联盟，以实现优势互补、利益双赢。另外，第三方服务平台强调数字服务，这就不同于传统代理商的电子商务。传统代理商业务的电子商务化和第三方服务平台的在线旅游还是有本质区别的，传统旅游商网站更多的是对传统产品的补充，并作为传统分销渠道的补充，受到地域性的限制，依靠传统营销渠道的本质没有变化，特别是营销观念不能适应数字化时代的市场变化。第三方服务平台的在线旅游从成立之初就通过网络技术立足于全国性的大旅游市场，在资金、技术、人才、竞争情报、精细管理五个领域具有很强的竞争优势。

在第三方服务平台之间同样存在激烈的竞争，第一梯队里携程和艺龙明争暗斗，但艺龙通过与大股东美国 Expedia 合作，推出了 360° 虚拟饭店业务，在主营饭店订房业务方面奋起直追。以携程和艺龙网为代表的新兴在线旅游公司在资金、技术、人才、竞争情报、精细管理五个领域形成了高耸的壁垒，抬高了竞争对手进入市场的门槛，它们之间的竞争将会日趋激烈。

第三方服务平台的发展和竞争，将快速推进我国旅游交通电子商务的发展。

第三节　铁路、公路等交通电子商务

航空交通是旅游交通中最早开展电子商务的产业，目前已全部采用电子票务，实现了航空的“无票旅行”。在航空产业的带领下，我国的铁路、公路等交通企业的电子商务已开始全面实施。因为进入“高铁”时代，铁路的“无票旅行”也已开始实行。公路交通虽然起步较晚，但是公路民营投入的比例在逐渐增大，通过网络订票的电子商务已经在公路交通业全面展开，旅游者通过网站就能随时进行电子票务操作。

一、铁路交通电子商务概况

随着信息化时代的到来，现代交通业竞争也和其他旅游业一样成为名副其实的信息战。铁路交通要在这场信息战中取胜，面临的主要问题就是如何完成从传统经营方式向现代经营方式的转变，积极利用信息技术开展电子商务，用电子商务创造自身的竞争优势。铁路交通在高铁出现以前，电子商务几乎处于空白状态，进入高铁时代，由于交通竞争的压力，铁路交通的电子商务进入快速发展阶段。

（一）我国铁路信息化的发展历程

互联网出现以前，铁路的信息化主要体现在运营管理方面，建设了专门的通信系统、全国性的运输管理信息系统、铁路客票预订和发售系统等业务管理信息系统；互联网出现以后，铁路的信息化重点主要集中在销售和营销方面，开始建立基于互联网的电子商务系统。在经过长达数十年的快速发展后，中国铁路已经拥有了以路网、机车、车辆、仓储、信息系统等为代表的巨大资源，具体包括：拥有中国规模最大的运输设备资源和储藏能力强大的仓储资源，并拥有极为完善的铁路运输组织；拥有规模仅次于中国电信的铁路专网通信网络，而且许多站段拥有局域网；已经建立起了运输行业中最为庞大的信息网络和种类最齐全的信息系统，具备了良好的网络基础设施；我国铁路拥有包括计算机、通信、网络、营销、管理等在内的多方面人才；所有这些都为开展铁路电子商务奠定了良好的基础。

持续增长的、巨大的市场需求是铁路电子商务应用的外部动因。铁路电子商务系统的总体框架，由一个全路的门户站点、电子商务应用平台及铁路现有内部信息系统三部分组成。我国铁路已经开始从铁道部政府站点、铁路物资总公司中铁贸易网及中铁物流网、中铁快运有限公司、铁路集装箱中心站入手进行试点工程的建设，开发相关的电子商务系统并进行实验，与之相配套的物流配送体系也开始逐步设计、建设和推广。

我国铁路已经建立了覆盖铁道部、各铁路局和主要站段的计算机网络系统和三大通信基础网（传输网、交换网、数据通信网），先后开发了一大批应用信息系统，这些信息系统划分为三个方面，其中，铁路运输管理信息系统（TMIS）是铁路信息化的核心，而铁路客票发售和预订系统（SMART）、货运营销与生产管理系统（FMOS）是面向用户的管理信息系统，主要处理对客业务的运作。

（二）我国发展铁路电子商务的意义

我国铁路电子商务对现代社会的发展以及经济建设都具有重要意义，由于铁路具有独特的资源优势，电子商务的出现成为铁路交通发展的重大机遇，也成为改善服务的重要举措。电子商务的发展对铁路交通具有以下几方面的现实指导意义。

1. 有利于建立全国性的资金结算体系

铁路在信息、资金、物流“三位一体”的电子商务体系中具备天然优势。作为铁路电子商务的基础与核心，铁路运输管理信息系统（TMIS）、调度指挥管理信息系统（DMIS）、客票系统、集装箱管理系统、行包系统等业务管理系统正在建设和完善中，为铁路电子商务系统提供关于客运、货运、集装箱、行包等运输作业的基础信息流，并提供通向所有运输作业场所和经营场所的信息传输渠道，具备相对完整的铁路电子商务系统的业务信息基础。在此基础上，铁路正在建设的资金结算系统、清算系统、客货精密统计系统和成本计算系统，为铁路电子商务系统提供了交易结算的电子手段。经国家批准，铁路与作为铁路结算与拨款业务传统伙伴的中国工商银行和中国建设银行共同建立了结算中心，为铁路电子商务系统建设提供了内外结算的基础。

2. 有利于铁路交通的市场营销

发展电子商务是改善铁路市场营销方式、扩大市场份额的一个突破口，电子商务发展的同时也促进了物流业的繁荣和运输市场的扩大，同时，物流组织的改善又会进一步促进电子商务的发展。电子商务是一种经营手段，它和网络营销紧密联系在一起，有利于铁路交通业务的发展，如网络售票、货运业务、物流配送都需要网络营销的推广。电子商务在丰富铁路市场营销方式的同时，也将促使铁路利用现有资源，发展运输代理、物流配送中心、信息增值产品及延伸服务，进而从单纯的物流承担者转向物流组织者，促进铁路与相关行业的协作，由此带动相关服务业务的拓展，使铁路获得新的增长点，这是铁路电子商务发展的巨大优势。

3. 有利于树立铁路服务形象

电子商务应用为铁路现代企业形象的建立带来了难得的机遇。电子商务在铁路客货运输中的推广应用，将是铁路走向现代交通的一个里程碑式的标志，它能在客户和社会当中有效地树立起现代铁路的服务形象，从形式和内容上都有利于促进铁路交通的发展。电子商务应用的规模越大，市场对铁路运输业的需求就会越大，尤其是旅游业的发展，更需要铁路的电子商务，这是铁路电子商务发展的外部动因，也是其他行业难以相比的资源优势。

4. 有利于铁路内部信息系统的整合

电子商务涉及铁路内部各个系统的信息资源，而铁路内部存在各种形式的信息系统，以往这些信息系统之间很难进行数据交换。电子商务的出现，由于外部商务无缝链接的需求，需要对这些信息系统进行整合或集成，因为电子商务的开展需要以信息系统的资源为基础。在技术实现上，电子商务系统主要侧重于在数据层面和服务层面实现应用的整合，以及内部信息系统的网络化整合。近年来，以 Web Service、ebXML 为代表的“第二代电子商务”技术以及 SaaS 云计算技术的应用，为促进铁路内部信息系统资源的整合以及电子商务开展提供了新的技术支持。

（三）我国旅游铁路电子商务的基本内容

旅游铁路电子商务是为旅游或旅行提供服务的一种电子商务，它是铁路电子商务的重要组成部分，这种电子商务强调的是在线服务。旅游铁路电子商务主要表现在以下五个方面：一是交通信息查询服务。它为旅游者发布全面的铁路部门及其服务机构的设置、职能的相关信息和铁路能够提供的全部运输服务信息，包括列车时刻、托运、保险等各种业务信息。二是信息反馈服务。旅游者通过网上社区或 E-mail 可以动态地提出旅行咨询需求、旅行意见、索赔要求、问题咨询等信息，可以得到相关服务部门的及时回复。三是在线订票和购票服务。旅游者不但可以在线预订车票，还可以通过电子现金、电子借记卡、银行信用卡、电子钱包等开放的兑付手段完成购票、退票等业务，并提供个性化、时段性的产品服务。四是代理人服务。为饭店、旅行社和大的团体代理购票，提供预订、优惠、折扣等在线洽谈、查阅和即时服务。五是其他旅行相关服务。旅游者可以在线完成托运、保险、索赔等其他与铁路运输相关的业务，包括网上资金结算和其他查询服务。这样，旅游者就可以 24 小时在线地随时浏览、随时查询、随时办理、随时反馈并获取铁路旅行相关的服务。

二、公路交通电子商务概况

公路是短距离交通的主要形式。近年来，我国公路交通飞速发展，尤其是高速公路，为旅游交通奠定了坚实的基础，也为旅游目的地的建设和通达率的提高做出了贡献。在电子商务的浪潮下，公路交通的电子商务也呈现了良好的发展势头，成为旅游交通电子商务的重要内容，消费者短距离出门旅行，可以很方便地通过网络购买各种公路票务。

（一）旅游公路电子商务的内容

和旅游铁路电子商务一样，旅游公路电子商务是为旅游提供的一种服务，是公路电子商务的重要组成部分。旅游公路电子商务是解决旅游者“行”的便利性问题，不管是旅游者出门到达目的地，还是在目的地游览景区或景点，都离不开公路的订票和购票问题，因此公路票务是公路电子商务的核心内容，如旅游前的公路订票、旅游中的交通票务、旅游后的公路票务等。公路电子商务可以通过以下多种形式解决旅游中的购票问题。

- 通过公路交通服务公司的网站购票。
- 通过第三方中介服务公司的网站购票。
- 通过手机移动终端直接向交通服务公司购票。
- 通过手机移动终端向中介服务公司购票。
- 通过交通服务公司的 CRM 系统直接购票。

旅游公路电子商务可以为旅游消费者提供多种个性化的服务产品，如定时的包车服务、多人的团购服务以及各种形式的回程票服务等，这些服务都比购买单张的车票要便宜得多，而且不同的时段可实行不同的价格，以达到交通高峰时段进行分流的目的。

旅游公路电子商务还包括客户咨询、网络营销等内容，客户咨询可以解决旅游者的不确定因素，提供便利的信息服务；网络营销解决与旅游者互动的问题，把与公路交通相关的产品信息及时传达给消费者，并培养与消费者的忠诚关系。

（二）公路电子商务系统架构

公路电子商务起步较晚且发展模式多样，不像铁路电子商务有统一的系统架构，各公路交通服务公司都是自己摸索并开展电子商务的。图 8-2 介绍的是一般公路电子商务系统的架构，该系统在架构时主要从以下几个方面入手：一是旅游者网上信息查询和订票的系统，该系统可以考虑网上售票、手机售票、会员售票、公众机构（银行、电信等）联网售票、无线移动售票、自助售票机、信息亭售票等结构形式，形成完善的公路客运电子商务平台架构，提供多样化的便利服务及营销渠道，由此提高公路业务的覆盖面，扩大业务渠道。二是在公路交通服务公司内部建立内部网，加强公司内部与外部的信息流通，有利于电子商务系统架构的实现。开展 B2B、B2C 需要内部网的无缝链接支持，这样可以降低业务处理成本，提高管理工作质量，增强交通服务企业的竞争力。三是内部管理信息系统，包括 MIS、CRM 等系统，这些管理信息系统是开展电子商务的基础，通过信息化管理能够降低管理成本，实现内部资源优化配置，有利于电子商务系统的整合。

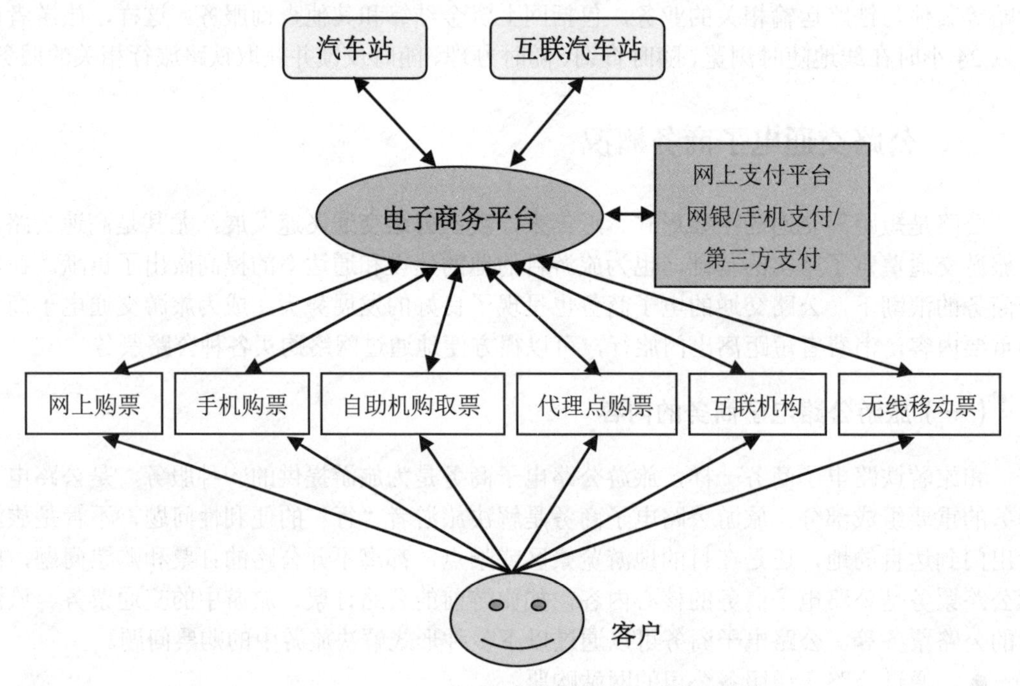

图 8-2 客运系统电子商务平台构架

在图 8-2 中，汽车站表示公路交通服务商，包含内部网的经营管理，内部信息系统都建立在内部网的基础上，处理各种来自外部网的业务；互联汽车站表示交通中介服务商，它与许多公路交通服务公司关联，提供中介的票务服务；用户可以通过多种途径获取电子商务平台的各种公路票务，实现在线订票和各种查询服务。

除公路交通电子商务系统外，旅游者出行还包括自驾车、租车等方式，因此，根据实际旅行的需要，为自驾车旅游构建一系列可用的信息网及电子商务平台，如为自驾车提供 GPS 导航以及网上自驾车拼团网站，进一步完善旅游交通的电子商务服务体系。

第四节 无票旅行与移动支付

随着旅游电子商务的发展，尤其是移动互联网的普及应用，无票旅行将成为现实。所谓无票旅行，其实就是废除纸质票，推行方便处理的电子票。这些电子票不需要旅游者随身携带，通过网络传递、处理，既节省了大量的纸质票的印刷成本，也节省了旅游者购票的时间成本，是旅行低碳节能的重要举措。旅游电子票务是旅游交通电子商务中的重要内容，电子票务的在线销售也是旅游交通电子商务的核心内容，它的顺利施行得益于移动支付技术的成熟。

一、电子票务的发展历史

无票旅行不是不需要票，而是用电子票代替纸质车票。1996 年 9 月，美国在国内航线全面使用电子票。目前，全球所有航空公司已全部实现电子化票务。在航空公司电子票务的影响下，其他旅游交通企业纷纷效仿，开展全面的电子票务建设热潮，如铁路、公路的电子票务也已经展开，未来出门旅游，交通票务的办理将更加便利。

（一）我国电子票务的发展概况

电子票务的发展主要体现在航空交通和铁路交通两大系统中。我国三大航空集团中，中国首张真正意义上的电子机票诞生于中国南方航空公司，时间是 2000 年 3 月 28 日，该航空公司在广州—长沙、广州—北京两条航线之间试用电子机票，实现了真正的网上支付、只凭身份证和认证 ID 号就可以到机场登机，并且与离港系统相连实现了座位选择功能。南方航空公司自推出国内第一张电子机票后，当年实现电子销售收入 30 万元人民币，电子票务得到了快速发展，仅 2005 年 6 月一个月，南航电子机票的销售额已达到 3.5 亿元。2006 年 2 月，海南航空出港航班电子票务实现“无票联乘机”，标志着真正的电子票务时代已经到来。截至 2008 年 7 月底，我国所有航空公司的机票全部实现电子化，不但方便了广大的旅游者，而且为机票销售和管理的电子化奠定了基础。随着移动互联网的全面普及，航空的电子票务已进入了无票时代，消费者只要用个人身份证或者通过刷脸的方式就可以验票登机了。我国铁路的电子票务系统研究起步于 20 世纪 90 年代末，滞后于航空电子票务的发展，至 2010 年后才有了实质性的进展，如中国铁路 12306 网络订票系统于 2010 年 1 月 30 日（2010 年春运首日）开通并进行试运行，这标志着铁路的电子票务系统进入了实际使用阶段。2013 年 12 月 8 日，12306 手机客户端正式开放下载，消费者用自己的手机就可以直接订票，至此铁路的电子票务完全实现了移动互联网化。自 2015 年 5 月开始，消费者在自己的手机上登录 12306 系统平台就可以处理购票、退票、改签等电子业务。在移动互联网等高科技的支持下，未来铁路的电子票务同样可以通过“刷脸”或“刷手机”等技术验票上车，铁路也将进入无票时代。

（二）电子票务的功能特点

电子票务的应用不仅能够为旅游交通企业节省印刷、管理、分发纸票的成本，还能够加快结算速度、杜绝假票、提高效率和服务质量，同时，电子票务也为旅客出行带来了很多的方便。电子机票不仅能够完全实现传统纸票的所有功能，而且在订票、离港、结算等方面更安全、快捷和便利。电子票务引入了全新的理念，它独创了出票、值机、结算的电子化流程，即营业员每一次打票的同时在主机的系统里生成一个相应的电子数据记录。这种电子信息能够在订票、离港、结算之间安全、快速、准确地传递，且便于检索和查询，从整体上提高了航空公司的管理水平。

总体来说，电子票务具有如下特点：电子票务实际是普通纸质机票的电子映像，是传统机票的替代品；纸票将相关信息打印在专门的机票上，而电子票务则将票面信息存储在订座系统中；电子票务可以像纸票一样，执行出票、作废、退票、换开等操作；营业员可以随时提取电子票务，查看客票的信息，包括姓名、航段、票价、签注等；旅客不需要携带纸质的凭证，只要出示有效的身份识别证件就可以办理乘机的相关手续；电子票务采用全部电子化的结算流程，不需要纸质的票联就能结算，提高了票务结算的效率。

二、电子票务的优劣势

从电子票务的发展历程来看，电子票务对交通业的发展以及电子商务产生了积极的推动作用，尤其是对旅游业的发展，它的优势是十分明显的，但它在发展过程中也存在一些劣势。下面简单分析电子票务发展中的优劣势现象，希望通过对优劣势的分析，使未来电子票务的信息系统以及运行管理更加完善。

（一）电子票务的优势

电子票务的最大优势就是通过电子数据的流动可实现无票旅行，旅游者可随时随地通过传统机票代理人、航空公司合作伙伴、互联网服务中介、电话、手机等多种渠道获取交通票务或信息，自助完成票务查询和预订过程。大多数电子票务通过网上支付、电话支付等便捷方式进行交易，符合旅游者的消费习惯和信息服务要求。电子票务之所以能够在短时间内快速发展并受到航空公司和旅客的青睐，其主要原因在于它与传统纸质票务相比具有诸多优势，具体表现在以下几个方面。

1. *在提供服务方面的优势*

电子票务充分利用了当今流行的通信手段和信息技术，为旅游交通和旅游者带来了诸多便利。电子票务所依赖的网络环境为旅游者提供了强大的信息服务环境，是交通企业服务延伸的最佳窗口，也是旅游者获取服务的平台。通过电子票务系统，交通服务企业可以了解消费者的实际需求，改善自己的服务产品，从而为旅游消费者提供更好的服务。在铁路、公路等交通企业，是否拥有电子票务系统已经成为衡量其竞争能力的重要指标。

2. *在成本控制方面的优势*

纸质票的主要成本包括印刷费、运输费、保管费、回收费、人工统计费、人工结算费等，尤其是纸质票印刷的数量很难控制，影响了整个票务的成本。而电子票务不存在印刷、传输等成本，它根据需要随机产生，大大降低了票务的运行成本。由于电子票务的成本几乎与交通运输量没有关系，所以可以很好地控制票务经销成本。

3. *在安全性方面的优势*

纸质票容易丢失、损坏，一旦丢失就无法登机、上车。电子票务存储在订座系统中不会丢失、损坏。此外，纸质票可能存在被涂改、伪造的风险，影响交通运行的安全。因此，电子票务可以杜绝假票，提高交通运行的票务安全。

4. *在管理便利性方面的优势*

纸质票需要复杂的管理过程，票证的印刷、分发、监督、回收都需要大量的人力、物力。电子票务有统一、方便的票证管理系统，通过电子数据进行票证管理，实现票务生成、使用、检票等一系列程序化管理，这些程序化管理节约了大量的人力、物力。

5. *在环境保护方面的优势*

使用电子票务不会消耗纸张，也就不会有废票垃圾等污染物，属于低碳节能的票务系统，有利于对交通运行环境的保护。另外，电子票务不需要打印，也就避免了打印造成的环境和噪声污染，有利于构建节能型社会。

（二）电子票务的劣势

电子票务是一种新型的客票形式，在应用过程中不能完全照搬外国的模式和经验，需要按照国内的国情和票务习惯，开发适合国内应用的航空、铁路、公路等电子票务系统。就目前的应用情况来看，我国的电子票务还存在以下几个管理方面的问题，我们称为劣势现象。

1. *报销难的问题*

登机牌作为报销凭证，须得到国家税务总局的批准。根据国家税务总局的要求，为了使登机牌能够统一格式，便于管理和使用，民航总局运输司、财务司等部门正在制定电子票务专用登机牌的统一格式，以便送国家税务总局审批。“报销难”的问题已困扰电子票务六年多，电子票务一直因为“看不见、摸不着”不好报账而难以得到消费者的认同。目前，财务报销制度要求，购买电子票务的需提供旅客联（行程单）和登机牌，缺一不可。这样，原本无纸化的电子票务不但要打印旅客联，还比纸质机票多了一个登机牌，想给旅客便利反而给旅客增加了麻烦。尽管南航曾给需要报销的旅客在登机牌上打印“电子票务报销凭证”字样作为报销凭证，但目前仅广东省税务部门认可该做法，在全国其他地区仍未被接纳。

2. *电子票务系统各自为政*

尽管国家已统一了航空的电子票务，但电子票务系统的处理不统一，南航、东航、国航三大航空集团都先后推出了自己的电子票务，但因技术系统互不匹配，使得机票改期、改签与升降舱等在操作上都遇到了一些麻烦，有的电子票务成为不能改动的客票，使旅客深感不便，因此实现电子票务系统的兼容性是当务之急。铁路、公路系统的电子票务更是各自为政，相互之间不能操作，给票务的信息化服务带来许多不便。

3. *相关产业未跟上*

电子票务不仅关乎航空、铁路、公路等交通服务业，还涉及旅游、商贸等其他服务行业，如景区门票的电子化问题，这些旅游门票如果还是手工处理，也会限制电子票务的发展。例如，一些旅行社推出的“机票+酒店”旅行套餐，往往是利用机票作为进酒店的凭证，相关旅游产品还缺少电子化凭证。只有与旅游交通相关的产业都推进电子化，电子票务才能进入全面推广和应用阶段。

三、旅游移动支付的概念及特点

旅行中的电子票务同样涉及支付、签票、退票等业务环节，为了使无票旅行成为可能，方便旅游者，还需要得到便捷的移动支付技术的支持，以解决业务交易环节中的即时支付问题。旅游行业经过多年的高速成长，已到了新的发展阶段，存量、增量、效率、体验，每个交通企业都面临新的机遇和挑战。移动支付借助人工智能等新兴技术，为旅游业的无票旅行发展注入了新的动力，尤其是通过与其他技术的融合和发展，正在从普通的支付工具中释放出来，与传统商业模式相结合，打通了旅游业各细分领域的业务链条，从而推动旅游行业数字化深度转型。

（一）旅游移动支付的定义

旅游移动支付，也称为旅游手机支付，是指旅游者与商户之间为某种旅游服务或旅游商品，使用移动终端设备为载体，通过移动通信网络实现的旅游或旅行商业交易。旅游移动支付所使用的移动终端可以是手机、PDA、移动 PC 等。

旅游者通过自己的手机可以预订机票并支付，也可以用手机执行退票及退款等操作，还可以用手机预订酒店并支付，以及用手机预订需要的景区门票，从而实现旅游者全程的无票旅行，其中移动支付是旅行全过程中的关键技术。

（二）旅游移动支付的特点

移动支付与传统支付相比，具有更便捷、更安全等特点，同时也有利于规范旅游业的支付环境，提高旅游者的消费水平，减少旅行消费支付的敏感程度，有利于延长旅游消费链，提高旅游供给的效率和效益，也有利于政府和其他组织机构减少监管盲区，优化监管流程。作为旅游交通企业，还可利用支付信息的电子数据进行客户分析，从而更有针对性地进行消费者“画像”，以便快速制定市场营销和竞争策略。移动支付主要包括以下几方面特点。

（1）时空限制小。互联网时代下的移动支付打破了传统支付对于时空的限制，使用户可以随时随地进行交易的支付活动。传统支付以现金支付为主，需要用户与商户之间面对面地支付，其对支付的时间和地点都有很大的限制，而移动支付不受任何时空限制。

（2）方便支付账户的即时管理。用户可以随时随地通过手机进行各种支付活动，并对个人支付账户进行查询、转账、缴费、充值等功能的管理，用户也可随时了解自己的消费信息。这对用户的生活提供了极大的便利，也更方便用户对个人账户的即时管理。

（3）隐私度较高。移动支付是用户将银行卡与手机绑定，进行支付活动时，需要输入支付密码，且支付密码不同于银行卡密码。这使得移动支付较好地保护了用户的隐私，消费过程的隐私度较高。

（4）定制化。基于先进的移动通信技术和简易的手机操作界面，用户可定制自己的消费方式和个性化交易服务，账户交易更加简单、方便。

四、旅游移动支付的作用

在全球范围内，旅行中的移动支付消费已成为主流。在中国，移动支付正如一条“中国锦鲤”，让国人“全球玩、全球付”更为方便。根据麦肯锡发布的《迷思与真相：中国出境游市场深度观察》报告显示，2017 年，中国出境旅游人次超过 1.31 亿，且单次行程的消费额位居全球第一。同时，中国游客更愿意通过数字渠道而非使用现金来完成消费与支付，移动支付已成为 45 岁以下游客的常规付款方式，平均使用率为 43%。移动支付不仅改变了国人的旅游方式，还影响着中国游客的旅游偏好、行为和消费模式。近年来，移动支付应用的实践表明，旅游中的移动支付主要会产生以下几个作用。

（一）提升预订量

对于大部分旅游交通企业来说，用户的旅行预订环节至关重要，自己的官网支持移动支付能提升产品的预订量。在很大程度上，预订量的多少决定着一家旅游交通企业的“生死存亡”。旅游交通企业往往为增加曝光量、提升用户点击率，不惜“烧钱”来购买竞价排名，但面对庞大而散乱的市场，现有传统营销活动的投资回报率越来越低。

支付是服务的基础，也是关键点，所有的交易活动都以支付为终结点。如果将营销活动嵌入支付所在的平台或者环节，将在很大程度上提升预订量。比如，“移动支付”的两大巨头支付宝、微信均在各自生态系统内推出“优惠券”“现金红包”等不同类型的营销工具。企业可以从线上流量入口及线下物料入口，来派发各类优惠券用于用户线下核销。

这种移动支付中的营销方式在很多地方都取得了不错的效果，比如近年来迅猛扩张的 TODAY 便利店，在朋友圈投放代金券之后，TODAY 线上代金券触达的用户中有 70%领券后到线下门店消费，该代金券的核销率达到 24%，且新客到店的总人数比以前也有明显的提升，达到 20%。

但在预订环节，还有一个问题困扰着交通企业：在当下的模式中，大部分交通企业的预订量主要来自 OTA，直销渠道的预订量占比远低于分销渠道的占比。这让交通企业逐渐丧失了部分话语权，也疏远了交通企业与消费者之间的距离——交通企业对用户出行前的行为几乎一无所知。

（二）能够减少客户排队等候的时间

直接从预订环节发力增加直销占比，对于交通企业来说，是一件颇为费力的事。毕竟面对数以万计的商家和产品，消费者更喜欢在第三方平台货比三家，挑选出适合自己的最优组合。但在企业官网以及售票窗口，用快捷的移动支付可以快速完成售票过程，减少客人的等候时间。例如，绿云科技研发的移动支付，不管客人是第三方的电子支付，还是银联的电子支付，使用客人自己的手机 30 秒就可以完成入住登记，在窗口售票系统也一样，不到 30 秒就可以完成所有的售票过程，为客人节省了许多宝贵的时间。

（三）增加消费频次

移动支付还能引导游客在旅行中的消费，尤其是对于铁路系统的企业，这一点至关重要。实际上，由移动支付衍生出的优惠券等营销工具可以打通旅途中的多种业态，主要是餐饮和周边景区。比如，高铁车次和黄山市风景区可以捆绑在一起，在游客购买完车票以后可以用优惠价购买黄山门票，或给游客发放一张黄山市内其他景区的优惠门票，以增加消费者的乘车频次以及促进相关的一些消费。

（四）提高客户关系管理的效率

交通企业在客户数据库中，根据在“移动支付”环节带来的场景变革，与旅行消费者开展个性化的在线服务，实现在线上的互动与客户关怀和关系管理。旅行者结束行程后，交通企业还可通过小程序、微信公众号等其他产品，打通客户管理的会员体系，从而实现对客户的追踪和反馈，增加“回头客”的概率。实际上，交通企业可以利用“移动支付”背靠平台庞大的流量，结合大数据、小程序等其他技术，逐步打通垂直领域内的业务链条，切入支付和消费的前后期，以及与旅游相关的产业链，在移动支付过程中改变甚至创造出新的应用场景，以提升交通行业的效率，促进交通行业面临数字经济的变革。

总之，在未来的无票旅行发展过程中，移动支付将永远陪伴着无票旅行过程中的各个环节，不管是旅行者在旅行中、换乘中，还是短暂的旅途休整，他们的消费基本都和移动支付密切相关。因此，未来随着区块链技术和人工智能技术的应用，移动支付将会出现更诱人的场景、更吸引人的体验，也带来更便捷的消费，给旅行者带去更个性化的实惠，也会给旅游交通企业带来更可观的收益。

第五节　旅游交通电子商务的战略及作用

旅游交通电子商务按照工具划分包括航空交通电子商务、公路客运电子商务、铁路客运电子商务、自驾车（汽车）电子商务等。对于任意类型的旅游交通服务企业，开展电子商务，推行电子票务都是战略竞争的需要，包括战略规划、战略实施，内容包括技术应用战略、信息系统发展战略以及大数据战略等。毫无疑问，电子商务对旅游交通服务企业业务的扩展具有积极的战略作用，如何提升内部管理、打通行业上下游、拓展合作伙伴都取决于企业自身的电子商务战略规划与实施。因此，作为旅游交通企业的管理者，要意识到电子商务是交通服务业未来发展的主流趋势，对旅游交通业的持续发展、提升服务具有明显的战略作用。

一、提高交通服务企业内部管理效能的作用

旅游交通电子商务首先依赖于企业内部的信息化与网络化，旅游交通企业通过内部的管理信息系统、客户关系管理系统、财务管理系统、供应链管理系统等内部信息系统处理所有业务，各系统整合后与外部网络的业务实现无缝链接，让核心业务流程和运营管理得到信息化与网络化的支持，使企业的资源得到更合理的分配，人员工作效率更高，企业的经营成本得到合理的控制，利润实现最大化。在业务管理方面，客户关系管理提供了从识别客户、生成有需求的客户，到销售结束、订单产生以及售后服务的完整信息，使交通服

务企业的营销、销售、服务实现全流程的电子化，实现了业务处理的自动化，使各经营环节中离散流程变为综合协调的流程，最终实现业务流程的电子化集成。

电子商务使旅游交通企业内分散的信息系统整合在一起，这种整合是逐步的、渐进式的，通过整合提高了企业内部管理的效能，消除了企业内部的信息“孤岛”现象，使业务信息可以在企业内部畅通流转。例如，网上的预订单，可以在企业内部流转，实现自动处理；企业内部的车辆调度信息也可以在网上（各分销渠道）流转，实现交通调度信息的自动发布。这些业务信息网上网下的流转，有利于交通服务企业的业务扩展，而业务扩展就需要根据电子商务的支持制订战略计划，有步骤、有计划地扩展市场份额。因此，电子商务的业务流转离不开内部管理信息系统的支持，电子商务对旅游交通服务企业的内部信息系统提出了更高的要求，促使内部信息系统按照战略计划的要求满足电子商务系统的总体要求，从而提高企业内部的管理效能。

二、加强产业链上下游之间的联系

旅游交通是为旅游服务的一个产业，是“食、住、行、游、购、娱”六要素中的重要因素，它与其他因素密切相关，即涉及餐饮、饭店、交通、景区景点、商店、娱乐场所等多个领域。通过旅游交通电子商务，也就是企业外部网，可以推动其他旅游因素的发展，如餐饮需要“行”的服务，游览需要“行”的服务，去商业区购物需要“行”的服务，到饭店住宿更要“行”的服务，由此推动整个旅游产业的发展，继而推动旅游产业各环节电子商务的发展。因此，旅游交通单打独干是不行的，它必须依附于旅游产业的其他因素，与上下游的酒店、旅行社、餐饮、商店等企业通过电子商务系统紧密联系在一起，通过联合共享资源和客户，使得产业链上下游的信息资源共享，实现整个旅游产业链价值的最大化。例如，许多航空公司电子商务网站会给出合作单位的信息，如饭店的产品信息和优惠信息、近期旅行社推荐的产品信息等，而饭店和旅行社网站也会推荐航空公司的票务信息等。旅游交通电子商务把原来分隔的上下游关系通过网络有效地连接起来，既实现了信息资源共享，又实现了利益共享，最终达到降低经营成本和扩大业务渠道的目的，可谓“一石二鸟”。

三、拓展合作伙伴之间的关系

旅游交通电子商务有利于交通服务企业合作伙伴之间的紧密合作，这种合作伙伴关系包括航空、铁路、公路等服务企业的立体化联盟，也包括实体服务企业与第三方网络中介的立体联盟。目前通过电子商务和网络方式，国内许多航空公司之间实现了联盟，星空联盟、寰宇一家和天合联盟是当今国际民航界的三大航空联盟，三家联盟合计拥有的国际航空资源和占据的国际航空市场份额均占业界的半壁江山。就地域划分而言，星空联盟主要占据着亚洲、欧洲和拉丁美洲市场，天合联盟称雄于北美地区，而寰宇一家则在大西洋两岸拥有很大优势。星空联盟由加拿大航空公司、德国汉莎航空公司、北欧航空公司、泰国国际航空公司和美国联合航空公司组建而成，目前拥有 26 个成员航空公司；寰宇一家航空联盟由美国航空公司、英国航空公司、中国香港国泰航空公司、澳洲航空公司、原加拿大航空公司于 1999 年组建而成，目前拥有 14 个成员公司；天合联盟在 2000 年由法国航空公司、达美航空公司、墨西哥航空公司和大韩航空公司联合组建而成。这些航空公司结盟后利用先进的电子商务手段不断扩展业务，通过相互利用现有的设施以及信息系统，节约开支，降低成本，开辟新的业务渠道。联盟合作实质上就是放大化的代码共享合作，联盟成员航空公司的航班可实现联网运营。通过这种合作方式，航空公司可以将自己的航班号码（如 SQ××××）加入对方的服务之中，实现代码共享，从而使航空公司在不增加投资、不扩大机群的情况下，增加运力和扩展网络，并在旅客、营销、服务和产品、人力资源、行业沟通等各个方面实现对接。通过签署代码共享商业协议，航空公司能够为乘客提供更多目的地选择、更多的航班选择，提高航班频率和效益，以及提供更便捷的航班连接服务。

目前，高铁的发展既给航空交通带来了挑战，又给航空交通带来了机遇。航空交通与高铁系统如果通过电子商务系统无缝对接，可以极大地便利旅游者的出行，这时航空公司与高铁系统不是竞争对手，而是很好的合作伙伴，从而实现双赢的经营局面。

四、对于整个旅游业的发展起到积极的推动作用

旅游交通一直是困扰很多人出行的重要因素，很多人由于交通不便而放弃出行，或者由于购票不便选择了其他出行方式，特别是在节假日和黄金周期间。从交通发展战略的角度来说，许多发展战略需要电子商务的支持才能实施，如竞争战略、差异化战略、服务战略等。旅游交通电子商务的实施，既有利于旅游交通企业的管理与运营，又提高了旅游交通服务企业与游客之间的沟通，而且有利于培养忠诚客户群体。现在的游客可以随时随地通过网络了解交通信息，从而为自己的出行早做打算，并可自己安排具体的行程。游客还可以足不出户就能货比三家，选择适合自己的交通方式和时间，既方便又实惠，调动和促进了游客出游的积极性。通过旅游交通电子商务，可以大量地节约内部成本和促销费用，还可以将部分利润让利给游客，节约了消费者的总成本。无论是从交通企业的角度、政府的角度，还是从游客的角度，旅游交通电子商务的完善必将大大促进我国旅游业的发展。旅游交通电子商务对旅游业发展的推动作用具体表现在以下几方面。

- 旅游交通电子商务有利于旅游各服务环节的整合。
- 旅游交通电子商务有利于促进旅游者出游动机的形成。
- 旅游交通电子商务能带动其他旅游服务业的发展。
- 旅游交通电子商务能提升旅游服务的形象。
- 旅游交通电子商务能推动旅游电子商务的全面发展。

课后案例分析：南航联手腾讯打造航空电子商务新模式

本章小结

本章主要对旅游交通电子商务的相关问题进行探讨，首先是对旅游交通电子商务的概述，主要介绍旅游交通电子商务的内涵、内容和网络体系的构建；旅游交通电子商务的发展与动因；旅游交通电子商务的现状、问题与发展趋势等。在综合介绍的基础上，在第二、三、四节对航空交通电子商务，铁路、公路等交通电子商务，无票旅行与移动支付三个方面进行了讨论和展开，让读者了解旅游交通电子商务整体的内容，第五节对旅游交通电子商务的战略作用展开了简单讨论，重点分析了电子商务战略的作用，如旅游产业链上下游之间联系的重要性、拓展合作伙伴等，电子商务需要数据的互联互通。

旅游航空电子商务主要从计算机预订系统、全球分销系统、航空公司电子商务发展、网络化及信息化给航空公司发展带来的挑战、航空公司旅游电子商务策略、我国机票代理第三方服务平台等几个方面逐一展开介绍，让读者对我国目前的旅游航空电子商务有所了解；旅游铁路、公路等其他交通电子商务主要从我国铁路信息化的发展历程、我国发展铁路电子商务的意义、我国铁路电子商务的基本内容以及旅游公路等其他电子商务概况等进行了展开。无票旅行与移动支付分别叙述了它们的作用，以及未来移动支付在无票旅行中的作用，也反映了电子票务形成的电子数据在未来交通电子商务中的作用。

拓展知识

商业航空	民用航空	海空联运
安全监测系统	电子交通	铁空联运
电子报关	电子签约	银联支付
电子直销	计算机订座系统	第三方电子支付
网上值机	12306	智慧交通
无票旅行	刷脸通关	物流联盟
CPS 销售分成	SRM 供应商关系管理	积分营销

思考题

1. 简述旅游交通电子商务的内涵及网络体系内容。
2. 简述旅游交通电子商务的发展历程与动因。
3. 试论述旅游交通电子商务的现状、问题与发展趋势。
4. 简述从计算机预订系统到全球分销系统的历程。

5．简述航空公司电子商务的发展及面临的挑战。

6．试论述航空公司旅游电子商务开展中面临的问题及发展策略。

7．谈谈我国机票代理第三方服务平台的运营现状及挑战，以携程和艺龙为例。

8．简述我国铁路信息化的发展历程和我国发展铁路电子商务的意义。

9．简述我国铁路电子商务的基本框架与内容。

10．从游客和企业的角度分析旅游公路和水路等交通如何开展电子商务。

11．简述电子票务的发展历史。

12．简述电子票务的优劣势。

13．旅游交通电子商务的核心内容是什么？如何利用电子商务发展核心业务？

14．试论述电子票务发展中存在的问题及未来的发展趋势。

15．什么是无票旅行？简述无票旅行与移动支付的关系。

16．简述旅游交通电子商务的战略作用以及对旅游交通本身发展的影响。

17．试分析旅游交通电子商务发展对其他旅游服务业发展的影响。

18．作为一个小规模的交通服务企业，应采取怎样的电子商务战略来提升自己的竞争优势？

19．现行的差旅报销制度应如何针对电子票务的发展进行适应性改革？

参考文献

[1] 付令，唐卫贞，夏洲，等．川航电子票务战略[J]．办公自动化（综合版），2006（3）：3-8．

[2] 方舟．电话支付：打通电子票务的命脉[J]．电子商务，2006（6）：22-24．

[3] 陈玉鹏．电子票务：推倒多米诺骨牌[J]．互联网周刊，2006（12）：24-29．

[4] 余金辉，杨健，王岩，等．国内电子客票发展中存在的问题与建议（一）[J]．空运商务，2008（214）：9-13．

[5] 余金辉，杨健，王岩，等．国内电子客票发展中存在的问题与建议（二）[J]．空运商务，2008（215）：12-19．

[6] 徐鼎权．国内电子客票发展现状分析[J]．中国集体经济，2007（9）：49-50．

[7] 胡艳华，刘淑红．国内航空公司电子客票支付现状及建议[J]．华南金融电脑，2006（12）：58-60．

[8] 赵凤彩，黎超．航空电子客票的移动支付[J]．电子商务，2008（8）：66-69．

[9] 熊静，张旭，魏建，等．基于NET架构的民航电子客票模拟平台的设计与实现[J]．上海工程技术大学学报，2008，22（2）：168-172．

[10] 朱庆宇，李爱青．中国民航电子客票发展的影响与趋势[J]．空运商务，2008（213）：16-23．

[11] 罗亮生，李佳美．电子商务环境下的航空公司呼叫中心[J]．合作经济与科技，2008（18）：66-67．

[12] 王玉芳．国内航空公司的电子商务之路（一）[J]．空运商务，2006（12）：34-37．

[13] 王玉芳．国内航空公司的电子商务之路（二）[J]．空运商务，2006（13）：28-30．

[14] 钱峰，周波．浅析南航电子机票的电子商务盈利模式[J]．商业文化（学术版），2007（12）：253-254．

[15] 吕勇．电子客票在中国铁路电子商务中的应用研究[J]．铁路计算机应用，2005，14（12）：40-42．

[16] 王新富．关于铁路电子商务建设[J]．边疆经济与文化，2007（9）：21-22．

[17] 陈景艳，任晓明．论铁路发展电子商务的契机[J]．铁道学报，2000，22（4）：89-93．

[18] 李建文．铁路电子商务建设若干问题的探讨[J]．中国铁路，2004（4）：34-37．

[19] 陈东，高四维，李永辉．铁路客票电子商务安全模式的研究[J]．铁道运输与经济，2004，26（10）：71-73．

[20] 卢玲．铁路实施电子商务的探讨[J]．铁路计算机应用，2003，12（10）：27-29．

[21] 赵新刚，袁晓波，李学伟．中国铁路实现电子商务的关键问题分析[J]．中国铁路，2002（11）：30-31．

[22] 刘智恒．电子商务时代的客运收入管理系统[J]．空运商务，2008（14）：10-13．

[23] 王旭．加强电子商务在公路监理工作中的应用[J]．辽宁交通科技，2004（2）：55-57．

第九章 旅游企业电子商务战略

开篇案例

互联网背景下旅游企业的四大战略选择

目前，线上对线下的冲击和挤压，毋庸置疑，对旅游市场必然意味着再一次分化。60%以上的旅游消费者是年轻人，跨界竞争成为主要的焦点。电子商务对今天传统旅游业态的影响表现在客户沟通、品牌推广、渠道整合、业务拓展、跨界竞争等多个方面。在这样的前提下，如何借助电子商务来实现各个旅游企业的发展战略呢？市场的实践已表明，成本领先、差异化、上品折扣以及聚焦等四大战略可能成为未来旅游企业电子商务的主流。第一，成本领先战略意味着通过电子商务做大做强，从而降低单位产品的成本，并能在市场竞争中脱颖而出，如中粮、京东。第二，差异化战略在于通过电子商务渠道寻求差异化的路径和方法，从而能够将自己与竞争对手区分开来，提高核心竞争力，如顺丰集团旗下的顺丰优选，专门做生鲜食品的冷链运输。第三，上品折扣战略，在差异化战略中寻找突破点。第四，聚焦战略，如联想的Yoga产品，它把精品网看成是精品爱好者的论坛，将论坛转化为电子商务的销售渠道和平台，形成了自己的聚焦优势。旅游企业同样可以借助电子商务发展的四大战略，根据电子商务策略选择的DEC的矩阵模型，通过分析寻找到自己的优势，结合自己的优势选择恰当的电子商务战略，从而利用电子商务战略实现核心竞争力的提升。电子商务的四大战略对旅游企业的发展也产生了积极的影响，如开元旅业集团及其酒店联盟，利用电子商务战略打通了集团之间的预订渠道，实现了从战略联盟到战术联盟的转化，以及酒店联盟统一的网络营销、在线销售的协同，形成了联盟之间的成本领先和差异化的竞争优势，成为酒店联盟发展的典范。这个实例说明，在电子商务时代下，不管是企业联盟还是企业集团，都必须与时俱进，用电子商务战略发展自己的业务渠道，不管是业务扩展，还是业务协作，都需要用电子商务的战略眼光来发展自己的市场，这样才能在市场竞争中保持自己的领先优势。

（资料来源于网络并经作者加工整理）

本章我们将介绍旅游电子商务战略的内容及框架，重点介绍旅游企业客户关系管理的电子商务战略等内容，最后分析了旅游企业应怎样去创建电子商务竞争力。

第一节　旅游企业电子商务战略的内容

企业战略是指企业根据环境的变化，结合自身的资源和实力，选择适合的产品和发展路径，形成自己的核心竞争力，并通过差异化战略在竞争中取胜。企业战略包括的内容是多方面的。近年来，随着电子商务的发展，电子商务战略已成为企业战略的重要内容。旅游电子商务是随着互联网的发展而出现的一种商务形式，是运用互联网从事以旅游商品交换为中心的经济活动，是互联网最新的和最有发展前途的一个应用领域。旅游业电子商务的快速发展，是由旅游业的消费特点决定的，因为旅游业是信息依赖型行业，消费者始终在寻找对称的旅游信息，这非常符合电子商务的特点。旅游目的地和旅游客源市场存在一定的距离，会产生各种信息不对称的情况，因此，如何将分散在不同地方的服务供应企业（如饭店、餐馆、景点、交通等）和产品销售中介机构（如旅行社）组成一个庞大的商务网络，消除其信息不对称的情况，这需要旅游企业从战略角度去规划，这就是旅游电子商务战略的问题。本节将介绍实施旅游电子商务战略的必要性及其目的和意义，以及旅游企业实施电子商务战略的内容。

一、旅游企业实施电子商务战略的必要性

电子商务的实施受多方面因素的影响，包括外部的因素、企业自身的因素、旅游资源的因素以及旅游消费者的因素，这些因素的影响是逐步形成的，有一个演变过程，这就导致电子商务的实施必定存在一定的培育过程。一般情况下，电子商务培育过程的长短和效果取决于电子商务战略的准确性和有效性，也取决于这些因素的影响程度。

（一）外部环境促使旅游企业必须实施电子商务

在国际环境中，随着网络、通信和信息技术的突破性发展和迅速普及，世界范围内掀起了政府上网实现电子政务、企业上网开展电子商务和社区上网开展公共信息服务的浪潮。信息产业已经成为世界第一大产业，全球互联网正日益发挥出促进经济发展和社会进步的作用。在国内环境中，信息化和网络化已经成为人们日常生活的一部分，我国上网人数也连年翻番。根据中国互联网络信息中心提供的数据，截至 2000 年 1 月，我国上网人数只有 890 万人，截至 2020 年 3 月，中国网民规模达 9.04 亿人，每年新增网民达到几千万人。我国互联网普及率为 64.5%，同时，网民个人的上网设备进一步向手机端集中，手机网民规模达 8.97 亿人，手机上网比例达 99.3%。以互联网为基础的在线教育、网络医疗、网络约租车也已成规模，有力地提升了公共服务水平[①]，并呈继续增长趋势，互联网日益成为全社会通信的重要纽带。从需求趋势看，各级政府通过互联网与外界交流信息的重要性和必要性日益显现；各类消费者希望通过互联网实现商务交易的必要性也日益明显，基于互联网

[①] CNNIC：截至 2015 年 12 月我国网民规模达 6.88 亿[EB/OL].（2016-01-22）. http://www.newsijie.com/chanye/hulianwang/shuju/2016/0122/11231952.html.

以交易双方为主体、以银行电子支付和结算为手段、以客户数据为依托的全新电子商务模式方兴未艾。旅游业作为一项服务产业，电子化交易的需求在不断增长，因此，旅游业应顺应经济全球化的趋势，遵循经济发展的客观规律，大力开展电子商务，利用电子商务技术武装传统旅游业，实现旅游管理与服务的全面电子化管理，以促进旅游行业的快速发展。

（二）旅游资源的优化配置需要旅游企业电子商务技术的支持

电子商务自 1998 年在世界范围内全面推广后，其交易额平均每 9 个月就翻一番，其中旅游电子商务的发展速度名列前茅。在外部环境的影响下，我国旅游电子商务正在迅猛发展，网上交易额持续增长，网络订房、网络营销、在线服务成为最基本的电子商务内容。另外，企业销售、采购信息平台的发展不断完善，B2B 和 B2C 网络平台的发展迅速，为我国旅游资源的优化配置提供了信息支持和共享。随着互联网技术的深入发展，经济一体化进程将进一步加快，互联网成为旅游企业与世界经济接轨、走向国际市场的一条敏捷通道，旅游资源成为全球化的共享资源，并成为新型旅游电子商务服务优化配置的主要对象。因此，旅游企业要想在激烈的市场竞争中占据主动，应利用电子商务技术，改变传统的旅游经营模式、运作方式和赢利手段，在旅游产业链中充分运用电子商务技术来配置经营的旅游资源，尤其是旅游目的地机构，应积极推动电子商务的应用，让旅游资源得到优化整合和合理利用。

（三）旅游产品的自身特点要求旅游企业开展电子商务

旅游产品大多数具有无形性和不可储存性的特点，其生产和消费是在服务的过程中同时发生的，只有消费者来到旅游目的地，旅游产品的生产和消费才会发生，否则就会发生闲置和浪费，而且其经营过程与旅游信息密切相关。这种旅游产品的自身特点就要求经营者解决旅游信息不对称的问题，让旅游消费者能便利地获取经营者的旅游产品信息，而旅游电子商务恰好能够解决旅游信息不对称的问题，既可以帮助旅游企业发布旅游产品信息，又可以帮助旅游消费者获取旅游产品信息，商品交易中几乎不需要物流配送环节。旅游产品不能流动，具有不可转移性，电子商务解决了其预约环节的约定，因此也称为预约型电子商务。旅游产品包括食、住、行、游、购、娱等诸多要素，其在市场上的表现形式主要是信息，旅游就是将各种产品信息组合在一起，传达给有旅游需求的人。首先，旅游产品具有综合性的特点。它是有关旅游企业为满足旅游者的各种需要而提供的各种服务组合，它既包括物质的、精神的劳动产品，又包括非劳动产品的吸引观光物。其次，旅游产品的生产经营涉及众多行业和管理部门，一个产品完成销售需要不同企业或部门的协同服务，电子商务的形式可以让众多部门的沟通和协调更加方便。

（四）旅游消费的特殊性是旅游企业开展电子商务的基础

旅游产品的消费与其他商品不同，旅游者在实现旅游消费之前是看不到旅游产品的实物的，当旅游者见到实物时，已经开始消费，因此旅游消费具有很大的弹性和不确定性。当旅游者只是以潜在旅游者的身份进行旅游产品咨询时，由于旅游消费是一种非基本生活消费，它与个人的偏好、产品的介绍、价格等有着密切的联系，这些因素中任何微妙的变化都可以改变人们消费的倾向与态度，从而成为阻止或推动旅游消费发生的巨大力量。从这个角度看，旅游消费是高弹性的。但是，一旦旅游者到达旅游目的地后，旅游消费又呈现出明显的刚性需求，旅游者不可能因为票价高而不进旅游目的地的景点，这就是所谓的消费刚性。因此，旅游信息的充分与否对消费者而言非常重要，而传统的旅行社与旅游者之间往往信息不对称，电子商务可以弥补这一不足，它为企业提供了一种全新的产品信息发布媒体。对于旅游企业来说，旅游电子商务可以将景点的特色、人文景观、服务设施和交通情况等以图文声像的方式制作成浏览主页和各种网页，提供给消费者查询浏览，为旅游者提供大量丰富、准确的旅游信息，从而吸引大批潜在的旅游者前往旅游目的地浏览。旅游消费者的信息需求，成为旅游企业积极开展电子商务的发展基础。

（五）旅游企业电子商务为未来旅游业 O2O 等新趋势奠定基础

2014 年，旅游 O2O 发展异常火爆，其经历一年的酝酿和准备，于 2015 年迎来了里程碑式发展的一年。2015 年，携程、去哪儿、途牛、同程、驴妈妈等在线旅游领军企业纷纷向线下延伸，万达、海航、中青旅向线上攀爬，穷游、马蜂窝、面包旅行、在路上等进行移动端的积极探索，美团像一匹黑马，突然杀入旅游 O2O，而 BAT[①]也纷纷布局。截至 2020 年年末，受新冠肺炎疫情的影响，旅游 O2O 已成为旅游电子商务的常态。但是，旅游 O2O 不是仅仅有概念就够的，它更需要的是脚踏实地地去落实，每一个环节都要考虑消费者的价值，出现了在线服务商向旅游目的地的服务延伸，形成了遍地开花的旅游 O2O 应用模式。因此，旅游电子商务的发展已为旅游业 O2O 的发展奠定了良好的基础。

二、旅游企业实施电子商务战略的目的及意义

旅游企业开展电子商务的根本目的是创造自己的竞争优势，形成企业发展的低成本扩张战略，最终实现企业经营的收益最大化。目前，有些旅游企业开展电子商务是为了网络营销，有些企业是为了企业的持续扩张，因此，理解旅游企业实施电子商务的目的和意义，有利于企业制定电子商务战略，使电子商务健康地发展。旅游企业实施电子商务战略的意义表现在以下几方面。

（一）能够降低旅游企业的经营管理成本

电子商务主要依赖于企业内部信息化管理与外部互联网环境来实施，尤其是借助互联网实现信息化管理与服务，大大降低了旅游企业的经营管理成本与费用以及外部的经营协作成本，如旅游饭店网络业务的管理成本、旅游饭店与旅行社业务协作的管理成本，在电子商务环境下都将大幅度降低。一方面，电子商务经营环境是直接在网上进行交易，是一种无纸化的电子交易，从而降低了传统交易过程中的单据费用，提高了企业经营中的单据周转效率；另一方面，电子商务深入产品的订购、销售和广告宣传等各个经营环节中，商务管理的效率大幅度提升，提升了企业的经营能力，从而相对降低了企业内部管理和宣传营销的费用。据统计，美国旅游企业使用电子商务后能节省 10%～15%的经营管理成本。

[①] BAT 是指三个互联网企业巨头英名名称首字母的缩写，B 代表百度，A 代表阿里巴巴，T 代表腾讯。

（二）提高旅游企业的工作效率和核心竞争力

电子商务使得信息能够以最快的速度接收、传输和处理，这不仅简化了信息处理的一些程序，而且提高了信息处理的准确性。例如，旅游企业通过电子商务的物资采购，可以快速询价、快速下单、快速交易和支付；通过电子商务的产品服务，可以快速确认、快速销售、快速回复客户的各种咨询。旅游企业通过电子商务可以知道客户需要服务的内容、时间和地点，然后按客户所需要的方式敏捷地提供服务，由此提高了企业的核心竞争力，为客人提供它所需要的个性化服务。同时，通过企业协作型的信息系统，全面整合企业的各种商务渠道，能全面提升旅游企业电子商务的运作能力，由此提升其整体市场竞争力。

（三）提供个性化服务和优秀的售后服务

旅游电子商务可以逐步完善个性化服务战略，提高企业的服务竞争优势，如旅游行程的个性化服务、旅途中餐饮的个性化服务、景区旅游中导游的个性化服务等都需要电子商务的支持。实施电子商务的另一个意义是借助于互联网优势开展完善的售后服务，通过售后服务维系客户关系，如利用旅游企业自身的网站介绍产品详情、发表客户旅游感受、了解客户未来消费意向等。电子商务提供的服务都是基于互联网环境，旅游消费者坐在家中、办公室里就能够凭借接入互联网的计算机进入企业商务系统，在线查询旅游目的地城市的相关旅游信息（如城市简介及旅行常识、旅游景点和线路、酒店、票务代理中心、旅行社等），轻点鼠标，就可以个性化地选择并预订入住酒店及相关服务（如客房、娱乐、餐饮、交通以及接待等），选择并预订旅行社的旅游线路和导游等服务。

（四）提升旅游企业形象

旅游电子商务实施的核心意义是提升旅游企业形象，实现敏捷服务。首先，把旅游企业经营的主业务和服务承诺放到网站上，通过网站延伸企业服务，使潜在的客户对旅游企业有一个直观的印象；其次，对各种反馈回来的信息进行及时处理，根据市场和季节调整自己的产品及公司的经营策略，使企业能及时地对市场变化做出反应；最后，可以在第一时间将自己最新的旅游产品及时介绍给广大消费者，以达到推销或分销自己产品的目的，通过网络反应识别市场需求，这些都是企业传统经营模式所无法比拟的。实践证明，旅游企业只有根据时代和市场的变化积极推进电子商务，才能够在消费者心目中留下良好的企业服务形象。

三、旅游企业实施电子商务战略的内容

旅游企业实施电子商务战略的依据是战略计划，不同规模以及不同业务类型的旅游企业存在不同的战略计划内容，这些战略计划的内容应包括应用软件战略、应用人才战略、内部整合战略、挖掘客户战略，这些战略都与企业的信息技术战略密切相关。当战略计划确定以后，电子商务实施需要按计划、有步骤地进行，从系统架构到内容规划、建设、运作和营销管理等多方面进行，任何企业电子商务战略的实施，不管具体战略计划的内容如何，以下几方面是实施电子商务战略必须开展的内容。

（一）旅游企业内外部信息系统的建设

要开展电子商务，企业内部信息系统的建设是基础，也是企业信息化的核心工程。旅游企业信息系统的网络基础是内部网、外部网、互联网网络的组合，配以开放式、交互式系统软件和管理软件，实现旅游企业内外部业务运营的高效率。信息系统的建设包括系统架构、功能、内容以及数据库的规划与设计等，系统规划与设计的架构规模与电子商务的规模密切相关。旅游企业要成功地开展电子商务，一定要建立一个高效的、开放型的内外部信息系统，通过网站的服务窗口，建立一个良好的互动环境，并实时地分析客户交互信息和消费信息，从中了解市场的需求动向、企业自身的经营情况及企业产品的受欢迎程度等，从而优化企业经营资源配置，实现主要业务流程和商务的电子化管理。此外，内外部信息系统的建设要考虑合作伙伴信息系统的对接，实现企业间业务协同的电子化管理，这是企业 B2B 电子商务的基础。协作型信息系统是开展旅游电子商务的最基本要求，因而越来越多的企业把协作型信息系统建设作为实施电子商务战略的重要内容。

（二）整合业务流程和数据资源

旅游企业的业务流程错综复杂，开展电子商务必须对这些业务流程进行有效整合，并对企业数据资源进行统一规划和使用，以形成高效率、高效益的业务处理系统。作为旅游企业，应重点做好内部业务流程、内外营销流程以及外部分销业务渠道的整合，同时整合业务流程中的数据资源。业务流程整合有利于电子商务的商务智能（BI）实现，使旅游个性化服务更趋于人性化，制定出更合理的企业商业行为，并优化电子商务的业务策略。在电子商务系统中，各业务流程中的数据资源包括网站客户行为数据资源、需求数据资源、消费数据资源、兴趣爱好数据资源、产品数据资源以及外部行业数据资源等，这些数据资源的整合成为电子商务成败的关键。电子商务基于网络环境，业务的随机性需要高效的决策机制，而业务流程和数据资源的整合，并非让企业单纯地迎合新技术，而是利用新技术来提高工作效率，形成基于电子商务的服务流程，提升商务决策的准确性和及时性。

（三）旅游企业的合作伙伴及供应商管理

旅游企业的合作伙伴及供应商管理是实施电子商务的重要内容，尤其是旅行社企业，其服务和产品都需要来自供应商的支持。电子商务中有专门的供应链管理（SCM），它是一种从供应商、制造商、分销商、零售商到最终用户的网链结构模式的管理，其动机是增加从供应到销售渠道的竞争力，敏捷地处理业务订单。旅游业电子商务通过供应链管理可以实现旅游上下游的电子沟通，如饭店企业与旅行社以及分销渠道等的电子沟通，形成战略性的合作伙伴、竞争的技术性合作伙伴、普通合作伙伴关系，建立高效的电子采购通道。通过电子商务平台，旅游企业可以迅速、高效地与合作伙伴进行商业活动与沟通，提高整个业务流程的效率，从而提高旅游企业的整体竞争实力。因此，旅游企业在实施电子商务的过程中，应重点寻找好战略性的合作伙伴，用电子商务实现供应商的电子化管理。

第二节 旅游企业电子商务战略的框架

旅游企业制定电子商务战略需要考虑战略框架问题，在确定的战略框架下规划电子商务战略的内容。企业面临竞争对手需要通过实施电子商务战略来获取竞争优势，首先要知道企业应从何处开展竞争，并确定企业通过电子商务可以为客户创造什么类型的价值，最后确定电子商务战略的具体内容。

一、旅游企业实施电子商务战略应遵循的几个阶段

旅游企业要实施电子商务并不能一蹴而就，我国旅游企业的信息化程度低、起步晚，加上传统管理体制等方面的障碍，形成了电子商务发展中的几个阶段。因此，旅游企业开展电子商务需要循序渐进，遵循这几个阶段并制定相应的电子商务战略。总结以往电子商务开展的经验，可以把旅游企业电子商务的开展分为五个相互关联的阶段，即信息管理基础阶段、信息孤岛整合阶段、企业全面信息化阶段、电子商务实务阶段以及O2O等融合阶段。

（一）信息管理基础阶段

该阶段主要是加强旅游企业信息的基础管理，即推动旅游企业信息标准化工作，开展旅游企业信息系统的建设，并改善旅游企业的业务流程，甚至进行必要的管理体制变革，为旅游企业信息化建设提供一个良好的数据流动环境。信息管理的基础阶段重在规范化和代码化管理，所谓信息管理的“三分技术，七分管理，十二分数据”之说，也说明了管理基础的重要性。实践证明，很多企业开展电子商务的失败，也多是因为信息管理基础没打好。旅游企业不能盲目地开展电子商务，而要打造好信息化管理环境，花点时间建立起信息管理基础，这样即使暂时不开展电子商务也可大大提高企业的管理水平和管理素质，等企业开展电子商务时就会水到渠成，可以大大降低风险，一举两得。因此，旅游企业电子商务的战略规划必须注意该阶段规划的重点内容。

（二）信息孤岛整合阶段

旅游企业的信息管理是通过信息系统逐步实现的，因而企业开展电子商务前内部可能存在多种形式的信息系统，开展电子商务必须对这些信息系统进行整合，消除信息孤岛，这就是信息孤岛的整合阶段。现在不少旅游企业做了大量信息化的工作，也有很多的信息系统和数据资源，由于各方面的原因，这些数据资源无法在各信息系统中共享，其价值没有发挥出来，形成各部门平台不统一、数据格式不统一的现象，这不利于开展电子商务。因此，旅游企业电子商务的战略规划内容需要考虑该阶段的情况，让电子商务系统逐步发挥出最大效益。整合信息孤岛可通过旅游企业权威的决策机构，以统一整合、统一平台的思路形成集成化电子商务系统。当然，信息孤岛的整合也是一个渐进的过程，需要通过战略计划来逐步整合，在充分利用已有旅游企业资源的条件下，打破壁垒，为电子商务彻底

消除不同系统的信息孤岛。

（三）企业全面信息化阶段

通过信息孤岛的整合阶段，旅游企业进入信息化管理阶段，形成了电子商务全面开展的局面。同时，旅游企业开始转向外部，创造全面信息化服务的环境，开始全面进入企业信息化阶段，这时开展电子商务是水到渠成的事情。在制定电子商务战略规划时，需要对旅游企业全面信息化提出要求，在市场、产品、服务等部门之间建立起相互连通、相互共享、能进行信息交换的协同型信息系统。旅游企业全面信息化同样需要分阶段实施，尤其是对外的信息化服务，按电子商务的实施要求逐步开展，不能追求时髦和贪大求全。旅游企业进入全面信息化阶段，已经成为了高效率、敏捷型的服务企业，后面的重点是提升电子商务的功能和企业效益。

（四）电子商务实务阶段

该阶段电子商务战略计划的重点是旅游企业商务的逐步电子化，此时旅游企业已有完整的信息化管理与服务的环境，关键是把旅游企业主业务的电子化逐步推向所有业务的电子化，由此实现旅游企业的完全电子商务。旅游企业电子商务的实施可以围绕以下内容制定战略：① 电子化市场战略。通过电子方式逐步完善在线销售、在线采购、在线服务，从而达到扩大市场、增加销量和降低成本的目的。② 客户关系管理战略。把有关客源地和客户的信息进行统一管理、共享，并进行实时分析，从而为企业内部的销售、营销、客户关怀等提供全面的支持。③ 电子化协作战略。旅游服务是跨企业、跨部门的协同服务，可以通过电子商务系统逐步完善企业之间电子通道，为商务处理服务。电子商务实务阶段是旅游企业全面进入电子商务的阶段，在制订电子商务战略计划时，需重点考虑的是电子商务的处理能力、收益管理以及服务的敏捷性。

（五）O2O 等融合阶段

要真正形成旅游 O2O，需要线上线下都完成资源配置、利益分配并实现各环节的完全畅通。从旅游产业链的角度看，整个环节可以分为上游供应商、中游代理交易平台、下游网络营销平台。其中，上游供应商包括航空公司、酒店、景区、租车公司、娱乐设施、演唱会、导游、保险公司等；中游代理交易平台包括在线代理商和旅行社；下游网络营销平台包括综合搜索、在线视频、社会化媒体、App 移动应用、垂直搜索及垂直点评。其中，线上部分长期以来被 OTA 及电商平台统治，以电子化和互联网程度较高的机票、酒店标准化产品为主，机票领域的 GDS 保障了信息的传递和交易的达成，酒店次之。但酒店的管理系统 PMS 也较好地解决了信息化的问题（客栈除外），其中对渠道依赖较强的国内低星级酒店和国内酒店式公寓，通过 OTA 较好地解决了信息化和互联网渗透问题。机票、酒店产品不管是从 OTA 渠道销售还是官网直销，都为实现旅游 O2O 打下了基础。但门票领域长期存在的资源分散、产品客单价低、信息化水平低的现象使其几乎成为 OTA 的弃儿，想要单独形成有竞争力的产品链难度很大，因此，在客栈和门票领域都需要更适合它们的 PMS 产品。而这些能对接线上线下的关键性的基础设施软件，必须打通业务流程，完善利益协调机制，并形成线上线下 O2O 闭环。

二、旅游企业电子商务战略规划的总体框架

电子商务的总体框架是战略规划的基础，在明确旅游企业所处电子商务开展的阶段之后，就可以根据其所处的阶段制定出具体的实施规划，形成可操作的电子商务战略规划总体框架，这是旅游企业开展电子商务的指导性规划框架。

（一）旅游企业准备在何处开展竞争

旅游企业开展电子商务首先要找准切入点，了解自身在行业中的位置，这需要对旅游企业外部环境进行详细调查，包括客源市场的情况和市场的竞争力情况等。通过对市场情况的分析，有目的地开展和规划电子商务的实务项目，提升旅游企业在行业市场中的创新优势。

1. 宏观环境的调查

旅游企业开展电子商务需要了解宏观环境，这些环境包括政治环境、社会环境和技术环境。政治环境需要了解政府对电子商务的相关政策和法律，旅游企业应充分利用政府的利好政策，如一些地方政府往往为鼓励企业开展电子商务而出台相关的优惠和激励政策。社会环境主要是了解广大消费者对电子商务的接受程度，以及社会电子化环境的普及率。技术环境主要是指网络和电子商务相关技术成熟和普及的程度，以及这些技术对旅游环境产生的影响。这些环境对旅游企业建设电子商务系统以后的有效运行和构建成本会产生影响，制定旅游企业电子商务战略时需要考虑这些环境因素。

2. 行业结构的调查

对行业结构调查是最难的一件事情，要正确估计旅游企业自己的竞争力。有些管理者过于乐观，有些管理者过于谨慎，这都会对正确估计自己的竞争力产生偏差。另外，就是获取竞争对象的经营数据。通常，行业结构调查采用波特五力竞争模型，根据行业结构的优劣势分析，确立旅游企业在行业中的竞争优势。在电子商务环境下，行业的竞争情况、进入障碍情况、替代产品情况、用户议价能力情况、供应商能力情况都随着信息技术应用而动态地变化着，旅游企业必须适应快速的变化而不断地调整自己的电子商务战略计划的内容。

3. 行业电子市场调查

行业电子市场调查主要是了解旅游企业开展电子商务的形式，以便决定旅游企业在哪里开展电子商务的竞争，这就需要正确了解消费者通过网络买什么以及怎么买的过程，从而规划旅游企业电子商务的目标市场。目前，旅游行业的电子商务基本都是以建立网络型的电子市场的形式开展，这些电子市场有多种类型，有些是电子服务网络中介构建的，为旅游企业，尤其是旅行社提供电子采购环境；有些是独立的企业自己构建的，也有些是多个实体企业共同组建的电子市场。针对消费者的电子商务，多数是以组建中央预订系统或者电子服务网络中介的形式开展，旅游企业制定电子商务战略时需要了解网络中介的电子市场情况，以便对自己的电子商务战略计划进行正确定位。

（二）旅游企业电子商务战略总体框架的内容

旅游企业在明确了自己的竞争优劣势以及应在何处开展竞争后，就可以开始构建自己

的电子商务战略总体框架。该总体框架应围绕旅游企业的主业务，采用自己特有的商务策略，形成有竞争力的电子商务平台系统架构。旅游企业电子商务战略总体框架构建的原则应从管理网络化、渠道扁平化、商务自动化、价格服务个性化等四个方面着手。

（1）管理网络化。电子商务战略框架应围绕管理网络化进行，如客户管理的网络、商务处理的网络、资源管理的网络化等。目前，多数旅行社信息管理模式还是偏重于企业自身的内部管理，仅仅限于和同一系统或业务联系比较密切的协作单位进行沟通，缺乏开放式的管理环境。旅游企业实施电子商务战略，就是要通过新方法，寻求新的价值机会，创造具有商务前景的新产品，开辟新的市场空间，因此，要实现三个管理空间的互联互通，即客户认知空间、企业能力空间和协作伙伴的资源空间。

（2）渠道扁平化。旅游业的电子商务整体发展还不成熟，设计产品和分销零售产品存在多种渠道，要高效率地整合这些渠道，必须通过电子商务的统一战略实现统一商务管道，如全球分销系统的统一管道、电子服务网络中介的统一管道、综合网站的旅游频道统一管道、其他电子分销商的统一管道。不管是旅行社企业，还是旅游饭店企业，或者旅游景区等，都必须建立电子商务的扁平化渠道，从而实现渠道业务的全面电子化。

（3）商务自动化。对于旅游企业来说，电子商务业务主要是线上预订。电子商务战略框架必须围绕企业主业务进行自动化处理，既可以提高商务的处理精度，又可以提高商务的处理能力。这种商务的自动化处理有利于旅游企业业务的扩展，扩大市场份额，是提高旅游企业效益和收益自动化管理的主要途径。

（4）价格服务个性化。在电子商务系统中，产品价格是根据不同关系客户进行个性化处理的，这种个性化有利于激发消费者的消费热情和培养客户忠诚度。价格服务个性化必须和旅游企业的商务策略结合起来，通过电子化手段将不同的产品呈现给不同类型的客户。

明确了电子商务战略框架的构建原则，就可以开始对旅游企业的电子商务战略框架进行规划。对于一个旅游企业来说，电子商务战略的总体框架应包括以下几方面内容。

（1）企业经营战略目标。电子商务战略必须支持企业经营战略，这里先要把企业经营战略目标写明，后面都是围绕该目标提出，以使整个电子商务的战略框架内容非常明了。

（2）企业主业务战略计划。企业的主业务可能在未来几年中会有变化，电子商务战略必须全面实现主业务的电子化，在这里必须明确企业主业务的战略，以使电子商务战略计划完全按照企业未来的主业务展开。如果企业的主业务存在多种类型，则后面必须针对每个主业务制定相应的电子商务战略框架。

（3）客户发展目标计划。客户是企业发展的根本，开展电子商务必须制订客户发展的目标计划，并围绕客户目标的计划制定对应的电子商务战略或策略。在电子商务系统中，客户也是分类管理的，需要根据不同的客户类型制定相应的电子商务模式和商务规则。

（4）商务模式和商务规则战略计划。商务模式是构建电子商务模型的前提，商务规则是规划电子商务处理功能的基础，在电子商务战略框架中，必须对企业未来的商务模式进行战略规划，也必须对未来电子商务系统的商务规则进行系统规划，这样才能有依据地去规划未来电子商务系统的平台结构。

（5）电子商务系统的平台结构方案。电子商务系统是一个企业的信息系统，它由硬件平台和软件平台构成。在电子商务战略规划中，必须提出电子商务系统的平台结构方案。如果旅游企业主要是为了客户的预订，该电子商务系统平台就是一个网络预订系统（如CRS）平台；如果旅游企业主要是为了企业的物资采购，则电子商务系统平台就是一个电子采购网平台，不同的电子商务目标会形成不同的电子商务系统平台。

（三）旅游企业电子商务系统平台结构方案

旅游企业开展电子商务必须要有一个能够支持的硬件平台和一个能实际处理商务的软件平台，这样才能够实时地处理网络业务，并储存和收集海量信息，实现互联网环境下不同信息系统间的商务数据交换。其中，硬件系统平台要适应所在的网络环境，软件系统平台要适应网上业务的处理要求，并能迅速响应每一个随机需求，发挥系统平台的实时性和敏捷性的特征，保证网络互动中业务处理的准确性和安全性。旅游企业电子商务平台概念拓扑结构如图 9-1 所示。

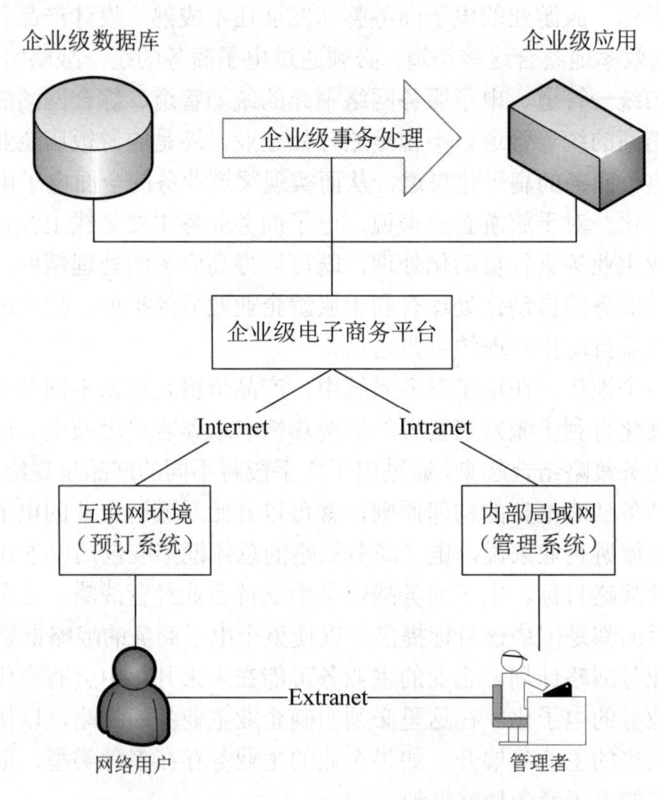

图 9-1　旅游企业电子商务平台概念拓扑结构

资料来源：章牧．旅游电子商务[M]．北京：中国水利水电出版社，2008：241.

在图 9-1 的概念拓扑结构图中，旅游企业电子商务平台与互联网（Internet）、内部网（Intranet）、外部网（Extranet）融合在一起，根据该战略系统框架应规划好内部网、外部网的应用战略，同时，电子商务平台与企业各级信息系统整合在一起，如企业级数据库、企业级应用系统等，电子商务战略计划同样要体现出信息系统整合的战略计划内容；图 9-1 中网络用户是指电子商务平台的所有用户，有一般的消费者用户（通过互联网环境），也有企业用户（通过外部网），外部网实现了企业间的业务协同，应在电子商务战略规划中体现外部网的发展战略内容。图 9-1 拓扑结构反映了企业电子商务平台与企业其他系统之间的关系，在制定电子商务战略框架时必须反映出这些关系，战略框架还必须反映出电子商务系统平台内部的架构内容。

旅游企业电子商务系统平台内部的架构根据系统规模的大小存在多种形式，它是一个整合的集成系统平台，主要由数据中心、接入中心、呼叫中心、信息中心和商务中心等组成。数据中心汇集了与电子商务有关的所有企业数据；接入中心审核所有进出系统的用户以及审核系统与外部交换的数据；呼叫中心负责与客户的互动与联络；信息中心负责联系所有的网站以及企业应用系统，实现业务的协同；商务中心负责管理和控制所有的业务，包括预订单的处理和确认等管理。旅游企业电子商务系统平台拓扑结构如图 9-2 所示。在制订电子商务战略计划时，必须根据该平台的框架内容列出各部分的详细战略计划内容。

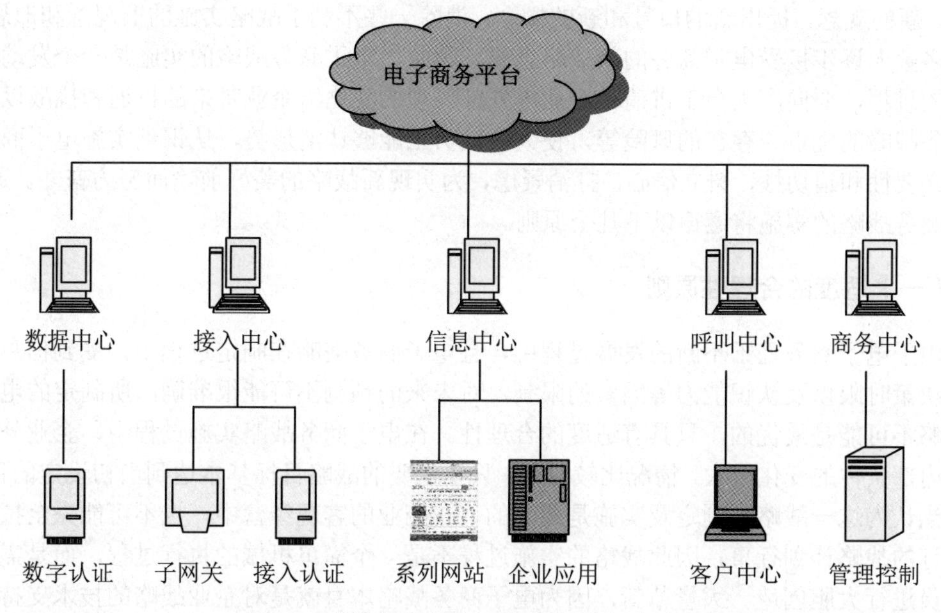

图 9-2　旅游企业电子商务系统平台拓扑结构

资料来源：章牧．旅游电子商务[M]．北京：中国水利水电出版社，2008：241.

需要说明的是，旅游电子商务平台拓扑结构的组合内容不是固定的，需要根据具体企业的规模和内部信息系统的结构形式来确定。在图 9-2 中，数据中心、接入中心、呼叫中心和商务中心本身又是一个完整的信息系统，它们都可以通过购买第三方软件来组合在一起。另外，图 9-2 展示的是一个提供预订服务的电子商务平台，如果是一个企业提供采购用的电子商务平台，还需要采购中心、审核中心等组合内容，读者可以自己去完成用于采购的电子商务系统平台的拓扑结构。

第三节　旅游企业电子商务战略的实施

旅游企业实施电子商务战略是企业向线上经营转型的重要步骤和重要策略途径，更是旅游企业保持可持续发展的重要动力。那么，旅游企业在制定好电子商务战略以后，如何实施电子商务战略呢？本节将简要介绍这些内容。

一、战略实施的原则与过程

旅游企业的电子商务战略确定以后，根据战略计划首先要进行战略发动，使企业上上下下都知道为什么要开展电子商务，以及开展电子商务与每个部门和每个员工的关系。企业领导要研究如何将企业的战略理想变为企业大多数员工的实际行动，调动大多数员工实施新战略的积极性和主动性，这就要求对企业管理人员和员工进行培训，向他们灌输新的思想、新的观念，提出新的口号和新的概念，消除一些不利于战略实施的旧观念和旧思想，使大多数人逐步接受电子商务的新战略思想。因此，电子商务战略的实施是一个发动广大员工的过程，要向广大员工讲清楚企业内外部环境的变化给企业带来的机遇和挑战以及电子商务战略的优点、存在的风险等，使大多数员工能够认清形势，认识到实施电子商务战略的必要性和迫切性，树立信心，打消疑虑，为实现新战略的美好前途而努力奋斗。通常，电子商务战略的实施将遵循以下几个原则。

（一）适度的合理性原则

由于电子商务处于不断的发展过程中，且电子商务战略在制定过程中，受到信息、技术和决策时限以及认识能力等因素的限制，对未来的预测不可能很准确，所制定的电子商务战略不可能是最优的，只具有适度的合理性。在电子商务战略实施过程中，企业外部环境及内部条件的变化较大，情况比较复杂，只要主要的战略目标基本达到当初设定的目标，就应当认为这一战略的制定及实施是成功的。在企业的客观经营中，也不可能完全按照原先制订的战略计划行事，因此战略的实施过程不是一个简单机械的执行过程，而是需要执行人员进行大胆创造、大量革新，因为电子商务战略本身就是对企业战略的技术支持，没有创新精神，电子商务战略就得不到有效的实施。因此，战略实施过程也可以是对战略的创造过程。在战略实施过程中，战略的某些内容或特征有可能随着技术的进步而改变，但只要不妨碍总体目标及战略的实现，任何改变就是合理的。

旅游企业的电子商务战略总是要通过一定的组织机构来分工实施，也就是要把庞大而复杂的总体战略分解为具体的、较为简单的、能予以管理和控制的问题，由旅游企业内部各部门以及部门内的各基层组织分别去贯彻和实施，组织机构是适应旅游企业电子商务战略的需要而建立的，但一个组织机构一旦建立就不可避免地要形成自己所关注的问题的本位利益，这种本位利益在各组织之间以及和企业整体利益之间也会发生一些矛盾和冲突。因此，企业高层管理者要做的工作就是对这些矛盾冲突进行协调、折中、妥协，以寻求各方都能接受的解决办法，而不可能离开客观条件去寻求所谓绝对的合理性，只要不损害总体目标和战略的实现，就可以容忍这些矛盾，即在战略实施中要遵循适度的合理性原则。

（二）统一领导、统一指挥原则

电子商务战略实施涉及每个部门、每个员工，需要旅游企业高层统一领导、统一指挥，即对电子商务战略了解最深刻的应当是旅游企业的高层领导人员。一般来讲，高层领导者要比企业中下层管理人员以及一般员工掌握的信息要多，对电子商务战略的各个方面的要求以及相互联系的关系了解得更全面，对战略意图体会最深，因此，战略的实施应当在高层领导人员的统一领导、统一指挥下进行，只有这样其资源的分配、组织机构的调整、网络文化的建设、信息的沟通及控制、激励制度的建立等各方面才能相互协调、平衡，才能使旅游企业为实现电子商务战略目标而卓有成效地运行。

要实现统一指挥的原则，就要求旅游企业的每个部门只能接受一个上级的命令，但在战略实施中所发生的问题，能在小范围、低层次就解决的，不要放到更大范围、更高层次去解决，这样做所付出的代价最小，因为越是在高层次的环节解决问题，其涉及的面也就越大，交叉的关系也就越复杂，所付出的代价也就越大。

（三）循序渐进原则

电子商务战略实施是一项系统性工程，在实际实施过程中，往往是分阶段、循序渐进地开展，而不能急于求成，特别是战略实施中的信息系统建设、网络客户以及企业会员的培养，都需要一定的时间和技术沉淀，才能逐步体现电子商务的规模效应以及在线服务的网络效应。因此，电子商务战略实施过程中，要给每一个阶段设定目标，可以是技术性的目标，也可以是客户性的目标，以及按照业务要求设定目标，使旅游企业的电子商务逐步成为企业目标实现的核心手段，最终实现电子商务战略的总目标。

（四）权变原则

旅游企业的电子商务战略制定是基于一定的技术条件和环境条件的假设。在战略实施过程中，事情的发展与原先的假设有所偏离是不可避免的，战略实施的过程本身就是解决问题的过程，如果旅游企业内外部环境发生了重大的变化，或者旅游企业的发展战略发生了重大变化，以致原定的电子商务战略的实现成为不可行，这时就需要对原定的战略进行重大的调整，这就是战略实施的权变问题。其关键就是掌握环境变化的程度，如果当环境发生并不重要的变化时就修改原定的战略，这样容易造成人心浮动，带来消极后果，最终只会导致一事无成。但如果环境或者技术确实已经发生了很大的变化，仍然坚持实施既定的电子商务战略，将最终导致战略失败以及重大损失，因此关键在于如何衡量企业内外部环境的变化。

权变的观念应当贯穿于战略实施的全过程，从战略的制定到战略的实施，权变的观念要求识别战略实施中的关键变量，并对它做出零敏度分析，提出这些关键变量的变化超过一定的范围时，原定的战略就应当调整，并准备相应的替代方案，即企业应该对可能发生的变化及其造成的后果，都要有足够的了解和充分的准备，以使企业有充分的应变能力，这样电子商务的实施才能取得成功。在实际工作中，对关键变量的识别和启动机制的运行都是很不容易的。

电子商务战略实施的过程通常是分阶段进行的，在通过战略发动阶段后，进入战略计划阶段，将电子商务战略分解成几个战略实施阶段，如系统开发阶段、系统发布和运行阶段、网络营销和推广阶段等，最后是战略运作阶段，让电子商务成为各部门制度化的工作内容，通过目标管理，使企业电子商务正常运行。限于篇幅，这些阶段性的具体内容在这里就不展开介绍了。

二、战略实施与资源配置

电子商务战略的实施需要资源配置的支持，否则就无法实现既定的战略目标。例如，开元国际酒店管理公司和君澜酒店集团都制定了电子商务的发展战略，并成立了对应的信息公司，但由于资源配置不同，前者对信息公司进行了合理的资源配置，而后者几乎没有对信息公司进行资源配置，两个酒店集团的电子商务战略实施后出现了不同的结果。开元已在2018年实现了电子商务在线直销份额的快速增长，从依赖OTA几乎没有在线直销到电子商务中40%的销售来自自己的在线直销，在线直销成为其电子商务的销售主体，这充分说明了资源配置对电子商务战略的重要性。

（一）电子商务战略资源的内容

企业电子商务战略资源是指用于战略行动及其计划推行的人力、财力、物力等资产的总和，其中还包括时间和信息等无形资产，尤其是在信息时代，信息可能成为企业电子商务战略实施的关键性战略资源。这些战略资源是战略转化为行动的前提条件和物资保证，也是战略实施能否成功的关键。电子商务战略资源主要包括以下几方面内容。

1. 组织架构的保障

电子商务战略的实施需要由专门的部门去操作，如饭店集团中的信息部门。对这个部门需要被授予一定的权力去协调电子商务实施中的各种问题，因此组织架构保障就成为战略实施中的重要资源，有了这个保障电子商务战略才能从高层向下贯彻下去。

2. 人力资源的保障

电子商务战略的实施需要企业高层、管理人员、技术人员、普通员工在素质和理念上高度一致，如果不一致就需要通过培训去解决，以形成电子商务战略可靠的人力资源保障，这也是电子商务战略实施中最核心的重要资源。旅游企业开展电子商务既需要高级知识分子，又需要经验技能丰富的人，更需要普通的知识型员工，有了这些人，企业的电子商务才有高内聚力的实力。

3. 财务实力的保障

电子商务战略的实施与开展，需要旅游企业财务资金的投入，如电子商务系统的建立、营销和促销的推广、员工适应力的培训等都需要资金支持。对于大型的电子商务平台系统，还需要企业具备融资能力支持。判断旅游企业的电子商务战略是否处于同行中的领先位置，以及未来帮助企业持续提高经济效益的获利能力，都与旅游企业的财务实力状况密切相关。因此，旅游企业财务实力保障也是电子商务战略资源的重要组成部分。

4. 技术开发力的保障

旅游企业电子商务战略的实施需要一定的技术开发力来保障，技术开发力包括系统的开发能力、系统的维护能力、系统运行的掌控能力等，通过技术储备以满足电子商务技术开发力的需要。旅游企业可以和高等院校以及相关科研单位合作，以提高旅游企业自己的技术开发力，保障研发的电子商务系统在行业内保持领先位置，同时保障旅游企业电子商务通过叠代性能更加完善，以保持旅游企业技术储备的领先地位。

5. 营销与促销实力的保障

旅游企业电子商务战略的实施，需要营销与促销实力的保障支持。如果旅游企业给予电子商务足够的开发市场的能力，拥有专业的网络营销和销售队伍，则电子商务战略成功实现的可能性就非常大。因此，旅游企业要为电子商务实施部门配置足够的营销与促销专业人员，以保障所开发的电子商务系统能在行业市场中发挥出强大的实力。

6. 系统运行管理能力的保障

电子商务的系统运行管理能力也需要资源保障，特别是电子商务系统启用云服务以后，基于云端的系统管理和数据管理是旅游企业需要考虑的内容。为了体现旅游企业的运行管理能力，必须给予一定的资源配置，以保障电子商务持续的运行效益。资源配置包括系统运行管理小组、系统运行安全小组、系统运行业务跟踪小组等，以及相关的企业文化和管理制度配置等。

7. 数据分析能力的保障

电子商务的环境瞬息万变，包括技术环境的变化、市场环境的变化、客户需求的变化等，它们都会影响电子商务的经营绩效，电子商务系统必须通过数据分析来适应这种变化。因此，在实施电子商务战略的过程中，需要考虑这些变化因素，为企业电子商务配置一定的数据分析能力资源，以保障旅游企业电子商务的持续盈利能力。数据分析能力的资源配置可以是旅游企业自己成立电子商务数据事业部，也可以通过旅游企业外部的协作公司配备数据分析人员。

8. 时间、信息等无形资源的把握能力

时间、信息也是电子商务战略的重要资源。电子商务是一个快速变化的产业，把握时间快速实施电子商务，是旅游企业获取竞争优势的关键。信息也是一样，电子商务是依赖信息的一个新业态，旅游企业快速获取信息、储备信息、灵活使用各种信息是其电子商务成功的关键。旅游企业的电子商务战略，应根据需要充分配置时间、信息等关键资源，使信息成为企业发展的重要生产力。

（二）电子商务战略的资源配置

在旅游企业中，电子商务战略的资源配置还没有具体的标准与规范。随着电子商务战略的实施，许多大型旅游企业已开始重视资源配置，因为这是企业创造竞争优势的重要举措。原则上，资源配置时应对战略实施的主要部门以及涉及企业发展远景的相关机构给予重点支持，或者对电子商务战略中的关键战略，如数据技术战略等，给予最核心的支持，也可以对旅游企业电子商务价值链进行分析得出附加值最高的部门或机构给予重点分配和支持，也可以对电子商务战略风险分析的关联部门给予一定的资源支持，目的是尽量降低电子商务战略实施中的风险。总之，在整个电子商务战略实施中，资源配置都是根据需要动态进行的，也会随时对资源分配进行调整。

在实际资源配置的过程中，还要根据企业的资源总数没有变化、资源总数在增加、资源总数在减少等情况灵活调整分配。另外，对公司层的资源分配、事业部层的资源分配以及共享资源的分配，应采用不同的方法去实施，并对上下级不同的观点和目标在规划过程中进行统一，以保证战略实施的资源分配既有平衡又有重点地顺利开展。

三、战略评价与调整

企业实施电子商务战略有成功的，也有失败的，关键看企业如何对战略实施进行有效的评价与调整。任何战略的实施都需要通过评价与调整，才能不断地完善并顺利实施，企业电子商务战略也是一样，因为电子商务战略是企业战略的重要组成部分，而且涉及技术战略的投资，对它的评价与调整关系到企业目标的实现。通常，战略评价是通过控制与评价系统来解决实施中所遇到的问题，然后通过反馈系统来调整，使得战略实施有计划地顺利开展。目前，企业电子商务战略的评价与控制分为三个方面：对企业业绩进行评价与控制；对企业经营行为进行评价与控制；对信息系统战略基础或技术战略本身的有效性进行评价与控制。

（一）对企业业绩进行评价与控制

根据企业业绩进行战略实施的评价，可以是多方面的，如市场因素的控制评价可以包括股票价格、投资收益率、剩余收益等；产出因素的控制评价可以包括市场份额、生产增长情况、销售情况等；战略目标管理的控制评价可以包括客户、服务、业务、质量、市场、人力资源等平衡指标并评价各目标的实现情况，还包括技术创新等指标的评价。

（二）对企业经营行为进行评价与控制

对企业的业绩进行评价，需要建立一套客观的、可衡量的业绩指标进行管控，这些指标的制定成本通常很高。企业还可以采用另外的途径进行评价和控制，这就是企业经营行为的评价与控制。例如，通过规章制度的控制，使企业各部门的经营行为严格按照规章制度的规则执行，通过制度有效落实电子商务战略的实施；还可以建立企业文化制度进行控制，因为企业文化反映了企业价值观的集合，各部门以及所有员工的行为方式都会受企业文化的影响，使企业上下形成落实电子商务战略的正能量。

（三）对信息系统战略基础或技术战略本身的有效性进行评价与控制

技术系统战略是电子商务战略中的重点，评价与控制信息系统的技术战略有效性，是电子商务战略实施成功的关键。通常可以通过对系统功能的评价、服务功能的评价、交互功能的评价、阶段性目标的评价、数据流动性的评价来改善信息系统战略基础，使企业的电子商务系统的功能日趋完善，并使企业电子商务战略能够顺利实施。

企业电子商务战略实施的评价，通常通过控制来进行调整，不同企业的组织机构有不同的控制系统和方法，需要在战略实施过程中因地制宜地去选择。作为一个企业战略实施的管理者，需要了解影响电子商务战略评价与控制的主要因素，主要包括与同类企业的竞争战略、企业自身的组织类型、信息系统的创新优势、企业人力资源的优劣势以及企业所处行业的位置等。

四、战略实施的工作重点

在旅游电子商务战略实施的实践中，企业电子商务战略实施的评价与控制有时候很难把握，因为市场竞争环境的变化太快，电子商务技术的发展也很快，战略本身的有效性以及战略实施情况的信息反馈、收集、分析、评价永远是一个持续动态的过程，为保证企业竞争战略的有效实施，并保证企业在迅速变化的竞争环境中获得持续的竞争优势，还需要抓住以下几个战略实施的工作重点。

（一）门户网站的再升级，打造方便快捷的用户体验

实施电子商务战略时应将重点放在用户体验上，构建一个用户体验逐渐提升的战略定位，操作上可从门户网站开始，基于网站服务的信息技术不仅改变了旅游企业的外部环境，也为旅游企业内部的发展和管理带来了重大变革。这主要表现在旅游企业业务发展形式的转变、网络营销方式的扩展和顾客服务方式的演变等方面，网络将成为一个全局性的信息资源库和信息处理平台，消费者可以在任何地点获得来自整个网络的个性化服务。在现阶段，信息技术和数字化的发展，已从传统的技术创新与开发，转变到业务流程的数字化管理、业务服务的创新与整合，形成一个全新的数字化用户体验。

通常，旅游企业业务流程出于对流程优化和降低成本的需求来进行业务流程再设计。未来，应通过电子商务创造更为卓越的用户体验以提升客户满意度。与当前传统的客户体验方式不同，体验需要一个层层递进的方法，通过战略步骤逐步改善，尤其是针对企业的关系客户。因此，应成立专门的用户体验团队，明确职责，全面提升门户网站的用户体验，通过真正了解和掌握客户的行为轨迹，真正找到网站的各个功能和流程所存在的问题并不断进行优化，使得用户在浏览和购买产品时拥有更加便捷、友好、顺畅和愉悦的体验，打造超越行业水准的专业用户体验，使网站真正成为用户服务的窗口。

（二）利用移动互联网实现移动电子商务

旅游企业提供的是服务，而且是移动服务，因为游客是在不断地移动的，因此战略重点应该是移动旅游电子商务。面对汹涌而来的移动互联网浪潮和呈指数级增长的移动设备保有量，预示着移动电子商务的兴起，尤其是在旅游业，未来旅游企业移动应用的贡献将越来越大。据预测，中国企业级移动应用市场规模的复合增长率将达到 42%，企业级移动应用市场即将成为移动互联网的下一个主战场。旅游企业可以根据移动互联网的特性，研发出适合手机应用的客户端服务，形成旅游电子商务的移动商务战略，使出行者使用手机就可以完成旅行服务中的所有操作。例如，移动互联网结合智能手机的定位功能，可以让客户在旅行过程中随时随地地进行消费服务搜索，通过定位系统选择就近的酒店，查找附近的景区，联系就近的接待站或导游等。因此，移动电子商务的精细化服务应是旅游电子商务战略中的重点内容。

（三）利用游戏化打造精细化服务电商平台

旅游既包含休闲也包含娱乐。旅游电子商务平台，如何吸引消费者并从中获取更快乐的趣味，使电子商务游戏化是目前发展的一个方向。作为一个企业的旅游电子商务战略，可以把游戏化作为一个重点，战略性地投入对游戏化软件的开发，让游戏化机制创造的乐趣来更好地实现电子商务的战略目标，为旅游企业创造更大的产品价值。随着移动互联网的快速发展，人口红利将逐渐消失，旅游电子商务的发展也开始从增量市场进入存量市场，当旅游企业的用户数量无法持续有效地增长以及获取网络流量的成本越来越高时，就需要深挖存量用户的价值，而通过电商平台的精细化运营，提高用户日活数量，游戏化将是最佳的方法和选择，它能够从中获得更大的用户价值。

旅游企业打造电商平台时最担心的就是访问量和流量。事实上，有些旅游企业的电子

商务平台的流量很少，甚至有些旅游企业的电商平台几乎无人访问。因此，作为旅游企业的电子商务战略，首先要在流量上有战略性的突破，而设计出游戏化的产品就是为了流量产品而存在，其核心目标就是增强电商平台的黏性，盘活现有存量用户，使电子商务平台在旅游企业发展中发挥作用。通过游戏化挖掘现有用户的潜在价值，持续激活用户的活跃度，已是未来旅游企业电商平台精细化管理的一个方向。

第四节 旅游客户关系管理的电子商务战略

作为旅游服务企业，客户关系的管理是现代企业经营中最重要的内容，因为客户能为企业带来效益，企业只有不断地培养忠诚客户，才能产生持续的经济效益。随着网络应用的普及，客户关系的管理将逐渐电子化，如与客户的销售关系、与客户的营销关系以及重要客户关系的维系等，基本都开始通过网络来处理。客户关系的电子商务战略可以帮助企业确定客户关系逐步电子化的路径，最终实现客户关系维系的全面电子化。本节简要介绍饭店企业和旅行社企业的客户关系电子商务战略。

一、饭店客户关系管理的电子商务战略

（一）饭店客户关系管理

客户关系管理（customer relationship management, CRM）是整个饭店信息资源管理框架中的重要组成部分，同时也是饭店企业由产品导向转向客户导向和服务导向的主要技术系统。CRM 起源于 20 世纪 80 年代初提出的“接触管理”，即专门搜集整理客户与公司联系的所有信息，至 20 世纪 90 年代初演变为包括电话服务中心与客户资料分析的“客户服务”，经过近二十年的不断发展，CRM 最终形成了一套完整的管理理论体系。它既是一种以客户为中心的企业经营服务理念，同时也是一整套优化市场、销售、服务、支持等面向客户的业务流程。饭店 CRM 的应用是饭店企业加强客户服务、提高服务效率的重要举措，也是饭店企业提高客户满意度以及提升企业收益的重要解决方案。

1. 饭店客户关系管理的概念

饭店 CRM 是在会员管理系统的基础上发展起来的，也有一些饭店直接购买 CRM 商用软件进行二次开发。饭店 CRM 的构建宗旨是“以人为本，以客户为中心”，同时通过该系统确立“一对一客户观念”，完成对客户的一条龙服务。将 CRM 理论运用到饭店，对饭店的发展和持续盈利具有重要意义。饭店 CRM 必须是一个集成系统，整合饭店的所有产品、营销理念、销售渠道、预订中心、售后服务以及客户消费的所有即时分析方法等。饭店 CRM 既要识别有价值的客户，又要分析客户的消费行为，还要挖掘客户的消费需求。但是，饭店 CRM 不是靠一个技术系统就能实现的，它需要一定的理念、一定的战略来逐步实现完整的 CRM 系统。饭店企业必须从战略的角度，逐步通过 CRM 创造饭店的核心竞争力。简单地说，CRM 产生的作用就是“站在客户的立场，引导客户的需求，让客户满意度最大，同时使饭店收益也最大”。CRM 管理的流程有四个步骤：第一，在互动过程中了解客户；

第二，通过不同的标准将客户分为不同类型；第三，依照不同的客户类型，分别制定营销服务策略；第四，立即按客户要求提供服务。

2. 饭店客户关系管理的关系要素

饭店 CRM 的成功基于两个要素：人、策略及系统。所谓“人”，就是饭店必须不断地教育、提醒所有员工，尤其是前台服务员工，客户是饭店最重要的资产，必须切实关怀客户的处境及服务需要，而不只是仅按照饭店产品去提供标准的服务。策略及系统必须关联在一起，饭店有了 CRM 系统而没有管理策略不会成功，而有了好的管理策略却没有实用的 CRM 系统也不会成功，策略和系统是饭店客户关系管理获得成功的基本要素。客户关系的策略需要体现在系统中，成功的 CRM 系统一定要有适合饭店经营的客户关系管理策略支持，这样的管理策略主要体现在客户关系的要素上。目前，饭店有 6 种关系要素，围绕这 6 种关系要素来设计符合饭店客户关系战略管理的 CRM 系统，CRM 的应用已成功了一半。

（1）基于产品的关系。现在，许多客户都是冲着饭店的产品而来，饭店管理者应充分了解有多少客户是在关心你的主产品，怎样去维系这些客户对你的产品的喜爱，这些策略性的关系维系需要在 CRM 中有所体现。当然，饭店需要一定的战略去开发客户所关心的产品，也需要一定的战略维系产品的特点并且不断创新，从而得到客户的持续青睐，如杭州黄龙饭店的智慧客房，具有完善的智能服务，非常适合重要的商务客人使用，饭店通过 CRM 系统可以掌握这类客人的产品需求，确定需要设计多少间智慧客房来满足客人的需要，由此维系了稳定的客户群体。

（2）基于服务的关系。有些客户不是冲着饭店的硬件产品，而是冲着饭店人性化的服务而来，与这类客户关系的保持对饭店经营来说同样非常重要。饭店在 CRM 战略的实施过程中，除了不断地完善服务细节，体现更多的是人性化服务而不是标准化服务，还需要不断地关注哪些客人是非常在意服务的，以及有多少客人认可饭店提供的服务，然后采用一定的策略不断维系与这些客人的关系，满足他们的服务需求，并通过 CRM 系统不断地对客人提供其所需要的关怀。例如，台湾日月潭风景区的涵碧楼饭店非常关注对客人的人性化服务，所有到店入住的客人都不需要在服务台等候，他们都有一对一的服务员提供温馨细致的入住服务，等他们在休息区享受免费的茶水服务时，入住手续已经办妥了。虽然涵碧楼的硬件产品已经陈旧，但它人性化的细致服务带来的收益毫不逊色于近在咫尺的日月行馆（台湾造价最高的酒店）。涵碧楼饭店通过 CRM 系统可以重点关注这类客户，并在服务上更敏捷地提供关怀，以挖掘和吸引更多的关系客户。

（3）基于消费的关系。有些客户经常到饭店来消费，每月有一定的消费额度；有些客户可能是为了方便，经常在附近的饭店消费；有些客户是喜欢饭店的美食，从而成为饭店的常客。饭店 CRM 系统就要分析不同客户的消费类型和层次，根据不同客户层次针对性地提出关系维系策略，如根据客户消费的频度或者额度，也可以根据客户消费的固定习惯，制定差异化服务的规则，并战略性地引导客户消费或激励客户消费。例如，开元旅业集团的饭店管理公司从会员管理系统到 CRM 系统，始终根据不同的消费层次来维系客户，既激励了客户的消费，又培养了自己的忠诚客户群体，客户关系管理的效益十分明显。

（4）服务中的提醒。饭店服务中有各种各样的提醒服务，这是体现服务、维系关系的重要内容，如接待服务中的提醒、客房服务中的提醒、餐饮服务中的提醒以及互动服务中的提醒等。另外，信息系统还有针对员工的提醒，如接待中的客户偏好提醒、餐饮服务中客户历史的消费习惯提醒，这些提醒有助于员工提供更好的服务，有利于提高客户对服务的满意度。例如，杭州西软科技有限公司提供的FOXHIS产品，设置了适合客户和员工服务的提醒，这种服务不但维系了与客户的关系，并且可以为其提供更温馨的服务。

（5）售前关系。售前与客户建立良好的关系，不但有利于饭店产品的销售，更有利于饭店与客户建立关系。饭店可以通过门户网站实现与客户的在线互动，以提供人性化的信息服务，使潜在客户逐步与饭店建立信任关系，虽然客户还没有购买饭店的产品，但由于售前关系的建立，当客户需要服务时，会首先想到饭店售前所提供的服务，最终成为饭店的消费客户。售前关系可以通过CRM系统或者门户网站来实现，如美国喜来登集团的CRM系统，非常注重对潜在客户售前关系的建立，其大多数客户都是通过售前关系管理逐步成为饭店的会员客户，并最终成为饭店的忠诚客户。

（6）售后关系。尽管饭店不希望客户流失，但客户因为各种原因不再光顾本饭店的情况是客观存在的。客户不再光顾饭店的原因主要有：饭店缺乏售后服务，客户投诉没有得到处理或没有得到满意的处理。饭店的售后关系是多方面的，如售后的信息服务、售后的关怀服务、售后的征询服务等，都是售后关系的具体表现。售后关系是 CRM 建设中的重要内容，可以通过门户网站或者呼叫中心实现售后关系的具体操作，如南京金陵集团的CRM系统为了维系与老客户的关系，非常关注客户的售后关系，利用各种互联网的电子渠道，与会员客户保持联系，了解客户售后的消费体验，并提供差异化的关怀。

综上所述，CRM系统是基于对客户关系处理的信息系统，通过软件技术对客户关系信息的整合和集中管理，充分体现出将客户作为饭店重要资源的管理思想，完全契合了饭店业“以客户为中心”的运营模式，因而理所当然地成为饭店信息化战略中的重要一环。

（二）饭店客户关系管理的电子商务战略引发的管理变革

CRM不但是一个技术性系统，更是客户关系管理的一个理念，它引发了基于客户所有管理的变革。这些变革涉及销售、营销和产品的开发，饭店通过CRM来维系并巩固既有的客户，还可以赢得并发展新客户，同时增进客户的忠诚度。作为新时代的饭店管理者，必须了解CRM引发的管理变革，争取饭店经营的主动权。饭店CRM引发的管理变革主要表现在以下四个方面。

1. 饭店客户关怀和服务管理的变革

客户关怀是客户关系管理中的重要环节。实践证明，电子化的客户关怀更人性、更温馨。CRM在客户关怀方面的重要环节就是客户服务中心，用以满足客户需要关怀的心理需要并快速响应客户的需求，而基于网络的电子化关怀完全满足了快速响应的需求。客户服务中心在国内外饭店应用和服务上的不同，充分反映了营销理念上的差异。在国内，客户服务中心一般只用于客户方的咨询等服务，而国外饭店客户服务中心却进一步被用来建立与潜在客户之间的联系并加强与已有客户之间的沟通，也就是说，二者之间是单向式和互动式的区别。客户服务中心是 CRM 得以实施的重要组成单元，是饭店为旅游客户提供产品和服务的中心，也是饭店与客户之间沟通的桥梁。

客户服务中心可以满足不同客户的需求，以最低的成本实施最大效率的客户与饭店互动，减少客户抱怨、收集信息、开发新客源、创造新商机。饭店客户与客户服务中心的互动关系，如图9-3所示。

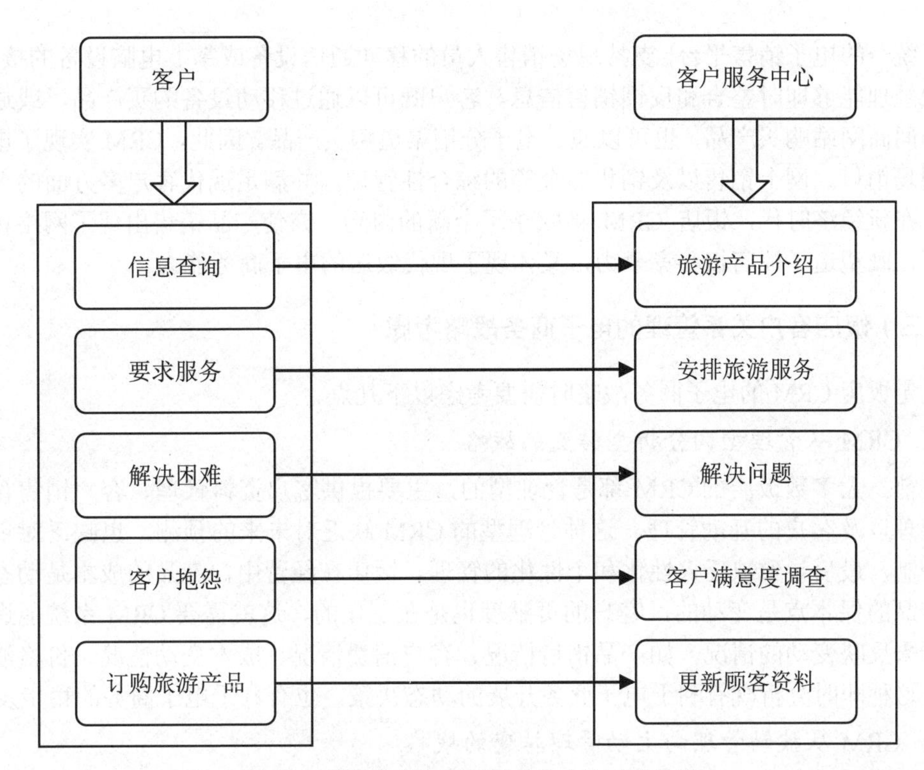

图 9-3 饭店客户与客户服务中心的互动关系

在图 9-3 中，客户服务中心基本体现了客户所需要的关怀，而且它们都是通过互动方式来实现管理的。这种 CRM 处理方式可以记录各互动环节的内容，以便随时调整服务的内容和标准，实现不同客户层次的多种服务模式操作。

2. 饭店客户信息管理的变革

用数据库技术实现 CRM 对客户信息的管理是主要的技术形式，客户信息档案和业务档案是记录饭店各部门所接触的客户的所有资料，用数据库统一管理这些档案仅是客户信息管理的一个方面，另一方面则牵涉对这些档案资料的分析，通过分析实现客户价值评估体系的建立，即以客户对饭店的利润贡献度为主要依据和标准，分析、评定不同层次客户的价值度，并提供差异化的服务体系，为每个层次的客户提供相应的价值服务，从而全面提升客户的满意度。

3. 饭店营销管理的变革

基于 CRM 的营销是互动式的，也是差异化或者个性化的，其营销管理完全不同于传统的营销管理。首先，CRM 的营销管理是基于网络的，甚至是在线式的管理；其次，CRM 是营销渠道的整合和内容一体化。目前，饭店的营销渠道已呈现多样化的趋势，从传统的营销渠道到电子化的营销渠道。CRM 营销管理可通过对不同渠道和不同营销模式接触的客户进行分辨、记录和辨识，同时对饭店营销活动的成效进行即时的综合评价，促使饭店实现从“宏观营销”到“微观营销”的转变，并实现营销、评估、改进等一体化管理。

4. 饭店销售管理的变革

饭店 CRM 的运用也引发了销售管理的变革，一些会员客户、常客都纷纷通过电子通道购买饭店产品，销售的电子化得到空前发展。饭店 CRM 实现了对多种销售渠道的管理，建立了统一的电子销售平台，支持现场销售人员的移动通信设备或掌上电脑设备的接入等，使客户经理能够即时整合和反馈销售信息。客户既可以通过移动设备购买产品，或通过网络或中间商网站购买产品，也可以通过电子分销渠道购买产品。因此，CRM 实现了电话销售、现场销售、网上销售以及销售佣金等的综合性管理，并满足现代客户多方面的个性化要求。在新经济时代，饭店 CRM 被赋予了全新的内涵，亦使产品销售出现了网络化的崭新特征，既塑造了饭店核心竞争力，又体现了现代饭店的电子商务能力。

（三）饭店客户关系管理的电子商务战略考虑

制定饭店 CRM 的电子商务战略时需要考虑以下几点。

1. CRM 从管理型向分析型转变的战略

目前，大多数饭店的 CRM 都是管理型的，主要提供客户资料管理、客户销售管理、营销管理以及客户的互动管理。这种管理型的 CRM 缺乏对未来的预测，也缺乏对销售过程的控制，最后导致缺乏人性化和个性化的管理。饭店在经营中，产品的成本是动态变化的，产品的保本点是变动的，客户的贡献度也是在变化的，这就需要 CRM 系统能进行即时分析来反映变动的情况，如产品销售情况、客户消费情况、成本变动情况、价格波动情况等。这种即时分析既有利于电子商务开展的动态决策，也有利于电子商务的稳步发展。

2. CRM 从被动管理向主动管理转变的战略

饭店客户关系管理多数情况下是被动式的，是根据客户消费的情况进行关系管理。但在互联网环境下，客户的消费是随机的，而且其消费需求是动态变化的，饭店必须适应环境的变化，去主动了解客户的消费需求，主动提供客户需要的服务，这就要求饭店通过一定的分析去实现主动出击，主动地开展客户关系管理，如主动提供信息服务、主动提供客户关怀、主动提供产品服务等。饭店 CRM 在功能设计上要适应这种转变，用现代的信息通信技术去实现这种转变，通过一定的战略计划实现 CRM 的电子化主动管理模型。

3. CRM 从事务管理向商务管理转变的战略

目前，大多数饭店的客户关系管理系统都是从会员管理演变而来的，其系统的功能主要是事务性管理，如客户信息管理、客户消费管理以及会员积分管理等。这些管理都是基于静态信息，是消费后的一种管理。现代的 CRM 系统强调的是销售管理，是对客户开展一对一的营销，目的是激发客户的消费热情，增加销售。通过 CRM 系统的互动，可以实现多渠道的销售方式，如网络分销商、各种类型的网站销售等。这种转变不是静态的被动管理，而是主动销售的商务管理，不管是销售、营销还是促销都存在差异化的服务。饭店 CRM 的商务管理主要表现在以下几方面。

- 销售业绩管理。
- 订单管理和确认管理。
- 营销和积分管理。
- 渠道管理。

二、旅行社客户关系管理的电子商务战略

客户关系管理对旅行社来说是具有战略性的，目前拥有 CRM 系统的旅行社企业还不

多。作为一个旅行社来说，要吸引回头客，必须在旅游线路设计上不断创新，不断用新产品来吸引老客户，然后通过 CRM 系统的营销和销售，使原有客户成为旅行社的忠诚客户。下面主要介绍旅行社客户关系管理的电子商务作用，以及相关的一些应用概念。

(一) 旅行社客户关系管理的电子商务作用

旅行社通过客户关系管理，借助网络环境可以推动电子商务的开展，如基于 CRM 的市场调查、差异化营销、忠诚度分析、电子化销售等。虽然我国旅游电子商务 B2C 模式的发展已初具规模，从预订酒店、预订机票、查阅电子地图到完全依靠网站的指导在陌生的环境中观光、购物等商务，但传统旅行社的电子商务还很不成熟，仅为少数旅行社的网上组团和自由行等商务形式。旅行社电子商务大多数是依赖航空、景区和饭店，很少利用自己的客户关系管理系统。在电子商务环境下，传统的旅行社不能再被动地依靠航空公司、饭店、景点的差价式电子商务，应利用 CRM 提供主动服务为旅行社创造新的利润点，如充分利用网络多媒体技术开展互动式服务，提供个性化服务，并利用 CRM 实现自动营销和销售。具体来说，客户关系管理在旅行社经营中所发挥的电子商务作用主要体现在以下几个方面。

1. 整合沟通渠道

客户关系管理系统可以整合几乎所有媒体沟通的渠道，包括 Web、Tel、Fax、E-mail、FTP、Wap 以及传统的面对面交流、信件等，以满足不同旅游者的沟通方式要求。例如，广东易网通商旅资讯服务有限公司应用 CRM 系统通过客户统一服务中心，将来自网络、电话以及传真的用户信息整理分类，同时依靠自动语音识别系统将不同类型的需求信息和客户信息经过过滤后添加至企业用户数据库和产品数据库中。数据库中包括该名客户的基本信息、以往行为记录、咨询记录等，这就是客户关系管理在沟通电子化中的应用。

不论客户通过什么样的渠道和旅行社联系，都可以及时、准确地得到内容一致的信息，这一点极大地提高了旅行社的服务质量，并且降低了企业的经营成本，使一些员工可以从接待的工作中解脱出来而转向其他工作岗位，降低了人力资源的成本。

2. 整合旅行社内部运行

客户关系管理系统包括销售功能和企业计划市场功能，企业充分利用廉价的网络媒体资源，降低企业服务成本，同时建立多种业务项目、多种客户群组的统一客户数据库，并通过分析结果划分企业客户群体，以此制订不同的销售计划和营销手段。例如，根据对预订折扣机票的敏感度，推荐相关的机票打折信息和相应的优惠制度给相关客户群体；根据对航空公司及航行时间或酒店的偏好，向相关客户推荐其喜欢的航班和酒店等。通过 CRM 系统的管理使旅行社内部的信息化建设更加完善，销售和管理系统更加规范。通过系统权限管理，各级业务负责人可直接浏览下级客服专员在服务中交给销售部门的代办事项，并进行及时处理；主管可及时监控客户服务后续工作的效果。这就是运营型客户关系管理的基本功能，它整合了旅行社内部各部门的职能，使得旅行社信息化建设更加完善，并提高了管理和服务的效率。

3. 提供个性化的温馨服务

旅游的个性化服务是现代社会的主流，个性化服务的概念已经深入人心，旅行社通过 CRM 系统可以展现个性化的风采，并用电子数据提供温馨服务，如 CRM 通过对客户的细分，可以实现一对一的服务。对于新客户，系统会自动记录完整的用户信息，并为新客户提供及时、互动、多渠道的全方位信息服务，同时还可以向新客户提供定制的商业规则和销售建议，通过 E-mail、传真、电话等手段增加后续服务；对于老客户，系统会进行贡献度分析，统计和整理消费信息资料，进一步挖掘客户价值，并建立良好的客户关系，以定时、定点地为客户提供所需要的服务；对于 VIP 客户，CRM 系统会自动识别，找出对企业贡献最大的 VIP 客户以及最重要的客户，并针对这些客户制定相应的营销规则，提供最温馨的服务。此外，利用数据挖掘技术对客户数据做统计、整理，分析近期的消费趋势，并做出关联性预测，使旅行社尽可能地了解客户的偏好和需求，从而在最合适的时机设计并推出适合客户的个性化旅游产品，如根据预订机票与预订酒店的关联度，可以针对不同的客户在预订机票后推荐相应的酒店服务。同时，旅行社还可以及时发现即将流失的客户，通过一些互动手段及时给予这部分客户适当的关怀，用个性化的温馨服务避免客户流失，这是分析型客户关系管理在旅行社电子商务中的作用。

4. 实现自动商务

CRM 的最大特点是商务的自动化，旅行社可以专门为关系客户提供自动营销、自动销售，如利用 CRM 系统可以自动提供旅行产品的预订和销售，包括机票和住宿的预订。尤其是现在流行的自由行产品，旅行社可以利用基于 Web 的 CRM 系统提供自由行服务，实现咨询、预订、销售、支付的所有在线服务。对于相同的旅游产品，根据 CRM 的分析可以提供不同价格的服务，让客户感觉自已被区别对待，而这些商务的处理都是自动完成的。

（二）旅行社客户关系管理的核心功能——以金棕榈为例

大多数旅行社的客户关系管理建设都是为了开展电子商务，如客户报名、销售结算、目标营销等。金棕榈是中国最大的旅行社管理软件供应商和服务商，其开发的旅行社业务流程重组系统（BPR）为国内首创，该系统以国外先进的管理理念为指导，应用现代信息技术，结合多年丰富的旅行社管理经验开发而成，开创了中国旅行社信息化管理的先河。在此基础上，金棕榈率先推出“4B+2C”（B2B 分销平台、B2C 商务网站、BPR 业务流程、BSC 绩效考核、CRM 客户关系管理、Call-center 呼叫中心）旅行社电子商务平台，大幅度提高了旅行社企业的经营管理效率。其中，CRM 客户关系管理是金棕榈旅行社电子商务平台的核心部分。金棕榈客户关系管理系统进入界面如图 9-4 所示。

图 9-4 金棕榈客户关系管理系统进入界面

金棕榈客户关系管理的核心功能是最大限度地提高客户价值，最终为营销服务。旅行社通过对客户关系管理的运用可以全面整合自身的客户信息资源，使原本“各自为战”的销售人员、市场推广人员、电话服务人员、售后维护人员等客户资源整合在一起，并围绕“满足客户需求”这一中心协同地管理客户，所有与客户有关的业务都通过CRM系统进行整合。金棕榈客户关系管理系统的核心功能包括客户资料管理、销售管理、客户挖掘管理、客户关怀、积分管理、数据统计等模块。通过本系统，旅行社的业务人员可以精准地为客户提供优质服务，并能提升客户的忠诚关系。金棕榈客户关系管理系统的核心功能如表9-1所示。

表9-1 金棕榈客户关系管理系统的核心功能

业务功能	主要功能
客户资料管理	对客户资料信息进行管理，包括客户档案建立、修改、查询、分析统计、导入和导出。将客户分为散客和商务客，并可以根据系统内部数据关系，显示该客户的积分信息、历史消费记录、历史咨询记录以及投诉建议记录等
销售管理	记录每次客户的销售记录，并按照客户的消费记录进行分类管理，形成满足管理要求的销售报表以及销售分析表，针对系统中的所有客户都可以实现电子销售，而对于新客户的消费，系统会自动将其归入客户资料库
客户挖掘管理	系统不但可以根据设定好的预置查询模板进行快速查询，而且可以通过组合条件，针对客户的年龄、身份、消费金额、偏好等信息进行个性化的客户挖掘，使操作人员能够方便、快捷地定位到需要进行针对性营销的客户
客户关怀	提供在节假日、客户特殊日期等适当时间对挖掘出来的客户进行关怀活动的任务生成、任务分派、任务的执行等管理，可以采用电子邮件、短消息、商业信函等多种技术手段
积分管理	系统能定义积分生成换算规则，查询客户历史积分记录，根据客户消费记录换算积分。提供积分兑换功能，按照积分兑换规则，根据客人的要求兑换礼品或现金
数据统计	系统具备业务数据统计分析和客户数据统计分析功能；业务数据统计分析包括最佳线路（金额）统计、最佳人气线路（人数）统计、最佳门店销售（金额/人数）统计、收客情况趋势（按月/按天）分析等；客户数据统计分析包括客户满意度统计、客户信任度统计、客户忠诚度统计、个性化统计等

第五节 旅游企业怎样构建电子商务竞争力

旅游企业开展电子商务，必须从基础性的信息化开始做起，脚踏实地地开展信息化工作，才能不断地提升自己的电子商务竞争力。旅游企业首先要认识电子商务对提升自身市场竞争力的价值，在此基础上去创建自己的电子商务，通过电子商务做好对客的所有服务工作。只有客户体验到企业提供的服务的价值，得到实惠，企业的电子商务才能不断地创造效益。

一、电子商务对旅游企业竞争的价值

未来旅游企业的市场竞争，主要是电子商务的竞争。不管是旅游市场占有率的竞争，还是业务扩展的竞争，或是对游客服务的竞争，都将依赖于无处不在的电子商务手段。因此，认识电子商务的竞争价值，将有利于旅游企业管理者积极推进电子商务的布局和建设。

一个企业如果重视电子商务战略，就可以占领市场，获得消费者的信赖，拥有多种渠道的客源，并可以在旅游市场中获得不可替代的竞争优势。

（一）电子商务对旅游企业的影响

战略性地开展电子商务，对企业的发展影响很大。实践中，我们可以看到许多旅游企业在电子商务战略上采取的态度不同，其发展的竞争优势就存在明显的差异。例如，上海锦江集团和南京金陵饭店集团，它们都非常重视电子商务战略建设，在旅游业中发展成为佼佼者。南京金陵饭店集团于2005年就积极推进电子采购的电子商务战略建设，上海锦江集团于2010年成立了锦江旅游电子商务公司，战略性地开展企业有序的电子商务建设，它们都获得了市场的竞争优势。电子商务的建设对企业的客户关系管理、企业的供应链管理，以及企业的市场营销管理都产生了积极的影响。

1. 对企业的客户关系管理的影响

应用电子商务系统可以加强对客户关系的管理。电子商务支持客户和销售人员实时、准确地访问企业信息，从而快速、准确地回答客户的各种问题，以提供给顾客更好的服务；电子商务支持及时、准确、快速、大量地收集客户信息，并及时传递给企业内部进行处理，供相关人员共享，由此不会因为将老顾客当作新顾客而影响对他们的服务，也不会因为销售人员的流失而使客户大量流失；电子商务支持对客户信息更好的保护和利用；电子商务是企业与客户沟通的有效渠道和方式；电子商务减少了对企业的客户关系管理的成本。

2. 对企业的供应链管理的影响

电子商务的应用可以极大地提高企业内部的采购管理水平，降低采购管理成本。更为重要的是，电子商务可以帮助采购和供应商跳出传统的企业间划分的界限，通过在企业内部进行业务流程重组进行企业间的业务流程重组，重新设计企业之间的信息交换方式和共享机制，相互照顾对方的获利空间，在此基础上进行合作，将企业之间由传统的买卖关系转变为新型的合作关系，从而可以在这些企业之间相互借用彼此的核心能力，减少重复和浪费，创造新的机会，大大增强企业作为一个整体在市场上的竞争力。

3. 对企业的市场营销管理的影响

互联网的出现，尤其是移动互联网的普及应用，为旅游企业增加了新的营销手段，同时由于互联网技术的支撑，旅游企业可以很好地对营销的过程和营销的效果进行监控和评估。

（1）营销渠道和手段的丰富。首先，互联网作为一种新资源，可以提供的营销手段非常多。例如，利用搜索引擎进行营销：搜索引擎营销是目前互联网营销中很普遍的一种方式，主要具有针对性强、到达率高、内容丰富、投入较低的优势。再如，利用即时通信（IM）工具进行营销：目前QQ等IM工具都提供了相关的网络广告产品，使用者经常可以收到广告，而QQ的新闻弹出页面也可以作为广告载体，覆盖面非常广泛。其他的渠道还有E-mail、BBS和社区、门户网站广告、应用型插件、同行网站、政府网站、博客等。其次，营销的手段非常丰富。在传统营销渠道中，内容的表现手段往往比较单调，如报纸和杂志，只能用文字和图片来表现内容（虽然电视的表现形式多样，但是因为价格高，旅游企业往往很少采用），而互联网却可以提供足够的技术和空间支持多样化的表现手段，如新闻、图片、文章、视频、音频、Logo、Flash（动画）等。另外，互联网还具有快速、及时和投入较低的特点。

（2）对营销过程的控制。对营销过程的控制主要针对的是传播内容。首先，在传统的营销过程中，企业一旦选定了传播的渠道和手段，就很难对内容进行修改。以报纸为例，当传播的内容确定以后，就会送去大量印刷，印刷后即使发现了内容上的问题，企业也无法修改。电视更是这样，一旦广告内容制作完成，如果想进行修改，那么所要花费的成本就会增加。而网络营销的渠道则不会出现这样的问题，因为有技术支撑，企业只要发现所发布的内容有任何问题，不但可以及时进行修改，而且几乎不会再有什么花费。其次，互联网对传播内容控制的更大价值在于信息再次传递中的控制。传统的营销传播基本上就是一次性传播。实际上，再次传播的价值更高，因为这是在接收者对初次传播内容认可的前提下所进行的。传统营销传播方式基于信息保存不便和信息携带困难的因素，往往很难进行再次传播，即使有再次传播，也会有时间上的限制，更何况再次传播中的内容更是无法控制。但互联网很适合作为再次传播的载体，从 E-mail 的产生到目前广泛使用的 IM 工具（QQ、微信等），都可以让传播内容准确无误地传递到其他的接收者，对于习惯再次传播的个体或组织机构，企业可以通过对其进行分析而加以利用，从而纠正再次传播中可能出现的偏差。

（3）对营销效果的可控。互联网营销和传统营销一样，能获得的直接回报是影响力的提升。但是，互联网营销和传统营销不同的是，以网络技术为支撑的互联网营销可以对营销的效果进行比较精确的量化，这对于企业的营销工作是非常重要的。互联网营销效果的衡量手段主要是通过对访问量和浏览量的统计来进行评判。我们说网站是企业进行互联网营销工作的基础，可以在采用互联网营销之后，在企业的网站上安装一个流量统计插件，通过这个插件可以清楚地看到每天的访问情况，独立 IP、访问者来源、访问者地区、每个访问者浏览的页面数量等。通过对访问者来源和访问者地区的分析，我们可以清楚地看到在哪些渠道上的投入是有效果的，同时也可以看到针对地区的互联网营销的效果是否符合我们的期望值。另外，效果的可控有利于企业在面对多种营销渠道时，合理地进行选择和投放，也让企业对新渠道的尝试变得不那么困难。

（二）电子商务对旅游企业竞争力的影响

现代的旅游服务已经离不开电子商务，不管是交易服务，还是关怀服务，或是咨询服务，都与电子商务相关。电子商务活动已经对旅游企业的竞争力产生了不可忽视的影响，主要体现在以下几个方面。

1. 改变旅游企业的竞争方式

电子商务改变了旅游企业上下游之间的成本结构，可使上游企业或下游企业改变供销合同的机会成本提高，从而进一步稳固上下游企业之间的战略联盟。电子商务不仅给消费者和企业提供了更多的选择消费与开拓销售市场的机会，而且也提供了更加密切的信息交流场所，从而提高了旅游企业把握市场和消费者了解市场的能力。电子商务促进了旅游企业开发新产品和提供新型服务的能力，使旅游企业可以迅速了解到消费者的偏好和购买习惯，同时可以将消费者的需求及时反映到决策层，从而促进旅游企业针对消费者需求而进行的研究与开发活动。电子商务扩大了旅游企业的竞争领域，使旅游企业从常规的广告竞争、促销手段、产品设计与包装等领域的竞争扩大到无形的虚拟竞争空间。电子商务构成旅游企业竞争的无形壁垒，这主要表现在大幅度地提高了新企业进入竞争市场的初始成本。

2. 改变旅游企业的竞争基础

电子商务改变旅游企业的交易成本。电子商务具有一次性投入固定成本高、变动成本低的特征，使年交易数量特别大、批发数量大或用户多的旅游企业发展电子商务，比年交易数量少、批发数量小的旅游企业更易于获得收益。因此，交易量庞大、财力雄厚的旅游企业发展电子商务，将比交易量少、财力不足的旅游企业更容易获得竞争优势。

电子商务也使旅游企业规模影响竞争力的基础发生改变。例如，在传统的销售渠道中，大旅游企业与小旅游企业之间的竞争差别很大，电子商务使两者之间规模差距的竞争变得几乎微不足道。

3. 改变旅游企业形象的竞争模式

在线购物的经验表明，如果网上公司可以为顾客提供品种齐全的商品、折扣以及灵活的条件、可靠的安全性和友好的界面，那么在线购物者一般不会强求一定要购买某种名牌商品。电子商务为旅游企业提供了一种可以全面展示其产品品类和服务数量的虚拟空间，可以起到提高企业知名度和商业信誉的作用。

二、旅游企业如何构建电子商务竞争力

不同的旅游企业有不同的电子商务开展方式，但它们都是为了相同的目标，即为提升自身的市场竞争力而开展电子商务。这里我们将主要围绕酒店、旅行社、旅游景区等旅游企业来讨论构建电子商务竞争力的问题。

（一）酒店如何构建电子商务竞争力

影响酒店构建电子商务竞争力的因素很多，有人才的问题，有软件的问题，也有技术和管理方面的问题。

1. 酒店业电子商务存在的问题

（1）观念差距。酒店管理者把投资酒店电子商务与投资房间内设施的投资回报同等看待，没有把电子商务建设与影响和改善酒店的经营管理效率等方面的功效挂钩，没有把电子商务的价值融入酒店自身价值链在竞争中发挥的作用，因此在电子商务的投资上追求短平快，没有做长远规划，致使电子商务的效果和持续发展大打折扣。

（2）电子商务功能利用率不高。对酒店业来讲，电子商务不仅是网上销售和网上产品的展示，它还应该包括旅游信息的采集、筛选、加工，酒店产品的设计、包装、营销策划，客户管理，资金流的控制等环节在内的一个完整的商务链。目前，已经上网的酒店对电子商务的利用程度还远远不够，大部分只停留在创建网页或网站和做广告宣传等方面，大部分酒店推广的网上订房，只是简单地查询和预订，不能进行结算。少数旅游酒店有旅游线路的检索和预订功能，但相对简单，可操作性不强。大多数酒店的网站信息匮乏，信息更新缓慢，而且对数据内容没有人进行维护、修改，访问者从网上获得的信息是几个月前的数据，对消费者没有任何意义。

（3）运作环境局限。酒店电子商务对酒店业发展有着积极的影响，但也存在一些问题。一是网上认证不健全，调查显示，任何个人、企业或商业机构以及银行都不会通过一个不

安全的网络进行商务交易。因为一旦网络遭到攻击，就会导致商业机密信息或个人隐私的泄露，从而造成巨大的损失。二是多数人对网上支付不信任，认为存在交易风险，大部分人还是采用网上查询、网下交易的模式，使酒店电子商务的网上支付功能受到限制，这种情况的改善还需要很长一段时间。

（4）技术人才极匮乏。开展电子商务需要大量既懂技术又懂经营管理的复合型人才，但这种人才在市场上还很匮乏。人才的匮乏使酒店电子商务网站的水平较低，这是影响酒店电子商务发展的原因之一。

2. 酒店构建电子商务竞争力的措施

（1）整合资源+合理定位。对于酒店来说，由于每个酒店自身所处的产业价值链位置、行业市场竞争地位、经济能力及人力资源等因素的不同，对电子商务的应用需求、投资能力及应用能力的要求也各不相同。因此，酒店在应用电子商务的过程中，应根据企业自身的实际情况，确定自身合理的电子商务战略，建设有特色的、个性化的电子商务。电子商务不是简单地建立一个属于酒店自己的网站，而是通过对酒店内部各部门的整合使其成为一个有机的统一体，以最大限度地发挥酒店的潜能。酒店开展电子商务，应当依照自身的特点建立企业内部网、外部网以及互联网连接，将酒店的业务流程组织化、整合化，也就是将采购部门、管理部门、服务部门、公关部门、餐饮部门等整合在酒店内部网上，将具体的业务信息化，然后通过互联网的及时性、便捷性，在第一时间处理主要业务，使这些部门的每个系统既能够独立运行，又能够系统运行。酒店在设计和建设电子商务系统时，首先要准确定位，即先考虑商务需求和商务目标是什么，再考虑选用或开发什么样的技术加以实现。

（2）外部网网站设计合理。网站是酒店企业面向外界的窗口。通过互联网可以实现远程预订，远程访问酒店内部网络，查询经营情况和电子邮件，进行运营控制，传送企业集团经营数据，进行预订确认；电子促销、信用卡支付确认，发布公司住处主页及对外宣传等。在酒店的网站上，首先是网站的主页让浏览者对企业有了第一印象，而后，酒店的企业形象设计（CIS）、酒店的徽标、标志性形象体现，以及通过 Flash 动画或播放酒店介绍的视频片段等生动的表现手段，突出酒店的企业文化底蕴与精髓。作为酒店对外宣传的主要窗口，网站的设计要特别重视酒店及产品介绍、酒店最新信息发布、客户反馈系统和预订中心。酒店在网站上发布的内容要及时更新，具有可操作性，客人可以通过酒店的网站查询到房态、房价、设施条件及实例图片。酒店发布在互联网上的信息应尽量准确、详细，特别是对旅游者最关心的价格问题要有详细的说明，并将网上预订的价格优势公开给访问者，以挖掘客户的潜在购买力。此外，酒店要提高网站的技术含量，使客人的预订单可以自动进入酒店管理系统的预订模块中，客人可以得到明确的预订回复，做到真正意义上的预订。

（3）酒店内部管理系统的优化设置。先进的电子商务系统不应局限于企业内部管理文件的无纸化传送，基于互联网平台的电子商务管理系统还应做到：使酒店各个部门可以共享酒店的信息资料，实现实时的市场跟踪和对客服务，即要求所有的管理系统都应在线化。首先，酒店的行政管理职能在线化。酒店作为一个企业，除了其特定的酒店产品销售和服务提供以外，还需要大量的行政工作来确保酒店组织内部各机构的正常运转。酒店的内部网络将处于不同物理位置上的部门连接在一起，同步执行酒店管理层的各项行政政策和方案。通过内部网络系统的在线化，酒店高层领导将决策同时通报给酒店的所有部门，或者通过在线聊天工具举行网上会议，节约了大量的时间成本和资金成本。传统酒店内的许多行政传达工作由内部网络来完成，可以节省大量的时间用于经济效益的创造工作。其次，成员间的信息沟通在线化。内部网络不只是用来传达酒店高层的指示，基层部门完全可以利用它来互相沟通、交流，甚至向高层反馈基层的意见和建议。通过内部网络，这些信息是可以完全、真实地传递到高层领导的手中，保证了原始信息的真实性，对策才有可能有针对性，解决方案才可能更有效。最后，酒店内部的数据共享职能。所有客人都是整个酒店的财富，也是酒店内各个部门应该加以关注的目标。通过内部网络的数据库，可以得到相应客人的所有资料，便于对特定的客人提供有针对性的促销和个性化服务。

（4）培养多层次的酒店电子商务专业人才。酒店电子商务效果的好坏取决于专业技术人员，因此，酒店要开展人才培训计划，一般计算机专业技术人员要占酒店总人数的 6%左右，同时还要培养多层次技术人员，尤其是知识型员工，要大力培养既懂旅游电子商务技术，又具备商贸、金融、管理等多方面知识的复合型人才。酒店员工基本的计算机应用素质也影响电子商务系统发挥效果，应对操作人员进行明确分工，可以把操作人员的类型分为初学型、熟练型、专家型，并根据个人能力安排具体的工作职责。

（二）旅行社如何构建电子商务竞争力

这里以中国国旅开展电子商务的实例做简单的论述。首先，中国国旅电子商务平台整合的是线下丰富的旅游产品，需要的是资源整合，将其销售的旅游产品按行程、价格、流量输入系统中，供产品设计和消费者共享使用。其次，电子商务平台整合了日常团队报名、结算、运作等线下操作流程，将这些原本需要电话、传真、纸张完成的动作集中在电子商务平台上完成，实现线下操作流程的在线化。通过对线下传统业务的整合，使国旅拥有了一个可容纳丰富旅游产品的电子商务平台，这是一个永远填充不满的货架，可以展示无限丰富的旅游产品。这个平台不受地域限制，客人无论在哪里，都能通过移动互联网和 400-600-8888 的客服电话以及遍布全国的国旅网点购买到中国国旅的旅游产品。电子商务平台使中国国旅的产品和服务具有无限的扩展性，并将“旅游电子商务与线下传统业务紧密相连”的优势发挥到极致，这就需要产品后台、销售前端以及产品售卖过程中各个环节的参与。通过电子商务平台，中国国旅可以即时统计有多少客人是因自身无法提供他们需要的旅游产品，或因产品不足，或因长时间等待而被推入竞争对手的大门，从而知道自身至少还有多大市场份额可以去获得、去争取。产品研发能力、旅游资源采购、掌控能力、服务流程的建立都会影响到客户是否选择中国国旅。平台上有丰富的产品供消费者选择，产品价格具有竞争优势，产品流量实时、真实、可控都是旅行社追求的目标，也是一个旅行社竞争优势的体现。从中国国旅的电子商务构建来看，大型旅行社和中小型旅行社在构建电子商务能力方面存在一定的差异。

1. 大型旅行社构建电子商务竞争力的措施

（1）建设完整的旅行社网络系统。首先，建立旅行社与互联网的连接。互联网具有开放、自由等特性，网上有涉及各方面的大量共享信息，旅行社只要购买必备的硬件设备与软件系统，实现与互联网的成功连接，便可以在网上自由查询各类有益于企业经营与发展的信息。其次，建立旅行社内部网。旅行社内部网是旅行社利用互联网技术创建的仅供本旅行社内部使用的信息系统。旅行社内部网的用户可以离开系统进入整个互联网中，但企业外部网的用户被禁止访问企业内部网的信息系统，这可以通过采用特定的硬件和软件在旅行社内部网的外围创建“防火墙”，阻止外部用户访问敏感的企业数据或各工作组的共享文件。最后，建立旅行社外部网。旅行社的对外联系业务较多，与民航、铁路、景点、饭店、其他旅行社等都有合作，建立旅行社外部网就是为了方便与合作伙伴进行信息资源的共享。旅行社外部网必须是经过授权的人员才可以进入，其他访问者或非法人员都会被防火墙阻断。通过旅行社外部网，旅行社可以和合作伙伴共享全部的旅游产品销售资料，包括详细的线路行程、团队计划、准确的销售和结算价格等信息。各合作伙伴从一开始就知道自己需要完成的接待工作量，可以提早进行接待准备；数据资料的共享可以节约大量的通信费用，并减少大量的资料重复输入工作；可视化的电脑系统提供了严格的交易确认机制，可以最大限度地避免团队运作中的差错。

（2）打造旅行社企业网站电子商务平台。随着科技的进步，企业建设独立网站的费用一再降低，现在对绝大多数旅行社而言建一个旅行社企业网站已经不是难事，而在于怎样把旅行社的企业网站从企业单纯的宣传营销窗口向旅行社企业电子商务平台转变，这个过程需要具备较强的技术力量和较大的人力、物力投资。在具体操作上，可以将过去的静态宣传型企业网站改为动态的营销型网站。在网站设计方面，可以做如下处理：根据消费者需求确定网站内容，积极开发网上议价系统；开发网站后台支持软件，保证网站内容的动态实时性；实行会员制服务，建立客户关系管理系统。

（3）建立网络与网站的安全保障体系。网络安全性是实施旅行社电子商务的关键。通过网站存储和传输的信息中常常包含一些重要数据和机密信息，只有确保网络系统和数据信息的安全，才能保证旅行社的电子商务安全可靠地实施。常用的网络安全技术包括防火墙技术、入侵检测技术、密码技术和认证技术。

2. 中小型旅行社构建电子商务竞争力的措施

（1）利用“金旅工程”公共商务网电子商务平台。“金旅工程”是国家信息网络系统建设的重要组成部分，其公共商务网定位为国家级旅游电子商务网——以“金旅雅途旅游网”为代表。它自身不经营旅游业务，而是作为促销服务供应商与应用服务供应商，为旅游企业提供电子商务平台。该网站可为相关企业提供酒店、机票、游船、旅游线路的大宗交易。旅游企业可以在该平台上发布信息，宣传企业形象和产品、进行招商合作、销售旅游线路等。金旅雅途旅游网还针对旅游企业的个性化特点制定了专项解决方案，为旅游企业网络建设及业务流程优化整合提供全方位的服务与支持。

（2）通过大型旅游电子商务平台实施电子商务。这类网站的信息量大、更新及时、有较高的访问量，能够产生大量的交易。由于其既为企业提供销售的渠道和交易平台，又能以良好的个性服务、多样化的旅游产品充分满足旅游者的多样化需求和比较选择愿望，再加上其强大的交互功能，是中小型旅行社理想的电子商务平台，如中国旅游在线等。它们能为中小型旅游企业提供网上信息发布、在线营销、网上洽谈、网上旅游交易、在线调研、售后服务等服务。中小型旅游企业通过这种方式实施电子商务，免去了自建网站的投资风险和网站推广面临的困难。旅游网站也可以通过向旅游企业收取一定的加盟费用，以维持其正常运营并盈利。

（3）加入各地政府主导建立的旅游目的地营销系统。旅游目的地营销系统是一种旅游信息化应用系统，是旅游目的地通过互联网进行网络营销的完整解决方案。它把基于互联网的高效旅游宣传营销和本地的旅游咨询服务有机地结合在一起，在提升目的地城市的形象、满足消费者资讯需求、方便旅游交易、增加游客访问量、提高旅游整体服务水平等方面都起着积极作用。对旅游企业而言，旅游目的地营销系统中的“旅游企业营销应用系统”和“企业交流应用系统”可成为当地企业技术服务、信息交换、旅游营销和旅游交易的平台，满足旅游企业形象宣传、产品发布与促销、网上预订与支付、广告管理、营销资源数据库建立等方面的需要，为企业提供高效、低成本的沟通手段。

（4）参与旅游联合体的网络化联盟。旅游联合体是企业间为增强市场竞争力而建立的战略联盟。网内的企业可以分工协作，充分利用资源，并可及时解决突发事件；可以相互协助提供客源、相互补充，有利于扩大经营规模，建立稳定的战略伙伴关系。从成员的构成上看，既有旅行社之间、旅游饭店之间的同质旅游联合体，也有旅行社和旅游饭店之间不同层次的旅游企业组成的联合体；既有区域性的，也有跨地区的联合体的统一品牌，统一建站模式不仅有利于中小型企业间的网上交易，而且有利于消费者的选择。这类旅游网站主要适合 B2B 模式，业务针对性强，更能体现专业化的优势，可为中小型旅游企业实施电子商务提供便利。

（三）旅游景区如何构建电子商务竞争力

受旅游资源和价格竞争等因素的影响，一个旅游企业或单一景点难以单独吸引游客，吸引旅游者的是某个旅游区域的独有特色和整体服务水平，形成一种松散的联合体，可以在市场竞争的基础上推动旅游企业间的优化组合，构成一种既灵活又彼此互利的协作关系。例如，构建区域旅游网络营销系统，创建区域旅游电子商务网站的服务平台，进行横向和纵向扩张，共同策划和推广区域精品旅游线路等，这都是旅游景区开展电子商务提升竞争力的表现形式。景区利用电子商务的协同作用可以实现优势互补，在世界范围内树立区域旅游的特色形象，打造区域旅游品牌，增强在世界旅游市场上的整体竞争力。

1. 旅游景区官方网站的建设

官方旅游网站是一个景区形象的外在体现，是旅游目的地形象塑造和推广的重要手段。官方旅游网站应该强化对区内旅游市场和旅游信息的整合功能，建成地方旅游信息发布平台，将区域内的旅游企业及相关旅游机构都集聚在虚拟空间，利用集聚效应扩大市场范围。现阶段，利用不同的链接方式，引导游客访问相关网站内容，可以节约和高效地利用区内各种旅游信息资源。一个有竞争力的网站应该是智慧型的，它可以跟踪游客的访问行为。

2. 旅游景区电子商务系统的战略联盟

景区通过与上下游联盟制定电子商务解决方案，利用先进的 IT 技术，以风景名胜区为中心，整合景区门票、酒店、交通、观光车、娱乐表演等各方面资源，不但可以为游客提供食、住、行、游、购、娱等全方位、高质量的个性化旅游服务，还可以为旅行社提供低成本、高质量的团队旅游服务。所有旅游服务订单都通过互联网生成和处理，支持网上支付、汇款、现金等多种结算方式，操作轻松方便，直观快捷。电子商务的实施不但能为景区真正实现以游客为中心的全方位个性化旅游服务，还能有效拓展景区的盈利渠道，提升景区形象。旅游景区电子商务系统联盟平台如图 9-5 所示。

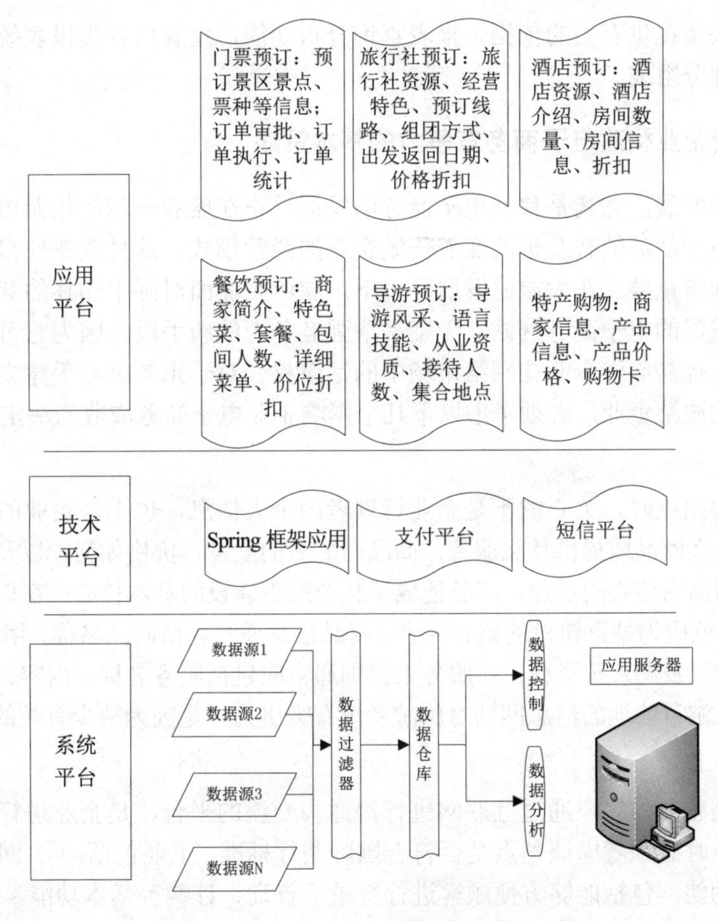

图 9-5　旅游景区电子商务系统联盟平台

（1）门票预订功能。实现网上销售景区门票和景区内观光车票，购买的门票可以实现网上支付、网上退票，景区还可以制订全年每天的票务销售计划等，有效拓展销售渠道并合理调节全年客源分布。

（2）酒店预订功能。整合景区内外酒店和途经地酒店资源，通过网上销售的方式，使游客能提前预订行程中的入住酒店，在方便游客的同时提升景区旅游服务质量。

（3）线路包车预订功能。解决旅行社团队的景区内观光包车问题，可以提前预订观光包车，方便旅行社组团，有效调配和控制景区内观光车资源，以保证游客的旅游质量。

（4）餐饮预订功能。该功能是游客可在与景区签订相关协议的酒店、饭店进行商务订餐。

（5）景区旅游商品及商家管理。该功能可对景区商店、商家以及旅游商品进行管理，主要包括商品库存、商品交易查询、商家信息等管理。

（6）公告信息管理。该功能可在公告栏公布景区信息、促销活动、通告等。

（7）后台管理功能。该功能是对系统整个功能管理的操作，只有具有管理员权限的用户才可以进入管理后台系统。系统后台管理功能主要包括订单的管理、注册用户的管理、门票种类的管理、酒店预订的管理、线路包车的管理、就餐的管理，对前台系统资料的添加、修改、删除等都采用动态添加模式。

（8）报表查询分析功能。该功能主要是供景区领导者使用，通过对数据库中的门票销售信息、游客流量等信息进行整理并统计分析。通过此系统可以多角度地了解景区运营情况，为领导者决策提供有力的依据。报表查询分析功能，主要由各类报表统计和游客数量走势分析两大部分组成。

（四）旅游企业构建电子商务竞争力的基本策略

电子商务的发展，尤其是移动电子商务的发展，正在席卷全球的旅游市场，冲击传统的旅游业务。电子商务的普及也改变着传统企业的经营模式，这种改变使得提升电子商务的竞争力显得非常重要。在大旅游发展环境下，旅游企业面对强手如林的竞争对手，建立适合企业自身发展的电子商务网站，无疑是增强竞争力的新手段，因为它可以提升自己的在线直销份额，提高旅游企业在网络市场中的话语权。对于正考虑着手建立网站以及已经拥有独立站点的旅游企业，必须考虑以下几个影响企业电子商务成败的决定性因素。

1. 站点核心

顾客在访问站点时，关心的不是企业管理者的个人信息，也不是企业的机构设置，而是企业能生产什么商品或提供什么服务，商品与服务的质量、价格如何，以及售后服务等信息。在以生产商品为核心的企业，产品便成了整个站点建设的基本核心；在以提供服务为核心的企业，服务就成为站点建设的核心内容。商品信息通常包括商品名称、用途规格、性能、价格、生产标准以及图片等资料；对服务来说则通常应包括服务名称、内容、范围以及价格等信息。许多旅游目的地的信息网站对旅游者没有吸引力，是因为缺少有效的服务内容。

2. 站点标准

企业网站是企业与客户通过互联网进行沟通与交流的平台，是企业进行宣传的窗口。企业在建设站点时必须考虑该站点是否符合国际通行标准，主要包括：① 网站必须具有营销站点的基本功能，包括能够方便顾客进行登录、查询、订购等基本功能。② 产品类别、规格或名称必须符合国际标准。③ 产品信息的发布、查询、反馈要符合国际惯例。④ 站点域名要符合国际标准。站点域名好比一个门牌号码，域名应尽量简洁明了，以方便记忆或搜索，最好用国际顶级域名。

3. 站点更新

国内大多数旅游企业网站自建成后就不再更新，原因是多方面的：其一是企业管理不善，管理层还没有充分意识到网络营销的市场潜力；其二是技术因素，由于网站维护是一项技术性较强的工作，一般人员无法完成。要充分发挥网站的市场功能，旅游企业要及时更新产品信息，更新内容包括内容更新、价格更新、热点更新以及促销活动的更新等。

4. 信息交流

当客户在旅游企业的站点上找到感兴趣的产品时，站点针对该产品及时快速地提供报价和反馈功能，这不单是通过 E-mail 方式就能实现的，站点还必须提供相应的功能模块，在最短的时间内与顾客进行沟通和交流，以促使顾客决定购买，同时业务部门应该及时查收反馈信息并及时给予回复。这种交流的沟通环节是网站有效吸引旅游者的关键，便捷的沟通是信息交流的基础。

5. 网上营销

当网站建成后，就应该马上投入营销阶段，提高网站知名度，增加访问量，尤其是同行业内的访问量。目前，大多数旅游企业都十分注重提高站点访问率，主要方法就是利用各搜索引擎或目录服务站点进行登记注册，以及在有影响力的站点上做文字或图片链接。但是，必须意识到有了较高的访问率并不意味着有较高的购买率，只有在对口的用户群中寻找潜在客户、潜在购买力才可能具有较高的购买率。只有在同行业的用户群中通过网络技术手段，在网上制造影响并与传统的宣传方式相结合，才能达到较为理想的站点营销效果。

作为一个中小型旅游企业，站点建设的电子商务效果是非常重要的。在利用站点开展电子商务的过程中，除了设计好站点的商务流程，还需要考虑如何提升站点访问的转化率，让访问的消费者能更多地购买旅游企业的产品。因此，网站转化率的问题也是电子商务竞争力的重要策略。

课后案例分析：旅游O2O模式发展的应用案例及趋势

本章小结

本章主要对旅游企业电子商务战略的相关问题进行概念性的探讨，大致分五个部分。第一部分是旅游企业电子商务战略内容，主要从旅游企业电子商务战略的必要性、目的及意义和内容三个方面进行介绍。第二部分对旅游企业电子商务战略框架进行介绍。第三部分主要介绍旅游企业电子商务战略的实施，包括战略实施的原则与过程、战略实施与资源配置、战略评价与调整，以及战略实施的工作重点。第四部分就旅游客户关系的电子商务战略等具体项目性内容进行了简单分析和概括性介绍。第五部分，从饭店、旅行社、旅游景区三个方面对旅游企业怎样创建电子商务竞争力进行了简单的归纳和总结。

拓展知识

电子商务竞争力	资源整合	协调机制
互联网服务提供商（ISP）	跨境电商	转化率
关键绩效指标法（KPI）	网络流行度	活跃用户
搜索引擎优化（SEO）	百度指数	落地页
用户体验设计（UED）	微信指数	跳出率
移动社交媒体	企业发展战略	电子商务平台

思考题

1．简述旅游企业实施电子商务战略的必要性。

2．简述旅游企业实施电子商务的目的和意义。

3．试论述旅游企业电子商务战略实施的内容。

4．简述旅游企业电子商务战略的发展阶段。

5．简述旅游企业电子商务战略的总体框架。

6．试论述旅游企业电子商务平台的系统结构。

7．谈谈旅游企业电子商务解决方案的关键点。

8．简述旅游企业电子商务的实施策略。

9．简述旅游电子商务战略实施中的资源配置。

10．根据目前旅游电子商务战略的实践，你认为电子商务战略实施中应重点做好哪些工作？

11．谈谈酒店基于客户关系管理的电子商务战略。

12．从客户关系管理的角度分析旅行社电子商务战略的实施。

13．简述电子商务对旅游竞争力的影响。

14．简述酒店如何构建电子商务竞争力。

15．试论述旅行社如何构建电子商务竞争力。

16．试论述旅游景区如何构建电子商务竞争力。

17．对于中小型旅游企业，除了本章讨论的电子商务竞争力策略以外，在实践中，还有哪些提升电子商务竞争力的有效策略？

18．企业集团和单体企业的旅游电子商务战略有哪些不同？举例说明。

参考文献

[1] 赵晶，朱镇．企业电子商务战略实施关键成功因素的实证研究[J]．清华大学学报（自然科学版），2006，46（Z1）：914-922．

[2] 王刊良．基于分类的企业电子商务模式创新方法[J]．系统工程理论与实践，2003，23（3）：18-23．

[3] 冯华，张淑梅．中小企业发展电子商务的战略和策略[J]．山东师范大学学报（人文社会科学版），2004，49（2）：27-30．

[4] 程新章．电子商务战略：赢得可持续的企业竞争优势之道[J]．商讯·商业经济文荟，2003（1）：53-55．

[5] 张亚东．中国中小型企业电子商务发展战略研究[J]．中国电子商务，2004（1）：49-50．

[6] 孙锐，吴月．企业在电子商务环境中的价值链战略选择[J]．价值工程，2003（4）：27-30．

[7] 黄莺，张金隆，蔡淑琴，等．电子商务环境下 ERP、SCM 与 CRM 的整合[J]．武汉理工大学学报（信息与管理工程版），2003，25（1）：122-125．

[8] 史灵歌．中小旅游企业电子商务的实施路径分析[J]．江苏商论，2004（8）：131-132．

[9] 伍丽君．网络经济时代企业实施电子商务联盟的战略思考[J]．理论月刊，2002（4）：87-88．

[10] 李斌宁．客户关系管理（CRM）在旅游电子商务的应用[J]．商场现代化，2005（10）：17-18．

[11] 谢兰云．基于客户关系管理的旅游电子商务[J]．东北财经大学学报，2004（2）：35-36．

[12] 徐春辉，杨路明，杨贺．电子商务环境下的旅游产业竞争力研究[J]．江苏商论，2007（4）：51-53．

[13] 马林．依托旅游电子商务优势，提升宁波旅游业的竞争力[J]．特区经济，2005（9）：174-175．

[14] 梁业章，陆琳．酒店电子商务策略研究[J]．商场现代化，2006（28）：83．

[15] 国锋．酒店企业电子商务发展的制约因素分析[J]．商场现代化，2009（9）：175．

[16] 朱晓洁．浅谈电子商务环境下 CRM 在酒店业个性化服务方面的实现[J]．企业家天地（下半月版），2008（7）：37-38．

[17] 王瑞．我国景区门票电子商务现状浅析与思考[J]．商场现代化，2010（4）：43-45．

[18] 杨晓燕．基于旅行社电子商务 BtoC 模式的客户忠诚度分析[J]．商场现代化，2008（2）：179-180．

[19] 黄凯．战略管理：竞争与创新[M]．北京：石油工业出版社，2004．